Knappheit, Mangel, Überfluss

Markus Tauschek ist Professor für Europäische Ethnologie an der Albert-Ludwigs-Universität Freiburg.

Maria Grewe ist Promotionsstipendiatin im Projektkolleg »Erfahrung und Umgang mit Endlichkeit« an der Christian-Albrechts-Universität zu Kiel.

Markus Tauschek, Maria Grewe (Hg.)

Knappheit, Mangel, Überfluss

Kulturwissenschaftliche Positionen
zum Umgang mit begrenzten Ressourcen

Campus Verlag
Frankfurt/New York

Bibliografische Information der Deutschen Nationalbibliothek:
Die Deutsche Nationalbibliothek verzeichnet diese Publikation in der Deutschen Nationalbibliografie.
Detaillierte bibliografische Daten sind im Internet unter http://dnb.d-nb.de abrufbar.

ISBN 978-3-593-50475-9 Print
ISBN 978-3-593-43250-2 E-Book (PDF)

Das Werk einschließlich aller seiner Teile ist urheberrechtlich geschützt. Jede Verwertung ist ohne Zustimmung des Verlags unzulässig. Das gilt insbesondere für Vervielfältigungen, Übersetzungen, Mikroverfilmungen und die Einspeicherung und Verarbeitung in elektronischen Systemen.
Copyright © 2015 Campus Verlag GmbH, Frankfurt am Main
Umschlaggestaltung: Campus Verlag GmbH, Frankfurt am Main
Umschlagmotiv: Müllcontainer an einem österreichischen Bahnhof © Max Weisthoff
Druck und Bindung: Beltz Bad Langensalza
Printed in Germany

www.campus.de

Inhalt

Vorwort 7
Maria Grewe und Markus Tauschek

Knappheit, Mangel, Überfluss –
Kulturanthropologische Positionen. Zur Einleitung 9
Markus Tauschek

Knappheit – eine anthropologische Kategorie? 35
Gisela Welz

Situierte Knappheit: Kooperative und normative Dimensionen des
Umgangs mit begrenzten Ressourcen 57
Stefan Groth

Kulturelle Faktoren und der Übergang zu einer
nachhaltigen Lebensweise 81
Dieter Kramer

Neue politische Engagementformen: Bürgerinnen und Bürger als
civil entrepreneurs für die Transformation 103
Tine Stein

Begrenzte Energie: Ursachen und Umgangsweisen mit Energiearmut 123
Karl-Michael Brunner

Ist Energie knapp? Kulturanthropologische Forschungsperspektiven
im Bereich der *Energopower* und *Energopolitics* 145
Franziska Sperling, Alexander Schwinghammer

Agency und Selbstwirksamkeit unter der Bedingung
ökonomischer Knappheit 163
Silke Meyer

Die diskursive Konstruktion des ›Weniger‹. Vom Voluntary Simplicity-
Movement zum Minimalismus 181
Heike Derwanz

»Nachhaltiges« Weitertragen? Überlegungen zum humanitären
Hilfsgut Altkleidung zwischen Überfluss und Begrenzung 205
Nadine Wagener-Böck

Wachstum | Ressourcen | Grenzen
Prolegomena zur Ethnografie von Kulturen sozialer Ungleichheit 227
Lars Winterberg

Vokabularien von Überfluss und Protest, Nachhaltigkeit
und Gemeinsinn im Lebensmittelmarkt 249
Regina F. Bendix

Reparieren als nachhaltige Praxis im Umgang mit begrenzten
Ressourcen? Kulturwissenschaftliche Notizen zum »Repair Café« 267
Maria Grewe

Mobilität als begrenzte Ressource im ländlichen Raum
oder wie ältere Ehrenamtliche eine Buslinie betreiben 291
Cordula Endter

Architektur reparieren in der »Wegwerfgesellschaft«.
Zur ressourcenökonomischen Dimension des Denkmalbegriffs 309
Johannes Warda

Häuser und Ressourcen – Denkmalaktivismus in der
niedersächsischen Stadt Hannoversch Münden 327
Dorothee Hemme

Was mensch zum Leben braucht – Ressourcen unter kultur-
und sozialwissenschaftlicher Perspektive. Zum Ausklang 351
Michaela Fenske

Autorinnen und Autoren 365

Vorwort

Maria Grewe und Markus Tauschek

Der vorliegende Band ist das Ergebnis einer interdisziplinären Tagung mit dem Titel »Zum Umgang mit begrenzten Ressourcen. Kulturwissenschaftliche Positionen«, die vom 13. bis 15. November 2014 an der Christian-Albrechts-Universität Kiel stattfand. Während im Audimax der Universität zeitgleich das »Erste Energieforum« realisiert wurde, auf dem Expert/innen und Studierende über Nachhaltigkeit, Postwachstumsökonomie und anwendungsorientiert über den schonenden Umgang mit natürlichen Ressourcen diskutierten, ging es im Rahmen der Tagung um kultur- und sozialwissenschaftliche Perspektiven auf Knappheit, Mangel oder Überfluss. Im Zentrum der Beiträge[1] stand die Frage, wie Knappheit diskursiv sowie in konkreten Praktiken hergestellt wird.

Hintergrund dieser Tagung war die Beteiligung der Herausgeber im interdisziplinären Projektkolleg »Erfahrung und Umgang mit Endlichkeit«, angesiedelt am Collegium Philosophicum der Philosophischen Fakultät der Christian-Albrechts-Universität Kiel. In diesem produktiven Arbeitszusammenhang wuchs die Erkenntnis, dass sich die kultur- und sozialwissenschaftlichen Disziplinen mit ihrem dekonstruierenden Blick und ihren meist mikroperspektivisch angelegten Fallstudien noch stärker an den Debatten um begrenzte Ressourcen, um Nachhaltigkeit, um alternative Formen des Wirtschaftens, um die Knappheit oder Begrenztheit materieller Kultur beteiligen sollten. Gefragt waren deshalb neben empirischer Forschung auch grundlegende, programmatische Überlegungen zu einem kulturwissenschaftlich konturierten Knappheits- und Ressourcenbegriff.

---

[1] Neben den hier versammelten Beiträgen hat sich mit einem Vortrag mit dem Titel »Das Lastenfahrrad – Symbol und Praxis ressourcenschonender Technik« auch Andrea Vetter (Berlin) an der Tagung beteiligt, wofür wir uns sehr herzlich bedanken möchten.

Dieser Band ist das Ergebnis eines engagierten Austauschs.[2] Zustande gekommen wäre er nicht ohne die großzügige finanzielle Unterstützung durch das Seminar für Europäische Ethnologie/Volkskunde der Christian-Albrechts-Universität. Das Graduiertenzentrum der Universität Kiel, das sich für die Ausbildung von Nachwuchswissenschaftler/innen einsetzt, hat die Tagung maßgeblich gefördert und damit insbesondere die an der Tagung beteiligten Promovierenden unterstützt. Beiden Einrichtungen möchten wir an dieser Stelle ganz herzlich für ihre Unterstützung danken.

Großer Dank gilt auch dem Campus Verlag, insbesondere Jürgen Hotz, für die produktive, gelassene und höchst professionelle Zusammenarbeit sowie für die Aufnahme des Bandes in das Verlagsprogramm.

Besonderer Dank gilt den studentischen Mitarbeitern, allen voran Jörn Borowski, der nicht nur die Tagung maßgeblich unterstützt, sondern der auch wesentlich zur Fertigstellung des Bandes beigetragen hat. Für die Unterstützung in den Korrekturarbeiten danken wir Maren Pusback. Großer Dank gilt schließlich auch Renate Ewald im Sekretariat des Seminars für Europäische Ethnologie/Volkskunde, die in der Vor- und Nachbereitung sowie in der Durchführung der Tagung eine großartige Hilfe war.

Kiel, im Juni 2015

---

[2] Die Beiträge und Diskussion der Tagung sind dokumentiert in einem Tagungsbericht, den Michaela Fenske verfasst hat: http://www.hsozkult.de/searching/id/tagungsberichte-5751?title=zum-umgang-mit-begrenzten-ressourcen-kulturwissenschaftliche-positionen&q=Fenske&sort=&fq=&total=150&recno=15&subType=fdkn (16.06.2015).

Knappheit, Mangel, Überfluss – Kulturanthropologische Positionen. Zur Einleitung

Markus Tauschek

1. Städtischer Raum als knappe Ressource?

Im Sommer 2013 materialisierte sich nahezu auf dem gesamten Kieler Stadtgebiet Protest: Aufkleber auf Postkästen und mitunter aufwändig verzierte Blumenampeln an Straßenlaternen, auf Altglascontainern oder an Gartenzäunen sollten eines sichtbar machen: Hier verschaffen sich urbane Akteure eine Stimme. Und dies in überaus kreativer Weise. Was sich auf den ersten Blick spielerisch gab, hatte handfeste politische Hintergründe. Schon im Juli 2011 hatte der damalige Kieler Oberbürgermeister die Öffentlichkeit darüber informiert, dass das Gelände einer Kleingartenkolonie der Filiale eines großen Möbelkonzerns weichen sollte. Die sich daraus etablierenden Formationen des Protests gegen den Neubau einer Filiale der Firma »Möbel Kraft« waren vielschichtig: Argumente der Ökologie – etwa gegen die Versiegelung von Flächen – verbanden sich mit der Frage, wem die Stadt gehöre, mit Visionen einer partizipativen, basisdemokratischen Politik; dazu mischten sich konsum- und wirtschaftskritische Positionen gegen neoliberale Marktlogiken.

»Stoppt die Grüngürtelvernichtung in Kiel«; »Blütenstaub statt Laubenraub«; »Möhrensaft statt Möbelkraft« oder »Apfelkraft statt Möbelsaft« – dies sind nur einige Slogans der Aktivist/innen, um gegen das geplante Projekt zu protestieren. Spielerischer gestaltete sich eine Protestformation, die innerhalb des städtischen Raums Ausgleichsflächen für das verlorene Kleingartengelände auswies: etwa auf einem Postkasten mit der ironisch gebrochenen Frage »Ist vielleicht auch dies eine städtische Möbel Kraft-Ausgleichsfläche?«

Die Markierung von Ausgleichsflächen im Stadtgebiet war deshalb eine höchst wirksame Strategie, weil sie gleichzeitig ironisch und dennoch mit klarer politischer Botschaft wirkte. Die großräumige Anbringung von Blumenampeln im urbanen Raum als Möbel Kraft-Ausgleichsfläche diente der

Sichtbarmachung einer urbanen Gegenstimme zu einer als neoliberal und den Interessen vieler Bürgerinnen und Bürger widersprechenden städtischen Bau- und Wirtschaftspolitik.

Protest gegen den Neubau eines Möbelhauses, Blumenampel als »Ausgleichsfläche« (Foto: M. Tauschek)

In den Protesten artikulierten sich auch kulturell kodierte Perspektiven auf Ressourcen, deren Nutzung und deren Zugänglichkeit. Hier wurde städtischer Raum als begrenzte Ressource wahrgenommen, diskursiv verhandelt und schließlich in unterschiedlichen Repräsentationen wie Aufklebern medial inszeniert. Dass soziale Akteure städtischen Raum in dieser Weise als knapp und umkämpft begreifen, mag unter anderem auch an neuen Verständnissen politischer Handlungsräume liegen. Die Protestierenden sind im Sinne Anthony Giddens »knowing subjects« (Giddens 1984: 5), die äußerst reflexiv handeln und argumentieren und dabei Verständnisse und Deutungsmuster begrenzter oder knapper Ressourcen produzierten und popularisierten.

2. Erneuerbare Energie und die Transformation von Knappheit

Die Herstellung von Knappheit kennzeichnet auch ein zweites Beispiel (vgl. Tauschek 2015): Karl Heinz Hansen ist der erste Windbauer in Norddeutschland, der aus Windkraft gewonnene Energie an einen Energieversorger verkauft hat. Der Norddeutsche Rundfunk hat Hansen schon in den 1980er Jahren und dann in einem Format mit dem Titel »Zeitreise« 2013 noch einmal porträtiert. Der Filmbeitrag unterstreicht – wie Hansen selbst in seiner biographischen Erinnerung – in erster Linie die ökonomische Dimension beim Bau der Windkraftanlage. Eher zufällig habe Hansen bei einem Ausflug nach Dänemark eine Windmühle gesehen; in der filmischen Inszenierung erinnert sich Hansen, das Ding habe ja »schön ausgesehen«.[1] Erst im Gespräch mit dem dortigen Landwirt habe er erfahren, dass sich damit auch Geld verdienen ließe. Der weitere Verlauf dieser retrospektiv als Erfolgsgeschichte erzählten Entwicklung, setzt die Übersetzung einer Idee in Intervention voraus, bei der verschiedene Akteure mitwirken mussten. Im Falle Hansens die zunächst zögerliche Landwirtschaftskammer sowie die föderale Politik, die aus Hansens Idee, eine Windmühle zu bauen, ein Pilotprojekt machte. Den bürokratischen Hürden begegnete Hansen in der Rückschau mit Pragmatismus: »Ich fand das alles zu blöd, ne, zu doof. Lass uns doch einfach bauen und dann kann man doch mal gucken, wie das da läuft«, erläutert er im Film. Neben bürokratischen Widerständen schildert Hansen auch soziale Konflikte – etwa, als sein Vater an der Vernunft des Sohns zweifelte und an Enterbung dachte. Finanzielle Unterstützung erhielt Hansen hingegen von der Schwiegermutter aus der Schweiz, die eine überzeugte Vertreterin der Anti-Atomkraft-Bewegung gewesen sei. Heute sei Hansen an fünf Windparks beteiligt – die daraus generierten ökonomischen Gewinne dienen in dieser Lesart als Beleg seines erfolgreichen ökonomischen Handelns. Nicht ohne Selbstironie bewertet Hansen am Ende des Films sein Tun: »Aber es sieht nachher gar nicht mehr so toll aus, wenn alles voll ist mit Windmühlen, aber das bringt aber Geld, und Geld ist ja wichtig, ne.« Den letzten Halbsatz ergänzt Hansen mit einem verschmitzten Lächeln,

---

[1] Dieses und die folgenden Zitate aus: »Zeitreise: Der erste Windbauer Deutschlands«. Schleswig-Holstein Magazin vom 09.06.2013: http://www.ndr.de/fernsehen/sendungen/s-h_magazin/zeitreise/zeitreise617.html (19.08.2014). Siehe zur zeitgenössischen Bewertung auch den Beitrag »Den Wind zum Freund sich machen«, in: *Der Spiegel*, 16.04.1984.

was auf eine selbstreflexive und durchaus wirtschaftskritische Haltung hindeutet. Hier ist Landschaft als ästhetischer Raum markiert, der in dieser Lesart als eine knappe und vernutzbare Ressource charakterisiert ist. Der Film endet neben diesem Zitat mit der Feststellung, Hansen sei Bauer geblieben, freue er sich doch am meisten, wenn das Korn reif auf den Feldern stehe.

Der Umgang mit begrenzten Ressourcen und mit Knappheit ist hier äußerst vielschichtig: Was in der medialen und gesellschaftlichen Rezeption als energiepolitischer Pioniergeist überhöht wird, der die Endlichkeit natürlicher Ressourcen durch das Erschließen erneuerbarer Energiequellen transformiert, stellt sich in der im Film repräsentierten Selbstdeutung Hansens in erster Linie als ökonomisches Kalkül dar – nämlich die Überwindung der eigenen begrenzten finanziellen Ressourcen durch einen neuen Einkommenszweig. Eine zweite Ebene deutet darauf hin, welche Bedeutung Wissen und dessen strategische Aneignung in der Einführung der Nutzung von Windenergie in Schleswig-Holstein spielte: Wissen über eine neue Technologie, über Finanzierungsmöglichkeiten, über politische Entscheidungsprozesse etc. Und schließlich verweist eine dritte Ebene auf Deutungen und Wahrnehmungen der Begrenztheit von Ressourcen, wenn Hansen etwa auf die ästhetischen Dimensionen des Baus von immer mehr Windkraftanlagen hinweist.

3. Nachhaltigkeit und Knappheit als universelles Phänomen?

Die Insel Sokotra, 2008 von der UNESCO aufgrund ihrer Biodiversität zum Weltnaturerbe erklärt, liegt im nordwestlichen Indischen Ozean. Die Hauptinsel der gleichnamigen Inselgruppe, die seit 1990 zum Jemen gehört, zählt etwa 42.000 Einwohner/innen und ist etwa halb so groß wie die Insel Korsika. Folgt man der Lesart der 2009 erstmals auf »arte« gesendeten Reportage »Sokotra. Schatzinsel in Gefahr«, dann scheint Sokotra mit seinen traditionalen Formen der Subsistenzwirtschaft als ein geradezu paradigmatischer Ort eines ökonomischen, auf Nachhaltigkeit bedachten Handelns, das in Einklang mit der Natur und mit den zur Verfügung stehenden natürlichen Ressourcen steht. Seit etwa den 1990er Jahren aber, so diagnostiziert der Film in modernisierungskritischer Manier, sei das überkommene Gleichgewicht substanziell gestört: Hätten etwa die Fischer an den Küsten oder die halbnomadisch lebenden Hirten »nach jahrtausendealten Regeln«[2] gewirtschaftet, erodierten die alten Wirtschaftsformen durch Einflüsse von außen zunehmend. Die Hirten würden beispielsweise zunehmend sesshaft; die Fischer begännen, die Regel, vier Tage vor und vier Tage nach Vollmond nur mit Haken zu fischen, um die Schwärme nicht zu vertreiben, kaum noch einzuhalten. Die Konkurrenz, so erklärt der Film, sei größer geworden und zwinge immer mehr Fischer, permanent mit Netzen zu fischen und damit auch die überkommenen Regeln zu brechen; ebenso sei die Nachfrage durch Händler gestiegen. Besonders gefährdend für die Fischbestände seien jedoch große indische oder pakistanische Fischtrawler, die auch dann fischten, wenn die einheimischen Fischer mit ihren kleinen Booten aufgrund der Stürme während der Regenzeit nicht auf das Meer fahren können.

Insbesondere der Zuzug vom Festland, neue Infrastrukturen wie der Flughafen oder eine geplante Straße rund um die Insel, zerstörten – so resümiert der Film – einzigartige Lebens- und Wirtschaftsweisen. Dagegen aber positionieren sich nicht nur die UNESCO als globaler Akteur mit der Unterschutzstellung des Archipels, sondern auch einheimische Aktivisten und Unternehmer wie der im Film porträtierte Ismail, der sanften Tourismus in der Insel einführen und dabei auch ein spezifisches Bild einer ressourcenschonenden Kultur vermitteln möchte: »Die Touristen sollen erfahren, wie unsere Kultur die Natur stets bewahrt hat.« Nicht nur der Film und die damit verbundene Außenperspektive auf die Insel beschreiben die lokale Kultur als vom Verschwinden bedroht. Auch die im Film agierenden lokalen Akteure selbst nehmen die traditionellen Lebensweisen und die sokotrische Sprache als vom Untergehen bedroht und damit in der filmischen Darstellung auch als endliche Ressource wahr.

Der Film ist auf mehreren Ebenen ein Beispiel für die Her- und Darstellung von Ressourcen, deren Begrenzt- oder Knappheit. Er verweist ganz grundsätzlich auf die Frage, wie Menschen den Umgang mit den ihnen zur Verfügung stehenden Mitteln der Lebenssicherung regeln; er zeigt weiter, wie dies nicht zuletzt auch über Kultur – also etwa religiös motivierte Regel- und Ordnungssysteme – reguliert wird und wie entsprechende Sanktionsformen legitimiert und plausibilisiert werden. Daneben dokumentiert der Film Transformationen, die sich aus der Destabilisierung überkommener Ordnungen ergeben und durch die Ressourcen und deren Nutzung erst zu

---

2 Dieses und alle folgenden Zitate aus: »Sokotra. Schatzinsel in Gefahr«. Frankreich, Deutschland, 2009, 43 Min., Buch und Regie: Ines Possemeyer, Produktion: Medienkontor FFP, arte, Reihe: 360° - GEO Reportage, Erstausstrahlung: 25. Juli 2009.

einem diskursiv und praxeologisch explizit verhandelten und schließlich auch lebensweltlichen Problem werden. Des Weiteren ist der Film erstens ein Beleg dafür, wie in unterschiedlichen kulturellen und sozialen Kontexten mit Knappheit, Mangel oder im Gegenzug mit Überfluss umgegangen wird; und zweitens gleichsam auf einer Meta-Ebene, wie ein westlich-europäischer Blick geprägt von den Erfahrungen einer Konsum- und Überflussgesellschaft und den Diskursen um die Endlichkeit von Ressourcen (etwa im Rahmen der Postwachstumsdebatte) in nicht-europäischen Kulturen Wirtschaftsformen sucht und zu finden glaubt, die als ideal, im Einklang mit der Natur stehend, als ressourcenschonend und nachhaltig begriffen und mitunter symbolisch überhöht werden.

4. Begrenzte Ressourcen, Knappheit und Überfluss – kulturwissenschaftliche Fragen

Aus diesen drei skizzierten Beispielen lassen sich zentrale kulturwissenschaftliche Perspektiven auf den Umgang mit Ressourcen entwickeln.[3] Aus einer poststrukturalistisch angeleiteten und dekonstruierenden Blickrichtung ließe sich zunächst konstatieren, dass Vorstellungen von Knappheit oder Begrenztheit ebenso wie die Zuschreibung als (etwa endliche, erschöpfbare oder auch regenerierbare) Ressource das Ergebnis komplexer, von Machtverhältnissen durchzogener Aushandlungsprozesse sind. So argumentieren etwa auch Chris Hann und Keith Hart in ihrer Einführung in die Wirtschaftsanthropologie: »Scarcity is often highly valued for itself, but this scarcity is socially constructed rather than given in nature« (Hann/Hart 2011: 6).

Wer etwas als knapp oder begrenzt bezeichnet, kann damit auch konkrete Ziele verfolgen: Ein prominentes Beispiel wären hierfür die in Deutschland immer wieder aufflammenden Debatten um den sogenannten

---

3 Zu wirtschaftsethnologischen und -anthropologischen Ansätzen siehe u.a. Rössler 2005; Hahn 2014; Hart/Hann 2011. Siehe zur Frage der Herstellung und Nutzung von Ressourcen interdisziplinär vergleichend, wenngleich mit einem deutlichen archäologischen Schwerpunkt den an der Universität Tübingen angesiedelten Sonderforschungsbereich 1070 »RessourcenKulturen«: http://www.uni-tuebingen.de/forschung/forschungsschwerpunkte/sonderforschungsbereiche/sfb-1070.html (14.07.2015).

Fachkräftemangel. Gut ausgebildete Ingenieure – so etwa der »Verein Deutscher Ingenieure« – seien zunehmend ein knappes Gut, deshalb müsse politisch gegengesteuert werden, um nicht große Nachteile für die deutsche Wirtschaft in Kauf nehmen zu müssen.[4] Im medialen Diskurs ist der Fachkräftemangel inzwischen als Mythos demaskiert worden, mithilfe dessen die Wirtschaft – so etwa das Argument einer ARD-Reportage – Lohnkosten verringern könne, weil ausländische Fachkräfte mit entsprechender politischer Unterstützung für geringeren Lohn nach Deutschland geholt werden könnten: »Am Ende entpuppt sich der behauptete Fachkräftemangel als Strategie, die sich für Politik und Wirtschaft durchaus lohnen kann.«[5] Das Behaupten von Mangel oder Knappheit wird am Beispiel des Sprechens über einen vermuteten Fachkräftemangel selbst zu einer wirkungsvollen Ressource, die strategisch und situativ eingesetzt werden kann, um spezifische Ziele zu verfolgen.

In gesellschaftlichen Debatten sind ökonomische Wissensbestände und eine wirtschaftswissenschaftliche Expertise oft von besonderer Bedeutung, wenn es darum geht, spezifische Argumente durch entsprechende Wirtschaftstheorien oder vermeintlich objektive Interpretationen empirischer Daten zu legitimieren. Dies gilt insbesondere auch für das Thema Knappheit, das in der Genese der Wirtschaftswissenschaften eine zentrale Rolle spielte, zum Kernparadigma der Disziplin avancierte und als das ökonomische Problem schlechthin formuliert wurde.[6] Während in der ökonomischen Theoriebildung – man muss wohl sagen zwangsläufig, weil daraus mitunter auch normative Modelle abgeleitet werden, die mithilfe des Knappheitsparadigmas dann legitimiert und plausibilisiert werden – essentialistische Konzepte von Ressourcen und deren Knappheit vorherrschen, interessieren sich die Kultur-, Sozial- und Ethnowissenschaften für die »kulturelle Einbettung der Ökonomie« (Rössler 2005: 18) und für die äußerst strategische Herstellung und Positionierung von Deutungsmustern oder wirkmächtigen Konzepten. Aus der Perspektive kultureller Einbettung ist kulturwissenschaftlich »Knappheit als Matrix sozialen Handelns« (Unger 2011: 46) zu verstehen.

---

4 Vgl. dazu u.a. »Mythos Fachkräftemangel. Von Schweinen und Ingenieuren«, in: *Der Spiegel*, 12.03.2012; online unter: http://www.spiegel.de/karriere/berufsleben/warum-der-mangel-an-ingenieuren-ein-mythos-ist-a-821166.html (10.06.2015).

5 »Die Story im Ersten: Der Arbeitsmarktreport. Das Märchen vom Fachkräftemangel«, ARD-Reportage von Ulrike Bremer. Online unter: http://www.daserste.de/information/reportage-dokumentation/dokus/sendung/hr/die-story-im-ersten-der-arbeitsmarktreport100.html (10.06.2015).

6 Zur Kritik unhinterfragter Annahmen der Knappheitsideologie siehe Panayotakis 2014.

Dann ist ganz grundsätzlich zu fragen, in welchen Feldern – Wirtschaftswissenschaften konstituieren dann ebenso ein Feld wie sogenannte indigene Akteure auf Sokotra oder Windenergiebauern in Schleswig-Holstein – Ressourcen und die damit verbundenen Deutungsmuster wie Knappheit, Überfluss, Nachhaltigkeit oder Begrenztheit diskursiv sowie in konkreten Praktiken und in sozialer Interaktion hergestellt werden.

Diese zuletzt genannte Differenzierung ist kulturwissenschaftlich relevant: Denn zu unterscheiden ist in Begriff oder Konzept – also etwa »Ressource«, »Knappheit«, »Nachhaltigkeit«[7] – und Sache oder Phänomen – also etwa das Reparieren kaputter Gegenstände, die gemeinschaftliche Nutzung von Almweiden etc. Wann, mit welchen Zielen, auf welche Weise und in welchen semantischen Feldern also sprechen soziale Akteure explizit von Ressourcen? Welche Konzepte werden mit welchen Zielen und mithilfe welcher Bilder oder Vergleiche in welcher Weise inhaltlich ausgestaltet? Wann – und dies wäre dann der Fokus auf die Sache, bzw. die konkreten kulturell gerahmten Praktiken – gehen Akteure mit der sie umgebenden materiellen oder gedeuteten Kultur so um, dass man aus diesem Umgang aus einer spezifischen Perspektive auf einen Ressourcencharakter (zum Ressourcenbegriff siehe den Beitrag von Gisela Welz in diesem Band) schließen könnte?

Am Beispiel der Insel Sokotra lässt sich die Differenzierung zwischen Begriff und Sache konkretisieren: Der oben skizzierte Film zeigt Praktiken der Subsistenzwirtschaft, die sich über lange Zeiträume in der menschlichen Reaktion auf konkrete Lebensräume, auf Klimabedingungen oder auf das Vorkommen für das Überleben notwendiger Rohstoffe – etwa Salz, das die Fischer gewinnen und bei den Ziegenhirten gegen Butterschmalz eintauschen – entwickelt haben. In diesem Prozess sind diese Praktiken, die sich aus der Sicherung des Überlebens in einem spezifischen Habitat entwickelt haben, eng verbunden mit kulturell kodierten Ordnungs- und Sinnsystemen: Die sokotrische Sprache hat für den Tauschhandel zwischen den Berg- und den Küstenbewohnern beispielsweise einen eigenen Begriff entwickelt. Ein Ordnungssystem, das den Umgang mit den materiellen Lebensgrundlagen rahmt, ist die oben bereits erwähnte Regel, vier Tage vor und vier Tage nach Vollmond nur mit Haken zu fischen, um die Fischbestände zu schonen. Wenn der Film solche Praktiken heute als nachhaltig und ressourcenschonend bezeichnet, so findet hier die Übertragung eines westlich-europäischen

---

7 Um die soziale und kulturelle Konstruiertheit dieser Begriffe und der damit verbundenen Konzepte zu markieren, müssten die Anführungszeichen im Grunde immer mitgedacht werden.

und gegenwärtig zudem immens ideologisch aufgeladenen Konzepts auf einen davon historisch zu unterscheidenden kulturellen Kontext statt.[8] Dieser Übertragungsprozess wird insbesondere dann eine kulturwissenschaftlich relevante Quelle, wenn auch Akteure vor Ort – wie der Film dies dokumentiert – dieses neue Konzept in ihre Deutungsmuster kreativ, eigenwillig oder in gegenläufiger Weise integrieren, wenn etwa die Betonung und diskursive Überhöhung nachhaltiger Wirtschaftsweisen selbst zu einer touristischen Ressource wird. Die Differenzierung in Begriff und Sache – dies gilt für das Konzept der Nachhaltigkeit wie für die Begriffe Knappheit, Begrenztheit oder den Ressourcenbegriff – ist vor diesem Hintergrund ebenso notwendig wie kompliziert, zeigt doch gerade das Beispiel Sokotra, wie wichtig es ist, die diskursiven wie praktischen Verschränkungen, Transformationen und Zirkulationen zu berücksichtigen.[9]

Diese Perspektive deutet auch auf die Geschichtlichkeit von Begriff und Sache hin. Sowohl die Praktiken des Umgangs mit materieller Kultur als auch die damit verbundenen Konzepte, Begriffe und Ideologeme sind historisch wandelbar, passen sich neuen Gegebenheiten an und sind damit zu einem gewissen Grade immer auch kontingent (vgl. zur Historizität der Ökonomie Herzfeld 2006: 90; vgl. auch Panayotakis 2014).[10] Sie unterscheiden sich zudem je nach politischen, sozialen oder ökonomischen Rahmen: Auf der Insel Sokotra etwa verschoben sich in der Lesart des Dokumentarfilms die überkommenen Wirtschaftsformen, seit vom Festland Einwanderer auf die Insel neue Formen der Ökonomie sowie eine strengere Auslegung des Islam mitgebracht hätten. Ein zentraler Faktor sei jedoch auch die Einführung neuer Infrastrukturen wie der Bau eines Flughafens oder einer Straße rund um die Insel. Als traditionalisierte Wirtschaftsformen herausfordernd hätten sich zudem die vor Ort als aggressiv wahrgenommenen Fischereiflotten global agierender Unternehmen erwiesen, die in den Gewässern rund um die Insel bei jedem Wetter im großen Stil Fischerei betrieben. Mit diesen Transformationen auf verschiedenen Ebenen entstehen erst oder transformieren sich – so kann man als These formulieren – Vorstellungen

---

8 Zum Nachhaltigkeitsbegriff siehe u.a. Grunwald/Kopfmüller2012; Grober 2013; Dingler 2003.

9 Als eindrückliches empirisches Fallbeispiel, wie aus Überfluss Knappheit wird, siehe Lewis 2008. Inwiefern Knappheit mit infrastrukturellen und weiteren Transformationen verquickt ist, hat die Historikerin Corinna R. Unger (2011) an einem indischen Beispiel eindrucksvoll nachgezeichnet.

10 Zur Wirtschaftsgeschichte siehe u.a. Berghoff/Tanner 2004.

und Deutungsmuster von Knappheit oder Begrenztheit sowie Konzepte eines Ressourcencharakters von Dingen. Gleichzeitig wird Knappheit durch diese Transformationen auch lebensweltlich erfahrbar oder zu einem alltagsweltlichen Problem, wobei Akteure dann Strategien des Umgangs mit dieser Knappheit – etwa die Einführung eines sanften Tourismus – etablieren können. Mit einem steigenden Interesse, den lokalen Tourismus zu stärken und damit neue Einkommensmöglichkeiten zu schaffen, diffundierte beispielsweise das Konzept der Nachhaltigkeit, das hier als kommodifizierbare Ressource auch entsprechend inszeniert wird, in lokale Ordnungs- und Deutungsmuster.

Eine kultur- oder sozialwissenschaftlich profilierte Analyse des diskursiven wie praxeologischen Umgangs mit Begrenztheit oder Knappheit kann deshalb vor diesem Hintergrund immer auch als Gesellschafts- oder Zeitdiagnose dienen, wie dies Michael Klein und Andreas Rumpfhuber für die Gegenwart formulieren, auch wenn man in dieser Diagnose sicher eine räumliche Differenzierung einfordern müsste:

»Es scheint eine Epoche angebrochen, in der wir Güter zuallererst als knapp wahrnehmen. Knappheit gab es auch zuvor; sie stellt uns heute aber vor neue gesellschaftliche Herausforderungen, und sie taucht in verschiedensten, miteinander verschränkten Zusammenhängen auf.« (Klein/Rumpfhuber 2014: o.S.)

5. Knappheit als Theorem?

Die vielfach angenommene, gegenwärtige Omnipräsenz von Knappheit ist historisch insbesondere in der wirtschaftswissenschaftlichen Theoriebildung vorbereitet:[11] Ein machtvoller Diskursstrang ist etwa in den Arbeiten Robert Thomas Malthus' zur Überbevölkerung Ende des 18. Jahrhunderts zu situieren (vgl. Klein/Rumpfhuber 2014). Malthus ging darin von einer Bevölkerungsexplosion bei gleichzeitigem, wesentlich geringerem Wachstum an Nahrungsmitteln aus. Mangel und Krise seien unausweichlich, würden keine Maßnahmen gegen das Bevölkerungswachstum ergriffen. Malthus, der den ersten Lehrstuhl für politische Ökonomie innehatte, hat damit Knappheit als zentrale wirtschaftswissenschaftliche Herausforderung formuliert.

---

11 Für einen Überblick siehe Abbott 2014: 3ff.

In den 1930er Jahren hat der als Begründer der Volkswirtschaftslehre geltende Lionel Robbins Knappheit in ähnlicher Weise als grundsätzlich gegeben angenommen und postuliert, die Wirtschaftswissenschaften interessierten sich für menschliche Bedürfnisse, den Einsatz grundsätzlich knapper Mittel zur Erreichung dieser sowie für alternative Verwendungsweisen dieser knappen Mittel. Knappheit ist bei Robbins die Grundlage wirtschaftlichen Handelns überhaupt (zu Malthus und Robbins siehe Daoud 2010). Die Wirtschaftswissenschaften interessierten sich demnach für das menschliche Verhalten als »Beziehung zwischen Zielen und knappen Mitteln mit alternativen Verwendungsmöglichkeiten« (Robbins 1932: 15). Dieser Perspektive liegt die Vorstellung einer relativen Knappheit zugrunde, müssen Menschen hier doch Entscheidungen darüber treffen, welchen Bedürfnissen sie jeweils den Vorrang geben und welche sie zurückstellen.

Eine machtvolle idealtypische Figur, die die neoklassische Theorie in diesem Kontext zur Verfügung gestellt hat, ist diejenige des »homo oeconomicus« (vgl. Plumpe 2007), der – so die Vorstellung, die sich insbesondere aus kulturwissenschaftlicher Perspektive kritisieren ließe (vgl. u.a. Hann/Hart 2011: 8f., 172f.; Seiser 2009: 161ff.) – sein Verhalten rational steuert, um Nutzen zu maximieren. Aus einer kritischen Perspektive ließe sich mit Gertraud Seiser annehmen, »dass der *homo oeconomicus* [kursiv im Original] doch nicht diese menschliche Universalie ist, die ›Natur des Menschen‹, das psychologische Grundgerüst, sondern ein Modell der Motivation für wirtschaftliches Handeln, das historisch entstanden ist, und das ein bestimmtes kulturelles, politisches und moralisches Umfeld benötigt, um seine hegemoniale Wirkung zu entfalten« (Seiser 2009: 177).

Mit Robbins' Sichtweisen auf Knappheit deutet sich – wie dies auch durch die Figur des »homo oeconomicus« geschieht – eine Universalisierung und Anthropologisierung von Knappheit an (vgl. Möhring u.a. 2011: 7). Diese Universalisierung wiederum – so etwa auch Gisela Welz in diesem Band – begründete und legitimierte gleichermaßen die seit Adam Smith nicht nur in der westlichen Hemisphäre plausibel gewordene Berufung auf die »unsichtbare Hand« der freien Märkte (vgl. zu Smith Minowitz 2004; van Suntum 2005). Nur diese, so die dahinter liegende Ideologie, würden – so etwa auch in der breiten Popularisierung der Ideen Smiths durch Samuelson und Nordhaus (1998) – zu einer bestmöglichen Allokation von Ressourcen führen. Ein wichtiges wirtschaftswissenschaftliches Konzept, das diese bestmögliche Allokation gewährleisten soll, und das selbst wiederum mit dem

Knappheitsbegriff operiert, ist dasjenige des Wettbewerbs. Über Wettbewerb sollen knappe Ressourcen in einer legitimen Weise verteilt werden. Dabei ließe sich in Anlehnung an Polanyi thesenhaft annehmen, dass seit der »Großen Transformation« (Polanyi 1978) zur Moderne mit der Vermarktlichung und Verwettbewerblichung sämtlicher Sozialsphären und gesellschaftlicher Felder auch die Ideen und Vorstellungen von Knappheit entgrenzt sind. Während Adam Smith Wettbewerb als den zentralen Mechanismus der effizienten Regulierung von Kosten und Nutzen schlechthin noch mit dem sozialen Umfeld der handelnden Akteure in Beziehung setzte (vgl. Ulf 2013: 79), artikulierte sich Mitte des 19. Jahrhunderts der analog zu naturwissenschaftlichen Denkmodellen angelehnte Versuch, ein abstraktes ökonomisches System anzunehmen. Wettbewerb – und damit die Vorstellungen von Knappheit ebenso wie Konzepte von Ressourcen – sind damit gleichermaßen aus ihren historischen und kulturellen Entstehungszusammenhängen entkontextualisiert und modellhaft universalisiert.

In diesem System sind mit Wettbewerb und Konkurrenz zwei zentrale ökonomische Mechanismen, Prozesse oder Konzepte imaginiert, die auch mit Vorstellungen von Knappheit operieren (zum Zusammenhang von Wettbewerb und Knappheit siehe u.a. Haller 2011: 124f.). In seinem programmatischen Essay zur »Soziologie der Konkurrenz«, veröffentlicht im Jahr 1903 und damit in einer Zeit sich verdichtender Leistungs- und Wettbewerbsideologien und -praktiken, hat Georg Simmel Konkurrenz als vergesellschaftende Kraft charakterisiert. Einen vergesellschaftenden Effekt zeitige Konkurrenz immer dann, so Simmel, wenn der Kampf ein indirekter sei und sich mindestens zwei Parteien um die knappe Gunst einer dritten Partei bemühen müssten. Knappheit ist hier gleichermaßen die Grundlage für Konkurrenz:[12] Erst wenn die Gunst des oder der Dritten knapp ist, entstehen kompetitive, von Konkurrenz geprägte soziale Konstellationen. Das knappe Gut als wichtiges Element eines triadischen Konkurrenzmodells ist bei Simmel weitestgehend essentialistisch aufgefasst – so auch in Theodor Geigers, in den 1940er Jahren im dänischen Exil vorgelegten Konkurrenzsoziologie (Geiger 2012). Geiger interessiert sich dort modellhaft für die unterschiedlichen Formen von Konkurrenzverhältnissen und kritisiert, die klassische Nationalökonomie habe »Bekenntnisliteratur« (Geiger 2012: 7) produziert, indem sie Bewertungen von Konkurrenz vorgenommen habe.

---

12 Zur Soziologie der Konkurrenz siehe auch Geiger 2012; Werron 2014.

Angelehnt an wirtschaftswissenschaftliche Knappheitsbegriffe zieht sich eine essentialistische Perspektivierung auch durch den Versuch einer »Soziologie der Knappheit«, den Bálint Balla 1978 vorgelegt hat. Balla versteht Knappheit darin in Anlehnung an wirtschaftswissenschaftliche Definitionen als Grundbedingung menschlichen Daseins:

»*Knappheit* – begriffen zunächst ganz allgemein als Mißverhältnis zwischen Vorrat und Bedürfnis zu Ungunsten des letzteren – *ist ein Grundtatbestand menschlicher Existenz* [kursiv im Original]. Der Mensch ist durch Knappheit, d.h. durch *Mängel, Mißverhältnisse* und *Defizite* [kursiv im Original], in seiner Existenz auf vielfältige Art grundlegend betroffen und geprägt. Diese Eigenschaft eines existentiellen Grundtatbestandes kann insbesondere in der materiellen Dimension von Knappheit wahrgenommen werden. *Knappheit in der Gestalt von elementaren Problemen der Subsistenzsicherung hat den ganzen bisherigen Verlauf der Geschichte der Menschheit entscheidend geprägt* [kursiv im Original]. Das Mißverhältnis zwischen Bedürfnissen einerseits, Vorräten andererseits bei der Versorgung mit Brot, Trinkwasser, Obdach, im Kampf gegen Dürre- und Seuchekatastrophen gehören in vielen Gesellschaften auch heute noch zu den unwandelbaren Rahmenbedingungen des Daseins.« (Balla 1978: 3)

Knappheit ist bei Balla ein universales Phänomen, für dessen Analyse der Soziologe kulturelle Kontexte, historische Rahmen, verschiedene Räume und soziale Konstellationen gleichermaßen auflöst. Lediglich der letzte Teil des Zitats deutet auf die Zeitlichkeit von Knappheit hin, definiert Balla diese hier doch als zivilisatorisches Problem, das manche Gesellschaften bereits überwunden hätten.

Geradezu als Gegenentwurf zu dieser Perspektive hat der Chicagoer Soziologe Andrew Abbott 2014 einen Vorschlag formuliert, der sich weniger für Knappheit als für Überfluss interessiert: »[…] the central problematic of social life is not having too little of something, but having too much of it« (Abbott 2014: 2). In seinem ideen- und wissenschaftsgeschichtlichen Überblick zu Knappheit und Überfluss stellt Abbott fest, dass die modernen Wirtschaftswissenschaften zwar die empirischen Bedingungen von Überfluss erkannt, dann jedoch eine starke Präferenz für Knappheitstheorien entwickelt hätten. Notwendig sei deshalb eine Perspektivverschiebung hin zu den vielfältigen Möglichkeiten, die Menschen haben und reflexiv oder kreativ entwickeln, um mit dem Überfluss sowohl an Dingen als etwa auch an Information umzugehen (vgl. dazu auch Löfgren/Czarniawska 2013; Lamla 2015). Abbott stellt dabei fest, dass Überfluss keineswegs das Gegenteil von Knappheit sei und komplexe Modi des Umgangs sowohl auf der individuellen als auch auf der sozialen Ebene nach sich ziehe.

6. Knappheit kultur-/sozialwissenschaftlich, ethnographisch, dekonstruierend: Die Beiträge des Bandes

Das Spannungsfeld zwischen Überfluss und Knappheit durchzieht auch die Beiträge dieses Bandes, der von vier theoretisch oder programmatisch ausgerichteten Beiträgen eröffnet wird. In ihrem einleitenden Aufsatz fordert die Frankfurter Kulturanthropologin *Gisela Welz*, Überfluss und Knappheit sowohl theoretisch zu fassen, als auch empirisch nach der Herstellung beider Konzepte zu fragen. Welz vertritt dabei eine konsequent dekonstruierende Perspektive auf Knappheit: »Knappheit ist etwas Menschengemachtes«. Nicht nur die diskursiven Praktiken in der Herstellung von Knappheit sollte eine kritische Kulturanthropologie rekonstruieren – so Welz –, sondern auch die Technologien, Messverfahren oder Standards, die Knappheit als in der Welt existierend ausweisen und diesen Zustand gleichermaßen plausibilisieren. Eine solche Perspektivierung sei in der Lage, die in Knappheitsdiskursen wirkenden Machtverhältnisse und Hierarchiegefälle offenzulegen.

Welz umkreist in ihrem Beitrag Knappheit zunächst auf einer begrifflichen Ebene. Der Ressourcenbegriff, der in wirtschaftlichen, politischen oder gesellschaftlichen Diskurse über Knappheit häufig zentral gesetzt werde, sei in den Kulturwissenschaften bislang kaum theoretisch reflektiert. Kulturanthropologische Forschung würde sich vielmehr an wirtschaftswissenschaftliche Ressourcenbegriffe anlehnen, ohne diese kritisch-dekonstruierend zu diskutieren. Mit dem Fokus auf kulturelle Ressourcen sieht Welz hier gewinnbringende Anknüpfungspunkte. In den Debatten um den Ressourcencharakter von Kultur seien bereits wichtige Prozesse wie die Verrechtlichung, Ökonomisierung, Regulierung oder Kommodifizierung sowie die Inwertsetzung von Kultur problematisiert. Begreift man Kultur als Ressource, dann sei diese wie andere Ressourcen auch keineswegs unbegrenzt verfügbar, wenngleich Kultur prinzipiell erneuerbar sei. Hier muss kulturwissenschaftliche Forschung grundsätzliche Fragen stellen: Wenn etwas als Ressource diskursiv markiert ist, wie werden Zugangsrechte zu dieser Ressource geregelt? Gerade im Bereich kultureller Ressourcen ist dies eine Kernfrage, entzieht sich doch Kultur häufig dem Nachweis einer konkreten Autorschaft, da sie oft kollektiv erzeugt, geteilt oder weitergegeben wird. Mit der Transformation kultureller Versatzstücke in eine Ressource ist zu fragen, wer in der Folge auf diese Ressource zugreifen kann und wer ausgeschlossen ist.

Hier sind dann – so Welz – auch Fragen nach der, aus einer ökonomischen Perspektive effizienten Nutzung von Ressourcen aufgerufen, die sich je nach Sichtweise unterschiedlich gestalten mögen. Welz kritisiert, dass kulturwissenschaftliche Studien bislang überwiegend kulturspezifische Vorstellungen von Eigentum oder der Nutzung von Ressourcen herausgearbeitet hätten, weniger jedoch theoretisch abgesichert die diskursive Herstellung von Ressourcen: »Wie werden Ressourcen gemacht? Wenn wir konsequent konstruktivistisch denken, dann sind Ressourcen nicht der menschlichen Praxis vorgängig, sondern werden immer erst durch Technologien, Wissen, Diskurse und Recht hergestellt«. Kontrovers diskutiert und mit tiefgreifenden sozio-ökonomischen Folgen erweise sich hier die Debatte um die Frage, ob eine Vermarktlichung von Ressourcen eine effiziente und langfristige Nutzung ermögliche. Mit Elinor Ostroms Arbeiten zu kollektiv genutzten Gütern sei ein Gegenmodell zu hegemonialen wirtschaftswissenschaftlichen Lehrmeinungen formuliert, das nicht nur im Privateigentum die effiziente Allokation von Ressourcen ausmache.

Mit der These der Situiertheit von Knappheit denkt *Stefan Groth* in seinem Beitrag die Herstellungsmechanismen von Knappheit und Begrenztheit sowie von Ressourcen aus einer anderen Perspektive weiter. Groth geht dabei davon aus, dass begrenzte Ressourcen in hohem Maße in der Aushandlung von Kooperationsbeziehungen entstehen. Am Beispiel des Umgangs mit Zeit, der Bedeutung von Wissen im Kontext von Arbeit sowie der Nutzung und Regulierung gemeinschaftlich genutzter Güter weist Groth die normativen Grundlagen dieser Kooperationsbeziehungen nach. Knappheit hat bei Groth demnach eine bedeutsame soziale Dimension: Der von Groth in Rückgriff auf die Erkenntnisse Elinor Ostroms sowie auf volkskundliche Forschungen zur Allmende skizzierte Umgang mit gemeinschaftlich genutzten Gütern bedeutet etwa immer auch Exklusionsmechanismen für jene Akteure, die von der Nutzung ausgeschlossen werden. Groth fordert deshalb, den Blick von den Ressourcen selbst hin zu den normativen Ordnungen zu lenken, die sich in soziale Beziehungen bei der Nutzung oder Regulierung dieser Ressourcen einschreiben und die sich in konkreten Praktiken – Groth verweist beispielsweise auf Bräuche bei Allmendgemeinschaften – materialisieren. Der Rekurs auf eine diskursivierte Knappheit – so Groth – sei kulturwissenschaftlich unter anderem deshalb zu problematisieren, weil Knappheit als »Legitimationsstrategie für Zwang, Kontrolle und Exklusion« fungiere. Wie Welz, so betont auch Groth die Notwendigkeit kulturanthropologischer Forschungen zur Herstellung von Ressourcen, von Begrenztheit oder Knappheit sowie die dabei wirkenden Machtbeziehungen. Dabei schlägt Groth vor, zunächst von einer prinzipiellen Unbegrenztheit von Ressourcen auszugehen und Knappheit als Problem der Distribution und der Kooperation zu begreifen. Die Sichtbarmachung von Machtbeziehungen, die Welz und Groth in der Analyse der diskursiven Herstellung von Knappheit sowie der Regulierung und Nutzung von Ressourcen einfordern, klingt auch in *Dieter Kramers* kulturwissenschaftlichem Essay zu den kulturellen Faktoren im Umgang mit knappen Ressourcen sowie im Übergang zu einer nachhaltigen Lebensweise an. In elf Thesen reflektiert Kramer den Beitrag der Kulturwissenschaften im Rahmen der Postwachstumsdebatte. Insbesondere die Europäische Ethnologie könne mit ihrem Blick auf Handlungshorizonte und Motivationen konkreter Akteure dazu beitragen, Spielräume etwa im ressourcenschonenden Umgang mit materieller Kultur sowie kontingente Entwicklungen besser zu verstehen. Kramer kritisiert dabei, dass die kulturellen Faktoren in politischen und ökonomischen Diskursen bislang vielfach unterbelichtet seien: So seien Menschen eben keine modellhaften Nutzenmaximierer, wie es die Figur des »homo oeconomicus« suggeriere, vielmehr sollten die alltagskulturellen Prägekräfte, die wirtschaftliches Handeln bedingen, berücksichtigt werden. Auch Kramer schlägt eine Perspektivverschiebung vor, stellt er doch die Frage, welche Logiken in Gesellschaften ohne Wachstumszwang – etwa im Japan der Tokugawa-Zeit – wirkten. Gewinnbringend sei es zudem, nach Vorstellungen und Praktiken der Selbstbegrenzung und Suffizienz zu suchen; in Sprichwörtern und Redensarten materialisierten sich beispielsweise moralisch oder ethisch kodierte Deutungsmuster, die sich mit dem richtigen Maß auseinandersetzen. Kramers Beitrag sieht in historischen Befunden – etwa in Subsistenzstragien vorindustrieller bäuerlicher Kultur – die Chance, gegenwärtige hegemoniale Modelle oder Politiken zu kontrastieren. Notwendig sei deshalb auch ein Blick auf alternative Formen des Umgangs mit Dingen (z.B. tauschen) sowie neue, mitunter historisch vorgeformte soziale Kooperationsformen (Genossenschaften, Nachbarschaftshilfe, Gemeinschaftsgärten), in denen Menschen ihre Vorstellungen des guten und richtigen Lebens bisweilen konträr zu Staat und Markt lebensweltlich erproben.

Diese letzte Perspektive steht auch im Zentrum des politikwissenschaftlichen Beitrags von *Tine Stein*, die sich mit alternativen Formen des individuellen und gemeinschaftlichen Umgangs mit begrenzten Ressourcen auseinandersetzt. Stein geht von der These aus, dass sich in neuen Wirtschaftsformen wie Carsharing-Initiativen, Kleiderkreiseln oder beim Urban Gardening ein neuer Engagementtypus herausgebildet hat, dem es weniger um individuellen Gewinn als um das Gemeinwohl gehe. Ziel dieser neuen Akteurskonstellation sei es, an der Lösung ökologischer Probleme mitzuwirken und nachhaltige Lebensweisen zu erproben. Dieses Engagement, das sich jenseits staatlicher Politik etabliere, versteht Stein als politisches Engagement. Urban-Gardening-Initiativen oder lokale Energiegenossenschaften etwa zielten darauf ab, ohne den Staat, ohne Lobbyarbeit, ohne die Mitgliedschaft in einer Partei oder ohne gesellschaftliche Institutionen als drängend wahrgenommene Probleme zu lösen.

Eine Möglichkeit die hier handelnden Akteure theoretisch zu fassen, sei das Konzept des »social entrepreneurs«, der darauf abziele, gesellschaftliche Strukturen mit einem spezifischen sozialen Mehrwert zu verändern. Das Konzept des »social entrepreneurs« berücksichtige – so Steins Kritik – jedoch das dem Handeln von Akteuren etwa in Solargenossenschaften oder in Tauschbörsen innewohnende politische Moment nicht hinreichend. Da es diesen Akteuren darum gehe, immer mehr Bürger/innen beispielsweise von einer nachhaltigen Lebensweise zu überzeugen, werde eine politische Aufmerksamkeitsschwelle überwunden, wodurch auch politische Institutionen schließlich reagieren müssten. Stein schlägt vor diesem Hintergrund die Figur des »civil entrepreneurs« vor, dessen bürgerschaftliche Motivation in Verbindung mit unternehmerischem Handeln zu untersuchen sei. Stein erachtet die bürgerschaftlichen Initiativen, die auf Knappheit und die Endlichkeit von Ressourcen reagieren, als notwendig, weil sie Auswirkungen auf das Bereitschaftspotential für Veränderungen von Bevölkerung und Politik hätten. Das Handeln von »civil entrepreneurs« habe dabei eine Sogwirkung auf politische Maßnahmen ebenso wie es Lebensstile und Einstellungen von Individuen wie der Gesellschaft insgesamt zu beeinflussen vermöge.

Den Auftakt zu den sozial- und kulturwissenschaftlich orientierten Fallstudien bildet der Beitrag *Karl-Michael Brunners* zur Energiearmut. Einleitend konstatiert der Wiener Soziologe, dass der sozialen Dimension in Nachhaltigkeitsdebatten ebenso wie Verteilungs- und damit Gerechtigkeitsfragen bislang wenig Aufmerksamkeit geschenkt wurde. Insbesondere in westlichen Gesellschaften sei aber der Zugang zu Energie eine wichtige Grundlage für gesellschaftliche Teilhabe und soziale Integration: Die Verfügbarkeit von Energie sei deshalb immer »Ausdruck von sozialen Machtbeziehungen«. Will man das überaus komplexe Energiehandeln verstehen, so gelte es, nach der sozialen und kulturellen Einbettung zu fragen. Der Verbrauch von Energie habe unter anderem eben auch mit lebensstilspezifischen Einflüssen zu tun. Im individuellen Energieverbrauch handelt also keineswegs – so könnte man Brunners Perspektive zusammenfassen – ein nur rationaler »homo oeconomicus«. Energiehandeln und konkrete Energiepraktiken hängen einerseits mit strukturellen Rahmen zusammen – in energiearmen Haushalten etwa die Wohnverhältnisse in meist schlecht isolierten Gebäuden, wodurch sich der Energieverbrauch erhöht, oder das geringe Einkommen, wodurch häufig entschieden werden müsse, wie viel Geld für Nahrungsmittel und wie viel für Energie ausgegeben werde. Andererseits haben Energiepraktiken viel mit individuellen Lebensstilen zu tun. Knappe Budgets führten in Brunners österreichischen Fallbeispielen zu konkreten, mitunter auch kreativen Bewältigungs-, Suffizienz- oder Effizienzstrategien, wie das Beheizen nur eines einzigen Raumes. Brunners Beitrag führt in seiner politischen Dimension deutlich vor Augen, welche Rolle Ungleichheitsverhältnisse und die soziale Dimension im Kontext von Knappheits- oder Nachhaltigkeitsdebatten spielen, weshalb Brunner für ein integratives Nachhaltigkeitsverständnis plädiert.

Ebenfalls mit Energie und deren Knappheit setzt sich der kulturanthropologische Beitrag von *Franziska Sperling* und *Alexander Schwinghammer* auseinander. Während Brunner auf einer Mikroebene argumentiert und diese mit den politischen Rahmenbedingungen und der Reproduktion sozialer Ungleichheit kontextualisiert, geht es Schwinghammer und Sperling mehr um das Ausloten eines Forschungsprogramms am Beispiel der Energiewende. Das Thema Energie sei heute in vielfältigen Diskursen präsent. Angesichts der globalen Herausforderungen in Energieversorgung und Rohstoffverbrauch plädieren Sperling und Schwinghammer für eine »Anthropology of Energy«, die Energiepolitiken, Energiehandeln und die darin sich manifestierenden Machtverhältnisse offenlegt.

Dass kulturwissenschaftliche Forschung bei der starken Betonung der diskursiven und sozialen Herstellung von Knappheit auch Vorbehalte haben kann, formuliert *Silke Meyer*, die sich mit der sehr konkreten lebensweltlichen Erfahrung von Mangel und Knappheit im Kontext von Verschuldung auseinandersetzt. Denn für verschuldete Menschen stelle ökonomischer Mangel eine tagtägliche existentielle Erfahrung dar. Meyer liest diese Erfahrung sowie die Praktiken, die sich aus der Verschuldung ergeben können, als Bestandteil eines Subjektivierungsprozesses. In ihrer narrationsanalytisch angeleiteten Untersuchung zeigt die Kulturwissenschaftlerin, wie wirtschaftliches

Handeln und Selbstwahrnehmung vor dem Hintergrund knapper ökonomischer Mittel ineinander verschränkt sind. Eine zentrale erzählerische Strategie macht Meyer in der kommunikativen Betonung von Handlungsmacht angesichts ökonomischer Defizite aus. Während Geld knapp ist und etwa Freizeitbeschäftigungen deshalb nur eingeschränkt oder gar nicht wahrgenommen werden können, unterstreichen Meyers Interviewpartner/innen die große Bedeutung von Selbstbestimmung. Die Betonung von Handlungsmacht sei hingegen für die befragten Akteure fatal, ergebe sich daraus doch auch die Eigenverantwortlichkeit der Verschuldung, die strukturelle Rahmen wie Transformationen des Arbeitsmarktes ausblendeten. Damit – so Meyer – schreiben sich in die Selbstdeutungen eines verschuldeten Selbst »eine neoliberale Normalität und ihre hegemonialen Diskurse« ein.

Während die von Meyer beforschten Akteure unfreiwillig mit knappen ökonomischen Ressourcen konfrontiert sind, fokussiert *Heike Derwanz* mit dem Minimalismus den freiwilligen Verzicht auf Dinge, Beziehungen oder Erlebnisse. Mit dem Begriff der Reduktion, der im Gegensatz zu Knappheit oder Begrenztheit gleichzeitig stärker ein Prozess betont, interessiert sich Derwanz für jene Umwertungen, die mit einer bewussten Entscheidung des Umgangs mit dem ›Weniger‹ einhergehen. Zwar interpretiert Derwanz Minimalismus als gegenkulturelle Bewegung, doch sei diese keineswegs nur anti-konsumistisch motiviert als vielmehr mehrdimensional und mit Auswirkungen auf den gesamten Lebensstil. Aus der Analyse von Blogs und Selbstbeschreibungen folgert Derwanz, dass der Trend Minimalismus als Reaktion auf Überfluss und Überforderung zu interpretieren sei und dass in der Bewegung gleichzeitig Fragen nach neuen gesellschaftlichen Leitwerten ausgehandelt würden. Im Minimalismus – verstanden als »ästhetisch-ideologische Sparpraktik einer gesellschaftlichen Gruppe im materiellen Überfluss« – stehe der kritische Umgang mit dem Überfluss im Vordergrund; als knapp seien Zeit und soziale Kontakte markiert, im Umwerten und Aussortieren von Konsumprodukten erhielten diese einen neuen Wert.

Das Aussortieren und die sich daran anschließenden Prozesse der Neubewertung und Umdeutung materieller Kultur stehen auch im Zentrum des Beitrags von *Nadine Wagener-Böck*. Die Kulturanthropologin interessiert sich für den Zusammenhang zwischen dem gesellschaftlichen Überfluss an Kleidung auf der einen und dem Mangel an oder der Begrenztheit von individuellen ökonomischen Ressourcen auf der anderen Seite als einen Grund, warum Menschen Kleiderspenden nutzen. Am Beispiel einer humanitären Hilfsorganisation untersucht Wagener-Böck einen Schritt in der Kette von

Produktions-, Konsumptions-, Weiterverwertungs- und Entsorgungspraktiken. Eine wichtige Transformation finde schon am Kleiderschrank statt, wo Akteure die Entscheidung treffen, ob aussortierte Kleidungsstücke Müll, eine Ware oder ein Hilfsgut werden. An diesem Punkt wird aus einem Alltagsgegenstand je nach Entscheidung eine Ressource. Der hier stattfindende Statuswechsel setze sich, so Wagener-Böck, auch in der Folge fort, wenn die Hilfsorganisation die Kleidungsstücke sortiert. Hier werden die Dinge schließlich auch ethisch kodiert und gleichzeitig mit dem Deutungsmuster eines nachhaltigen Konsums imprägniert. Analog zu Groths These geht auch Wagener-Böck davon aus, dass sich innerhalb des Feldes Altkleiderspende Verteilungsfragen manifestieren – und dies in einer paradoxen Verschränkung von Überfluss und Begrenzung.

An der Frage der Verteilung setzen auch *Lars Winterbergs* Überlegungen zu globaler Ungleichheit an. Ressourcenarmut – so Winterberg – sei der Effekt von Zugang oder Zuweisung. In dekonstruierender Perspektivierung steht deshalb die Frage im Zentrum, wie »transnationale soziale Ungleichheit kulturell ausgehandelt, also wahrgenommen, gedeutet und verarbeitet wird«. Diese Frage verfolgt Winterberg am Beispiel der Fair-Trade-Bewegung, die sich in den 1990er Jahren aus dem Alternativen Handel entwickelt und zunehmend institutionalisiert hat.

Den eher makroperspektivischen Überlegungen Winterbergs steht der Beitrag von *Regina F. Bendix* gegenüber, die sich mit Vokabularien des Überflusses im Kontext des Lebensmittelmarktes auseinandersetzt. Bendix konstatiert, dass der Ressourcencharakter von Dingen und deren (gefühlter oder wahrgenommener) Verknappung der Kommunikation bedürfen. Das Sprechen über Nahrungsmittel, die kommunikativen Strategien und die damit verknüpften Vokabularien und Terminologien – z.B. Butterberg, Mülltauchen – werden für Bendix zu wertvollen Quellen einer kulturanthropologischen Knappheits- oder Ressourcenforschung. Wenn als krumm oder hässlich – und damit schwer oder gar nicht verkäufliches – Gemüse heute in Supermärkten als einzigartig bezeichnet wird, dann werden dabei auch neue Inwertsetzungsstrategien sichtbar, die an Nachhaltigkeitsdebatten anknüpfen. In einer historischen Perspektivierung diskutiert Bendix die These, dass sich die Vokabularien von Überfluss und Verschwendung seit der Anrufung der Milchseen und Butterberge zugunsten der Betonung von Selbstverwirklichung oder der Freizeitgestaltung – z.B. Dumpster Diving – verschoben hätten. Zwar ließen sich in den Praktiken selbst auch Formationen des

Protests und politisches Handeln ausmachen, doch deuteten »das Vokabular und dessen diskursive Einbettung [...] vielmehr auf Individualismus, Abenteuer und Unabhängigkeit«.

Bendix' Analyse verweist einerseits auf die Mehrdeutigkeiten der sich einen sprachlichen Ausdruck gebenden kulturellen Praktiken, die überaus vielfältig sind und in unterschiedlicher Schwerpunktsetzung nebeneinander existieren (Mülltauchen als neue Form neben klassischeren Verteilungs- und Umwertungsagenturen wie die sogenannten Tafeln). Andererseits bilden sich in den Vokabularien Prozesse der Inwertsetzung und Umdeutung ab. Diesem Mechanismus ist auch der folgende Beitrag von *Maria Grewe* auf der Spur. Grewe stellt die Frage, wie und warum sich Reparaturcafés entwickelt haben und welche Motivationen Menschen antreiben, kaputte Geräte selbst zu reparieren. Reparieren sei zwar eine Kulturtechnik mit einer langen Geschichte, heutige Formen müssten jedoch mit spezifischen soziokulturellen und politischen Rahmen und Diskursen kontextualisiert werden. Das Reparieren in Reparaturcafés etwa wird nicht immer aus lebensweltlicher Notwendigkeit heraus betrieben. Viele Akteure verknüpften damit vielmehr Vorstellungen des richtigen, nachhaltigen, ressourcenschonenden und damit global verantwortungsvollen Lebens. Auf einer diskursiven Ebene betonten Reparaturcafé-Initiativen meist den Aspekt der Nachhaltigkeit, der durch das Instandsetzen von Geräten sichergestellt sei. Auf einer individuellen Ebene, so eine These Grewes, würden reparierende Akteure vielfach eine Form von Selbstwirksamkeit erfahren. Angesichts der globalen, kaum durchschaubaren Wirtschaftskreisläufe hätten Akteure hier häufig das Gefühl, aktiv ökologisch und ethisch handeln zu können. Gleichzeitig – und dies erkläre mitunter auch den Erfolg der Initiativen – seien die Reparaturcafés auch soziale Orte, in denen Nachbarschaft interaktiv erzeugt werde.

Diese soziale Dimension verbindet Grewes Beitrag mit dem von *Cordula Endter*, die sich mit den Mobilitätspraktiken in einer sogenannten schrumpfenden Region auseinandersetzt. Wo öffentliche Transportangebote angesichts knapper Kassen reduziert werden, erweise sich Mobilität zunehmend als eine wertvolle und ihrerseits knappe und räumlich gebundene Ressource, »die einerseits begrenzt zur Verfügung steht und andererseits selbst begrenzend wirkt«. Am Beispiel einer Gemeinde in der Berliner Peripherie kann Endter eindrücklich zeigen, wie sich Akteure vor Ort Handlungsmacht zurückerobern, indem sie Mobilität selbst herstellen. Wie bei Bendix und Grewe, so erweist sich auch der von Endter untersuchte Bürgerbus als vielschichtig: Bürgerbus-Fahren, so Endter, ist nicht nur eine politische Praxis, es geht ebenso um die Konstruktion von Gemeinschaft und Identität, um das Herstellen und Nutzen von Wissensbeständen. Schließlich sei der Bürgerbus in Rückgriff auf die Akteur-Netzwerk Theorie auch eingebettet in ein sozio-technisches Netzwerk verschiedenster menschlicher und nichtmenschlicher Akteure. Bürgerbus-Fahren werde zu einer Ressource, die es Menschen vor Ort erlaube, Alltag, Zeit und lokales Miteinander selbstbestimmt zu gestalten.

Die beiden abschließenden Fallbeispiele diskutieren Knappheit im Kontext von Architektur und Denkmalpflege. *Johannes Warda* fragt danach, in welchen gesellschaftlichen Kontexten Nachhaltigkeits- und Ökologie-Konzepte in den denkmalpflegerischen Diskurs aber auch in konkrete restauratorische Praktiken Einzug hielten. Auch in Wardas Beispiel klingt die Ambivalenz zwischen Knappheit oder Mangel und Überfluss durch: Mit dem Begriff der »Denkmälermasse« war Anfang der 1980er Jahre ein Problem versprachlicht, das sich aus der Erweiterung des Denkmalbegriffs ergab. Andererseits war Architektur in ihrer Materialität, so Warda, etwa ab den 1960er Jahren zunehmend auch als denkmalpflegerische, knappe Ressource konzeptionalisiert. Mit dem Auftauchen des Begriffs »Wegwerfarchitektur« 1963, der kritisch auf die Stadterneuerungspolitik in der BRD reagierte, war ein Deutungsmuster formuliert, das es im Gegenzug nahelegte, Altbauten nicht – wie vielfach praktiziert – abzureißen, sondern als Ressource zu begreifen, zu reparieren und instand zu setzen. Warda verbindet denkmalpflegerische Diskurse mit den je zeitgenössischen Diskursen um Ökologie und Nachhaltigkeit. Die Materialität – so schließt Warda – sei nicht mehr nur geschichtskulturell relevant, sie sei mit der diskursiven Betonung von Nachhaltigkeit und Ökologie zunehmend als Ressource verstanden.

Auch *Dorothee Hemme* begreift Häuser in ihrem Beitrag als Ressource – wenngleich aus einer anderen Perspektive. Häuser werden – so nimmt Hemme in Anlehnung an Tim Ingolds Überlegungen zur Anthropologie des Tuns an – nach ihrer Erbauung zu einer Ressource: Sie können in vielfältiger Weise genutzt (bewohnt, vermietet, verkauft etc.) werden. Historische Häuser würden etwa durch denkmalpflegerische Interventionen in einem öffentlichen Diskurs einerseits zu geschichtskulturellen Ressourcen. Andererseits würden sie in Zeiten knapper öffentlicher und auch privater Mittel mitunter zu ökonomische Ressourcen verschlingenden Risiken, wenn baufällige Häuser einen hohen Aufwand in der Instandhaltung oder Reparatur benötigten. Letzteres war in Hemmes Fallbeispiel der südniedersächsischen Kleinstadt Hannoversch-Münden der Fall, wo im Rahmen eines eigens initiierten

Denkmalkunstfestivals ein baufälliges Haus in der Altstadt in einer Form der kollektiven Zusammenarbeit instandgesetzt werden sollte. Hemme zeigt, wie das Haus mit der Gründung einer Genossenschaft und in der Praxis des Renovierens in ein Allmendgut transformiert wurde. Als zentrale Kriterien für den Erfolg des Festivals sieht Hemme dabei neue Formen bürgerschaftlichen Engagements sowie damit verbunden die auch von Groth problematisierten Kooperationsformen, die im Fall Hannoversch-Mündens enormes Kapital an Wissen und handwerklichem Können mobilisierten.

Ausgehend von den Beiträgen dieses Bandes unterstreicht *Michaela Fenske* in ihren abschließenden Überlegungen insbesondere zwei grundlegende Dimensionen, die eine kultur- und sozialwissenschaftliche Auseinandersetzung mit Knappheit, Mangel und Überfluss kennzeichnen: Dies ist einerseits die Frage nach Macht und Hierarchien, die sich im jeweiligen Umgang mit Ressourcen materialisierten. Und andererseits die in Diskursen über diesen Umgang eingeschriebenen ethischen und moralischen Vorstellungen über das gute Leben oder das richtige Maß – also über die Einhegung von Entgrenzungen. Eine offene Frage, die Fenske gerade in dieser letzten Perspektivierung aufwirft, ist die nach der Rolle von Religion und religiöser Deutung. Fenske plädiert wie einige Beiträge dieses Bandes für eine historische Dimensionierung des Umgangs mit knappen Ressourcen: Kulturwissenschaftlich von Interesse sei dabei die jeweilige Aktualisierung des Themas, die Anpassung an immer wieder neue Kontexte. Gleichzeitig verbindet Fenske damit eine zukunftsorientierte Sichtweise, fordere doch der Blick in die Vergangenheit geradezu dazu auf, »sich von ebenfalls von Menschen gemachten Zwängen scheinbarer Alternativlosigkeit zu befreien und über neue Möglichkeiten dessen, was mensch zum Leben braucht und wie eine möglichst optimale Verteilung aussehen könnte, nachzudenken.«

Dieses Nachdenken findet nicht nur selbstreflexiv und engagiert in den vielen Praktiken, Initiativen und Feldern statt, die die Beiträge dieses Bandes kultur- und sozialwissenschaftlich in den Blick genommen haben.[13] Vielmehr sei dieses Nachdenken, so Fenske bezugnehmend auf eine Forderung, die Gisela Welz im Rahmen der Tagung formuliert hat, auch für die wissenschaftliche Beschäftigung mit Knappheit, Mangel und Überfluss theoretisch

---

13 Weiterführende Fragen sind pointiert zusammengefasst in: Fenske, Michaela, »Tagungsbericht: Zum Umgang mit begrenzten Ressourcen. Kulturwissenschaftliche Positionen, 13.11.2014 – 15.11.2014 Kiel«, in: H-Soz-Kult, 11.12.2014, http://www.hsozkult.de/conf erencereport/id/tagungsberichte-5751 (14.07.2015).

wie programmatisch weiter zu forcieren: Wie sollten sich Kultur- und Sozialwissenschaften angesichts der globalen Probleme um die Verteilung von Ressourcen positionieren? Wie kann unser produziertes Wissen – etwa die Dekonstruktion von Macht und Hierarchie in der Nutzung von Ressourcen oder die diskursive wie praktische Markierung von Besitzansprüchen an diesen – gesellschaftlich nützlich sein? Und auf welcher ethischen oder moralischen Basis kann eine kulturwissenschaftliche Kritik am Umgang mit Knappheit, Mangel oder Überfluss formuliert werden?

Literatur

Abbott, Andrew, »The Problem of Excess«, in: *Sociological Theory* 32 (2014), S. 1–26.
Berghoff, Hartmut/Tanner, Jakob, *Wirtschaftsgeschichte als Kulturgeschichte. Dimensionen eines Perspektivenwechsels*, Frankfurt am Main 2004.
Dingler, Johannes, *Postmoderne und Nachhaltigkeit. Eine diskurstheoretische Analyse der sozialen Konstruktionen von nachhaltiger Entwicklung*, München 2003.
Daoud, Adel, »Robbins and Malthus on Scarcity, Abundance, and Sufficiency: The Missing Sociocultural Element«, in: *American Journal of Economics and Sociology* 69:4 (2010), S. 1206–1229.
Geiger, Theodor, *Konkurrenz. Eine soziologische Analyse*, hg. von Rodax, Klaus (Theodor Geiger Gesamtausgabe, Abt. VI: Wirtschafts- und Betriebssoziologie 1), Frankfurt am Main 2012 [im dän. Original 1941].
Giddens, Anthony, *The Constitution of Society. Outline of the Theory of Structuration*, Oxford 1984.
Grober, Ulrich, *Die Entdeckung der Nachhaltigkeit. Kulturgeschichte eines Begriffs*, München 2013.
Grunwald, Armin/Kopfmüller, Jürgen, *Nachhaltigkeit. Eine Einführung*, 2. Aufl., Frankfurt am Main/New York 2012.
Hahn, Hans-Peter, »Notizen zur Umwertung der Werte. Perspektiven auf ökonomische Konzepte im interdisziplinären Diskurs«, in: Klein, Inga/Windmüller, Sonja (Hg.), *Kultur der Ökonomie. Zur Materialität und Performanz des Wirtschaftlichen*, Bielefeld 2014, S. 17–36.
Haller, Dieter, »Replik auf Monika Dommann *Reden über Geld! Aber Wie? Und Wozu?*«, in: Möhring, Maren u.a. (Hg.), *Knappheit. Zeitschrift für Kulturwissenschaften 1* (2011), S. 123–128.
Hart, Keith/Hann, Chris, *Economic Anthropology*, Cambridge u.a. 2011.
Herzfeld, Michael, »Economies«, in: ders.: *Anthropology. Theoretical Practice in Culture and Society*, Malden u.a. 2006, S. 90–117.
Klein, Michael/Rumpfhuber, Andreas, »Knappheit, Austerität und die zeitgenössische Stadt«, in: *dérive. Zeitschrift für Staatforschung. SCARCITY: Austerity*

URBANISM 55 (2014), S. 4–9. Online: http://www.derive.at/index.php?p_case=2&id_cont=1232&issue_No=55 (26.06.2015).

Lamla, Jörn, »Exzessiver Konsum: Was behindert die Erfahrung von Endlichkeit? Antworten der soziologischen Theorie«, in: Bihrer, Andreas u.a. (Hg.), *Endlichkeit. Zur Vergänglichkeit und Begrenztheit von Mensch, Natur und Gesellschaft*, Bielefeld 2015, im Erscheinen.

Lewis, Jerome, »Managing abundance, not chasing scarcity: the real challenge for the 21st century«, in: *Radical Anthropology* 2 (2008), S. 11–18.

Löfgren, Orvar/Czarniawska, Barbara, »Changing Perspectives on the Management of Overflow«, in: Czarniawska, Barbara/Löfgren, Orvar (Hg.), *Coping With Excess. How Organizations, Communities and Individuals Manage Overflows*, London 2013, S. 1–10.

Minowitz, Peter, »Adam Smith's Invisible Hands«, in: *Econ Journal Watch* 1/3 (2004), S. 281–412.

Panayotakis, Costas, »Scarcity at a Time of Capitalist Crisis«, in: *dérive. Zeitschrift für Stadtforschung. SCARCITY: Austerity URBANISM* 55 (2014), S. 10–14.

Plumpe, Werner, »Die Geburt des ›Homo oeconomicus‹. Historische Überlegungen zur Entstehung und Bedeutung des Handlungsmodells der modernen Wirtschaft«, in: Reinhard, Wolfgang/Stagl, Justin (Hg.), *Menschen und Märkte. Studien zur historischen Wirtschaftsanthropologie*, Wien u.a. 2007, S. 319–352.

Polanyi, Karl, *The Great Transformation. Politische und ökonomische Ursprünge von Gesellschaften und Wirtschaftssystemen*, Frankfurt am Main 1978.

Robbins, Lionel, *An Essay on the Nature and Significance of Economic Science*, London 1932.

Rössler, Martin, *Wirtschaftsethnologie. Eine Einführung*, 2. Aufl., Berlin 2005.

Samuelson, Paul A./Nordhaus, William D., *Economics*, 16. Aufl., New York u.a. 1998.

Seiser, Gertraud, »Neuer Wein in alten Schläuchen? Aktuelle Trends in der ökonomischen Anthropologie«, in: *Historische Anthropologie* 2 (2009), S. 157–177.

Simmel, Georg, »Soziologie der Konkurrenz«, in: *Aufsätze und Abhandlungen* 1901-1908, hg. von Kramme, Rüdiger u.a., Frankfurt am Main 1995, S. 221–246 [Original 1903].

Tauschek, Markus, »Energiepioniere«. Eine kulturanthropologische Forschungsskizze zu Endlichkeit und Agency im Kontext erneuerbarer Energien«, in: Bihrer, Andreas u.a. (Hg.), *Endlichkeit. Zur Vergänglichkeit und Begrenztheit von Mensch, Natur und Gesellschaft*, Bielefeld 2015, im Erscheinen.

Ulf, Christoph, »Wettbewerbskulturen zwischen Realität und Konstrukt«, in: Tauschek, Markus (Hg.), *Kulturen des Wettbewerbs. Formationen kompetitiver Logiken*, Münster u.a. 2013, S. 75–95.

Unger, Corinna, »Knappheit - Hemmnis oder Sprungbrett?«, in: Möhring, Maren u.a. (Hg.), *Knappheit. Zeitschrift für Kulturwissenschaften 1* (2011), S. 45–54.

van Suntum, Ulrich, *Die unsichtbare Hand. Ökonomisches Denken gestern und heute*, Heidelberg 2005.

Knappheit –
eine anthropologische Kategorie?

Gisela Welz

In seinem 1932 erschienenen »Essay on the Nature and Significance of Economic Science« postulierte der britische Ökonom Lionel Robbins, dass die Wirtschaftswissenschaften menschliches Verhalten als Beziehung zwischen Bedürfnissen und den nie ausreichenden, immer knappen Mitteln zu ihrer Befriedigung konzeptualisieren. Robbins, der lange Jahre die London School of Economics leitete, gilt in der Historiographie der Ökonomik als Begründer der Volkswirtschaftslehre. Knappheit wurde – und wird in der wirtschaftswissenschaftlichen Lehrmeinung bis heute – als conditio naturalis vorausgesetzt. Variabel sind freilich die Möglichkeiten, angesichts knapper Ressourcen bestimmte Bedürfnisse prioritär zu behandeln, andere zurückzustellen oder zur Befriedigung eines Bedürfnisses alternative Ressourcen als die ursprünglich vorgesehenen zu wählen.[1]

Die menschliche Fähigkeit, angesichts von Knappheit abwägend, vorausschauend oder genügsam zu handeln, wird im Englischen mit dem Verb »to economise« bezeichnet; der Kulturanthropologe Michael Herzfeld (2001) begreift nicht umsonst die Ökonomik als säkulare Kosmologie der westlichen Gesellschaften, denn aus der Universalität der Knappheit leitete sie die Unumgänglichkeit der marktförmigen Regelung des Zugangs zu knappen Ressourcen ab: Nur Märkte, so die Annahme, könnten Angebot und Nachfrage über Preisbildung und Wettbewerb in ebenso rationaler wie effizienter Weise ausgleichen. Dieses Postulat, in dessen Gefolge die individuelle Maximierung von Wert im Rahmen von begrenzten Ressourcen privilegiert und die monetäre Bestimmung von Kosten und Nutzen universalisiert wurde, ist bekanntermaßen nicht unwidersprochen geblieben.

---

[1] Robbins (1930) bezog sich u.a. auf die Schriften des österreichischen Nationalökonomen Carl Menger, der die literarische Figur des Robinson Crusoe und dessen abwägenden und kalkulierenden Umgang mit den knappen Ressourcen seiner Insel als Beispiel wählte (vgl. auch Daoud 2010; Dommann 2011).

Kultur- und Sozialanthropologen haben vor dem Hintergrund historischer Analysen und gesellschaftsvergleichender Komparatistik herausgearbeitet, dass die Vorstellung eines universell nachweisbaren homo oeconomicus in sich eine historisch generierte, kulturspezifische Konstruktion darstellt.[2] Vor dem Hintergrund der Annahme einer ko-evolutionären Entwicklung von menschlicher Biologie und den »auswählenden Erfindungen« des Menschen bezeichnet dagegen Manfred Faßler (2014) den Handlungsbereich des Ökonomischen als eine der überlebenssichernden Anthropotechniken, die die »Energieversorgung (zur Sicherung der funktionalen Körpertemperatur durch Feuer, Schutz, Behausung etc.), die Nährstoffversorgung (Stoffwechselströme) und die Informationserzeugung und -versorgung (Erfahrung, Wissen, Bedenken, Erfinden, Reflexion« (Faßler 2014: 15) gewährleisten. Begrifflich unterscheidet Faßler eine zunächst überlebensorientiert-gruppenbezogene *Versorgung* von der menschheitsgeschichtlich späteren *Bewirtschaftung*. Nicht der homo oeconomicus als rational handelnder, Kosten und Nutzen abwägender Akteur wird für diese Veränderung als entscheidend angesehen, sondern die Fähigkeit, durch Speicher, Konservierungstechnologien, Aufzeichnungssysteme und kalkulative Praktiken über den zeiträumlich und sozial begrenzten Horizont der reinen Versorgungswirtschaft hinaus zu planen. Denkt man diesen Ansatz weiter, kann man vermuten, dass durch die Möglichkeit, Suffizienz langfristig zu erhalten und Überschuss zu speichern, Knappheit überhaupt erst als Deutungsmuster und damit als anthropologisch interessante Kategorie in die Welt kommt.

Der folgende Beitrag versteht sich als Begriffsarbeit, freilich weniger als systematisch vorgehende, historische Genealogie, sondern eher als Versuch, die vermeintliche Selbstverständlichkeit der Zustandsbeschreibung »Knappheit« zu hinterfragen. Die den Wirtschaftssystemen moderner Gesellschaften unterlegte, auf Robbins und andere zurückgehende Knappheitstheorie, wird aktuell in der englischsprachigen Wirtschaftssoziologie kritisch verhandelt (Panayotakis 2014, 2011; Abbott 2014; im Ansatz bereits Daoud 2010) und auch in den deutschsprachigen Geschichts- und Kulturwissenschaften lebhaft diskutiert (Möhring u.a. 2011; Felcht 2014; Felcht/Ritson 2015). Im Folgenden soll gefragt werden, welchen Beitrag die ethnologischen Wissenschaften zu diesen Debatten leisten können. Zugleich will der Beitrag

---

[2] Zur ethnologischen Kritik der Annahme vom homo oeconomicus siehe u.a. Gregory 1996; Herzfeld 2001; Hart/Hann 2011.

einer in der Europäischen Ethnologie, aber auch in anderen Disziplinen verbreitet anzutreffenden Tendenz zum blackboxing von Begriffen entgegenwirken, die von deutungsmächtigen Wissensformationen wie der Ökonomik belegt werden. Abschließend stelle ich zur Diskussion, ob wir – neben einer kritischen, anthropologischen Knappheitstheorie – auch ein ethnologisch fundiertes Verständnis davon brauchen, wie Überfluss in die Welt kommt.

Kultur als Ressource

Die Wirtschaftswissenschaften sind als Disziplin und als besonders deutungsmächtige Wissensformation moderner Gesellschaften entstanden, indem sie sich als Experten für die möglichst effiziente Allokation von Ressourcen profiliert haben. Im wirtschaftswissenschaftlichen Begriffshorizont werden unter Ressourcen alle Bedingungen und Stoffe gefasst, die Produktionsprozesse ermöglichen, also auch jene »Produktionsfaktoren«, die zur Herstellung anderer wirtschaftlicher Güter notwendig sind (vgl. Steven 1998). Klassische wirtschaftswissenschaftliche Definitionen nennen typischerweise Arbeit, Kapital und Boden als Ressourcenkategorien, neuere Ansätze ersetzen Boden häufig durch sogenannte natürliche Ressourcen, also beispielsweise Wasser, Primärrohstoffe wie Bodenschätze oder auch den Faktor Umwelt (vgl. u.a. Wacker u.a. 1999).

Die Beiträge in diesem Sammelband setzen sich mit zeitgenössischen Umgangsweisen mit »begrenzten Ressourcen« auseinander. Was aber genau meinen wir, wenn wir von Ressourcen sprechen? Die ethnologischen Wissenschaften haben, ähnlich wie die Geschichtswissenschaft, keinen »eigenen« Ressourcenbegriff entwickelt, sondern operieren weitgehend innerhalb der ökonomistisch vorgegebenen Begriffsparameter. Den ethnologischen Wissenschaften wird freilich im interdisziplinären Feld die Kompetenz für eine spezifische Sparte, nämlich die der kulturellen Ressourcen, zugeschrieben. »Cultural resources« hat sich im angloamerikanischen Sprachgebrauch als Oberbegriff für heritage, tradition, folk culture, indigenous knowledge und cultural property eingebürgert und neue Anwendungssektoren und Ausbildungsgänge für die Cultural Anthropology eröffnet. Die damit verbundenen und wachsenden Problematiken sind im Zusammenhang der staatlichen und transstaatlichen Regulation von heritage und der Kommodifizierung und Privatisierung von cultural property schon vielfach angesprochen und analysiert worden.³

Kultur, verstanden als Ressource, ist freilich nicht unbegrenzt. Sie kann verschwinden, weil sie nicht praktiziert oder nicht mehr weitergegeben wird oder weil diejenigen, die sie praktizieren und kennen, selbst bedroht sind von Vertreibung, Hunger, Krankheit, Völkermord. Aber prinzipiell ist Kultur – wie viele immaterielle Güter – eine erneuerbare Ressource. Die Weltbank beispielsweise sieht hier ein großes Wachstumspotential insbesondere für Schwellenländer und sogenannte sich entwickelnde Gesellschaften, die ihre »cultural assets« – beispielsweise die Einzigartigkeit der historischen Altstädte der urbanen Zentren Afrikas, des Nahen Ostens und Asiens – noch sehr viel stärker für Tourismus und Immobilienwirtschaft nutzen könnten. Die damit zusammenhängenden Probleme, auf die kritische Kulturanthropolog/innen hinweisen, haben zu tun mit der Privatisierung kollektiver Güter, die durch die ökonomische Inwertsetzung von kulturellen Artefakten, Praktiken und Wissensformen in Gang gesetzt wird. Wenn im Titel des Sammelbandes von begrenzten Ressourcen die Rede ist, geht es freilich nicht primär um kulturelle Ressourcen, sondern vielmehr um die Fähigkeit der ethnologischen Disziplinen, und insgesamt der Sozial- und Geisteswissenschaften, die heute mehr denn je von der Konkurrenz um Primärrohstoffe wie Bodenschätze oder fossile Brennstoffe getriebene Geopolitik informiert zu analysieren.

Die wirtschaftswissenschaftliche Subdisziplin der Ressourcenökonomie spricht von »erschöpfbaren« Ressourcen, wenn sie Primärrohstoffe meint, deren Verbrauch das Vorkommen verringert oder sogar komplett vernichtet.⁴ Diskutiert wird, ob die der Menschheit heute zur Verfügung stehenden Ressourcen mit dramatischer Geschwindigkeit zur Neige gehen und die

---

3 In Deutschland insbesondere durch die Arbeiten der in Göttingen angesiedelten und von Regina Bendix geleiteten Forschergruppe (Bendix/Hafstein 2010; Bendix u.a. 2012; Groth u.a. 2015).

4 Regenerierbare Rohstoffe sind demgegenüber solche, deren Vorkommen sich im Lauf der Zeit wieder auffüllt. Wenn aber, wie bei fossilen Brennstoffen, die Regenerationszeiten in Jahrmillionen zu kalkulieren sind, fällt hier die Erneuerbarkeit sozusagen nicht ins Gewicht. Eine dritte Kategorie, die die Ressourcenökonomik unterscheidet, die aber in medialen und politischen Diskursen oft mit den regenerierbaren Rohstoffen vermischt wird, sind die reproduzierbaren Ressourcen, die nachwachsen oder »deren Reproduktionsprozess durch menschliche Eingriffe gesteuert werden kann« (Wacker/Blank 1999: o.S.).

»Grenzen des Wachstums«, wie es in dem berühmten Bericht des Club of Rome hieß, längst erreicht sind. Verspricht die Erschließung neuer Ressourcen bzw. die Entwicklung neuer technologischer Optionen zur besseren Nutzung bereits verfügbarer Ressourcen einen Ausweg aus der Sackgasse oder implizieren gerade diese Technologien nicht kalkulierbare Risiken, die ihre Nutzung hoch problematisch erscheinen lassen, wie beispielsweise die nukleare Energieproduktion oder die Schiefergasextraktion durch sogenannte Fracking-Verfahren.

Die Rohstoffausbeutung interveniert immer in hochdynamische ökologische – will sagen biologische und geophysische – Systeme, mit teils bekannten, teils unbekannten Folgen. Das gilt gleichermaßen für den Braunkohletagebau, den Anbau von »nachwachsenden« Ressourcen wie Biomasse für die Energieerzeugung oder das sogenannte Ernten von ubiquitären, natürlich vorkommenden Organismen, wie z.b. wildlebenden Meeresfischen. Deswegen geht es letztlich nie allein nur um Vorkommen oder Verfügbarkeit von biophysischen Stoffen, sondern immer auch um die Integrität und Resilienz von Lebensräumen. Wenn also Umweltschutzorganisationen, Klimaexperten, Ressourcenökonomen und Energiepolitiker mahnen, dass die prosperierenden Gesellschaften der frühindustrialisierten Länder, aber auch die wirtschaftlich starken Schwellenländer, Raubbau an den verfügbaren Ressourcen und damit an der Zukunft der Menschheit, ja der gesamten Biosphäre der Erde betreiben, sind nicht nur Primärstoffe angesprochen, also z.B. energetische Ressourcen, wie in der Diskussion um peak oil und die Energiewende. Es geht in erheblichem Maße auch um sogenannte Umweltgüter wie z.B. die sogenannten Ökosystemdienstleistungen (»ecosystem services«).

Umweltökonomen gehen davon aus, dass die Biodiversität einer Auenlandschaft oder die gute Wasserqualität von Oberflächengewässern Güter sind, die eine hohe Bedeutung für die Allgemeinheit haben, weil sie die Regenerationsfähigkeit, Resilienz und ökologische Integrität von Lebensräumen – für Menschen, für andere Lebewesen – erhalten und positiv beeinflussen. Dass sich diese Fähigkeit nicht nur messen lässt, sondern auch volkswirtschaftlich einpreisen und sogar in neue Formen der Inwertsetzung überführen lässt, zeigt die Finanzialisierung des Naturschutzes und ist längst in Raumordnung und Umweltschutz auch in Deutschland implementiert.[5]

---

5 Kritische Ansätze und empirische Forschungen vgl. u.a. Büscher u.a. 2014.

Diese Entwicklungen sind deswegen auch für Sozial- und Kulturanthropologinnen und -anthropologen interessant, weil hier wichtige kategoriale Unterscheidungen und kulturell geformte Vorannahmen neu verhandelt und letztlich so verändert werden, dass sie die Kriterien für eine »effiziente« Allokation und nachhaltige, sprich die Bedürfnisse zukünftiger Generationen schützende Ressourcennutzung durch kalkulative Verfahren und marktförmige Zugangs- und Verfügungsregeln festlegen.

Die Verfassung der Allmende

Wenn Politiker die Begrenztheit der Ressourcen beschwören, bekommt man oft den Eindruck, dass bestimmte in der Umwelt vorkommende oder von Menschen gemachte Güter quasi naturgemäß als Ressource kategorisierbar sind. Als Kultur- und Sozialanthropologen muss uns freilich genau diese Form der Klassifizierung als Ergebnis einer kulturellen Operation interessieren. Wie werden Ressourcen gemacht?

Wenn wir konsequent konstruktivistisch denken, dann sind Ressourcen nicht der menschlichen Praxis vorgängig, sondern werden immer erst durch Technologien, Wissen, Diskurse und Recht hergestellt. Die rechtlichen Regelungen, die den Handel mit Umweltgütern ermöglichen, aber auch die Messtechnologien, die diese überhaupt als marktförmige Einheiten hervorbringen, werden hier wichtig. Das Zur-Neige-Gehen eines Stoffes, die Seltenheit eines Gutes oder die durch menschliche Interventionen bedrohte Regenerationsfähigkeit eines Ökosystems per se konstituiert keine »Knappheit« einer Ressource, sondern die metrologischen und technologischen Operationen, die diesen Zustand sichtbar machen, und die wissen(schaft)sbasierten Ansprüche, die diesen Zustand dann als Knappheit definieren, machen Güter knapp.

Obwohl es zahlreiche empirische Studien von Sozial- und Kulturanthropologen zur Konkurrenz zwischen und innerhalb von Gesellschaften um Boden, Wasser, Bodenschätze und andere als Ressourcen klassifizierbare Güter gibt (vgl. Herzfeld 2001), ist nicht nur Knappheit, sondern auch die Kulturalität des Konzepts »Ressource« selbst, seine soziale Konstruktion und seine materielle, vor allem techno- und metrologische Herstellung bisher selten Gegenstand anthropologischer Forschungen gewesen.[6] Erdöl- und Gasförderung, Staudammprojekte, Bergbau, die Rodung von Regenwäldern und ähnliche Eingriffe, die den Energie- und Rohstoffverbrauch der industriellen und sich industrialisierenden Gesellschaften decken sollen, haben zwar zahlreiche Sozial- und Kulturanthropologinnen und -anthropologen zu Forschungen motiviert (vgl. Argyrou 2005). Viele Ethnographen nehmen mit ihren Forschungen dezidiert Partei für indigene Gruppen, deren Lebensgrundlagen durch die Ressourcenausbeutung durch westliche oder metropolitane Wirtschaftsakteure gefährdet sind und die nicht in angemessener Weise an den Einnahmen der Rohstoffextraktion beteiligt werden.

Das kritische Potential dieser Studien resultiert aber weniger aus einer Theoretisierung und Dekonstruktion des Ressourcenbegriffs, als aus der in der Kontrastierung kulturspezifischer Vorstellungen indigener Gruppen, die individuelles Eigentum an Boden und Umweltgütern und deren Handelbarkeit in Marktkontexten ausschließen, mit gängigen westlichen Vorstellungen von Ressourcen als proprietären Wirtschaftsgütern. Diese Befunde werden nicht nur von Kulturanthropologen, sondern auch von Vertretern kritischer Positionen in den Wirtschaftswissenschaften als Gegenargument aufgenommen gegen die Annahme, dass nur die Vermarktlichung von Umweltgütern und von Ressourcen insgesamt eine effiziente, auf langfristigen Erhalt und gerechte Nutzenverteilung orientierte Regulation bietet.

So legte vor dem Hintergrund von empirischen Forschungen in verschiedenen modernen und vormodernen Gesellschaften die 2012 verstorbene amerikanische Politikwissenschaftlerin Elinor Ostrom wichtige Erkenntnisse über die Regeln vor, die in unterschiedlichen Kulturen dafür sorgen, dass Kollektivgüter nicht von einzelnen vereinnahmt oder von einer einzigen Generation verbraucht werden. Ostrom, die 2009 den Nobelpreis für Ökonomie erhielt, hat mit ihrem Lebenswerk und insbesondere mit dem 1994 erschienenen Buch »Governing the commons. The Evolution of Institutions for Collective Action«, gewichtige Gegenargumente gegen die verbreitete wirtschaftswissenschaftliche Lehrmeinung, dass nur Privateigentum eine effektive Ressourcennutzung garantiere, vorgebracht.[7]

---

6 Dies wird eher in empirischen Studien anderer Disziplinen geleistet, die den Science and Technology Studies (Beck 2012) oder der Political Ecology nahestehen (vgl. Goldman u.a. 2010).

7 Dabei differenzieren Ostrom und ihre Kooperationspartner, zu denen auch Kulturanthropologen gehörten, genuine Allmendegüter (»common-pool resources«) von

Das 1999 unter dem Titel »Die Verfassung der Allmende« in Deutschland erschienene Buch präsentiert die vergleichende Analyse von Fällen, in denen Gemeinden oder ganze Regionen Landnutzung und den Zugang zu anderen Ressourcen wie beispielsweise die Bewässerung der Anbauflächen gemeinschaftlich organisieren und folgert, dass es keinesfalls zu einer »Ressourcenverschlechterung« kommt (Ostrom 1999: 78), wenn knappe Ressourcen nicht in Privateigentum überführt werden, sondern von allen Mitgliedern einer Gemeinschaft genutzt werden. Entscheidend ist die Entwicklung und Anwendung von Allokationsregeln, die eine Übernutzung durch einzelne ganz oder weitgehend ausschließen. Sie betont auch, dass es sich nicht einfach um ein Relikt historisch älterer Formen von Verfügungsrechten handele bzw. um Situationen, in denen Privateigentum unbekannt oder unüblich sei. Vielmehr handele es sich um zeitgenössische Praktiken, für die sich Gemeinden bewusst entschieden hätten. Ostrom widerlegte damit die mit dem Begriff der »Tragik der Allmende« (Hardin 1968) verbundene These, dass Gemeineigentum immer die Gefahr der Vernutzung durch ungeregelten Zugriff egoistischer Individuen berge. Aktuelle globalisierungs- und kapitalismuskritische Bewegungen und Projekte beziehen sich vermehrt auf Ostroms Forschungsergebnisse, um zu betonen, dass Menschen ohne staatliche Intervention sehr wohl in der Lage sein können, in nachhaltiger Weise Kollektivgüter zu bewahren und zu nutzen.

Ethnographische Perspektiven

Die Sozialanthropologen Keith Hart und Chris Hann (2011) definieren Mangel – auch Insuffizienz genannt – als Fehlen von Gütern, die zum Überleben notwendig sind. Ein oft gewähltes Beispiel ist der eingeschränkte Zugang zu sauberem Trinkwasser, der viele Menschen in Ländern des Globalen Südens betrifft. Mangel als Begriff meint ein Fehlen von ausreichenden Lebens-Mitteln im Sinne des Wortes, das insofern nicht hintergehbar und invariabel ist, als dass die Biologie der Spezies Mensch ein Überleben ohne

---

modernen Gemeingütern, also z.B. öffentlichem Eigentum an Infrastruktur (»public goods«) und dem, was Wirtschaftswissenschaftler als Klubgüter bezeichnet, also z.B. Eigentümergemeinschaften (»toll goods«) (vgl. Acheson 2011). Zu einer Einschätzung der Bedeutung von Ostroms Forschungen für die Wirtschaftswissenschaften siehe auch Kliemt 2009.

Trinkwasser, Atemluft und Zufuhr von Nährstoffen nicht zulässt.[8] Als Suffizienz bezeichnet man das ausreichende Vorhandensein von materiellen Mitteln, die für das Überleben notwendig sind. Hart und Hann (2011) betonen, dass in den meisten Gesellschaften Menschen härter und länger arbeiten, als es die Herstellung und Aufrechterhaltung eines Niveaus der Suffizienz erfordern würde. Historisch generierte und kulturell induzierte Bedarfslagen gehen weit über das Maß dessen, was man zum Überleben benötigt, hinaus.

Umgekehrt entsteht Bedürftigkeit nicht erst dort, wo keine Lebens-Mittel zur Verfügung stehen. Der Soziologe Stephan Lorenz hat über die nichtstaatlich organisierte Versorgung von Bedürftigen mit gesammelten und gespendeten Lebensmitteln in der Bundesrepublik Deutschland geforscht. Lorenz benennt eine paradoxe Ausgangssituation: In einer Situation gesellschaftlichen Reichtums wird existentielle Unterstützung, die die sogenannten Tafeln in vielen Städten anbieten, stark nachgefragt, gleichzeitig ist es gerade die Überflussgesellschaft, die in hohem Maße Überschuss herstellt, der dann wiederum »Ressource des Verteilens« wird (Lorenz 2012: 11). Lorenz stellt klar, dass in unserer Gesellschaft heute Lebensmittel »nicht prinzipiell rar« sind und »physiologischer Hunger« (Lorenz 2012: 22) zumeist nicht die Ausgangsproblematik darstellt, sondern dass es soziale Gruppen gibt, die sich – aus unterschiedlichen Gründen – nicht ausreichend am Markt mit Lebensmittel versorgen können.[9] Lorenz betont, es sei kein Mangel-, sondern ein Zugangsproblem, dahinter stehe also nicht Ernährungsarmut, sondern Teilhabeproblematik. Beobachtet wird, dass Empfänger staatlicher

---

8 Wirtschaftsethnologen, so kritisieren die Kulturwissenschaftler Möhring und Schüttpelz und der Ethnologe Zillinger, gingen bisher meistens davon aus, dass Knappheit selbst nicht kulturell konstruiert sei, sondern manifeste und eindeutige Folge eines Missverhältnisses von Ansprüchen und Angeboten, also letztlich einem Zustand von Mangel gleichzusetzen sei, dem Menschen immer mit einem »rationalen Handlungskalkül« (Möhring u.a. 2011: 12) begegnen. Was kulturell variiere, so die Perspektive der konventionellen Wirtschaftsethnologie, sei, wie die Akteure kulturabhängig rational kalkulieren, also welche Bedürfnisse sie priorisieren und welche Kosten – monetär, sozial, politisch – sie gewillt sind, einzugehen, um die Bedürfnisse zu befriedigen (vgl. auch Unger 2011: 48).

9 Einer der global prominentesten Wirtschaftsexperten, Amartya Sen, hat nachgewiesen, dass der Grund für Hunger und Mangelernährung in Gesellschaften des globalen Südens die dort herrschende Verteilungsungerechtigkeit und nicht etwa ein durch nicht ausreichende Produktion erzeugter Mangel an Lebensmitteln sei (vgl. Drèze und Sen 1991). In ähnlicher Weise unterscheiden Politikwissenschaftler wie Ulrich Preuß die »physischmaterielle Knappheit« von Gütern von den Zugangsmöglichkeiten zu Gütern (vgl. Preuß 2010).

Transferleistungen zunehmend gezwungen sind, zwischen der Befriedigung verschiedener Basisbedürfnisse zu wählen: Stromrechnung bezahlen oder Essen kaufen, Heizung oder eine warme Mahlzeit?[10] Viele planen daher die Lebensmittelverteilung etwa der Tafeln in ihrer persönlichen Lebensführung fest ein, um Geld sparen zu können, das sie an anderer Stelle einsetzen wollen oder müssen.

»Making ends meet« oder »making do with less« nennt der Europäische Ethnologe Orvar Löfgren diejenigen häufig informell überlieferten Praktiken des Haushaltens und Wirtschaftens mit begrenzten Mitteln, die Bestandteil des alltagskulturellen Wissens auch unserer Wohlstands- und Überflussgesellschaften sind: »The management of scarcity develops its own arsenal of strategies and tactics« (Löfgren/Czarniawska 2013: 6). Löfgren betont, dass diese besonders augenfällig werden in Situationen des Übergangs und der Krise. Zum einen sind dies in kurzer Zeit beobachtbare Wohlstandsentwicklungen oder der Wechsel von einer Situation akuten Mangels in eine der Versorgungssicherheit und Angebotsvielfalt.

Die Studie »Food for Thought« von Julia Bernstein (2010) zeigt beispielsweise die Reaktionen von Auswanderern aus der ehemaligen Sowjetunion auf das schier unerschöpflich scheinende Lebensmittelangebot in deutschen Supermärkten. Umgekehrt sind für die ethnographische Forschung aber auch Praxisformen interessant, die entstehen, wenn Gruppen oder ganze Gesellschaften von relativem Wohlstand und gesicherter Versorgung in Situationen von Versorgungsunsicherheit gedrängt werden, wie dies insbesondere durch die dramatisch angestiegene Arbeitslosigkeit, Obdachlosigkeit und mangelnde medizinische Versorgung in den südeuropäischen Krisenländern gerade geschieht, aber auch osteuropäische Länder betrifft, die mit dem EU-Beitritt eine durchgreifende Neoliberalisierung ihrer postsozialistischen Wirtschaft eingeleitet haben.

Praxen, mit denen soziale Akteure auf neue Armut und soziale Deklassierung reagieren, nicht zuletzt vor dem Hintergrund von Austeritätspolitik und neoliberalen Spardiktaten, werden im Rahmen von Konsum- und Wachstumskritik von sozialen Bewegungen, auch in den »Wohlstandsgesellschaften«, als Beispiele von Widerständigkeit und sozialer Kreativität entdeckt und neu bewertet.

---

10 Vgl. Karl-Michael Brunners Beitrag zum Thema Energiearmut in diesem Band.

Low-budget urbanity, das an der Hafen City University angesiedelte und von Alexa Färber geleitete Forschungsprojekt, beschäftigt sich anhand von Fallstudien in Hamburg und Berlin mit derartigen Praktiken (vgl. Färber 2014). Städtische Lebensmittelversorgung ist dafür ein ethnologisch besonders produktives Feld, wie der kürzlich erschienene, von Regina Bendix und Michaela Fenske herausgegebene Band »Politische Mahlzeiten« (2014) beweist. Auch in dem Frankfurter Lehrforschungsprojekt mit dem Titel »food / waste / share« haben 2013 und 2014 Studierende der Kulturanthropologie und Europäischen Ethnologie eigenständige Forschungen entwickelt und durchgeführt – u.a. zur Praxis des »Containerns«, also der Mitnahme von entsorgten, aber noch genießbaren Lebensmitteln aus Abfallbehältern etwa von Supermärkten, zum »urban gardening« und zur »solidarischen Landwirt-schaft«, zur Verteilung von Lebensmittelspenden an Bedürftige, zu online-Plattformen, auf denen Privathaushalte überschüssige Lebensmittel zur Ab-gabe anbieten, und zu anderen Formen nichtmonetärer Märkte und Tausch-börsen.

»Moral norms and economic practices are tightly interwoven in economies of scarcity«, schreiben Löfgren und Czarniawska (2013: 6). Die angesprochenen Praxisformen – das »Retten« von entsorgten Lebensmitteln und das »Teilen« mit anderen – sind in hohem Maße moralisch aufgeladen. Essen und Trinken stellen sich zunehmend als ›ethisierte‹ Bereiche sozialer Praxis dar. Es geht darum, gegen ›Verschwendung‹ zu protestieren und das Nebeneinander von ›Überfluss und Mangel‹ in der eigenen Gesellschaft und im globalen Maßstab zu kritisieren.

Knappheitstheoretische Debatten

Die kurz im Überblick skizzierten ethnographischen Fallstudien zeigen, dass Vorstellungen von Mangel und von Verschwendung in der Lage sind, soziale Akteure signifikant zu mobilisieren und dass die Kategorie der Knappheit, ebenso wie des Überflusses, im alltäglichen Handeln der Gesellschaftsteilnehmer hergestellt und zudem hochgradig moralisch aufgeladen werden. Auch in der sozialwissenschaftlichen Theoriebildung intensiviert sich derzeit die Diskussion über die Aussagekraft von Knappheitstheorien und die in sie eingelagerten normativen Vorannahmen und ideologischen Prämissen. So werden frühe Knappheitstheorien, für die das Bevölkerungsgesetz des britischen Nationalökonom Thomas Malthus (1766–1834) exemplarisch steht, mit neuen Ansätzen des 20. Jahrhunderts kontrastiert, die Knappheit als relative und nicht als absolute Größe formulieren. Malthus ging noch davon aus, dass ein exponentielles Wachstum der Weltbevölkerung absehbar zu einem absoluten Nahrungsmittelengpass führen würde, da die Nahrungsmittelproduktion sich nur arithmetisch steigern lasse.

Auch wenn die Faktoren, vor deren Hintergrund dieses Szenario entworfen wurde, ungültig sind, zumindest was die Nahrungsmittelproduktion angeht, so ist die Debatte über die Malthus'sche Theorie nach wie vor lebhaft (Felcht 2015). Auch die in der zweiten Hälfte des 20. Jahrhunderts entwickelte Kritik an der Wachstumsideologie und der Ressourcenvernutzung der frühindustrialisierten westlichen Länder, insbesondere die Expertise des Club of Rome 1972 (»Grenzen des Wachstums«), die als Ausgangspunkt der Nachhaltigkeitsdebatte gesehen wird, wird von manchen Wirtschaftssoziologen, aus meiner Sicht etwas holzschnittartig, als neomalthusianisch begriffen (Daoud 2010).

Der Wirtschaftssoziologe Costas Panayotakis argumentiert, dass die Behauptung, Knappheit sei die vorherrschende Existenzbedingung der Menschheit, dazu dient, die Marktförmigkeit der Ressourcenallokation als einzige Möglichkeit zu legitimieren. Die Annahme des Missverhältnisses von Angebot und Nachfrage verschleiere, so Panayotakis, dass der Kapitalismus genau die Nachfrage erzeuge, die wiederum dieses Missverhältnis produziere. Für eine kapitalismus- und globalisierungskritische Soziologie hat das Argument der Knappheit also eine grundsätzlich ideologische Dimension, die durch die Krisen der globalisierten Ökonomie – so wird gehofft – sichtbar und kritisierbar wird (Panayotakis 2014, 2011).

Der prominente Chicagoer Wirtschaftssoziologe Andrew Abbott hat kürzlich eine wissenschaftshistorische und handlungstheoretische Kritik des Knappheitsbegriffs vorgelegt und dabei angemerkt, dass freilich auch Karl Marx von der Vorannahme universeller Knappheit ausging: »Capital is one long meditation on scarcity« (Abbott 2014: 4). Bei Marx bliebe Knappheit freilich keine »black box«, sondern würde als empirisch analysierbar betrachtet. Bekanntermaßen sähe Marx Knappheit begründet in der ungerechten Allokation des gesellschaftlich erwirtschafteten Überflusses, die wiederum politisch überwunden werden könne. Die Vorannahme, das Güter immer knapp seien, wird von Andrew Abbott als »foundational presumption of most existing social theory« (Abbott 2014: 1), als Grundannahme praktisch der meisten Gesellschaftstheorien bezeichnet und sehr deutlich kritisiert.[11] Man muss also nicht der marxistischen Analyse folgen, um festzustellen, dass die westlichen Wirtschaftswissenschaften mit der Annahme, Knappheit sei ein objektiver Zustand, in einem Atemzug behaupten, dass es ein Handlungsproblem gäbe, nämlich das Management von Knappheit. Daraus folgt dann die Quasinatürlichkeit all der Managementmechanismen, die zur effizienten Bewältigung von Knappheitssituationen eingesetzt werden.

Aus kulturanthropologischer Perspektive erscheint es demgegenüber sinnvoll zu fragen, welche Zustände für welche sozialen Akteure als Knappheit erkannt und erfahren werden. Knappheit sei kontextabhängig, oder wie die Globalhistorikerin Corinna Unger in ihren Analysen westlicher Entwicklungspolitik betont:

»[K]napp wird ein endliches Gut erst dann, wenn eine Person darauf zugreift, um sich einen Anteil daran zu sichern [...]. Knappheit ist die soziale Wahrnehmung von Beschränkung, auf die soziale Regulierung mit Entscheidungen über Zugriffs- und Verteilungsrechte und -ansprüche reagiert, die wiederum die gesellschaftliche, die Existenz von Eigentum und Ungleichheit legitimierende Ordnung hervorbringen bzw. verändern.« (Unger 2011: 48)

Niklas Luhmann folgend, bezeichnet Unger Knappheit auch als Matrix sozialen Handelns. Luhmann hatte 1988 in »Die Wirtschaft der Gesellschaft« Knappheit als »Kontingenzformel für einen bestimmten Bereich gesellschaftlicher Kommunikation« (Luhmann 1988: 191) bezeichnet. Er meinte damit einen »sozialen Kontext, innerhalb dessen Konflikte und Verhandlungen über Distribution, Allokation und Partizipation stattfinden, die auf die soziale Ordnung rückwirken« (Unger 2011: 46). Eine Kontingenzformel auch insofern, als dass – wie angedeutet – die Zuschreibung der Knappheit nicht notwendigerweise die Endlichkeit oder Seltenheit eines Gutes voraussetzt. Umgekehrt sind ja auch seltene Güter nicht notwendigerweise gleichzusetzen mit knappen Gütern (vgl. Daoud 2010: 1206ff.). Es muss den Wunsch, den Bedarf oder irgendeine Notwendigkeit geben, die in Beziehung zu diesen Gütern gesetzt wird, und erst dann können Zustände als Knappheit, Überfluss oder Suffizienz begriffen werden.

---

11 Abbott schlägt vor, die zu vorbelasteten, ideologisch aufgeladenen Begriffe Knappheit, Fülle und Überfluss (»scarcity, abundance and excess«) zu ersetzen durch Begriffe, die das tatsächliche Vorhandensein und die Zugänglichkeit von Ressourcen beschreiben und diese als seltene oder als ubiquitäre oder gar als unzählige Güter benennen: »rare«, »common«, »countless« (vgl. Abbott 2014: 1f.).

Die Historikerin Monika Dommann betont, dass erst mit der Verhaltensökonomie Gary Beckers die Ökonomie vollständig zu einer »Wissenschaft der Knappheitsrelationen«[12] wurde (vgl. Dommann 2011: 116). Denn dann expandierte sie und »erklärte sich zu einer allgemeinen Gesellschafts- und Handlungstheorie« (ebd.). Knappheit ist eine sozial hergestellte Kategorie. Auch wenn sie mit den besten Absichten, als Kritik an Ressourcenverschwendung, Enteignung der Zukunft und dramatisch ungerechter Verteilung der Nutzungsmöglichkeiten vorgebracht wird, wie in der Rede von den begrenzten Ressourcen, ist Knappheit keineswegs objektiv gegeben. Sie ist vielmehr als eine jeweils unterschiedlich situierte Kategorie[13] zu begreifen, deren Plausibilität durch spezielle Objektivierungsmechanismen hergestellt wird.

Die ursprüngliche Wohlstandsgesellschaft

Der amerikanische Kulturanthropologe Marshall Sahlins begann das erste Kapitel seines 1972 erschienenen Buches »Stone Age Economics« mit einer Polemik gegen die wirtschaftswissenschaftliche Sichtweise auf die frühen menschlichen Lebensformen des Jagens und Sammelns. Statt von einer von Knappheit beherrschten Lebensweise spricht er von den Menschen des Paläolithikum als »der ursprünglichen Wohlstandsgesellschaft«. Wenn man eine Gesellschaft dann als Wohlstandsgesellschaft bezeichne, wenn in ihr die

---

12 Auch Dommann beginnt ihre Ausführungen mit der wirtschaftswissenschaftlichen Konzeption von Knappheit, die auf Lionel Robbins zurückgeht, und argumentiert unter Bezug auf das außerordentlich einflussreiche, 1948 erstmals erschienene Lehrwerk »Economics« des Amerikaners Paul Samuelson, dass in der Disziplinentwicklung der Ökonomik diejenige Entwicklungslinie, die sie als Wissenschaft von der Herstellung und Vermehrung gesellschaftlichen Wohlstandes begriff, verdrängt wurde. Anders als Malthus, der einen absoluten Knappheitsbegriff formulierte, hat Lionel Robbins eine Relativität der Knappheit theoretisch eingeführt, die impliziert, dass Mittel zur Bedürfnisbefriedigung substituierbar sind oder, anders formuliert, die Bedürfnisse unterschiedlich wichtig und dringend sind. Aber, wie Daoud (2010) bemerkt, ist die Möglichkeit der Wahl zwischen »ends and means« nicht notwendigerweise gleichbedeutend mit dem Problem der relativen Knappheit einzelner Güter und der Abwägung der Opportunitätskosten, die mit einer Entscheidung dafür oder dagegen einhergehen.
13 Für die Konzeptualisierung von Knappheit als »situiert« danke ich Stefan Groth (vgl. Groth in diesem Band).

materiellen Bedürfnisse aller Mitglieder ohne Probleme vollständig zufriedengestellt werden, dann treffe dies unmittelbar zu auf die frühen Menschen, so die damals – im Amerika der frühen siebziger Jahre – provokante These. Sahlins wollte die vorherrschenden Vorstellungen von Knappheit und Überfluss ad absurdum führen und ihre Konstruiertheit und die in sie eingeschriebenen Hierarchisierungen entlarven.[14]

Denn die zeitgenössischen Wirtschaftswissenschaften der 1960er Jahre stellen die Jäger des Neolithikum als Gejagte dar, denen der Hungertod immer knapp auf den Fersen gewesen sei. Jagen und Sammeln, so diese Sichtweise, war eine hochriskante und zumal unproduktive Wirtschaftsweise, die bloße Subsistenz, also nur Überleben statt Leben ermöglichte. Sahlins wiederum tritt mit seinem Buch an, diese These von der Steinzeit als Periode von Hunger und Mangel zu widerlegen. »Human material wants are finite and few, and technical means unchanging but on the whole adequate« (1972: 2) – so beschreibt Sahlins die Wildbeutergesellschaften als erfolgreiche Anpassung an Umweltbedingungen. Sahlins schreibt, es gebe nur zwei Wege zum Wohlstand: »Wants may be ›easily satisfied‹ either by producing much or by desiring little.«

Klar ist es, dass die westlichen frühindustrialisierten Länder die erste Option – »producing much« – gewählt, verfolgt und an den Rest der Welt verkauft haben, so kann man die in Sahlins Buch inhärente Zivilisationskritik deuten. Sahlins hinterfragt die im 20. Jahrhundert die amerikanische Wirtschaftspolitik beherrschende Annahme, dass die Steigerung der Nachfrage, also die Expansion der Wünsche, den Motor positiver Wirtschaftsentwicklung darstelle. Gegen die Prämisse, dass die Lücke zwischen Wunsch und Befriedigung nur durch die Erhöhung der Produktivität zu schließen sei, entwirft Sahlins eine Alternative – ein ethnologisches Gegenbild, bei dem niedrige Produktivität alle Bedürfnisse zu erfüllen in der Lage ist.

---

14 Nicht zufällig zitiert Sahlins mit der Überschrift des auch später noch vielfach wieder abgedruckten Eingangskapitels »The Original Affluent Society« das Buch des amerikanischen Wirtschaftswissenschaftlers und Politikberaters John Kenneth Galbraith, »The Affluent Society«. Galbraiths Diagnose der privaten Güteranhäufung bei gleichzeitiger Verarmung öffentlicher Infrastrukturen und sein Plädoyer für sozialstaatliche Strukturen entspricht allerdings nicht ganz der von Sahlins hier kritisierten, damals gängigen Sichtweise, die Wirtschaftswachstum, Produktivitätszuwachs und Steigerung privaten Konsums als unabdingbare Garanten gesellschaftlichen Wohlstands begriffen.

Obwohl Sahlins Forschungsergebnisse von zeitgenössischen Jäger-Sammler-Gesellschaften miteinbezieht, geht es ihm aber letztlich gar nicht darum zu behaupten oder womöglich nachzuweisen, wie die Lebensbedingungen vor der neolithischen Revolution tatsächlich waren. Er nutzt vielmehr eines der wichtigen Erkenntnisinstrumente der Kulturanthropologie, nämlich die Juxtaposition (Marcus/Fischer 1986) von bekannten, eigenen Weltbildern mit fremden, unbekannten Modellen aus zeitgenössischen nichtwestlichen Kulturen, oder eben aus anderen historischen Epochen, um die impliziten Vorannahmen, die in unser Weltbild eingeschrieben sind, sichtbar und kritisierbar zu machen. Nicht die frühen Perioden der Menschheitsgeschichte seien durch Knappheit gekennzeichnet, so Sahlins, sondern das sei erst mit der zeitgenössischen industriellen Ökonomie der Fall:

»The market industrial system [...] institutes scarcity, in a manner completely unparalleled and to a degree nowhere else approximated. Where production and distribution are arranged through the behavior of prices, and all livelihoods depend on getting and spending, insufficiency of material means becomes the explicit, calculable starting point of all economic activity.« (Sahlins 1972: 4)

Das klingt überraschend aktuell, wurde aber vor mehr als vierzig Jahren geschrieben.

Der Chicagoer Wirtschaftssoziologe Andrew Abbott plädiert 2014 dafür, die knappheitsdominierte Sichtweise der Gesellschaftswissenschaften umzustellen von Knappheitstheorien auf Überflusstheorien. Für Abbott funktioniert die Annahme, dass Ressourcen immer begrenzt seien und die Welt von Knappheit regiert werde, vor allem als Rechtfertigung für Märkte. Im Unterschied zu anderen Theoretikern geht er nicht davon aus, dass marktförmige Regulation auf die Problematik der Knappheit antwortet – im Gegenteil, sie sei eine Form des Managements von Überschuss: »Markets in fact derive from an attempt to resolve excess problems [and] they do so by imposing a form of scarcity« (Abbott 2014). Abbott lenkt damit die Aufmerksamkeit von Knappheit auf Überfluss als eine zu konzeptualisierende Größe, eine theoretische Bewegung, die auch in der qualitativen Sozialforschung, in der Kulturwissenschaft und in der Europäischen Ethnologie in den letzten Jahren zumindest punktuell wahrzunehmen ist (vgl. Löfgren/Czarniawska 2013; Felcht/Ritson 2015).

Techno- und Metrologien der Knappheitsproduktion

Das 1972 erschienene Buch von Marshall Sahlins entwickelte seine These vom steinzeitlichen Wohlleben freilich nicht auf der Grundlage von paläoanthropologischen Forschungen, sondern führte Sekundäranalysen von Studien durch, die physische Anthropologen und Ethnographen bei zeitgenössischen indigenen Wildbeutergruppen in Afrika und in Australien während der 1950er und 1960er Jahre durchgeführt hatten.[15] Diese dokumentierten nicht nur die durchschnittliche Zeit, die diese täglich für das Sammeln und Jagen aufwandten, sondern auch die tägliche Kalorienaufnahme und analysierten, ob die aufgenommenen Nährstoffe den zu jener Zeit von US-amerikanischen Wissenschaftlern verbindlich festgelegten, empfohlenen Tagesmengen entsprachen. Sie stellten fest, dass die Wildbeuter sich durchgängig ausreichend ernähren konnten und dabei verhältnismäßig wenig Zeit aufwenden mussten, um die notwendige Tagesration für sich und ihre Gruppe zu erlangen. Die Wildbeuter haben nicht mehr gejagt und gesammelt, als sie verbrauchen konnten, und demzufolge über erheblich mehr Freizeit verfügt als Gesellschaften mit anderen Wirtschaftsweisen. »Rather than straining the limits of available labour and disposable resources, [they] seem to underuse their objective economic possibilities« (Sahlins 1972: 18).

Knappheit ist also Ergebnis menschlichen Handelns, denn Knappheit entsteht relativ zu Bedürfnissen. Vertreter der politischen Ökonomie gehen davon aus, dass Knappheit gesellschaftlich hergestellt wird, indem Bedürfnisse produziert, ja sogar manipuliert werden. Auch Sahlins folgt dieser Annahme. Die Kulturanthropologie hat im Verlauf ihrer Geschichte den Ansatz des interkulturellen Vergleichs auch dazu genutzt, den hohen Grad der Variabilität menschlicher Bedürfnisse nachzuweisen. Freilich ist die Notwendigkeit, dass der menschliche Organismus Nährstoffe und Flüssigkeit zum Überleben benötigt, eine unhintergehbare Bedingung. Unzureichende Nahrungsverfügbarkeit führt zu Unterernährung, im Extrem zu mangelbedingten Erkrankungen und zum Tod. Die Ur- und Frühgeschichtlerin Miriam Haidle unterscheidet – innerhalb einer strikt funktionalistisch gedachten Typologie – zwischen verschiedenen Intensitäten gestörter Nahrungsversorgung: Mangel, Krise und Hunger.

---

15 Die Annahme, dass »Naturvölker«, insbesondere solche, die im 20. Jahrhundert ihr Überleben durch vormoderne Subsistenztechnologien sichern, für die Paläoanthropologie ein Fenster in die Frühzeit der Menschheitsgeschichte darstellen, wurde seitdem zunehmend kritisch diskutiert.

»Mangel bezeichnet die quantitative Abnahme der Nahrungsressourcen, die Nahrungsaufnahme muss unter ein für den optimalen Erhalt aller Körperfunktionen notwendiges Maß eingeschränkt werden. Dauert der Mangel über längere Zeit an, treten als Folge gesundheitliche Beeinträchtigungen wie Unterernährung und erhöhte Infektionsanfälligkeit auf. Als Krise wird die deutliche Einschränkung der zur Verfügung stehenden Nahrungsmittel weit unter das physiologisch notwendige Maß bezeichnet. Als Folge treten bei betroffenen Individuen z. B. Stoffwechselstörungen und Gewebeatrophien auf. Einzelne, sehr schwache Mitglieder einer Population sterben. Die Hungersnot ist die extremste Form der Ernährungskrise. Nahrungsmittel stehen praktisch nicht mehr zur Verfügung, die katastrophenartige Entwicklung fordert zahlreiche Todesopfer.« (Haidle 1997: 187)

In dieser Typologie werden biomedizinische Befunde so operationalisiert, dass es gelingt, Hunger objektiv messbar zu machen – im Fall der Ur- und Frühgeschichte geht es darum, den Ernährungszustand frühzeitlicher menschlicher Populationen an ihren Hinterlassenschaften und Skelettfunden nachzuvollziehen. Auch die Studie von Sahlins baut auf Befunden biologischer Anthropologen und Ernährungswissenschaftler auf, die von wissenschaftlichen Experten entwickelte, als weltweit einsetzbar geltende Standards verwenden, um den Ernährungszustand australischer Ureinwohner und die afrikanische Kalahariwüste bewohnender Buschleute festzustellen. Die Kalorienmenge, die die konsumierten Lebensmittel zur Verfügung stellen und die täglich empfohlene Nährstoffaufnahme, getrennt nach Eiweiß, Fett und Kohlenhydraten, gehören zu diesen Standards, die freilich durch immer neue und konkurrierende Expertenmeinungen, nationale Agenturen und ernährungswissenschaftliche Befunde ständig überarbeitet werden.

Die Medizinanthropologinnen Margaret Lock und Vin-Khim Nguyen (2010) weisen in einer wissenschaftshistorischen und -politischen Studie darauf hin, dass scheinbar objektive Kategorien wie »Hunger« oder »mangelhafte Nahrungsversorgung« eben keineswegs überzeitlich feststehend sind, sondern historisch generierte, bereits im 19. Jahrhundert vor dem Hintergrund kolonialer Administrationsstrukturen und -interessen entstandene Kategorien sind, die dann durch die Einführung von biomedizinischen Verfahren und Messtechnologien den Anschein universeller Übertragbarkeit und Objektivität erhielten. Diese wiederum ermöglichte es zunächst den Kolonialadministrationen, später auch Entwicklungshilfeagenturen und transnationalen Organisationen wie die »Food and Agriculture Organisation« (FAO) der Vereinten Nationen, ihre Interventionen zu begründen.

Die Kulturwissenschaftlerinnen Anna Echterhölter und Frederike Felt, die sich mit historischen Formen der Lebensmittelrationierung im 20. Jahrhundert, wie sie insbesondere in Kriegs- und Planwirtschaften durchgeführt wurden, befassen, betonen, dass die »Administration der Mangelsituation [...] nicht denkbar ohne die Entstehung der Statistik oder ohne ernährungswissenschaftliche Erkenntnisse – von Kalorie bis Vitamin« sei (Echterhölter/Felcht 2014: o. S.). Hunger meint Situationen, in denen Menschen nicht genug zu essen haben, und fehlender Zugang zu Nahrungsmitteln und Trinkwasser die Gesundheit gefährdet, ja das Überleben in Frage stellen kann. Es sind freilich erst »technokratische und wissenschaftsbasierte Quantifizierungsroutinen«, die diesen Zustand durch »numerisch gestützte Prozesse (Rankings, Indizes, Statistiken, Listen)« (Echterhölter/Felcht 2014) zu einer politisch-administrativ bearbeitbaren, ökonomisch regulierbaren Situation der Knappheit machen.

Schluss

Dass die Wirtschaftswissenschaften heute nahezu alle Intentionen, Entscheidungen und Handlungseffekte ökonomischer Akteure im Zusammenhang mit Knappheit thematisieren und erklären, ist also nicht selbstverständlich und keineswegs zwangsläufig. Was wir – als in modernen und spätmodernen Gesellschaften forschende Ethnowissenschaftler/innen – benötigen, ist also nicht nur ein ethnographischer Fokus darauf, wie Menschen den Erfahrungen mit Knappheit und Überfluss begegnen, sondern auch eine sozial- und kulturanthropologische Theoretisierung derjenigen materiellen und diskursiven Praktiken, die Knappheit und Überfluss herstellen. Knappheit ist keine anthropologische Kategorie im Sinne einer aufs Engste mit der Natur des Menschen verbundenen, überzeitlich wirksamen Bedingung und Bedingtheit menschlicher Existenz. Sie ist aber insofern eine anthropologische Kategorie, als dass »Knappheit« eine der mächtigsten Erfindungen der Menschheit darstellt, die für die Transformation menschlicher Versorgung, wie sie Sahlins in seinem Buch »Stone Age Economics« beschreibt, in neuzeitliche Formen des Wirtschaftens möglich machte. Dies wird u.a. in dem eingangs erwähnten Konzept der Anthropoökonomie (Faßler 2012, 2014) aufgenommen.

Knappheit ist etwas Menschengemachtes. Dieses Verständnis von der Anthropogenität der »Knappheit« bedeutet auch, mehrere aktuelle Entwicklungen als hochproblematisch wahrzunehmen, die allesamt mit der gesellschaftlichen Herstellung von Knappheit zu tun haben. So besteht beispielsweise zu befürchten, dass durch den Klimawandel absehbar die Ernteerträge bestimmter Nutzpflanzen in einer Reihe von Weltregionen einbrechen werden. Dies ist sicherlich ein anthropogener Effekt. Aber Hunger ist keineswegs einfach der Effekt des Nicht-Vorhandensein von Lebensmitteln per se, sondern durch grassierende Verteilungsungerechtigkeit ursächlich erzeugt. (Drèze/Sen 1991). Letztlich ist es vor allem aber die Beobachtung, dass es mit Macht ausgestattete Akteure und machtvolle Technologien sind, die ein Gut als »knapp« ausweisen und mit Messverfahren und Standards Knappheit als Zustand definieren, die Knappheit zu einer wichtigen Forschungsaufgabe für die Sozial- und Kulturwissenschaften macht.

Literatur

Abbott, Andrew, »The Problem of Excess«, in: *Sociological Theory* 32 (2014), S. 1–26.
Acheson, James M., »Ostrom for anthropologists«, in: *International Journal of the Commons* 5/2 (2011), S. 319–339.
Argyrou, Vassos, *The Logic of Environmentalism: Anthropology, Ecology, and Postcoloniality*, London/New York 2005.
Beck, Stefan u.a., *Science and Technology Studies. Eine sozialanthropologische Einführung*, Bielefeld 2012.
Bendix, Regina/Hafstein, Vladimir T. (Hg.), »Culture and Property. An Introduction«, in: *Ethnologia Europaea* 39/2 (2010), S. 5–10.
Bendix, Regina u.a. (Hg.), *Heritage Regimes and the State*, Göttingen 2012.
Bendix, Regina/Fenske, Michaela (Hg.), *Politische Mahlzeiten. Political Meals*. Wissenschaftsforum Kulinaristik, Bd. 5, Münster 2014.
Bernstein, Julia, *Food for Thought. Transnational Contested Identities and Food Practices of Russian-Speaking Jewish Migrants in Israel and Germany*, Frankfurt am Main u.a. 2010.
Büscher, Bram u.a. (Hg.), *Nature™ Inc. Environmental Conservation in the Neoliberal Age*, Tucson 2014.
Daoud, Adel, »Robbins and Malthus on Scarcity, Abundance, and Sufficiency: The Missing Sociocultural Element«, in: *American Journal of Economics and Sociology* 69:4 (2010), S. 1206–1229.
Dommann, Monika, »Reden wir über Geld! Aber wie? Und wozu?«, in: Möhring, Maren u. a. (Hg.), *Knappheit. Zeitschrift für Kulturwissenschaften* 1 (2011), S. 113–143.
Drèze, Jean/Sen, Amartya, *Hunger and Public Action*, Oxford 1991.

Echterhölter, Anna/Felcht, Frederike, »Rationierung. Logiken, Formen und Praktiken des Mangels.« Tagungsausschreibung, Interdisziplinäre Tagung, 4.-5. Juli 2014, Goethe Universität Frankfurt – in Kooperation mit dem Weltkulturen Museum Frankfurt – gefördert von der Fritz Thyssen Stiftung: http://www.uni-frankfurt.de/51019453/tagungsabstract (26.04.2015).

Färber, Alexa, »Low-budget Berlin: towards an understanding of low-budget urbanity as assemblage«, in: *Cambridge Journal of Regions, Economy and Society* 7 (2014), S. 19–136.

Faßler, Manfred, *Kampf der Habitate. Neuerfindung des Lebens im 21. Jahrhundert*, Wien u.a. 2012.

— *Das Soziale. Entstehung und Zukunft menschlicher Selbstorganisation*, München 2014.

Felcht, Frederike, »Die Waffe Mensch. Hungerstreiks im globalen Kontext«, in: Balint, Iuditha u.a. (Hg.), *Protest, Empörung, Widerstand. Zur Analyse von Auflehnungsbewegungen*, Konstanz/München 2014, S. 209–223.

— »The Aesthetics and Politics of Scarcity – A Swedish Example«, in: Felcht, Frederike/Ritson, Katie (Hg.), *The Imagination of Limits. Exploring Scarcity and Abundance*, Rachel Carson Center Perspectives 2 (2015), S. 7–14.

Felcht, Frederike/Ritson, Katie (Hg.), *The Imagination of Limits. Exploring Scarcity and Abundance*, Rachel Carson Center Perspectives 2 (2015).

Goldman, Mara J. u.a. (Hg.), *Knowing Nature. Conversations at the Intersection of Political Ecology and Science Studies*, Chicago u.a. 2010.

Gregory, Chris, *Savage Money. The Anthropology and Politics of Commodity Exchange*, London u.a. 1996.

Groth, Stefan u.a. (Hg.), *Kultur als Eigentum: Instrumente, Querschnitte und Fallstudien*, Göttingen 2015.

Haidle, Miriam, »Mangel – Krisen – Hungersnöte? Ein Beitrag der Physischen Anthropologie zur Geschichte der Ernährung und der Nahrungsversorgungssicherheit in vorindustriellen Zeiten«, in: *Beiträge zur Archäozoologie und Prähistorischen Anthropologie* I:1 (1997), S. 186–192.

Hardin, Garrett, »The Tragedy of the Commons«, in: *Science* 162/3859 (1968), S. 1243–1248.

Hart, Keith/Hann, Chris, *Economic Anthropology*, Cambridge u.a. 2011.

Herzfeld, Michael, »Economies«, in: ders., *Anthropology. Theoretical Practice in Culture and Society*, Malden u.a. 2001, S. 90–117.

— »Environmentalisms«, in: ders.: *Anthropology. Theoretical Practice in Culture and Society*, Malden u.a. 2001, S. 171–191.

Kliemt, Hartmut, *Elinor Ostrom. Die Tragik der Allmende*, Frankfurter Allgemeine Zeitung 13.10.2009.

Lock, Margaret/Nguyen, Vinh-Kim, *An Anthropology of Biomedicine*, Oxford 2010.

Löfgren, Orvar/Czarniawska, Barbara, »Changing Perspectives on the Management of Overflow«, in: Czarniawska, Barbara/Löfgren, Orvar (Hg.), *Coping With Excess. How Organizations, Communities and Individuals Manage Overflows*, London 2013, http://www.elgaronline.com/view/9781782548577.00005.xml (26.04.2015).

Lorenz, Stephan, *Tafeln im flexiblen Überfluss. Ambivalenzen sozialen und ökologischen Engagements*, Bielefeld 2012.

Luhmann, Niklas, *Die Wirtschaft der Gesellschaft*, Frankfurt am Main 1988.

Marcus, George M./Fischer, M.J. Michael, *Anthropology as Cultural Critique*, Chicago 1986.

Möhring, Maren u.a. (Hg.), *Knappheit. Zeitschrift für Kulturwissenschaften 1* (2011).

Ostrom, Elinor, *Die Verfassung der Allmende. Jenseits von Staat und Markt*, Übers. v. Ekkehard Schöller, Tübingen 1999 (Original 1994: *Governing the Commons. The Evolution of Institutions for collective action*).

Panayotakis, Costas, »Scarcity at a Time of Capitalist Crisis«, in: *derive. Zeitschrift für Stadtforschung. SCARCITY: Austerity URBANISM* 55 (2014), S. 10–14.

— *Remaking Scarcity, From Capitalist Inefficiency to Economic Democracy*, London 2011.

Preuß, Ulrich, *Bedingungen globaler Gerechtigkeit*, Baden-Baden 2010.

Sahlins, Marshall, *Stone Age Economics*, New York 1972.

— »The Sadness of Sweetness«, in: *Current Anthropology* 37:3 (1996), S. 395–427.

Spittler, Gerd, »Armut, Mangel und einfache Bedürfnisse«, in: *Zeitschrift für Ethnologie* 116 (1991), S. 65–89.

Steven, Marion, *Produktionstheorie*, Wiesbaden 1998.

Unger, Corinna, »Knappheit – Hemmnis oder Sprungbrett?«, in: Möhring, Maren u.a. (Hg.), *Knappheit. Zeitschrift für Kulturwissenschaften* 1 (2011), S. 45–54.

Wacker, Holger/Blank, Jürgen E., *Ressourcenökonomik Band II. Einführung in die Theorie erschöpfbarer natürlicher Ressourcen*, München 1999.

Situierte Knappheit: Kooperative und normative Dimensionen des Umgangs mit begrenzten Ressourcen[1]

Stefan Groth

Die konzeptuelle Begrenzung von Ressourcen

Das Ding der empirischen Kulturwissenschaft ist, vermittels seiner Materialität, begrenzt. In der Referenz des Ding-Begriffes auf konkrete Erscheinungen liegt ein Moment der Vereinzelung und der Gebundenheit an spezifische Kontexte: In ihrer Konkretisierung als vereinzelte Dinge in sozialen Kontexten sind sowohl Pflug und Arl (Koren 1950), Bauernmöbel (Mohrmann 2001), Trachten (Brückner 1986) als auch Waschmaschine (Silberzahn-Jandt 1991) und traditionelle Lebensmittelspezialitäten (May 2013) nicht ubiquitär und unendlich, sondern situiert. Diese Situiertheit konkreter Dinge nimmt der ethnographische Zugang in den Blick – sei es in der Sachkultur-, Kleidungs-, Technik- oder Kulturerbeforschung, aus denen die obigen Beispiele stammen. Zwar sind es dabei vornehmlich die sozialen und sinnhaften Beziehungen um diese Dinge sowie deren Eingebundenheit in – theoretisch unterschiedlich gefasste – Netzwerke oder Arrangements, denen das Interesse der empirischen Kulturwissenschaft gilt.[2] Konzeptuell lässt sich jedoch festhalten, dass für diese Mikroperspektive die Annahme der spezifischen Begrenztheit gegeben ist, man es an dieser Stelle also nicht mit einer theoretischen Vorstellung des Überflusses oder der Unbegrenztheit von Dingen zu tun hat, sondern deren konkrete Instanzen betrachtet.[3]

---

[1] Die Arbeit zu diesem Beitrag wurde vom Käte Hamburger Kolleg/Centre for Global Cooperation Research der Universität Duisburg-Essen unterstützt.

[2] Die empirische Kulturwissenschaft, die auch unter den Bezeichnungen Kulturanthropologie, Europäische Ethnologie oder Volkskunde im deutschsprachigen Raum firmiert, beschäftigt sich aus mikroanalytischer Perspektive mit alltagskulturellen Phänomen und greift dabei auf einen dynamischen und breiten Kulturbegriff zurück, der auf die Aushandlung und Deutung von Praxen, Ordnungen und deren Materialisierungen in diversen Lebenswelten fokussiert.

[3] In dieser Herangehensweise spiegelt sich das Verhältnis vom Allgemeinen zum Besonderen, in dem Dinge zugleich Ausdruck und Erzeuger von Gesellschaft sind.

In besonderer Weise trifft dies auf die Debatten um kulturelles Eigentum an Artefakten zu, in denen Konflikte um konkrete Dinge wie etwa eine Statue in deren Knappheit und der Rivalität um sie begründet liegen. Eine solche Form der Knappheit zeichnet sich durch den Charakter dieser Konflikte als »Nullsummenspiele« aus: Sind die Dinge nicht in hinreichender Zahl vorhanden oder ist deren Instanz aufgrund bestimmter Rahmenbedingungen einmalig,[4] so stellt deren Aneignung für den aneignenden Akteur einen Vorteil dar, wie er für den einen Nachteil darstellt, der dadurch von der Aneignung ausgeschlossen wird. Diese Form der Knappheit zeigt sich ebenso in einigen – nicht allen – Aspekten, die im Rahmen von sogenannten »Post-Wachstums«-Debatten thematisiert werden (vgl. Poehls 2014). Auch hier wird der tatsächliche, angenommene, diskursivierte oder antizipierte Mangel an bestimmten Dingen als Problem verstanden, das der Lösung bedarf. Empirisch gekoppelt ist eine solche Feststellung von Knappheit dabei oftmals an normative Handlungsempfehlungen für den Umgang mit begrenzten Dingen (vgl. Groth 2013). Die volkskundlichen Betrachtungen von Allmenden bieten ein weiteres Beispiel, bei dem die Rivalität um begrenzte Ressourcen Auslöser für Exklusions- und Steuerungsprozesse ist, die die Übernutzung von Allmendgütern wie zum Beispiel von gemeinschaftlich bewirtschafteten Alpweiden verhindern sollen (vgl. Noack 2003) – ebenso verknüpft mit Verweisen auf normative Empfehlungen (Kramer 2012: 275–277).

Diese Mikroperspektive auf Dinge als konkrete und in soziale Beziehungen eingebundene Objekte, die konzeptuell begrenzt sind, koinzidiert mit der ökonomischen Grundannahme, dass Güter knapp sind.[5] Sofern es sich nicht um sogenannte »freie Güter« handelt – also beispielsweise um Luft, Sonne oder Meerwasser, deren Konsum aufgrund ihrer Unbegrenztheit nicht zu Konkurrenzsituationen zwischen ihren Nutzern führt –, haben ökonomische Güter damit einen Rivalitätsgrad, der Nachfrager zu Rivalen um die nachgefragten Güter macht. Diese Konkurrenz um Güter wird in den verschiedenen ökonomischen und politischen Theorien unterschiedlich beantwortet. Gemein ist den verschiedenen Richtungen, dass aus der Modellannahme der Knappheit und dem Rivalitätsgrad ökonomischer Güter

---

[4] Einmalige und nicht in all ihren Eigenschaften reproduzierbare Dinge – wie zum Beispiel Kunstwerke (Benjamin 1981) – stellen hier einen Sonderfall dar, der im Rahmen dieses Beitrages nicht betrachtet wird (vgl. zur Multidimensionalität, Inkommensurabilität und Qualität von einmaligen Gütern auch Karpik 2010).
[5] Vgl. Mankiw/Taylor 2012: 3ff.; aus soziologischer Perspektive Balla 1978.

die Notwendigkeit normativ ausgerichteter Koordinationsmechanismen abgeleitet wird. Für die Allokation und Distribution knapper Güter bedarf es demnach bestimmter Prinzipien, die Rechte an und den Tausch von Gütern regulieren, wobei es bestimmte Kriterien gibt, die bestimmen, ob ein Koordinationsmechanismus aus theoretischer Perspektive gerecht oder legitim ist oder nicht.[6] Von der Knappheit von Gütern her gedacht werden demnach normative Prinzipien entworfen, die eine optimale oder gerechte Verteilung dieser Güter gewährleisten sollen. Gesellschaftlich durchgesetzt hat sich, auf Grundlage des Privateigentums an Gütern, vor allem die marktförmige Allokation und Distribution von Gütern in Verknüpfung mit staatlich gesetzten Rahmenbedingungen und Interventionen.

In der Volkskunde fungiert Knappheit nicht – wie in der ökonomischen Perspektive – als normativer Ableitungszusammenhang für Koordinationsmechanismen. Trotz der impliziten Grundannahme der Begrenzung von Dingen oder Gütern und dem ethnographischen Zugriff auf situierte Dinge ist Knappheit nicht der Ausgangspunkt für die Betrachtung des Umgangs mit Dingen. Knappheit ist in diesem Sinne konzeptuell im Umgang mit Dingen und in der Mikroperspektive auf situierte Dinge unabhängig von ihrem Bezug auf das Allgemeine immer bereits gegeben; die volkskundliche Annäherung an begrenzte Ressourcen zieht jedoch aus der Betrachtung des Besonderen keine normativen Schlüsse, die die Koordinierung von Dingen für sich betrifft. So bietet die Einsicht in das vereinzelte und situierte Vorkommen von Pflügen oder Bauernschränken ebenso wenig wie die begrenzte Ergiebigkeit von Alpweiden ein kausales Ableitungsverhältnis für Prinzipien, wie diese oder jene optimal oder gerecht zwischen verschiedenen Akteuren verteilt werden sollten.

In Wechselwirkung zur Mikroperspektive auf situierte Dinge steht die Annahme der Materialisierung von Sinnbeziehungen als zentrales Paradigma einer volkskundlichen Kulturanalyse: »Es gibt Kultur nicht ohne Materialität; mithin ist alle Kultur materiell« (Scharfe 2005: 93). Die sozialen und sinnhaften Beziehungen um Dinge und deren Eingebundenheit in und als Kultur finden in den Dingen über die »Dingbedeutsamkeit« (Kramer 1995a) ihren

---

6 Auf einen Überblick über die verschiedenen Modelle und die Begründung von Legitimitäts- und Gerechtigkeitskriterien wird an dieser Stelle verzichtet. Zu unterschiedlichen Koordinationsformen vgl. grundlegend Williamson 1985, in Bezug auf Gemeineigentum Helfrich 2012; zur Rolle des Eigentums vgl. Siegrist/Sugarman 1999; MacPherson 1967; für den Aspekt der Gerechtigkeit vgl. einführend Höffe 2015; zu globaler Gerechtigkeit im Kontext von Kulturerbe vgl. Groth/Döpking 2015.

Ausdruck: Dinge sind über ihre instrumentellen Funktionen hinaus emotional aufgeladen und in alltäglichen Ordnungen vermittelt, bieten also einen wechselseitigen analytischen Zugang zu ihrer sozialen Bedeutung und zu ihrer Bedeutung für das Soziale. Dabei »sei die deutsche Ding- und Sachforschung«, wie Gottfried Korff es etwas skeptisch in einem Beitrag über »Alltagsdinge« in Form einer zu überprüfenden These formuliert, »stets mehr an höheren Bedeutungen, symbolischen und ästhetischen Ordnungen interessiert gewesen, nicht jedoch an der Instrumentalität und der Gebrauchsweise der Objekte« (Korff 2005: 37). Das Interesse der Volkskunde an den Dingen fokussiert damit – folgt man dieser, nach Korff auf die idealistische Prägung der deutschen Geisteswissenschaften zurückgehende Einschätzung – auf ihre soziokulturellen Verbindungen, also auf vermittelte Dinge anhand derer Materialität, und weniger auf deren konkrete Funktionen. Ähnlich stehen bei der Analyse von Eigentumsbeziehungen vor allem soziale Beziehungen im Fokus und nicht Bündel von Rechten;[7] bei Forschungen zur Allmende gilt das Interesse eher den Modalitäten von Kooperationsbeziehungen und der sozialen Einbettung von Allmendgütern als deren konkreter Beschaffenheit oder Zusammensetzung. Diese volkskundliche Perspektive, die konkrete und situierte Dinge zwar als konzeptuell begrenzte Instanzen betrachtet, arbeitet prinzipiell nicht ausgehend von der Prämisse der Knappheit. Dies wäre auch in dem Sinne problematisch, da Knappheit auch als Effekt von Koordinationsmechanismen entstehen kann: der Mangel an bestimmten Gütern muss nicht zwangsläufig auf deren Knappheit zurückzuführen sein, sondern kann auch allokative oder distributive Gründe haben. So kann zum Beispiel der Mangel an Pflügen an einem Ort durch mangelnde Transportmöglichkeiten, die Knappheit an Bekleidung durch ökonomische Ungleichheit oder das Fehlen von Rechten zur Herstellung traditioneller Lebensmittelspezialitäten durch das geistige Eigentumsrecht verursacht werden und nicht durch das absolute Vorkommen dieser Dinge. Die Knappheit an Dingen ist in diesem Sinne nicht gesetzt; es muss im Einzelfall gezeigt werden, dass es sich überhaupt um Knappheit im engeren Sinne handelt, oder ob nicht Verteilungskonflikte oder Koordinationsprobleme ursächlich sind.

Während die Ökonomie von der Knappheit normative Ableitungen vornimmt und dabei Legitimitätskriterien für die Verteilung von Gütern bestimmt, steht in der Volkskunde die Mikroebene des Konkreten in anderer

---

7 Hann 1998; vgl. auch Groth 2012: 4 mit weiteren Nachweisen.

Beziehung zur »Makroebene«. Hier ist Knappheit nicht konzeptueller Ausgangspunkt für normative Schlüsse auf optimale Koordinationsprinzipien von Allokation oder Distribution, sondern empirischer Ansatz für die Frage nach den Sinnbeziehungen und der Einbettung von Dingen. Es lässt sich empirisch und in spezifischen Fällen zwar Knappheit und Rivalität feststellen, da beispielsweise das Vorkommen an Pflügen nicht unendlich ist, die Aneignung von Kleidungsstücken von Konkurrenzen geprägt sein kann oder das Vorkommen an bestimmten natürlichen Ressourcen begrenzt ist. Aber Knappheit und Rivalität sind nicht der Schwer- oder Ausgangspunkt der analytischen Betrachtung. Der Fokus auf den Modus der Koordination ist hier nicht normativ und auf die Lösung von Allokations- und Distributionskonflikten gerichtet, sondern fragt nach den Interdependenzen von Dingen, ihrer Situiertheit und den kooperativen Mechanismen, die zwischen verschiedenen Akteuren vermitteln – ob etwas knapp ist oder nicht ist damit nicht die Leitprämisse.

Es lässt sich vorläufig festhalten, dass Dinge in der Volkskunde immer situiert und in spezifische Kontexte eingebunden sind. Die ethnographische Analyse richtet ihren Blick auf solche durch Situierung begrenzte Dinge. Dabei gibt es Situationen, in denen Rivalität als Nullsummenspiel existiert, Dinge also nicht nur vereinzelt vorkommen, sondern unmittelbar endlich oder einzigartig sind. Die situierte Knappheit von Dingen bedeutet hingegen nicht, dass Dinge zwangsläufig auch außerhalb ihrer Situiertheit knapp sind; das Nullsummenspiel ist demnach zunächst nur konkret, und nicht prinzipiell. In der ökonomischen Betrachtung leiten sich aus der Prämisse der Knappheit normative Koordinationsmechanismen über den Umgang mit Ressourcen ab, sowohl was die Allokation als auch die Distribution von Gütern betrifft. In der Volkskunde (und allgemeiner auch in einigen benachbarten Disziplinen der Kultur- und Sozialwissenschaften) ist ein solcher Ableitungszusammenhang nicht gegeben. Hier stehen Dinge bezüglich der Wechselwirkung von Ding und Gesellschaft im Vordergrund, in Bezug auf Eigentum also der Fokus auf soziale Dimensionen von Eigentumsbeziehungen und in Bezug auf Allmenden der Fokus auf Kooperationsmechanismen und die soziale Einbettung des Umgangs mit begrenzten Dingen.

Knappheit als Ausgangspunkt oder Prämisse für die Betrachtung von begrenzten Dingen zu nehmen, ist problematisch, da Knappheit auch aus Koordinationsmechanismen entstehen kann: Das Konzept des Privateigentums, der marktförmige Tausch von Gütern, staatliche Regulierung sowie distributive und kooperative Prozesse können Gründe für die situierte

Knappheit an Dingen sein, so dass Knappheit an Dingen an sich nicht zwingend auch Grund für durch solche Prozesse vermittelte Knappheit ist. Knappheit als Ausgangspunkt für normative Betrachtungen zu nehmen, ist gleichsam problembehaftet, da es – anders als in einigen ökonomischen oder politikwissenschaftlichen Perspektiven – keine analytischen Prinzipien gibt, die bestimmen, ob ein Sachverhalt gerecht oder legitim ist. Die normative Ableitung von sozialethischen Perspektiven auf den Umgang mit begrenzten Dingen ausgehend von deren Knappheit, kann nicht auf normative Leitlinien in der Analyse zurückgreifen, die eine solche Bewertung zuließen. Der Fokus bei der Betrachtung von Dingen ist daher notwendigerweise auf deren Begrenzung und Situiertheit beschränkt, wobei die Einbettung von Dingen in Sinnzusammenhänge und symbolische Ordnungen ebenso wie die Koordinationsmechanismen selbst analysiert werden sollten.

Entgegen dem zentralen Interesse der Ökonomie für die Koordinationsweisen aus normativer Perspektive sollte die Volkskunde die Koordination von knappen Gütern aber auch hinsichtlich des Einflusses von normativen Perspektiven untersuchen, wobei sozialethische Prinzipien nicht als Handlungsanweisung, sondern als Untersuchungsgegenstand fungieren. Dabei spielt auch tatsächlicher, angenommener, diskursivierter oder antizipierter Mangel eine Rolle, aber nicht als Ausgangspunkt, sondern als empirisches Material. Die soziale Konstruktion von Mangel und Knappheit ist entsprechend auch hinsichtlich der Rolle von normativ hergeleiteten Koordinationsmechanismen der Ökonomie und deren gesellschaftlicher Reproduktion von Interesse: Wie wird Knappheit situativ konstruiert oder verstärkt, und welche Auswirkungen haben diese Mechanismen und regulativen Prinzipien auf den Umgang mit Dingen? Die Frage, ob Dinge begrenzt sind oder nicht, spielt in der volkskundlichen Betrachtung ebenso wie Unterscheidungen zwischen materiellen und immateriellen Ressourcen damit nur eine nachgeordnete Rolle.

Ausgehend von diesen Überlegungen soll in diesem Beitrag am Beispiel immaterieller Ressourcen eine Heuristik zur Analyse von Kooperationsbeziehungen im Kontext von begrenzten Dingen entworfen werden. Über eine Betrachtung der Nutzung der immateriellen Ressource Wissen aus Perspektive kulturanthropologischer Forschung wird gezeigt, inwiefern ein Fokus auf Kooperation der Prämisse der Begrenzung vorzuziehen ist. Die Aushandlung von Kooperationsbeziehungen als historisch und gegenwärtig maßgebliche Komponente im Umgang mit begrenzten und prinzipiell unbegrenzten Ressourcen ist für einen solchen Perspektivenwechsel eine zentrale Komponente, die eine stärkere Erforschung und konzeptuelle Fassung von Kooperation als begrenzte Ressource des Alltagshandelns erfordert. Dieser Beitrag unterzieht die implizite Normativität im Umgang mit als begrenzt aufgefassten Ressourcen anhand einer politikwissenschaftlichen Perspektive auf den Zusammenhang von Hungersnöten und gerechten Institutionen sowie einer Betrachtung von Kooperationsbeziehungen im Kontext von Allmenden einer kritischen Betrachtung.

Aspekte des Umgangs mit begrenzten Ressourcen jenseits der Knappheit

Die konzeptuelle Begrenzung von Ressourcen als Annahme in der Volkskunde findet sich auch mit Bezug auf immaterielle Ressourcen. Ein Beispiel hierfür ist die Ressource Zeit, deren Begrenzung nicht nur in Gegenwartsgesellschaften, sondern auch historisch ein wichtiges Thema ist. Aus parömiologischer Perspektive sind die Redewendungen und Aphorismen, die Zeit als Ressource konzipieren und zur sinnhaften Nutzung derselben auffordern, epochenübergreifend zahlreich, mit Vorstellungen des Maßhaltens, der Sparsamkeit und damit mit sprachlich vermittelten ethischen Konzepten des Umgangs mit und des Eigentums an Ressourcen verbunden (Malmquist 2000; vgl. auch Cox 1999; Moser 1999; Mieder/Walther 2000). Anhand der Betrachtung immaterieller Ressourcen wie der Zeit lässt sich illustrieren, in welcher Hinsicht die Nutzung dieser voraussetzungsvoll und an eine Reihe von Faktoren gekoppelt ist, die die Möglichkeit der Verfügung über sie regulieren. Hier stehen – angesichts der Immaterialität der Ressourcen – nicht die Knappheit oder das konkrete Auftreten von Dingen im Vordergrund, sondern die sich darum entfaltenden soziokulturellen Praxen und Prozesse, die hinsichtlich ihrer Bezüge zur Ressource interpretiert werden. Diese abstrahierende Perspektive auf solche Aspekte im Umgang mit begrenzten Ressourcen dient in diesem Beitrag als Heuristik für eine Analyse zur empirischen Betrachtung von Ressourcen.

Ein erster Aspekt dieser Heuristik betrifft die Frage, ob und in welchem Ausmaß Akteure über Ressourcen verfügen können. Diese Verfügungsfreiheit kann eingeschränkt sein durch Verbote und Gesetze. Als frühes Beispiel können hier die Ständeordnung oder die Lehnsherrschaft dienen, zu denen

Karl-Sigismund Kramer aus Perspektive einer rechtlichen Volkskunde (Kramer 1957; 1974; 1995b) wichtige Beiträge bezüglich der Regulierung der Zeit im Alltag unterschiedlicher Stände geliefert hat. Die Art und Weise, in der über das eigene Leben verfügt werden kann, ist für die Verfügung über zeitliche Ressourcen und damit über die Gestaltung des eigenen Lebens wesentlich. Wolfgang Nahrstedt hat in diesem Zusammenhang aufgezeigt, dass das Konzept der Freizeit nicht nur als Produkt der Industrialisierung zu verstehen ist, sondern auch durch den Begriff der Freiheit in der Aufklärung bedingt ist (Nahrstedt 1973). In der Neugliederung der Zeit[8] kommt damit ein Moment der Verfügungsfreiheit über sie zum Ausdruck, das nicht in einer funktionalen Gliederung von Arbeit und Nicht-Arbeit aufgeht, sondern auf subjektive Rechte im Umgang mit freier Zeit rekurriert.

Diese Verfügungsfreiheit ist in einem zweiten Schritt an die Freiheit zur Entscheidung gebunden: Wie über eine Ressource verfügt werden kann, wird beschränkt von Zwängen und Notwendigkeiten, die das Verhältnis von Akteur und Ressource bestimmen. Auch wenn keine Verbote existieren, können bestimmte Arten der Verfügung durch deren Binnenlogik sanktioniert werden: Der Umgang mit Zeit mag freigestellt sein, aber Grundnotwendigkeiten – Nahrungsbeschaffung oder Verteidigung – wie auch abgeleitete kulturelle Bedürfnisse schränken ihn ein.

Die Kultur als »zweite Natur«[9], erschaffen als Reaktion auf Bedürfnisse, ist als System akkumulierter Gewohnheiten so komplex geworden, dass sie dem Einzelnen als fremd gegenübersteht, trotzdem aber als notwendig erscheint und aufrechterhalten werden muss. Die Befriedigung von Bedürfnissen reguliert somit über Institutionen die Verfügung über immaterielle Ressourcen. Die Zwänge des Jahreszeitenwechsels, die institutionell in Bräuchen wie auch in landwirtschaftlichen Wissensregimen festgeschrieben sind, sind beispielhaft für die Wechselwirkung zwischen unmittelbaren und vermittelten Einschränkungen: Nicht nur die jahreszeitlichen Bedingungen, sondern auch das vermittelte Wissen über Jahreszeiten und Pflanzzeiten und die daraus resultierenden verstetigten Praxen sind für die zeitliche Strukturierung von Landwirtschaft und für die Verfügung über Zeit entscheidend.[10] Die Verfügungsfreiheit ist damit nicht vordergründig abhängig von Ressourcen, sondern von institutionalisierten oder habitualisierten Grenzen der Handlungsmacht.

---

8 Vgl. zum Zusammenhang von Zeitordnung und Alltag Muri 2004.
9 Vgl. Marschall 1993 zur Diskussion dieses philosophischen Konzeptes in der Ethnologie.
10 Vgl. Dinklage u.a. 1966 zum Verhältnis von Landwirtschaft und Brauchtum.

Die Erlangung und Erweiterung der Entscheidungsfreiheit ist zudem abhängig vom technischen Fortschritt. In dem Sinne, dass technische Neuerungen die Erfüllung bestimmter Grundnotwendigkeiten übernehmen, ist der Umgang mit immateriellen Ressourcen damit technologisch voraussetzungsvoll. Wolfgang Schivelbuschs »Geschichte der Eisenbahnreise« (1977) zeigt für den Kontext der Industrialisierung, inwieweit sich die Gewinnung von Zeit durch technischen Fortschritt im Bereich von Transport- und Mobilitätstechnologien auf die Wahrnehmung von Zeit, kulturelle Praxen und die Deutung immaterieller Ressourcen auswirkt. Die Nutzung von Zeit ist in eine Dynamik eingebettet, in der verstetigte kulturelle Praxen und soziale Ordnungen auf technologische und soziale Innovationen treffen und in der das Verhältnis dieser Faktoren zueinander immer wieder neu ausgehandelt und konfiguriert wird.

Die Verfügung über immaterielle Ressourcen ist als Teil dieser Aushandlungsprozesse kooperativ voraussetzungsvoll, da die Steuerung der Nutzung von Ressourcen eine wesentliche Komponente ist. Günter Wiegelmanns Arbeit »Zum Problem der bäuerlichen Arbeitsteilung in Mitteleuropa« (1960) zeigt in diesem Zusammenhang die komplexen und dynamischen Prozesse und Verwobenheiten auf, die Kooperationsbeziehungen auf bäuerlichen Höfen beeinflussen. Neben unterschiedlichen Organisationsformen der Arbeit spielt dabei auch Geschlechtlichkeit eine Rolle, als übergeordneter Organisationszusammenhang sind hier aber auch die oben genannten Institutionen oder auch die kapitalistische Produktionsweise zu nennen, die kooperativ aufbauend auf technologischen Innovationen enorme Produktivitätspotentiale entfaltet haben.

Die kooperative Dimension von Nutzungspraxen unterscheidet sich von der Entscheidungs- und Verfügungsfreiheit, da hier neben Zwängen und Hierarchien auch der Austausch von Informationen und die freiwillige Zusammenarbeit wichtige Faktoren darstellen. Der Umgang mit Zeit als Ressource ist zu großen Teilen durch Wissenspraxen geprägt, beispielsweise durch Methoden der Arbeitsteilung, der Gestaltung von Wertschöpfungsketten oder auch der städtebaulichen Planung, durch die Transport- oder Arbeitswege reduziert werden. Steffen Krämer hat am Beispiel von Arbeiterkolonien im 19. und 20. Jahrhundert den Wissenstransfer zwischen Fabrikbesitzern und Architekten aufgezeigt, durch den während der Industrialisierung Wohnungsbaumodelle die Arbeiter räumlich an Unternehmen binden und alltägliche Abläufe zeitlich möglichst effizient gestalten sollten

(Krämer 2010). Die Kooperation zwischen verschiedenen Akteuren beschränkt sich nicht nur auf den Austausch von Wissen, sondern betrifft im Kontext der Arbeitsteilung auch die Planung und Abstimmung von konkreten Arbeitsabläufen zwischen Akteuren, die zu einer Freiwerdung von Zeit führen.

Zuletzt ist die Nutzung immaterieller Ressourcen auch an eine Akzeptanz von und Suche nach Alternativen gekoppelt. Wenn bestimmte Ressourcen nicht länger verfügbar oder hinreichend sind, es also zu Einschränkungen bezüglich derer Nutzung kommt, dann haben Innovationsprozesse das Potential, diesen Wegfall immaterieller Ressourcen oder die veränderten Spezifika des Umgangs mit immateriellen Ressourcen vollständig oder teilweise zu kompensieren. Dazu können beispielsweise die Optimierung und Rationalisierung freier Zeit gezählt werden, die eine Erweiterung des Möglichen und damit eine Verlängerung oder Verbesserung des Selbst im Umgang mit Ressourcen darstellen. Der Faktor der Alternativenakzeptanz verdeutlicht, dass der Umgang mit der Ressource Zeit in seinem spezifischen historischen Kontext zu betrachten ist. Dieser ist Veränderungsprozessen unterworfen, die eine »Neujustierung« der einzelnen Einflussgrößen auslösen, so dass die Konstellationen aus Verfügungs- und Entscheidungsfreiheit, Kooperationsbeziehungen und technologischen wie sozialen Innovationen jeweils nur kurzzeitig stabil sind.[11]

Diese Faktoren sind bei der Nutzung der immateriellen Ressource Zeit jenseits ihrer Begrenztheit wesentlich. Sie sind eng miteinander verknüpft und zwischen ihnen besteht eine Dynamik zwischen Freiwerdung und Begrenzung, die für den Umgang mit begrenzten Ressourcen von Interesse ist. Zudem sind in den einzelnen Faktoren jeweils normative Vorstellungen eingeschrieben, die den Umgang mit Zeit auf ethische Dimensionen beziehen: in den Verboten und Gesetzen der Verfügungsfreiheit und in der institutionalisierten Ordnung der Entscheidungsfreiheit ebenso wie in der Bereitschaft zur Kooperation, der kulturellen Deutung von technologischen Neuerungen und auch in der Akzeptanz oder Ablehnung von Alternativen.

---

11 Die Brüche, während denen diese Konstellationen instabil werden und bestimmte Ressourcen situativ knapper werden oder der Umgang mit ihnen verstärkt von Konflikten oder Unsicherheit geprägt ist, sind für eine Forschung über begrenzte Ressourcen vor diesem Hintergrund von besonderem Interesse.

Wissen und die Gebundenheit von Ressourcen

Mit der theoretischen relativen Freiwerdung von immateriellen Ressourcen geht auch deren praktische Begrenzung einher. Die Ausweitung von freier Zeit durch neue und verbesserte Produktions- und Organisationsmethoden geht in der Moderne mit Prozessen der Beschleunigung und Verdichtung einher, die neue Zeitstrukturen schaffen und »gewonnene« Zeit relativieren (Rosa 2005). Dieses Verhältnis lässt sich ebenso am Beispiel der Ressource Wissen illustrieren. Mit dem seit Mitte der 1990er Jahre verstärkt diskutierten Konzept der Wissensgesellschaft rückt der Ressourcencharakter von Wissen als technologisches und produktives Potential in den Blickpunkt der kulturanthropologischen Arbeitskulturenforschung. So formulieren Getraud Koch und Bernd-Jürgen Warneken, dass »in Gesellschaften, die sich selbst in der Transition zu Wissensgesellschaften begreifen, [...] Wissen als wesentliche Ressource [gilt], die Wohlstand, Entwicklung und nachhaltig produktive Arbeit sichern hilft« (Koch/Warneken 2012: 11). Dabei verstehen sie Wissen nicht als neuen Produktivfaktor, sondern als neue Perspektive auf den Faktor Arbeit. Der prinzipiellen Unbegrenztheit der Ressource Wissen steht deren doppelte Gebundenheit gegenüber: Sie bedarf zum einen der Trägerschaft durch Menschen oder Speichermedien, deren Erzeugung mit Arbeit verbunden ist. Stefan Beck spricht in diesem Zusammenhang vom »Kollektiv-Index« des Wissens, das »an Akteure und deren Körper gebunden ist« (Beck 2012: 27). Gebunden ist es durch seinen »prozessualen und praxisbezogenen« Charakter wie auch durch die Tatsache, dass es als »implizit vorhandene Ressource« in vielen Fällen nicht kodifiziert ist (Koch/Warneken 2012: 13). Zum anderen erfordern die Vermittlung sowie der produktive Einsatz von Wissen immer auch kostenintensives Verständigungshandeln. Der Begriff des »Wissensmanagements« steht exemplarisch für die koordinativen Herausforderungen, die mit der Ressource Wissen einhergehen.

Um Komplexität, Unsicherheiten und Kontingenzen zu überbrücken, bedarf es der Aushandlung von Kooperationsbeziehungen, die die Grundlage des produktiven Umganges mit Wissen bilden (Stehr 1994; Rammert 1999). Die Koordination »geteilten und auf mehrere verteilten Wissens« (Beck 2012: 27) und die »Implizitheit von Koordinations-Wissen« (Koch/Warneken 2012: 12) wird dadurch begrenzt, dass die Kooperation über Wissen als Ressource ebenso an Akteure und Körper gebunden ist und praktisches Wissen und Tätigkeitswissen ist. Methodisch wurde in der

Europäischen Ethnologie darauf verwiesen, dass solches Wissen und die Praxen des Umgangs damit nicht vollkommen durch Befragungen erschließbar sind, und dass hier ethnographische Methoden und eine praxistheoretische Perspektive auf die Kooperation um Wissen eine Möglichkeit darstellen, um die darin enthaltenen Verweise auf soziale Ordnungen zu entschlüsseln (ebd.).

Stefan Beck hat anhand der organisationssoziologischen Studie von Peter Blau zur Arbeitsvermittlung illustriert, welche Auswirkungen soziale Arrangements auf Formen der Kooperation haben. So zeigten sich in der Studie von 1955 Arbeitsvermittler mit Festanstellungen deutlich kooperativer als solche in kompetitiven und prekären Situationen. Ebenso wird über die Studie im Sinne einer Kombination aus technologischer und kooperativer Voraussetzung deutlich, dass materielle Wissenspraxen und Sachbezüge in Kooperationsbeziehungen eine wichtige Rolle spielen, dass also materielle Facetten des Umgangs mit immateriellen Ressourcen zu beachten sind (Blau 1955). Auch die Studien von Gupta (2012) und Hull (2012) zu bürokratischen Praxen in Indien und Pakistan zeigen auf, welchen Einfluss Dokumente und materielle Ordnungs- und Verwaltungstechniken auf den Umgang mit Wissen und auf Kooperation haben.

Mark Granovetters Arbeit zur »social embeddedness« individuellen ökonomischen Verhaltens in soziale Bezüge (Granovetter 1985) wie auch die Arbeiten Elinor Ostroms zu den Commons (Ostrom 1990; 2014) geben Hinweise auf die unterschiedlich gestalteten Organisationspraxen und die normative Hinterlegung des Umgangs mit Ressourcen, wobei in beiden Fällen die sozialen und kulturellen Aspekte kollektiven Handelns besonders beleuchtet werden.[12] Auch für Wissen als immaterielle Ressource zeigen sich diese Aspekte als zentral: So verweisen die Studien zur volkskundlichen Wissensproduktion auf die soziokulturelle, und damit auch normative Einbettung von Wissenspraxen (Davidovic u.a. 2009). Wissensregime regulieren, wer Zugang zu welchen Wissensbeständen erhält und mit wem Wissen geteilt wird. Sie sind damit Teil von Machtprozessen, in denen Informationsasymmetrien zwischen verschiedenen Akteuren bestehen. In der Organisationssoziologie verweist Coleman in diesem Zusammenhang darauf, dass in Auswahlprozessen an amerikanischen Universitäten ein Ungleichgewicht besteht zwischen den Informationen, die Anwärter auf Studienplätze von

---

12 Vgl. auch Beckert 2005 zum »moralischen Handeln« in Märkten.

sich preisgeben müssen, und denen, die Universitäten von sich selbst veröffentlichen (Coleman 1982): Während Universitäten für Bewerber möglichst attraktiv erscheinen möchten und negative Informationen über sich zurückhalten, wird von prospektiven Studenten über zahlreiche Tests ein unverfälschtes und umfassendes Bild verlangt.[13]

Die Gebundenheit der Ressource Wissen stellt eine Begrenzung dar, die über kooperatives Alltagshandeln, das soziokulturell eingebettet ist, reduziert werden kann. Die kulturanthropologische Arbeit zu Wissenspraxen ist damit in vielen Fällen eine Analyse von Steuerungspraxen, also von spezifischen Kooperationsformen, die im Umgang mit immateriellen Ressourcen entstehen und sich entwickeln. In diesen Prozessen beeinflussen einige Aspekte diese Kooperationsformen: Sie sind abhängig von prinzipieller Verfügungsfreiheit, gebunden an Bedürfnisse und Institutionen, technologisch und kooperativ voraussetzungsvoll und schließlich auch vom Grad an Alternativenakzeptanz und von Innovationsprozessen bedingt. Formen des kooperativen Handelns im Umgang mit immateriellen Ressourcen sind zudem von Macht- und Informationsasymmetrien beeinflusst und in soziale Milieus und Lebensstile eingebettet, die Grenzen der Kooperation konstituieren. Zwar wäre es durch Techniken der Transparenz, Quantifizierung und Digitalisierung beispielsweise möglich, ein umfassendes Bild von Universitäten für Studienbewerber zur Verfügung zu stellen oder in Organisationen Informationsasymmetrien abzubauen. Durch unterschiedliche Faktoren, zu denen vor allem Machtbeziehungen, aber auch »tacit knowledge« (Polanyi 1966) und materielle Dimensionen zählen, ist eine freie Zirkulation der Ressource Wissen entsprechend begrenzt.

In der Nutzung wirkt sich zudem die normative Eingebettetheit von Wissen aus, das von gesellschaftlichen Akteuren unterschiedlich bewertet wird und in alltagskultureller Dimension subjektiv ist: Wie Wissen geteilt, angewandt, weiterentwickelt oder verworfen wird, hängt immer auch von idiosynkratischen Prägungen, sozialen Wertvorstellungen oder kulturellen Praxen ab. Letztlich ist aber auch Kooperation im Kontext von Wissen selbst als Ressource zu verstehen, die aufwändige Vermittlung und Verständigungshandeln erfordert und somit praktisch begrenzend wirkt.[14] Es liegt hier nahe, diese Faktoren als maßgebliche Begrenzung von Wissen als

---

13 Vgl. Saam 2002 zur Erweiterung des Konzeptes der Informationsasymmetrie in Organisationen um den Machtaspekt.

14 Es bestehen in diesem Sinne Transaktionskosten (Acheson 2002) in der Verhandlung und Umsetzung von Kooperationsbeziehungen.

prinzipiell unbegrenzte Ressource zu verstehen. Die Gebundenheit des Wissens entsteht nicht durch dessen Knappheit, sondern ist das Resultat dieser miteinander verwobenen Einflussgrößen. Knappheit an Wissen ist entsprechend nicht absolut, sondern situiert. In den hier erörterten Aspekten liegen die Gründe für diese Situiertheit; ihnen sowie der Konstruktion von situierter Knappheit sollte das analytische Interesse gelten.

Zur situierten Anwesenheit von Knappheit

Die kooperative Dimension der Gebundenheit des Wissens als Ressource bietet für materielle Ressourcen einen produktiven Perspektivenwechsel. Wird hier vor allem die Knappheit von Ressourcen als Ausgangspunkt für den Umgang konzipiert, so steht bei der Ressource Wissen als prinzipiell unbegrenzte Ressource nicht deren Knappheit, sondern das Verhältnis zwischen Akteuren und immateriellen Ressourcen und Fragen der Kooperation und Koordination im Vordergrund. Ein offensichtlicher Grund hierfür ist die Unterscheidung zwischen materiellen und immateriellen Ressourcen. Wie oben allerdings gezeigt, spielt aus volkskundlicher Sicht die Frage, ob Dinge begrenzt sind oder nicht, ebenso wie Unterscheidungen zwischen materiellen und immateriellen Ressourcen nur eine nachgeordnete Rolle. Inwieweit kann dieser Unterschied demnach ein Grund sein, der normativ als Basis für den Entwurf von Prinzipien zum Umgang mit Ressourcen herangezogen werden kann? Schließlich stellen die technischen Möglichkeiten der Reproduktion für viele Grundprobleme prinzipielle Lösungen dar, die nicht nur auf die Herstellung von Subsistenz oder die Gewährleistung des Überlebens gerichtet sind, sondern auch darüber hinaus in der Lage sind, Grund- und abgeleitete Bedürfnisse zu befriedigen. Folgt man Amartya Sen, dann sind beispielsweise Hungersnöte und damit die Knappheit an Lebensmitteln vor allem ein Problem des kooperativen Handelns und nicht der Beschränktheit von Lebensmitteln selbst (Sen 2002: 187).

Begrenzte Ressourcen sind demnach in hohem Maße durch die Aushandlung von Kooperationsbeziehungen bedingt, um Konflikte zu umgehen und Produktivität zu steigern. Damit ist die situierte Knappheit an Lebensmitteln kein Problem der Knappheit selbst, sondern eines des kooperativen Handelns: Nicht die physische Knappheit von Lebensmitteln ist die Ursache von Hungersnöten, sondern »die Verweigerung elementarer

Rechte durch die Herrschenden und die Abwesenheit politischer Institutionen verantwortlicher Regierungsführung« (Preuß 2010: 61). Hungersnöte sind, so Sen, in demokratischen Staaten kein Problem; ein Befund, der sich in ähnlicher Form auch bei John Rawls (1999) oder Matthias Risse (2005) findet. Sen argumentiert in diesem Zusammenhang unter der Prämisse der globalen Zusammenarbeit von Staaten; Risse speziell im Kontext der Entwicklungszusammenarbeit dafür, dass gerechte Institutionen zur Unabhängigkeit von internationalen Hilfsleistungen führen können.[15] Die Perspektive von Rawls hingegen ist auf die Verfasstheit von Staaten, also nach innen, gerichtet und beinhaltet die Vorstellung einer »wohlgeordnete[n] Gesellschaft« (Rawls 1999: 106), in der der Mangel an Ressourcen selbst eine weniger wichtige Rolle spielt als der Mangel an »politischen und kulturellen Traditionen, an Humankapital und Wissen, sowie häufig an den materiellen und technologischen Ressourcen«, die für eine Gesellschaft ohne Hungersnöte wesentlich sind (ebd.). Als anders gerichtetes Beispiel lässt sich hier auch David Landes »The Wealth and Poverty of Nations« (1998) anführen, in dem sich die Entdeckung von Erdölreserven, also der Überschuss an prinzipiell begrenzten Ressourcen, in Abwesenheit demokratischer Institutionen als Unglück erweisen kann. Eine Stärkung gerechter Institutionen[16] und damit auch eine legitimierte Kooperationsform, die Rechtfertigungszwängen unterliegt, ist nach diesen Perspektiven zumindest eine Voraussetzung für die gerechte Verteilung begrenzter Ressourcen.

Die normativen ökonomischen Theorien, die aus der Knappheit wirtschaftlicher Güter distributive Prinzipien ableiten, sind in diesem Sinne nur unter der Voraussetzung funktional, dass sie ihren Ausdruck in gerechten Institutionen finden. Praxen, die beispielsweise das Privateigentum an Gütern betreffen, bedürfen der Verankerung in diesen Institutionen. Sie haben damit die Knappheit wirtschaftlicher Güter als Ausgangspunkt, sind aber erst dann legitim, wenn sie gesellschaftlich legitimierte Kooperationsformen sind. Die genauen Kriterien für gerechte oder legitime Institutionen oder spezifische Legitimierungsprozesse wie demokratische Verfahren spielen an dieser Stelle nur eine nachgeordnete Rolle. Was gerecht ist oder als gerecht

---

15 Das Argument ist jedoch nicht als einseitige »Schuldzuschreibung« zu verstehen, durch die globalen Verflechtungen mit dem Verweis auf fehlende nationale Institutionen negiert werden.

16 Vgl. zum Begriff der gerechten Institutionen und zum Zusammenhang von Gerechtigkeit und Legitimität Nagel 2005.

empfunden wird, ist abhängig von gesellschaftlichen Aushandlungsprozessen und historisch variabel. Hier ist vor allem der Ansatzpunkt und dessen empirische Hinterlegung von Interesse, dass die Gestaltung von gesellschaftlichen Kooperationsbeziehungen, die den jeweiligen Kriterien für Gerechtigkeit und Legitimität entsprechen, die Existenz von Hungersnöten und damit Knappheit an Gütern bis zu einem gewissen Grad verhindern kann. Preuß spricht in diesem Zusammenhang auch davon, dass »erst verantworteter kollektiver Zwang gesellschaftliche Kooperation« (Preuß 2010: 63) fördert.

Gerechte Institutionen sind sicherlich nicht die Lösung für alle Ressourcenprobleme – es findet sich hierin jedoch ein konziser Hinweis auf die Überbetonung von Ressourcen und die Unterbetonung von Koordination und Kooperation für Allokation und Distribution.[17] Vieles spricht für eine situierte Knappheit von Ressourcen anstatt einer absoluten Knappheit von Ressourcen, die abhängig ist von ihrer Regulierung, Kooperation, der Aushandlung und Annahme von Alternativen, aber auch der Distribution auf Grundlage normativer Prinzipien. Die normative Ableitung, die sich bei Sen, Rawls, Risse und anderen findet, basiert entsprechend nur indirekt auf der Annahme von Knappheit. Eine zentrale Position nimmt hingegen die Gestaltung von Institutionen als Kooperationsformen ein, die durch unterschiedliche normative Ansätze grundiert sind.

Diese Ebene kommt im Kontext der Allmende zum Tragen, da auch hier für den Umgang mit Ressourcen normative Prinzipien grundlegend sind. Im lokalen und situierten Umgang mit den Commons und bei Praxen der Kooperation und sozialen Regulierung des Umgangs mit Allmendgütern sind sozialethische Dimensionen bestimmend (Ostrom 1990). Volkskundliche Forschungen über Allmende und Formen des kooperativen Wirtschaftens

---

17 Eine in diesem Kontext maßgebliche Frage ist, ob die situierte Abwesenheit von Mangel auch Ursache für die anderweitig situierte Präsenz von Mangel ist, ob man es also mit Problemen der Knappheit oder mit Problemen der Distribution zu tun hat, und ob es sich dabei im Sinne eines Interdependenzproblems um globale Gerechtigkeit handelt. David Graebers »Debt« (2011) oder Thomas Pikettys »Kapital« (2014) liefern hier aktuelle Beispiele, dass es vor allem um die Situiertheit von Knappheit geht und damit um Fragen der Distribution und Kooperation. Damit hängt auch der Komplex distributiver Gerechtigkeit, beziehungsweise globaler Gerechtigkeit zusammen, da die Distribution von situiert begrenzten Ressourcen auch immer Gerechtigkeitsvorstellungen impliziert (vgl. bspw. Thomas Pogges Idee einer globalen Rohstoffdividende, 1998). Nicht nur global, sondern ebenso in lokalen Kooperationsarrangements hat man es damit mit der normativen Ebene zu tun, die bei der Knappheit eine wesentliche Rolle spielt.

bieten einen Anknüpfungspunkt, um die Spezifika des kooperativen Alltagshandelns unter den Bedingungen der situierten Knappheit von Gütern zu betrachten. Die Aushandlung von Kooperation schafft im Kontext der Allmende soziale Ordnung als Voraussetzung zur Nutzung von Allmendgütern. So zeigen die Arbeiten Arnold Niederers zur Zermatter Ortsbürgergemeinde (Niederer 1965), wie Allmende als Exklusionsmechanismus Nutzungsgemeinschaften nach außen hin abgrenzt. Diese Exklusion vollzieht sich nicht nur auf der ökonomischen Ebene, da sich durch Ausgrenzungsprozesse im Kontext von Allmenden ebenso soziale Gruppen konstituieren. Der Einzelne wird dabei über soziale Normen an Kooperationsformen gebunden, so dass der Allmendstatus unter dem Gesichtspunkt der gemeinsamen Nutzung vermittels sozialer Kontrolle, Vertrauen und der Institutionalisierung dieser Beziehungen gesichert ist (Groth 2013: 64).

Dieter Kramer hat darauf hingewiesen, dass dabei auch der Rekurs auf Bräuche als soziale Techniken eine Rolle spielt (Kramer 2012: 277ff.). Die Bindungs- und Kontrollprozesse an die Gemeinschaft sind durchaus ambivalent zu betrachten, da sie zwar kooperative Grundlagen schaffen, jedoch Entscheidungs- und Verfügungsfreiheiten zum Teil radikal einschränken. Auch mit Bezug auf von der Allmende exkludierte Akteure ist zu konstatieren, dass distributiv gesehen in vielen Fällen nicht etwa sozialethische Prinzipien, sondern Machtverhältnisse über Mitgliedschaft und Nicht-Mitgliedschaft entscheiden. Die Selbsteinsetzung von Gewalt in der Allmende wirkt in diesem Sinne als gemeinschaftliche Bindungspraxis. Auch bei Kooperationsbeziehungen zwischen indigenen Gruppierungen und Unternehmen im Bereich traditionellen Wissens und genetischer Ressourcen (vgl. Groth 2012) sind die Prozesse, die zur sozialen Konstituierung und rechtlichen Fixierung dieser Gruppen führen, von besonderem Interesse. Der Entwurf von Prinzipien des Teilens entsteht hier aus einem Bottom-Up-Ansatz, in dem die beteiligten indigenen Gruppierungen diese einschließlich der Mitgliedschaftskriterien selbst entwerfen (Groth 2013: 61ff.).

Ein Fokus auf die Begrenztheit von Ressourcen ist in diesem Zusammenhang aus zwei Gründen problematisch. Zum einen sind die Kooperationsbeziehungen und deren normative Hinterlegung und Durchsetzung für die spezifischen Praxen von zentraler Bedeutung und nicht die angenommene oder tatsächliche Begrenztheit. Zum anderen können mit dem Rekurs auf Knappheit Praxen legitimiert werden, die von Akteuren als ungerecht und unfair wahrgenommen werden oder auf nicht-legitimierten und ungerechten Institutionen beruhen. Michael Brown hat zur nationalen und internationalen Verrechtlichung von Kooperationsbeziehungen, die in vielen Fällen kulturelle Sonderrechte zu etablieren suchen, zurecht bemerkt, dass die Abkehr von subjektiven Rechten als normative Grundlage zugunsten von kollektivistischen Konzeptionen – also die jeweilige Zugehörigkeit zur Allmendgemeinschaft oder indigenen Gruppe – aufgrund ihrer absehbaren und unabsehbaren Implikationen zu kritisieren ist (Brown 2010; vgl. auch Groth im Erscheinen).

Schluss: Implizite Normativität der Kooperation

Die soziale Ordnung, die in diesen historischen und zeitgenössischen Allmend- und Commons-Kontexten hergestellt wird, ist nicht nur unter der Perspektive zu sehen, dass Praxen und Prozesse entstehen und aufrechterhalten werden, die eine langfristige Nutzung von immateriellen und materiellen Ressourcen gewährleisten sollen. Dieser Blick priorisiert die Ressourcen selbst und vernachlässigt die normative Hinterlegung von Kooperationsbeziehungen. Es sind jedoch, wie dieser Beitrag gezeigt hat, die Beziehungen selbst sowie die in ihnen institutionalisierten Normen, die für den Umgang mit Dingen oder Ressourcen entscheidend sind. So sind sowohl bei immateriellen Ressourcen wie Zeit oder Wissen, als auch bei materiellen Ressourcen wie Lebensmitteln oder Allmendgütern vor allem koordinative und kooperative Aspekte für deren Nutzung bestimmend. Knappheit ist in diesen Zusammenhängen immer situiert, zum Teil sozial konstruiert und in vielen Fällen nicht Resultat des tatsächlichen Vorkommens von Dingen oder Ressourcen, sondern als Ergebnis von Steuerungspraxen zu verstehen.

Der Bezug auf Knappheit als Ableitungszusammenhang für normative Prinzipien, der sich beispielsweise im Rekurs auf Gemeinschaft oder Bräuche bei der Gestaltung von Kooperationsprinzipien zeigt, ist in dieser Hinsicht zu problematisieren, da er als Legitimationsstrategie für Zwang, Kontrolle und Exklusion dienen kann. Die implizite Normativität solcher Beziehungen bietet sich allerdings nachgerade als analytische Perspektive an: wie werden mit Verweis auf die diskursivierte Knappheit von Ressourcen Machtbeziehungen legitimiert? Wie wird ethnischen oder gemeinschaftlichen Zugehörigkeitskriterien durch die situierte Knappheit von Ressourcen das Potential zugeschrieben, Exklusions- und Handlungsprinzipien zu gestalten, die zum Teil subjektive Rechte unterminieren? Und inwieweit werden mit Rekurs auf Knappheit oder Begrenztheit Probleme von Kooperations- und Regulierungsprozessen auf das Vorkommen von Ressourcen verschoben?

Die normative Ableitung von Handlungsprinzipien im Umgang mit Allmendgütern oder anderen als begrenzt verstandenen Ressourcen ist vor dem Hintergrund dieser Fragen als Prozess selbst zu analysieren, auch wenn auf Knappheit bezogene Konzeptionen im Umgang mit Ressourcen in der Praxis durchaus ihre Berechtigung haben können. In Prämissen der Begrenztheit liegt häufig ein Rekurs auf Subsistenzideologien; Bezüge auf Knappheit sind implizit normativ aufgeladen – in ihnen schwingen Warnungen gegen Maßlosigkeit oder Verschwendung mit. Auch explizit werden Einschränkungen eingefordert, beispielsweise mit Verweisen auf alternative Ökonomien, Subsistenzhandeln oder allgemeiner das Maßhalten im Umgang mit Ressourcen.

In diesen normativen Maßstäben ist die Annahme eingeschrieben, dass die soziale Einbettung von normativen Vorstellungen über alternative oder gemeinschaftliche Kooperationsformen eine Lösung von Ressourcenknappheit wäre. Angesichts gegenwärtiger technologischer Möglichkeiten sowie der Unterbetonung der Rolle von Kooperationsbeziehungen und Regulierungspraxen wäre jedoch die Annahme, dass über spezifische soziale Praxen der Selbstbeschränkung oder des Maßhaltens gesellschaftliche und globale Probleme gelöst werden könnten, zu analysieren.

Es gilt demnach, die distributiven Ursachen für die situierte Knappheit auszumachen, und dabei zunächst von einer prinzipiellen Unbegrenztheit auszugehen. In den spezifischen Fällen muss der Nachweis erbracht werden, dass ein Problem der Begrenztheit von Ressourcen auch tatsächlich ein Problem der Begrenztheit ist, und nicht der Situiertheit, bedingt durch Koordination oder Regulierung. Die situierte Knappheit von Ressourcen ist daher immer zuerst ein Problem der Kooperation über Ressourcen und der Distribution von Ressourcen, nicht des Mangels an Ressourcen.

Knappheit sollte daher nicht von der Knappheit her gedacht werden, sondern von ihrer Situiertheit. Damit einher geht die Notwendigkeit eines stärkeren Fokus auf distributive Parameter, die die Verteilung von Ressourcen bestimmen. Schließlich müssen auch die verschiedenen normativen Dimensionen betrachtet werden, die zum einen unter der Prämisse der Ressourcenbegrenzung zum Maßhalten anregen, und dieses Maßhalten zum anderen durch Bindung an Kollektive oder Bräuche zu erreichen suchen, da sozialer Zwang und soziale Konventionen für den Ressourcenumgang konstitutiv sind. Neben der Analyse von Koordinationsproblemen und Distributionszusammenhängen sind hier die Konstruktion von Angemessenheit (vgl. Merker u.a. 1998) und die Annahme oder Ablehnung von Alternativen wichtige Forschungsperspektiven. Die volkskundliche Sicht auf Wissen kann als alternativer Ausgangspunkt zur Betrachtung wichtige Impulse liefern: Als Perspektivenwechsel, der nicht Begrenztheit, sondern Distribution und Kooperation in den Vordergrund stellt und die Parameter von prinzipieller Verfügungsfreiheit, Bedürfnis- und Institutionengebundenheit, technologischer und kooperativer Voraussetzungen und schließlich auch den Grad an Alternativenakzeptanz und die Angemessenheit von Alternativen in die Analyse des Umgangs mit Ressourcen mit einbezieht. Das beinhaltet einen Blick auf Innovationsprozesse im Kontext situiert begrenzter Ressourcen, einschließlich materieller Aspekte und ihrer Einbettung in soziokulturelle Praxen.

Literatur

Acheson, James, »Transaction Cost Economics: Accomplishments, Problems, and Possibilities«, in: Ensminger, Jean (Hg.), *Theory in Economic Anthropology*, Walnut Creek 2002, S. 27–58.
Balla, Bálint, *Soziologie der Knappheit*, Stuttgart 1978.
Beck, Stefan, »Anmerkungen zu materiell-diskursiven Umwelten der Wissensarbeit«, in: Koch, Gertraud/Warneken, Bernd-Jürgen (Hg.), *Wissensarbeit und Arbeitswissen. Zur Ethnografie des kognitiven Kapitalismus*, Frankfurt am Main 2012, S. 27–39.
Beckert, Jens, »The Moral Embeddedness of Markets«, in: *MPIfG Discussion Paper* 5:6 (2005), S. 4–20.
Benjamin, Walter, *Das Kunstwerk im Zeitalter seiner technischen Reproduzierbarkeit*, Frankfurt am Main 1981.
Blau, Peter, *The Dynamics of Bureaucracy*, Chicago 1955.
Brown, Michael F., »Culture, Property, and Peoplehood: A Comment on Carpenter, Katyal, and Riley's ›In Defense of Property‹«, in: *International Journal of Cultural Property* 17:3 (2010), S. 569–579.
Brückner, Wolfgang, »Trachtenfolklorismus«, in: Jeggle, Utz u.a. (Hg.), *Volkskultur in der Moderne: Probleme und Perspektiven empirischer Kulturforschung*, Hamburg 1986, S. 363–382.
Coleman, James Samuel, *The Asymmetric Society*, Syracuse 1982.

Cox, Heinrich L., »Morgenstund hat Gold im Mund«: Sprichwörter mit einer Zeit-Komponente im Sprichwortschatz Bonner Student(inn)en. Ein Versuch zur begrifflichen Kategorisierung der Signifikate«, in: *Rheinisches Jahrbuch für Volkskunde* 33 (1999–2000), S. 81–95.

Davidovic, Antonia u.a. (Hg.), *Volkskundliches Wissen. Akteure und Praktiken* (Berliner Blätter. Ethnographische und ethnologische Beiträge, H. 50), Münster 2009.

Dinklage, Karl u.a. (Hg.), *Geschichte der Kärntner Landwirtschaft und bäuerliche Volkskunde*, Klagenfurt 1966.

Graber, David, *Debt: The First 5000 Years*, New York 2011.

Granovetter, Marc, »Economic Action and Social Structure. The Problem of Embeddedness«, in: *American Journal of Sociology* 91 (1985), S. 481–510.

Groth, Stefan, *Negotiating Tradition: The Pragmatics of International Deliberations on Cultural Property*, Göttingen 2012.

— »Allmendgemeinschaften und Cultural Commons in der Diskussion um kulturelles Eigentum«, in: Johler, Reinhard u.a. (Hg.), *Kultur_Kultur. Denken, Forschen, Darstellen. 38. Kongress der Deutschen Gesellschaft für Volkskunde in Tübingen vom 21. bis 24. September 2011*, Münster 2013, S. 59–65.

— »Between Society and Culture: Recognition in Cultural Heritage Contexts«, in: Adell, Nicholas u.a. (Hg.), *Community and Participation: The Politics of Core Concepts in Heritage Policy and Practice*, Göttingen, im Erscheinen.

Groth, Stefan/Döpking, Lars, »Clustering Justice: Über normative Dimensionen kulturellen Eigentums«, in: Groth, Stefan u.a. (Hg.), *Kultur als Eigentum*, Göttingen 2015, S. 413–444.

Gupta, Akhil, *Bureaucracy, Structural Violence, and Poverty in India*, Durham 2012.

Hann, Chris, »Introduction: The Embeddedness of Property«, in: Hann, Chris (Hg.), *Property Relations: Renewing the Anthropological Tradition*, Cambridge 1998, S. 1–47.

Helfrich, Silke (Hg.), *Commons: Für eine neue Politik jenseits von Markt und Staat*, Bielefeld 2012.

Höffe, Ottfried, *Gerechtigkeit. Eine philosophische Einführung*, München 2015.

Hull, Matthew S., *Government of Paper: The Materiality of Bureaucracy in Urban Pakistan*, Berkeley 2012.

Karpik, Lucien, *Valuing the Unique: The Economics of Singularities*, Princeton 2010.

Koch, Getraud/Warneken, Bernd-Jürgen, »Wissensarbeit und Arbeitswissen: Zur Ethnografie des kognitiven Kapitalismus«, in: dies. (Hg.), *Wissensarbeit und Arbeitswissen. Zur Ethnografie des kognitiven Kapitalismus*, Frankfurt am Main 2012, S. 11–26.

Koren, Hanns, *Pflug und Arl. Ein Beitrag zur Volkskunde der Ackergeräte*, Salzburg 1950.

Korff, Gottfried, »Sieben Fragen zu den Alltagsdingen«, in: König, Gudrun M. (Hg.), *Alltagsdinge. Erkundungen der materiellen Kultur*, (Tübinger kulturwissenschaftliche Gespräche, 1), Tübingen 2005, S. 29–42.

Kramer, Dieter, »Kulturelle und historische Dimensionen der Diskussion um Gemeinnutzen. Ein Beispiel für die Aktualität von Themen der Europäischen Ethnologie«, in: *Zeitschrift für Volkskunde* 108 (2012), S. 265–285.

Kramer, Karl-Sigismund, *Bauern und Bürger im nachmittelalterlichen Unterfranken: Eine Volkskunde auf Grund archivalischer Quellen*, Würzburg 1957.
— *Grundriss einer rechtlichen Volkskunde*, Göttingen 1974.
— »Dingbedeutsamkeit. Zur Geschichte des Begriffs und seines Inhalts«, in: Herrmann Maué (Hg.), *Realität und Bedeutung der Dinge im zeitlichen Wandel. Werkstoffe: Ihre Gestaltung und ihre Funktion,* (Anzeiger des Germanischen Nationalmuseums und Berichte aus dem Forschungsinstitut für Realienkunde, Sondernummer), Nürnberg 1995a, S. 22–32.
— *Bauern, Handwerker und Bürger im Schachzabelbuch: Mittelalterliche Ständegliederung nach Jacobus de Cessolis*, München 1995b.
Krämer, Steffen, »Deutsche Unternehmer und ihre Arbeiterkolonien im 19. und frühen 20. Jahrhundert«, in: *Kunstgeschichte Open Peer Reviewed Journal* (2010), S. 1–27.
Landes, David, *The Wealth and Poverty of Nations: Why Some are So Rich and Some So Poor*, New York 1998.
Malmquist, Anita, *Sparsamkeit und Geiz, Großzügigkeit und Verschwendung: Ethische Konzepte im Spiegel der Sprache*, Umeå 2000.
Mankiw, Nicholas Gr./Taylor, Mark P., *Grundzüge der Volkswirtschaftslehre*, Stuttgart 2012.
May, Sarah, »Cheese, Commons, and Commerce. On the Politics and Practices of Branding Regional Food«, in: *Ethnologia Europaea* 43:2 (2013), S. 62–77.
Macpherson, C.B., *Die politische Theorie des Besitzindividualismus*, Frankfurt 1967.
Marschall, Wolfgang, »Die zweite Natur des Menschen: Kulturtheoretische Positionen in der Ethnologie«, in: Hansen, Klaus P. u.a. (Hg.), *Kulturbegriff und Methode: Der stille Paradigmenwechsel in den Geisteswissenschaften*, Tübingen 1993, S. 17–26.
Merker, Barbara u.a. (Hg.), *Angemessenheit: Zur Rehabilitierung einer philosophischen Metapher*, Würzburg 1998.
Mieder, Wolfgang/Walther, Helmut: »»Morgenstunde hat Gold im Munde«. Neues zur Herkunft und Überlieferung des populärsten deutschen Sprichwortes«, in: *Proverbium. Yearbook of International Proverb Scholarship* (2000), S. 267–282.
Mohrmann, Ruth E., »Wohnen und Wirtschaften«, in: Brednich, Rolf W. (Hg.), *Grundriß der Volkskunde. Einführung in die Forschungsfelder der Europäischen Ethnologie*, Berlin 2001, S. 133–153.
Moser, Johannes, »»Time is what you make out of it«. Zeitwahrnehmung und Zeitpraxen von Arbeitslosen«, in: *Rheinisches Jahrbuch für Volkskunde* 33 (1999–2000), S. 62–98.
Muri, Gabriela, *Pause! Zeitordnung und Auszeiten aus alltagskultureller Sicht*, Frankfurt am Main 2004.
Nagel, Thomas, »The Problem of Global Justice«, in: *Philosophy & Public Affairs* 33:2 (2005), S. 113–147.
Nahrstedt, Wolfgang, »Die Entstehung des Freiheitsbegriffs der Freizeit. Zur Genese einer grundlegenden Kategorie der modernen Industriegesellschaften (1755-1826)«, in: *Vierteljahrschrift für Sozial- und Wirtschaftsgeschichte* 60:3 (1973), S. 311–342.

Niederer, Arnold, *Gemeinwerk im Wallis. Bäuerliche Gemeinschaftsarbeit in Vergangenheit und Gegenwart*, Basel 1965.

Noack, Julia, *Commons Dilemma: Objektivationen und Entwicklungstendenzen bei der Nutzung von Gemeinschaftsgütern aufgezeigt im Bereich der Europäischen Ethnologie*, Freiburg 2003.

Ostrom, Elinor, *Governing the Commons*, Cambridge 1990.

— »Collective Action and the Evolution of Social Norms«, in: *Journal of Natural Resources Policy Research* 6:4 (2014), S. 235–252.

Piketty, Thomas, *Das Kapital im 21. Jahrhundert*, München 2014.

Poehls, Kerstin, »Weniger Wollen. Alltagswelten im Kontext von ›Krise‹ und Post-Wachstums-Debatte«, in: *Vokus* 22 (2012), S. 5–18.

Pogge, Thomas, »Eine globale Rohstoffdividende«, in: Chwaszcza, Christine/ Kersting, Wolfgang (Hg.), *Politische Philosophie der internationalen Beziehungen*, Frankfurt am Main 1998, S. 325–363.

Polanyi, Michael, *The Tacit Dimension*, London 1966.

Preuß, Ulrich, *Bedingungen globaler Gerechtigkeit,* Baden-Baden 2010.

Rammert, Werner, »Produktion von und mit ›Wissensmaschinen‹. Situationen sozialen Wandels hin zur ›Wissensgesellschaft‹«, in: Konrad, Wilfried/Schumm, Wilhelm (Hg.), *Wissen und Arbeit. Neue Konturen von Wissensarbeit*, Münster 1999, S. 40–57.

Rawls, John, *The Law of Peoples*, Harvard 1999.

Risse, Mathias, »What We Owe to the Global Poor«, in: *Journal of Ethics* 9 (2005), S. 81–117.

Rosa, Hartmut, *Beschleunigung. Die Veränderung der Zeitstrukturen in der Moderne*, Frankfurt am Main 2005.

Saam, Nicole J., *Prinzipale, Agenten und Macht: eine machttheoretische Erweiterung der Agenturtheorie und ihre Anwendung auf Interaktionsstrukturen in der Organisationsberatung*, Tübingen 2002.

Scharfe, Martin, »Signatur der Dinge. Anmerkungen zu Körperwelt und objektiver Kultur«, in: König, Gudrun M. (Hg.), *Alltagsdinge. Erkundungen der materiellen Kultur*, (Tübinger kulturwissenschaftliche Gespräche, 1), Tübingen 2005, S. 93–116.

Schivelbusch, Wolfgang, *Geschichte der Eisenbahnreise: Zur Industrialisierung von Raum und Zeit im 19. Jahrhundert*, München 1977.

Sen, Amartya, *Ökonomie für den Menschen: Wege zu Gerechtigkeit und Solidarität in der Marktwirtschaft*, München 2002.

Siegrist, Hannes/Sugarman, David (Hg.), *Eigentum im internationalen Vergleich: 18.–20. Jahrhundert*, Göttingen 1999.

Silberzahn-Jandt, Gudrun, *Waschmaschine: Zum Wandel von Frauenarbeit im Haushalt*, Marburg 1991.

Stehr, Nico, *Arbeit, Eigentum und Wissen: Zur Theorie von Wissensgesellschaften*, Frankfurt am Main 1994.

Wiegelmann, Günter, »Zum Problem der bäuerlichen Arbeitsteilung in Mitteleuropa«, in: Braubach, Max u.a. (Hg.), *Aus Geschichte und Landeskunde: Forschungen und Darstellungen*, Bonn 1960, S. 637–671.

Williamson, Oliver E., *The Economic Institutions of Capitalism: Firms, Markets, Relational Contracting*, New York 1985.

Kulturelle Faktoren und der Übergang zu einer nachhaltigen Lebensweise

Dieter Kramer

1. Apokalypse und Krise

Wenn sich die Wachstumsraten in Produktion und Konsum fortsetzen und die damit zusammenhängende Klimaveränderung oder andere Konsequenzen nicht aufgehalten werden, dann drohen, meinen manche wissenschaftliche Stimmen (Miegel 2012; Leggewie/Welzer 2009), noch viel größere Krisen als ein paar zu heiße, zu kalte oder zu nasse Jahreszeiten. Für Wein- oder Obstbauern und für Gletscherforscher sind die Zeichen eines Klimawandels nicht zu übersehen – was auch immer die Ursachen sein mögen. Sie stellen sich schon darauf ein, ebenso die Touristiker.

Es ist leicht, Angst erzeugende apokalyptische Szenarien der Zerstörung von Lebenswelt und Gemeinschaften zu entwerfen. Ist alles nicht schlimm, hat Hermann Lübbe in der Diskussion bei einer Veranstaltung im Bundesmobiliendepot 1991 in Wien gemeint – als Protestant wisse er ohnehin, dass es eine Endzeit gibt. Mir geht es nicht um die Bestätigung von Angstlust oder Verzweiflung, sondern – und darin unterscheide ich mich von vielen anderen Autoren – um Hinweise auf Möglichkeiten.

Manche Befürchtungen sind nicht eingetreten. In den 1880er Jahren hat ein Statistiker ausgerechnet, dass der Broadway in New York um 1910 aufgrund des wachsenden Verkehrs mit einer anderthalb Meter hohen Schicht von Pferdemist bedeckt sein werde. Es kam anders. Mein Marburger Lehrer Wolfgang Abendroth soll gegen Ende seines Lebens angesichts der gigantischen Rüstung im Kalten Krieg in den 1980er Jahren sehr pessimistisch geworden sein. Er fürchtete einen großen Krieg. Glücklicherweise kam es auch hier zu anderen ›jähen Wendungen‹ der Geschichte. Daran muss ich denken, wenn ich heute manchmal wenig Hoffnung habe, was die Transformation in Richtung auf eine ernsthafte sozialökologische Wende und nachhaltige Lebensweise angeht.

Aktuell geht es nicht nur um Klimakrise oder wirtschaftliche Krisen, sondern um eine ›Vielfachkrise‹ der Wachstumsgesellschaft bezogen auf Ökonomie, Ökologie, Arbeitswelt, Geschlechterordnung, Strukturpolitik usw. (Demirović u.a. 2011). Sie wird von vielen beschworen – von dem Konservativen Meinhard Miegel (2012) ebenso wie von den Linken in Attac und der Rosa-Luxemburg-Stiftung. Man weiß, sagen einige Theoretiker aus dem Umfeld von Attac:

»Das Akkumulationsmodell, das die materielle Expansion dieses Jahrhunderts angetrieben hat, kann keine Basis für eine neue materielle Expansion im 21. Jahrhundert sein. Eine neue weltweite materielle Expansion erfordert ein völlig anderes gesellschaftliches, geopolitisches und ökologisches Modell, das sich nicht nur vom Modell des 20. Jahrhunderts unterscheidet, sondern auch von den vorhergehenden langen Jahrhunderten.« (Silver/Arrighi 2011: 228)

Wie das aussehen kann, das ist Gegenstand von Suchbewegungen der Gegenwart und der Zukunft.

Was meine folgenden Überlegungen anbetrifft, so nehme ich einige ihrer Einwände vorweg: Ich vertrete keinen Voluntarismus, der glaubt, mit etwas gutem Willen oder mit einem gigantischen runden Tisch aller Betroffenen ließen sich die wichtigsten Probleme lösen. Es wäre unangemessen, falsche Hoffnungen zu wecken und den Eindruck zu vermitteln, Politik und Menschen seien bereits auf dem richtigen Weg – zu vieles ist offen. Und gewiss sind die materiellen gesellschaftlichen Beziehungen, sind Eigentumsverhältnisse, Machtbeziehungen und alle davon abgeleiteten oder damit zusammenhängenden kulturellen, religiösen, traditionellen Prägungen wirkmächtig (meinetwegen, trotz Epigenetik, auch die Gene). Es geht auch nicht darum, sich von Wachstum vollständig zu verabschieden. Das wäre freilich äußerst schwierig, und immer ist zu bedenken, welche Kapazitäten für welche Problemlösungen etwa in den armen Ländern vorgehalten werden müssen.

Ich möchte im Folgenden nach Möglichkeiten und Spielräumen zur Überwindung der Wachstumskrise und zur Gestaltung der Post-Wachstumsgesellschaft suchen. Dabei helfen mir einige Bezüge auf die Europäische Ethnologie (vgl. Kramer 2012, 2013). Als verstehende und dekonstruierende Wissenschaft beschäftigt sie sich in Empirie und Theorie mit Kulturprozessen in den Milieus geschichteter (segmentierter, hierarchisch gegliederter) Gemeinschaften von hoher Komplexität (Arbeitsteiligkeit). Sie hilft, die Motive der Akteure zu erkennen, und kann damit nicht nur blickdichte und argumentationsresistente (Parallel-)Welten begreifen, sondern auch Spielräume und Kontingenzen entdecken helfen, die Anknüpfungsmöglichkeiten für verändertes Handeln sein können.

2. Vernachlässigte kulturelle Faktoren

Kulturelle Faktoren werden in den Diskussionen um die Krise der Lebenswelt zu wenig berücksichtigt. Die Menschen sind keine vereinzelten Nutzenmaximierer, wie die Figur von homo oeconomicus unterstellt. Konsumentscheidungen finden in sozialkulturellen Milieus statt. Wie sozialkulturelle Faktoren den sozioökonomischen Gesamtprozess beeinflussen (können), wird im Mainstream der Nationalökonomie (Volkswirtschaft) wenig beachtet. Auch die Politökonomie verfolgt die großen Zusammenhänge der Auswirkungen des Wirtschaftens auf die Politik, ohne viel nach den Triebkräften im Alltag zu fragen. Beim Marketing kommen die Wirtschaftswissenschaften am ehesten mit kulturellen Faktoren in Berührung, freilich nur im engen Focus der Kunden-Markt-Beziehung, beispielhaft etwa beim Ethnomarketing. Die im Alltag wirkenden sozialkulturellen Prägungen werden am ehesten von der freilich oft zu wenig beachteten Sozioökonomie untersucht (vgl. Fischer/Zurstrassen 2014).

Um den Herausforderungen der Gegenwart zu begegnen, braucht es Symbol- und Begriffsarbeit. »Wir haben die Welt lange genug verändert, jetzt kommt es darauf an, sie neu zu interpretieren«, so argumentiert Günter Nenning (1983) in Umkehrung der letzten Feuerbachthese von Marx. Erst mit neuen Interpretationen kann man vielleicht auch wieder einmal daran gehen, sie zu verändern. »Zukunft ist ein kulturelles Programm«, meint Hilmar Hoffmann (1997). Sie kann nicht mit technischen und politischen Neuerungen nachhaltig gestaltet werden, sondern braucht eine neue Sozial- und Wertekultur.

Kultur steht für die zur Überlebenssicherung notwendigen Symbole, Standards und Werte, mit denen Menschen ihr Zusammenleben und ihren Stoffwechsel mit der Natur organisieren. Kultur ist prägend für die Lebensweise, aber auch geprägt von Geschichte (Tradition) und Umwelt. Die Prägung und Ausgestaltung von Lebenswelten ist nicht beliebig, aber auch nicht starr und determiniert von Geographie, Geschichte oder Ökonomie.

Wenn über die aktuellen Krisen diskutiert wird, wird zwar auf die dabei wichtigen Werte und Standards Bezug genommen, aber meist nicht auf die sozialkulturellen Prozesse, in denen diese Werte sich entwickeln und verändern. Menschen entscheiden nie als isolierte Monaden, sondern in sozialen Zusammenhängen. Das sind nicht anonyme Kollektive des ›Wir‹ in Europa oder Deutschland oder sonst wo, sondern Gemeinschaften und Milieus mit sozialkulturellen Traditionen und ›Öffentlichkeiten‹ verschiedener Dimensionen.

Die vergesellschafteten Individuen lassen sich in ihrem Handeln leiten vom Wunsch nach Anerkennung und von den Standards des guten und richtigen Lebens in ihren jeweiligen Milieus und nicht von einer Ethik der Nachhaltigkeit. Sozialisation, Angebot, Werbung, Medien, Politik spielen dabei eine Rolle. Ihnen ist nicht allein die Schuld an Fehlentwicklungen zuzuschieben, sie agieren in materiellen und symbolbeladenen Strukturzusammenhängen sowie materiellen Strukturen mit eigener Dynamik. Die Sicherung ihrer gemeinschaftlichen Lebensverhältnisse müssen sie in der repräsentativen Demokratie überindividuellen gesellschaftlichen und politischen Institutionen überantworten.

3. Fehlende Erfahrungen mit Gesellschaften ohne Wachstumszwang

Behauptet wird im Schlussbericht der Enquete-Kommission Wachstum, Wohlstand, Lebensqualität des Deutschen Bundestags:

»Der Mangel an historischer Erfahrung mit wachstumslosen Perioden führte zwangsläufig dazu, dass heute ein unmittelbarer Zusammenhang zwischen Marktwirtschaft, Wachstum und Fortschritt gesehen wird. In der eurozentristischen Konzentration tun wir uns schwer, uns Alternativen vorzustellen, denn es gibt kaum noch Erfahrungen mit Perioden ohne Wachstum. Zudem sind solche Erfahrungen aus vergangenen Perioden oder anderen Weltregionen entweder nicht übertragbar oder alles andere als attraktiv.« (Schlussbericht 2013: 191)

Hier kann die Kulturwissenschaft, insbesondere die Europäische Ethnologie, nachhelfen. Sie erinnert daran, wie vor der »Entbettung« (Polanyi 1978) des ökonomischen Handelns aus seinen sozialkulturellen Zusammenhängen eigentlich alle europäischen und außereuropäischen Gesellschaften mindestens rudimentär über stabilitätssichernde sozialkulturelle Strukturen mit

Selbstbegrenzungsmechanismen (Suffizienzstrategien) verfügten. Arnold Niederer spricht für die alpinen Subsistenzgesellschaften der Schweiz von einer »seelisch-geistige(n) Basis eines jeden sinnvollen sozialen Programmes« (Niederer 1965: 16). Die Chancen für Glück und Lebensqualität können nicht aus- oder aufgerechnet werden, aber es wäre Fortschritts- oder Modernitätsarroganz, diese Chancen in Suffizienzgesellschaften zu verleugnen und in Elendsmalerei verschwinden zu lassen. Dazu haben zeitgenössische Wachstumsgesellschaften, in denen ein Drittel oder ein Fünftel der Kinder in Armut leben, keine Veranlassung.

Erst der Siegeszug des Marktes stellte wirtschaftliches Handeln unter den Zwang der Gewinnmaximierung und des Wachstums. Keine frühere Gesellschaft war dem so unterworfen wie diejenige der Marktwirtschaft. Zweifellos hatten auch frühere Gesellschaften ihre gravierenden Probleme, aber diejenigen der heutigen Gesellschaften mit Wachstumszwang sind ja auch alles andere als harmlos, erst recht auch wenn man die weltweite Nichtübertragbarkeit und die Zukunftsperspektiven betrachtet.

Es geht nicht darum, romantisierte Zustände der Vergangenheit oder exotische Welten zu beschwören. Wichtig ist es, unter den heutigen Lebensbedingungen Spielräume für Möglichkeiten der Veränderung zu entdecken, und dafür ist die historische und aktuelle Vielfalt eine Quelle der Anregung.

4. Wohlstand und Lebensqualität ohne Wachstum

Mit Blick auf das soziokulturelle Leben lassen sich außerordentlich viele Geschichten darüber erzählen, wie Menschen in Vergangenheit und Gegenwart in ihren Gemeinschaften mit Reichtum und Chancen, mit Knappheit und Mangel, mit Not und Überfluss umgehen. Das liefert Anregungen für das eigene Nachdenken. Beliebig viele Bilder der Selbstbegrenzung gibt es in der europäischen ebenso wie der internationalen philosophischen und ethischen Tradition, von Diogenes bis zur Bibel, von Franz von Assisi und vielen anderen bis zu Mahatma Gandhi. Hinzuweisen ist auch auf ganze Staaten und Gesellschaften, die ohne Wachstumszwang oder mit diszipliniertem (begrenztem) Wachstum auskamen. Im europäischen Barock z.B. waren »Gelassenheit und Lebensfreude« wichtiger als Wachstum und Fortschritt, interpretiert der Schweizer Historiker Peter Herrsche (2011). Aber als mit den

Kriegen der europäischen Staatenwelt eine intensivere Nutzung der nationalen Ressourcen angestrebt wurde, da sorgten Physiokratismus und Merkantilismus im Vorfeld der Industrialisierung zusammen mit dem neuen Ethos des Marktes für die Entfesselung eben jenes Wachstums, das heute die Probleme verursacht.

Japan hat – um den Blick einmal außerhalb Europas zu lenken – in der Tokugawa-Zeit (um 1604–1858, siehe Japan und Europa 1993; Iriye/Osterhammel 2014: 165) mehr als zwei Jahrhunderte seine Energien in die innere Entwicklung konzentriert. Angesichts der Wachstumsorientierung der sogenannten Moderne wird dies als Stagnation empfunden, es entfaltete sich dabei aber eine relativ breit gestreute Kultur höchster Verfeinerung, die später von den Künstlern der europäischen Moderne als äußerst attraktiv empfunden wurde. Mit deren Lobpreis distanzierten sich die Intellektuellen dieser Zeit gleichzeitig von den materiellen Exzessen ihrer eigenen Gegenwart (Altenberg 2008; Arnhold 2008).

Gewiss hatte dieses Japan der Tokugawa-Zeit bereits vor der gewaltsamen Öffnung für den Handel durch die USA 1853 innere Krisen zu verarbeiten, hervorgerufen etwa durch Bevölkerungswachstum (Iriye/Osterhammel 2014: 173f.), aber offen kann bleiben, ob diese nicht auch mit ›Bordmitteln‹ hätten überwunden werden können (und die Krisen des ausufernden marktwirtschaftlichen Wachstums kommen erst zum Ende des 20. Jahrhunderts). Auch die demographische Entwicklung in Europa erinnert an viele mögliche Strategien zur Kontrolle des Bevölkerungswachstums – oft genug aber sorgten auch Kriege und Seuchen dafür, dass demographisches Wachstum angeregt wurde.

5. Populäre Symbolwelten des ›Genug‹

Die genannten Beispiele beziehen sich auf herrschaftlich geregelte Suffizienz. Aber es gibt auch populäre Traditionen der Selbstbegrenzung. Ein im Sinai und im Negev verbreitetes Lied zählt die zehn wichtigsten Dinge auf, die ein Beduine von Gott erbittet: Als Gastgeber möchte er ein Zelt, das seine Gäste beherbergt, und eine Frau, die sich auf ihre Pflichten als Gastgeberin versteht. Er bittet um schwarze Ziegen, die er zu Ehren des Gastes schlachten kann, und um Kamele, die diesem eine Schale frischer Milch liefern. Als Krieger bittet er um eine Stute und ein Gewehr sowie um tapfere

Söhne, die sich bald einmal im Kampf bewähren können. Die vier weiteren begehrten Güter sind schnellfüßige Füllen zur Entschädigung begangenen Unrechts, Gottes Schutz für den guten Ruf der Töchter, eine Pilgerfahrt nach Mekka und schließlich die Errettung vor der Hölle (Biasio 1998: 95). Die Wünsche beziehen sich nicht auf Wachstum, sondern bewegen sich innerhalb der Horizonte der gemeinschaftsspezifischen Standards des guten und richtigen Lebens.

Dem ungehemmten Streben nach Reichtum und Genuss stehen auch in den populären Milieus Bilder, Vorstellungen und Praktiken der Suffizienz gegenüber; sie sind auch der Mahnung eingedenk: ›Das letzte Hemd hat keine Taschen‹. Mit Symbolwelten des ›Genug‹ führen viele Gemeinschaften immer wieder ihren Diskurs über die Definition von Armut und Reichtum, über die Dynamik der Bedürfnisse und über Selbstbegrenzung. Immer handelt es sich dabei um eine »mentale Infrastruktur« (Meier 1993), um das Gerüst von Werten und Standards, die innerhalb der vorgegebenen Möglichkeiten ein ›gutes und richtiges‹ Leben zu führen erlauben. Nicht das heutige Prinzip der ökologischen Nachhaltigkeit war Hintergrund und Anlass solcher Überlegungen, sondern das Wissen um die Grenzen der materiellen Möglichkeiten und um die Notwendigkeit, für das eigene Glück und innere Gleichgewicht das rechte Maß zu finden.

Sprichwörter unterschiedlicher sozialer Herkunft, in allen Kulturen kursierende Kleinmünze für die kulturspezifisch geregelte Kommunikation, halten diese Selbstbegrenzung ebenso in Erinnerung wie einschlägige Mythen, Sagen und Märchen. Das alles kennen wir, und deshalb zitiere ich nur wenige Beispiele: »Wer nie genug hat, ist immer arm«[1]. Gesagt wird auch: »Besser genug, als zu viel« oder: »Genug haben ist steter Festtag«. Das kann in sozialen Spott umschlagen: »Was man genug hat, dess ist man satt, sagte der Bauer, da war er drei Tage verheirathet«. Ebenso weiß das Sprichwort um die Relativität von Reichtum: »Genug haben ist mehr als viel haben«. »Nous sommes riches en peu de besoins«, ist die stolze Devise freier Subsistenzbauern in den Schweizer Alpen (Kramer 1991: 9). Sie beherrschen die Fähigkeit, das richtige *Maß* zu finden.

Für die vorindustriellen Bauern war Selbstbegrenzung eine Selbstverständlichkeit (Kramer 1997; Beck 1986). Als die Feldforscher Edit Fél und Támas Hofer bei einem Umtrunk dem ungarischen Bauern Ferenc Orbán

---

[1] Dies und die folgenden Zitate aus dem Sprichwörterlexikon von Wander Bd. 1, S. 1554ff.

im Dorf Átány eine Ernte von 100 Hektolitern Wein in den Keller wünschen, antwortet dieser: »Das wäre zuviel ... soviel wünschen Sie mir lieber nicht. Zwanzig Eimer genügen«. Zuviel fügt sich nicht in das sozialökonomische und sozialkulturelle System. Die Forscher kommentieren: »Das Glück ist kein Ausblick ins unendliche. Ferenc Orbán wünscht sich im Grunde seines Herzens keinen unmäßigen, sich fortgesetzt vermehrenden Ertrag seiner Wirtschaft« (Fél/Hofer 1972: 1).

Die scheiternde Selbstbegrenzung verbindet sich in den Symbolisierungen mit *Frevel* und *Hybris*, etwa im Mythos vom *Herren der Tiere*, der dem Jäger die Zahl der zu erlegenden Tiere begrenzt, oder im *Faust*, der gleichzeitig eine Parabel für den Fluch der Unersättlichkeit und der Unfähigkeit zur Selbstbegrenzung ist. Ähnlich ist der antike Mythos vom König Midas, der schließlich verhungert, weil ihm alles, was er anrührt, zu Gold wird.

Besonders interessant ist in diesem Zusammenhang, dass es parallel zu den Begrenzungsstrategien auch Formen des temporären exzessiven Genusses im Konsum und im Umgang mit (Lebens-)Zeit und (Lebens-)Kraft gibt. Sie werden als Bestandteil der Lebensqualität empfunden. Wenn solch selbstzweckhaftem Genuss als Artikulation und Bestätigung von Reichtum kein Raum gegeben ist, dann produziert dies Frustrationen und Aggressionen – und dies umso mehr, je mehr die Menschen das Gefühl haben, dass solche Reichtümer existieren. Öffentliche und private Feste als Phasen des exzesshaften Genusses gliedern die Zeit und tragen dazu bei, auch in ›normalen‹ Zeiten geringerer Genussmöglichkeiten Lebensqualität zu empfinden.

Nicht beliebig vermehrbare Ressourcen wie Wald, Wasser, Weide müssen in früheren subsistenzorientierten wachstumsarmen Gemeinschaften so verwaltet werden, dass *genug* für alle vorhanden ist. Die von Nutzergemeinschaften verwaltete Gemeinnutzen (*commons*) stehen nicht unter Wachstumszwang und sind, wie die Wirtschaftsnobelpreisträgerin Elinor Ostrom (1999) belegt hat, auch in der Gegenwart möglich und sinnvoll anzuwenden.

Ein Beispiel: Die Waale (aquale, Wasserrinnen) zur Bewässerung von Äckern, Wiesen und Plantagen sind für Südtirol ein bedeutendes kulturelles Erbe. Sie sind in manchen Fällen noch genutzt, in vielen Fällen übergegangen in arbeitssparende Beregnungsanlagen, in anderen Fällen wegen der Umwelt und als Kulturdenkmal in ihrer Funktion erhalten, in sehr vielen Fällen aber als Wege für einfache Wanderungen ein unerschöpfliches Kapital für den Tourismus, freilich weder nachwachsend noch beliebig vermehrbar (ähnlich wie alpine Wanderwege). Sie sind wie die Allmenden und Gemeinschaftsalmen Zeugnisse von Gemeinnutzen, von Nutzergemeinschaften, mehr oder weniger in Eigenregie verwaltet, mit oft über lange Zeiten überlieferten, vielfach recht komplizierten Regelungen der kontrollierten und geteilten Inanspruchnahme.

Als »Tragedy of the Commons« (Tragödie der Gemeindewiesen) benannte der Biologe Garrett Hardin (1968) die von Wirtschaftstheoretikern und Politikern gern übernommene These, dass gemeinschaftlich genutztes Eigentum aufgrund des Egoismus der Beteiligten dem Verfall preisgegeben sei. Entsprechende Erfahrungen gab es immer wieder (Niederer 1974), aber das gilt, wie Hardin später selbst zugeben musste, nur für die nicht geregelt genutzten Gemeinnutzen (vgl. Helfrich/Stein 2011). Die in vielen Teilen von Europa seit Jahrhunderten betriebenen Formen des gemeinschaftlichen Umganges mit Ressourcen wie Hochweiden, Bewässerungswasser, Wald, Fischgründen und Wasserkraft beweisen, dass nichtzerstörende Nutzungen möglich sind. Weder die immer wieder vorgeschlagene staatliche Kontrolle noch die Privatisierung vermögen zu ersetzen, was die Verantwortung der Nutzergemeinschaft regeln kann.

Wenn Gemeinnutzen (*commons*) heute wieder aktualisiert werden, ist die Politik gefragt: Sie kann sie fördern, auch wenn angesichts der Duftmarken, die von der neoliberalen Politik als Aufforderung und Zwang zur Privatisierung auch auf der Ebene der EU gesetzt sind, eine Menge von Schwierigkeiten zu erwarten sind. Die Wiederentdeckung von Gemeinnutzen ist aber gleichzeitig eine Aufforderung, über ›Genug‹, Suffizienz und Selbstbegrenzung nachzudenken.

6. Die Enquete-Kommission Wachstum, Wohlstand, Lebensqualität und die kulturellen Dimensionen der Wachstumskrise

Ernsthaft wird seit einigen Jahren auf breiter politischer Ebene und nicht nur unter Experten und Wachstumskritikern darüber diskutiert, wie damit umzugehen ist, dass Wachstum nicht unendlich sein kann und längst nicht alle Probleme löst, sondern immer wieder neue schafft. In dem in London 2009 zum ersten Mal in Englisch erschienenen Buch von Tim Jackson über

»Wohlstand ohne Wachstum« wird an die britische »Green New Deal Group« von 2008 erinnert (Jackson 2011: 111), die im Regierungsauftrag über entsprechende Strategien nachgedacht hat.

Konkrete Wege werden erörtert: William Baumol unterscheidet verschiedene Formen des Kapitalismus (siehe Jackson 2011: 94), und wie einst auch die sozialistische Theorie zugegeben hat, dass nicht alle Formen des Kapitalismus auf Krieg aus sind (vgl. Klein 1988). So kann Baumol daran erinnern, dass nicht alle Formen des Kapitalismus unbedingt auf Wachstum gegründet sein müssen. Auch Peter Victor aus Kanada hat ein denkbares Modell einer nichtwachsenden Wirtschaft entwickelt (vgl. Jackson 2011: 134).

Die Enquete-Kommission »Wachstum, Wohlstand, Lebensqualität – Wege zu nachhaltigem Wirtschaften und gesellschaftlichem Fortschritt in der Sozialen Marktwirtschaft« hat im Auftrag des Deutschen Bundestags 2010 bis 2013 darüber nachgedacht, »ob die Orientierung auf das Wachstum des Bruttoinlandsproduktes (BIP) ausreicht, um Wohlstand, Lebensqualität und gesellschaftlichen Fortschritt angemessen abzubilden« (Schlussbericht: 803). Es geht in dem Schlussbericht auch um »Arbeitswelt, Konsumverhalten und Lebensstile«, um »Wechselwirkungen von Konsum und Nachhaltigkeit«. Diese Themen sind ebenso wie die folgenden, ebenfalls dort genannten, für kulturwissenschaftliche Überlegungen zum Umgang mit begrenzten Ressourcen wichtig: *Konsumentenverantwortung als zivilgesellschaftliche Kategorie; Unbewusste Konsumentscheidungen; Arbeitsbedingungen und Lebensstile; soziale Schwellen für nachhaltigen Konsum; Gender und nachhaltiger Konsum*. Nie aber wird nach wirklichen Auswegen aus dem Wachstumszwang gesucht; von Suffizienzstrategien ist nur wenig die Rede.

7. Auswege, mit denen Wachstum gerettet werden soll

Es herrscht beim politischen Handeln der Eindruck vor, die Systeme von Wirtschaft, Umwelt, Sozialem und Zukunftsvorsorge würden weitgehend selbstreferentiell nebeneinander existieren. Daher sind wechselseitige Bezugnahmen außerordentlich schwer und Ansätze für eine andere Politik scheitern daher immer wieder an »Sachzwängen«, und zwischen Wachstumsförderung in der Wirtschaft und Klimawandel oder Ressourcengrenzen werden keine Verknüpfungen hergestellt. Viele der aktuell diskutierten Auswege wie »Qualitatives Wachstum«, »Green Economy« und die Hoffnung auf staatliche Regelungen beziehen sich immer noch auf Wachstum. Auch in der Enquete-Kommission wird von der »Droge Wachstum« keineswegs Abschied genommen. Die Finanzmärkte sollten das Aufputschmittel liefern, die Wachstumsraten wieder zu steigern, deswegen wurden sie dereguliert, erinnert ein Sondervotum (Schlussbericht 2013). Innovationen sind ebenfalls ein Rettungsanker für das Wachstum. Sie sollen neue Möglichkeiten erschließen. Wer aber heute davon redet, dass Wachstum unverzichtbar sei, um Elend und Armut in der Welt zu überwinden, der muss dann auch belegen, dass die von ihm favorisierten Formen des Wachstums erkennbar dazu beitragen, und nicht erst über viele Umwege. Diskutierte Auswege wie »Qualitatives Wachstum«, »Green Economy« oder die Hoffnung auf staatliches Handeln sind dafür nicht geeignet.

Die Systemtheorie hat den Politikern eine passable Entschuldigung zurechtgelegt: Man muss davon ausgehen, dass der Markt zu den selbstreferentiellen autopoietischen Systemen gehört, die »endogen unruhig und reproduktionsbereit« sind (Luhmann 1986: 36). Weil diese Systeme selbstreferentiell sind, also weitgehend nur auf das reagieren, was innerhalb ihres Systems vorgeht, gibt es keine automatische Tendenz, Lebenswelten und Umwelt zwecks Harmonisierung miteinander zu koppeln; sie existieren tendenziell zusammenhanglos nebeneinander. Diese »selbstreferentielle(n) autopoietische(n) Systeme« können sich bis hin zur Selbstzerstörung verselbständigen. Das ist eine Interpretation; in dem Maße aber, wie die Systemtheorie von Politikern zur Interpretation und Legitimation ihres Tuns herangezogen wurde, wirkt sie wie eine ›selffulfilling prophecy‹. Und die Wirtschaftstheorie ist entsprechend eine Wissenschaft, deren Theoreme und Interpretationen direkte Folgen für das politische Handeln haben.

Das gilt z. B. auch für die Modellkonstruktion des Nutzenmaximierers »homo oeconomicus«, der in allen ökonomischen Modellrechnungen herumgeistert und das »stillschweigende Selbstverständnis des ökonomischen Mainstreams« dominiert (Graupe 2014). Potentielle Krisen werden jeweils in einzelnen Bereichen festgemacht, und es wird versucht, sie dort auch zu lösen (wie die Finanzkrise durch Wachstum gelöst werden soll, ohne aber die Folgen des Wachstums zu prüfen, oder Sparen in den öffentlichen Haushalten eine Hilfe bringen soll, aber die Folgen des Sparens – öffentliche und private Armut – sollen anders gelöst werden, usw.). »Mit der Autonomie der verschiedenen Handlungsfelder der Gesellschaft wird versucht, Ruhe- und

Normalitätszonen zu schaffen, von denen aus solche grundlegenden Krisentendenzen immer wieder bewältigt werden können« (Demirović u.a.: 2011: 13–14). Die Rezepte und Legitimationen dazu hat die Systemtheorie geliefert. Eine Politik, die Elemente einer sozialökologischen Transformation umsetzen will, muss anders aussehen. Sie geht, wie die Menschen im Alltag, davon aus, dass nur in den Modellen der Wirtschaftswissenschaften der »homo oeconomicus« als Nutzenmaximierer allein steht, im Alltag aber die verschiedenen Bereiche des Lebens zusammenhängen. Und dann gibt es auch Anknüpfungsmöglichkeiten, mit denen die ›Sachzwänge‹ durchbrochen werden können.

8. Suffizienz im Alltag

Appelle an Vernunft oder Gewissen reichen für einen sozialökologischen Wandel nicht aus. Es wird in der Diskussion über Grenzen des Wachstums viel moralisiert und von ›man müsste‹ und ›man könnte‹ gesprochen. Was aber fehlt, sind fundierte empirisch gestützte Überlegungen zu den Anknüpfungsmöglichkeiten für einschlägige Strategien. Bei näherem Hinsehen erkennt man, dass alle Menschen auch heute notwendigerweise Selbstbegrenzung praktizieren – im Widerspruch zur von Markt, öffentlichem Diskurs und Politik anempfohlenen Entgrenzung der Bedürfnisse. Neue Produkte schaffen sich neue Märkte. »E-Mail war die Erfüllung eines Traums, von dem wir gar nicht gewusst hatten, dass wir ihn hegten« (Stöcker 2011: 168–169). Marketing, Markennamen, Werbung und modischer Verschleiß sind Instrumente zur Förderung des Absatzes und der Bindung von Kunden.

Im Alltagsleben aber sind die Individuen immer wieder bereit, sich Grenzen zu setzen. Wem dies nicht gelingt, der scheitert im Kaufrausch, im Spielrausch oder in den verschiedenen Arten der ›-holics‹ (Workaholic, Alcoholic etc.). Immer gibt es im Alltag auch einen Zeithorizont: Wünsche und Bedürfnisse müssen nicht unmittelbar befriedigt werden; sie werden zeitlich hinausgeschoben und in die Zukunft verlegt.

Wachstum findet auf ganz andere Weise statt: Bäume wachsen nicht in den Himmel, das weiß jeder. Aber alle Individuen wachsen: In ihrer Jugend nehmen sie zu an Größe und Gewicht, heranwachsende Generationen explorieren ihre Lebenswelt mit besitzergreifenden Gesten auch beim materiellen Konsum, und wie in den Symbolwelten der Vergangenheit gehören auch heutzutage temporäre Exzesse zur Lebensqualität. In anderen Phasen des Lebens vollzieht sich Wachstum an Erkenntnis, Erfahrung, Einsicht und Weisheit. Solche Wachstumsprozesse sind für das Modell des »homo oeconomicus« irrelevant, weil dort alle Zeitverläufe durch Diskontierung (Prozentrechnung) auf die Gegenwart rückbezogen werden können.

Wenn es um Lebensformen des ›Genug‹ geht, dann ist es wichtig, an die ohnehin immer notwendigen Begrenzungen zu erinnern, und Selbstbegrenzung im Materiellen wird akzeptierbar, wenn die Bedeutung des Wachstums auf der Persönlichkeitsebene ernst genommen wird.

9. ›Wohlstandsaskese‹, ›Nutzen statt Besitzen‹ und aufgewertete Commons

Heute wird gern darüber gesprochen, dass immer mehr vom Gleichen kein Gewinn an Lebensqualität bedeutet. Gleichzeitig erfahren viele, dass Selbst- und Nachbarschaftshilfe nicht nur in Not- und Mangelsituationen interessant sind, sondern auch Gewinne an Lebensqualität bedeuten. Von ›Wohlstandsaskese‹, dem Prinzip ›Nutzen statt Besitzen‹ (vgl. Leismann u.a. 2012) bis zum staatsnahem Bürgerschaftlichen Engagement und zur widerständigen Selbsthilfe mit dem Anspruch, in partizipativer Demokratie berücksichtig zu werden, gibt es in vielen Milieus breitgefächert Ansätze für Aktivitäten, mit denen die Selbstverständlichkeiten der (neoliberalen) Markt- und Wachstumsgesellschaft relativiert werden. Sie werden von Manchen gewertet als Elemente einer ›kleinen Transformation‹ und als Vorstufe einer Veränderung in Richtung ›großer Transformation‹ zu einer zukunftsfähigen, ökologisch verantwortungsbewussten Lebensweise (Klein 2013).

Das ›Leben in seiner Fülle‹ – in den unterschiedlichsten religiösen und künstlerischen Bildern als Symbol für Lebensqualität immer wieder evoziert – ist nicht nur gefährdet durch Armut und Not, es wird genauso gefährdet durch Überfülle (Simon 1996). In der Gegenwart (wie immer in Prosperitätsphasen) entdecken einzelne und kleine Gruppen neue Formen von Lebensqualität: Die Zeitpioniere (Hörning u.a. 1990) gehören dazu, ebenso diejenigen, die sich die *Luxese*, den Luxus der Askese, leisten können (Just

1999). Von einer *Selbstaufhebung des Luxus*, die stattfindet, wenn der Konsum »reflexiv gebrochen« wird, spricht der Bericht »Zukunftsfähiges Deutschland« (Basel u.a. 1996: 214).

Wir brauchen die Zahl der Beispiele auch in der Diskussion nicht zu vervielfältigen. Hans Magnus Enzensberger lässt freilich in der von ihm vermuteten Neubewertung der Prosperität erkennen, dass selbst die Entmaterialisierung des Reichtums in einigen scheinbar nicht mit Geld zu erwerbenden Formen des Luxus wie Ruhe, Zeitsouveränität, Kunstgenuss usf. nur eine Verlagerung bedeutet: In Wirklichkeit ist auch dafür materielle Prosperität die Voraussetzung (Enzensberger 1996: 108f.), und mit der sich verstärkenden Kluft zwischen Arm und Reich wird auch Askese zum ressourcenverschwendenden Luxus. Sie stimuliert den Konsum, weil sie den Wettbewerb um nichtvermehrbare positionelle Güter zwecks Distinktionsgewinnen vorantreibt (Hirsch 1980), etwa das Streben nach dem Eigenheim, in dessen Garten man sich der hedonistischen Askese hingeben kann.

Gewachsen ist ohnehin das »gesellschaftliche Niveau der Bedürfnisse«, nicht zuletzt wegen der sich mehrenden, kaum verzichtbaren Elemente der materiellen Ausstattung der Lebenswelt: Ein einigermaßen aktuelles schnurloses Telefon ist heute so notwendig wie gestern Kühlschrank, Fernsehen und Auto.

Aber dennoch wächst in der Gegenwart die Zahl der Experimente mit neuen sozialen Formen am Rande oder jenseits des Wachstumszwanges. Gemeinschaftsgärten, neue Formen des Teilens, des Tauschens und des Wiederverwertens aktivieren Zugänge zu Gemeinnutzen (Commons), die allen verfügbar sind und nicht unter Wachstumszwang stehen. »Die Commons eignen sich für eine große Erzählung. Ihr Potential besteht darin, soziale Innovation als entscheidenden Hebel gesellschaftlicher Transformation zu entwickeln« (Helfrich 2012).

Zur großen Familie der Gemeinnutzen gehören auch die Genossenschaften, die freilich in ein schlechtes Licht gerückt sind, weil sie von Politik und Gesetzen gezwungen werden, betriebswirtschaftlich wie ein privates Unternehmen zu agieren und ihre gemeinnützigen Interessen als Nutzergemeinschaften zu vernachlässigen. »Genossenschaften [...] zeichnen sich durch ein hohes Maß an Gemeinsinn aus« (Schlussbericht 2013: 670). Ihre positiven Eigenschaften setzen sich freilich nicht im Selbstlauf durch, wie die Überlegungen von Hagen Henrÿ zeigen (2012). »Regionalisierung von Wirtschaftskreisläufen« ebenso wie die »Solidarische Ökonomie« mit ihren

»Nutzungsgemeinschaften« (müsste man nicht *Nutzerinnen- und Nutzergemeinschaften* sagen?) sind »auf lokale Beziehungen angelegt« und sollen gefördert werden (Schlussbericht 2013: 670), sagt die zitierte Enquete-Kommission. »Es geht aber ... immer auch um die vielfältigen Dimensionen der nichtmarktförmigen Reproduktion von Menschen, Gesellschaft und Natur, Freiwilligen- und Sorgearbeit ist genauso wichtig wie jene ›Dienstleistungen‹ der Natur, die keinen Preis haben« (ebd. 647).

Sozialkulturelle Innovationen, bezogen auf neue Konsummuster wie Tauschen und Teilen, auf Arbeits- und Unternehmensorganisation, auf neue Produkt- und Dienstleistungssysteme, sind notwendig. Wie dabei Unternehmen wie Uber, mit denen die Taxi-Unternehmer durch Nebenerwerbs-Personentransporteure ausgebootet werden, einzuschätzen sind, bedarf des Nachdenkens: Es ist ein innovatives kommerzielles Dienstleistungssystem, basierend auf neoliberalen Prinzipien der Privatisierung und Ent-Regulierung, und es generiert kein soziales Kapital für andere Zwecke – letzteres aber ist Kennzeichen anderer Selbsthilfe-Formen.

Viele Beispiele für punktuell (modischen, in subkulturellen Milieus entwickelten) nachhaltigen Umgang mit Ressourcen gibt es (Welzer/Rammler 2012). Die Studien »Zukunftsfähiges Deutschland« von 1996 und 2008 und ähnliche Studien aus anderen Staaten gehören in diesen Zusammenhang, denn sie greifen das Thema unter allgemeinen Gesichtspunkten auf, auch bezogen auf ›Nutzen statt Besitzen‹. Der Schlussbericht der Enquete-Kommission Wachstum, Wohlstand, Lebensqualität des Deutschen Bundestages beschäftigt sich besonders ausführlich auf der Ebene des Konsums und derjenigen der Akzeptanz sozialer Innovationen mit Nachhaltigkeit. »Die Rolle der Politik zur Förderung nachhaltiger Lebensstile« (ebd.: 666; 668–669) ist sicher nicht ausgereizt, auch wenn man keinen »bevormundenden Staat« haben will und die »Veränderung von Lebensstilen und Konsummustern« (ebd.: 667) nicht direkt beeinflusst werden kann. Indirekt aber wäre das möglich, zum Beispiel durch die Regulierung von Werbung oder durch Richtlinien zu Produktqualitäten. Besonders interessant wären dabei die Förderung der Reparaturfreudigkeit und der Kampf gegen die »geplante Obsoleszenz«, mit der Hersteller und Handel die Nutzungszeiten ihrer Produkte verkürzen. Die IG Metall Berlin-Brandenburg-Sachsen und MURKS? NEIN DANKE e.V. klären mit einer Ausstellung über diese »irrsinnige Ressourcenverschwendung und unverantwortliches Management« auf.[2]

---

2 http://www.murkseum.de/showroom/ (28.04.2015).

Diskussionen dieser Art sind nicht zufällig, auch wenn sie oft nicht direkt verbunden sind mit den entsprechenden Diskursen in Politik und Ökonomie. Wichtig ist, wie solche Ideen den ›Weg ins Leben‹, in den Alltag und in die Politik finden. Aber im Alltag sind sie vielleicht längst angekommen: Sogar in eher wohlhabenden Milieus in der Gegenwart sind Wiederverwertung und Selbermachen derzeit modisch geworden, bis hin zum Urban Gardening, das eigentlich vor Jahrzehnten in Cuba aus der Not geboren wurde. Diese Moden haben vielleicht insgesamt keine nennenswerten quantitativen Auswirkungen auf Ökonomie und Umwelt, aber sie sind Teil eines Kulturprozesses, in dem über ›Nutzen statt Besitzen‹, ›Design für Nachhaltigkeit‹, ›neue Ansprüche an Lebensqualität‹ tentativ ausgelotet wird, welche Chancen eine Gesellschaft ohne Wachstumszwang hat. Viel weniger verbreitet ist dieses Denken in der Politik, und es hat den Anschein, als scheuten sich viele Politiker, das von den Bürgern zu fordern, wozu viele von ihnen längst bereit wären. Man fürchtet sich davor, dass entsprechende Ansprüche als Verzicht empfunden und Motiv für populistische Opposition werden könnten.

All die genannten Trends relativieren Selbstverständlichkeiten der marktbasierten Lebensweise der Wachstumsgesellschaft. Die Folgen mögen manchen angesichts der ›Vielfachkrise‹ marginal erscheinen. Aber:

»Im Vorfeld von ökonomischen oder politischen Brüchen oder auch unabhängig von ihnen ereignen sich molekulare Veränderungen in den gesellschaftlichen Verhältnissen, alltäglicher Ausdruck der Bewegungsformen gesellschaftlicher Veränderungen, die zunächst kaum als solche sichtbar sind.« (Candeias 2011: 47)

Es können dies Elemente einer ›kleinen Transformation‹ sein, die über die wachstumsfetischisiernde Marktgesellschaft hinaus in Richtung auf eine ›große Transformation‹ weisen. Solche ›molekularen Veränderungen‹ sind es, in denen das »*Morgen im Heute zu tanzen beginnt*«, wie Dieter Klein formuliert (2013).

10. Gemeinsames Genießen sichert soziales Kapital

Die Geschichte erinnert daran, wie durch sozialkulturelles Gemeinschaftsleben (Feste und Bräuche, aber auch religiöse oder weltliche Bruderschaften, Vereine usf. eingeschlossen) Sozialkapital entsteht, das für die verschiedensten Lebenslagen aktiviert werden kann. Karl Polanyi hat hervorgehoben:

»Brauch und Gesetz, Magie und Religion wirkten zusammen, um den einzelnen zu Verhaltensformen zu veranlassen, die letztlich seine Funktion innerhalb des Wirtschaftssystems sicherten« (1978: 87; siehe auch Wulf 2007). Die heute beim zeitgenössischen Bürgerschaftlichen Engagement hervorgehobenen drei Komponenten *Gemeinwohl-, Geselligkeits- und Interessenorientierung* (Kultur in Deutschland 2008: 262) gehören in diesen Zusammenhang. Sie sind auch für die Selbsttätigkeit und staatsfernen sozialen Eigenaktivitäten der Menschen im neuen solidarischen Engagement zentral. Und dabei ist Geselligkeitsorientierung diejenige Ebene, auf der mit Lust, Spaß und Vergnügen soziales Kapital generiert wird – wie früher im Brauchleben. Dabei entsteht Lebensqualität für die Individuen, es entsteht soziales (sozialkulturelles) Kapital, und ausgehandelt werden die Grundlagen des gemeinschaftlichen Lebens (die ideelle Lebensgrundlage). Das alles geschieht nicht ganz naturwüchsig, sondern ist angewiesen auf Freiräumen wie Vereinigungsfreiheit, öffentliche Anerkennung, Rechtssicherheit und Duldung, kann aber auch Förderung vertragen.

Gemeinwohl-, Geselligkeits- und Interessenorientierung sind nicht nur wichtig, wenn der Staat (die öffentliche Hand) entlastet werden soll. Erst recht sind sie von Bedeutung, wenn kreative gemeinschaftliche Selbsttätigkeit zu aktivieren ist. Wenn soziale Kontrolle dabei aufgewertet wird, so ist das ein »Dilemma zweiter Ordnung« (Ostrom 1999), über das freilich auch nachgedacht werden muss. Die Südtiroler Waale erinnern an sozialkulturelle Zusammenhänge. Diese Bewässerungseinrichtungen für Wiesen und Felder mussten gemeinschaftlich unterhalten und verwaltet werden. Der Historiker Sebastian Marseiler berichtet aus dem Vinschgau:

»Gmoanarbet« heißt die Gemeinschaftsarbeit, und ältere Bauern witzeln, bestimmte Waalabschnitte hätte man lieber mit den Speckschwarten gebaut, die beim vielen Marenden [Imbiss zu sich nehmen, Anm. DK] abfielen. ... Es versteht sich von selbst, dass diese gemeinsamen Arbeiten sehr kommunikationsfördernd waren und den Zusammenhalt einer Gemeinschaft stärkten. ...Was gab es da beim Mittagessen oder Marenden nicht alles zu witzeln und zu erzählen!« (Marseiler 1997: 152–153)

Und bei der alljährlichen Rechenschaftslegung, bei der die gewählten Waalmeister über ihre Arbeit berichteten, wurden die fälligen Strafen für Regelverletzungen gemeinsam im Festmahl verzehrt. So wird soziales Kapital geschaffen. In der Gegenwart spielt das auch eine Rolle. Das zeigt ein Beispiel, das der katholische Sozialethiker André Habisch aus Eichstätt zitiert: In den Niederlanden haben sich in den 1980er und 1990er Jahren bei der Arbeitsmarktreform beim ›Polder-Modell‹ die Sozialpartner und die Regierung zu koordinierten Reformen verpflichtet. Dazu mussten im Zeitablauf von den Partnern unabhängig voneinander erhebliche Vorleistungen erbracht werden (Qualifizierungsmaßnahmen, zusätzliche Stellen, Reform der Arbeitsverwaltung, Lohnverzicht usf.), »wobei jede Seite nur das eigene Handeln unter Kontrolle hatte, die Vertragstreue der Partner aber nicht erzwingen konnte« (Habisch 2002: 736). Ein festes Netzwerk aller Beteiligten trifft sich für solche Absprachen und deren Kontrolle »in Anwesenheit der Königin und der Gattinnen«: »Ein Vertragsbruch hätte in dieser Runde zu einer äußerst peinlichen Situation für den Vertreter der jeweiligen Seite geführt, was eine informelle, aber deshalb nicht weniger wirkungsvolle Sanktionsmöglichkeit bildete« (ebd.: 736). Hier war die Politik Impulsgeber, aber nicht Alleingestalter. Es gibt aber auch Situationen, in denen Staat und Politik nicht als Helfer angerufen werden müssen. Dann sind Kräfte der Selbstorganisation gefragt (vgl. Brazda 2012; siehe auch Scherhorn 2011), nicht einfach die des staatsnahen bürgerschaftlichen Engagements.

Je mehr Menschen mit Lust und Freude, mit Genuss und Engagement neue Formen der Gemeinschaftlichkeit ohne Wachstumszwang erproben und rücksichtsvolle Formen des Umganges mit begrenzten Ressourcen wahrnehmen, desto stärker wird der Druck auf die Politiker und desto mehr werden sie auch wagen. Sie handeln ja durchaus nicht nur im eigenen Interesse und dem der Lobbyisten, sondern müssen immer wieder auch auf ihre potenziellen Wähler reagieren.

11. Sozialökologische Politik ist möglich

Die historischen Beispiele stehen nicht für den Wunsch nach einer Rückkehr zur Vergangenheit. Sie sollen vielmehr zeugen von der Vielfalt der Möglichkeiten, die den Menschen zur Verfügung stehen. Sie können auch daran erinnern, dass im Alltag viele Menschen gar nicht so viel anders handeln als die Menschen der Vergangenheit. Alltags-Suffizienz-Strategien sind Anknüpfungsmöglichkeiten, wenn es darum geht, eine sozialökologische Politik zu akzeptieren. Lebensqualität und Genussleben sind mit Suffizienz-Strategien gestern, heute und morgen vereinbar. Gemeinnutzen sind keine Rettung, aber eine Möglichkeit. Unverzichtbar ist Politik als Element der

Gestaltung gemeinschaftlicher Lebensverhältnisse. Der Markt ist ein wertvolles Mittel zur Allokation von Ressourcen, aber er sollte eingebettet sein in politisch abgesicherte und im Alltag gelebte sozialökologische Wertewelten, mit denen Lebensqualität und Zukunftsfähigkeit angestrebt werden.

Ansätze für neue Strategien gibt es zuhauf, aber sie spielen nur eine geringe Rolle in der Politik, die sich nicht aus den Sachzwängen der Wachstumsgesellschaft befreien will. Weder Voluntarismus noch apokalyptische Angst sind angesagt. Die Menschen *können* Krisen wie die der Wachstumsgesellschaft bewältigen. Es sind jedoch nicht *die* Menschen, auch nicht einfach *wir*, sondern man muss sagen: Es gibt bei vielen Menschen derzeit die Bereitschaft, umzudenken und anders zu handeln. Aber es fehlt an einer Politik, die entsprechende Vorgaben auch für die Güterproduktion, die Besteuerung, die Eigentumsverhältnisse und die Finanzwelt macht und die bereit ist, den neoliberalen Trends der Entbettung des wirtschaftlichen Geschehens aus allen sozialkulturellen Zusammenhängen eine neue Einbettung in eine Sozialkultur der Zukunftsfähigkeit entgegenzusetzen.

Dabei gibt es drei Dimensionen, mit denen strategischen Überlegungen begründet werden können und die bei vielen Menschen auf Resonanz stoßen: Die Suche nach *Lebensqualität* im eigenen Leben, die *Zukunftsorientierung* der eigenen Familie wegen, und die im Alltag immer wieder geübte *Selbstbegrenzung (Suffizienz)*. Diese sozialkulturellen Dimensionen waren Bestandteil der Suffizienzstrategien in der Vergangenheit, und in ihnen liegen auch die Chancen für eine nicht-apokalyptische Perspektive in der Krise der Wachstumsgesellschaft.

Mit ihren sensiblen empirischen und hermeneutischen Forschungsmethoden kann die Europäische Ethnologie Studien liefern, die sich mit den Motiven der handelnden Individuen, mit der Entstehung und Veränderung der *Standards des guten und richtigen Lebens*, mit den Kontingenzen und Pfadabhängigkeiten in den Alltagen der Vergangenheit und Gegenwart beschäftigen. Diese Studien vermögen auch für die Gegenwart Hinweise auf Möglichkeiten für neue Wege zu geben.

Literatur

Altenberg, Peter, *Ashantee. Afrika und Wien um 1900*, hg. v. Kopp, Kristin/Schwarz, Werner Michael, Wien 2008.

Arnhold, Hermann (Hg.), *Orte der Sehnsucht. Mit Künstlern auf Reisen*, Regensburg 2008.

Beck, Rainer, *Naturale Ökonomie. Unterfinning. Bäuerliche Wirtschaft in einem oberbayerischen Dorf des frühen 18. Jahrhunderts*, München/Berlin 1986.

Biasio, Elisabeth, *Beduinen im Negev. Vom Zelt ins Haus*, Zürich 1998.

Brazda, Johann/Blisse, Holger, »Genossenschaften und kommunale Entwicklung«, in: Miribung, Georg (Hg.), *Internationale Tagung. Der Beitrag von Genossenschaften zur nachhaltigen regionalen Entwicklung – Prämissen, Möglichkeiten, Ausblicke*, Bozen 2012, S. 75–82.

Demirović, Alex u.a. (Hg.), *Vielfachkrise im finanzmarktdominierten Kapitalismus*, Hamburg 2011.

Enzensberger, Hans Magnus, »Reminiszenzen an den Überfluß«, in: *Der Spiegel* 51/1996, S. 108–111.

Fél, Edit/Hofer, Támas, *Bäuerliche Denkweise in Wirtschaft und Haushalt*, Göttingen 1972.

Fischer, Andreas/Zurstrassen, Bettina (Hg.), *Sozioökomische Bildung*, Bonn 2014.

Graupe, Silja, »Der kühle Gleichmut des Ökonomen. Leidenschaftslosigkeit als Paradigma der Wirtschaftswissenschaft und die Fragefelder der Sozio-Ökonomie«, in: Fischer, Andreas/Zurstrassen, Bettina (Hg.), *Sozioökomische Bildung*, Bonn 2014, S. 177–205.

Habisch, André, »Sondervotum des sachverständigen Mitglieds Prof. Dr. André Habisch: Soziales Kapital, Bürgerschaftliches Engagement und Initiativen regionaler Arbeitsmarkt- und Sozialpolitik«, in: *Bericht Bürgerschaftliches Engagement: auf dem Weg in eine zukunftsfähige Bürgergesellschaft*, (Enquete-Kommission »Zukunft des Bürgerschaftlichen Engagements« des Deutschen Bundestages Schriftenreihe Bd. 4), Opladen 2002, S. 729–741.

Hardin, Garrett, »The Tragedy of the Commons«, in: *Science* 162 (1968), S. 1243–1248.

Helfrich, Silke/Heinrich-Böll-Stiftung (Hg.), *Commons. Für eine neue Politik jenseits von Markt und Staat*, Bielefeld 2012.

Helfrich, Silke/Stein, Felix, »Was sind Gemeingüter?«, in: *Aus Politik und Zeitgeschichte* 28–30 (2011), S. 9–15.

Henrÿ, Hagen, »Genossenschaften und das Konzept der Nachhaltigkeit. Pflichten und Möglichkeiten des Gesetzgebers«, in: Miribung, Georg, *Internationale Tagung: Der Beitrag von Genossenschaften zur nachhaltigen regionalen Entwicklung – Prämissen, Möglichkeiten, Ausblicke*, Bozen 2012, S. 67–74.

Herrsche, Peter, *Gelassenheit und Lebensfreude. Was wir vom Barock lernen können*, Freiburg u.a. 2011.

Hirsch, Fred, *Die sozialen Grenzen des Wachstums*, Reinbek 1980.

Hoffmann, Hilmar, »Zukunft ist ein kulturelles Programm«, in: *Brockhaus Kunst- und Kulturgeschichte* Bd. 1, Mannheim 1997, S. 11–14.

Hörning, Karl H. u.a., *Zeitpioniere, Flexible Arbeitszeiten – neuer Lebensstil*, Frankfurt am Main 1990.

Iriye, Akira/Osterhammel, Jürgen (Hg.), *Geschichte der Welt. Weltreiche und Weltmeere 1350–1750*, München 2014.

Jackson, Tim, *Wohlstand ohne Wachstum. Leben und Wirtschaften in einer endlichen Welt*, Hg. von der Heinrich-Böll-Stiftung, München 2011.

Japan und Europa 1543–1929. Eine Ausstellung der 43. Berliner Festwochen im Martin-Gropius-Bau Berlin. Berliner Festspiele, Berlin 1993.

Just, Renate, »In Askese aasen«, in: *Die Zeit* 14, Januar 1999.

Klein, Dieter, *Chancen für einen friedensfähigen Kapitalismus*, Berlin 1988.

— *Das Morgen tanzt im Heute*, Hamburg 2013.

Kramer, Dieter, »›Nous sommes riches en peu de besoins‹. Oder: Was fehlt uns, wenn wir alles haben?«, in: *Kuckuck* 1/1991, S. 9–12.

— »Die Pferde der Bauern von Unterfinning«, in: ders., *Von der Notwendigkeit der Kulturwissenschaft*, Marburg 1997.

— »Kulturelle und historische Dimensionen der Diskussion um Gemeinnutzen. Ein Beispiel für die Aktualität von Themen der Europäischen Ethnologie«, in: *Zeitschrift für Volkskunde* 108 (2012), S. 265–285.

— *Europäische Ethnologie und Kulturwissenschaften*, (Grazer Beiträge zur Europäischen Ethnologie, Bd. 15), Marburg 2013.

Kultur in Deutschland, *Schlussbericht der Enquete-Kommission des Deutschen Bundestages*, Regensburg 2008.

Leggewie, Claus/Welzer, Harald, *Das Ende der Welt, wie wir sie kannten. Klima, Zukunft und die Chancen der Demokratie*, Frankfurt am Main 2009.

Luhmann, Niklas, *Ökologische Kommunikation*, Opladen 1986.

Marseiler, Sebastian, *Vinschgau. Versunkenes Rätien. Leben und Landschaft*, 4. Aufl., Bozen 1997.

Meier, Christian, *Athen. Ein Neubeginn der Weltgeschichte*, Berlin 1993.

Miegel, Meinhard, *Exit: Wohlstand ohne Wachstum*, 2. Aufl., Berlin 2012.

Nenning, Günter, *Vorwärts zum Menschen zurück*, Wien 1983.

Niederer, Arnold, *Gemeinwerk im Wallis. Bäuerliche Gemeinschaftsarbeit in Vergangenheit und Gegenwart* (Schriften der Schweizerischen Gesellschaft für Volkskunde, Bd. 37), 2. Aufl., Basel 1965.

— »Interfamiliäre und intrafamiliäre Kooperation«, in: *In Memoriam António Jorge Dias*, Lissabon 1974, S. 359–367.

Leismann, Kristin u.a., *Nutzen statt Besitzen. Auf dem Weg zu einer ressourcenschonenden Konsumkultur*, (Heinrich Böll Stiftung Schriften zur Ökologie, Bd. 27), Berlin 2012.

Ostrom, Elinor, *Die Verfassung der Allmende: Jenseits von Staat und Markt*, Tübingen 1999.

Polanyi, Karl, *The Great Transformation. Politische und ökonomische Ursprünge von Gesellschaft und Wirtschaftssystemen*, Frankfurt am Main 1978.

Scherhorn, Gerhard, »Marktwirtschaftlicher Wettbewerb und Gemeingüterschutz«, in: *Aus Politik und Zeitgeschichte* 28–30 (2011), S. 21–27.

»Schlussbericht der Enquete-Kommission Wachstum, Wohlstand, Lebensqualität – Wege zu nachhaltigem Wirtschaften und gesellschaftlichem Fortschritt in der Sozialen Marktwirtschaft.« Deutscher Bundestag Drucksache 17/13300, Berlin 2013.

Silver, Beverly J./Arrighi, Giovanni, »Das Ende des langen 20. Jahrhunderts«, in: Demirović, Alex u.a. (Hg.), *Vielfachkrise im finanzmarktdominierten Kapitalismus*, Hamburg 2011, S. 211–228.

Simon, Gabriele, »Mehr Genuß! Mehr Faulheit! Mehr Schlendrian!«, in: *Welche Dinge braucht der Mensch?*, hg. i. A. des Deutschen Werkbundes Hessen von Dagmar Steffen, 2. Aufl., Frankfurt am Main 1996, S. 162–168

Stöcker, Christian, *Nerd-Attack! Eine Geschichte der digitalen Welt von c 64 bis zu Twitter und Facebook*, München 2011.

Wander, Karl Friedrich Wilhelm, *Deutsches Sprichwörter-Lexikon*, Berlin 1867–1880.

Welzer, Harald/Rammler, Stephan (Hg.), *Der FUTURZWEI. Zukunftsalmanach 2013. Geschichten vom guten Umgang mit der Welt. Schwerpunkt Mobilität*, Frankfurt am Main 2012.

Wulf, Christoph, »Die Erzeugung des Sozialen in Ritualen«, in: Michaels, Axel, *Die neue Kraft der Rituale. Studium generale 2005/2006*, Heidelberg 2007, S. 179–200.

»Zukunftsfähiges Deutschland in einer globalisierten Welt. Ein Anstoß zur gesellschaftlichen Debatte. Eine Studie des Wuppertal Instituts für Klima, Umwelt, Energie«, Frankfurt am Main 2008.

»Zukunftsfähiges Deutschland. Ein Beitrag zu einer global nachhaltigen Entwicklung.«, hg. von BUND und Misereor. Studie des Wuppertal Instituts für Klima, Umwelt, Energie, Basel u.a. 1996.

Neue politische Engagementformen: Bürgerinnen und Bürger als *civil entrepreneurs* für die Transformation

Tine Stein

1. Einleitung

Wie gehen Individuen als Bürgerinnen und Bürger mit der Erfahrung begrenzter Ressourcen um? Wie können die in teils individuellem, teils gemeinschaftlichem Verhalten aktuell zu beobachtenden Strategien des Umgangs mit begrenzten Ressourcen in politischer Hinsicht konzeptionalisiert und gedeutet werden? Als Modi dieses Umgangs springen eine Vielfältigkeit von Handlungen ins Auge: Nachbarn, die sich zusammenschließen und ungenutzte Flächen (Brachen, Dächer, Hinterhöfe) in Nutzgärten verwandeln; Dorfbewohner, die auf genossenschaftlicher Basis Wind- oder Solarenergieparks aufbauen; Gleichgesinnte, die in Tauschbörsen Kleidung oder andere Dinge des alltäglichen Gebrauchs tauschen, etwa Werkzeuge oder Gartengeräte, und die sogenannte Repaircafés organisieren, um Gebrauchsgegenstände länger nutzen zu können; Bürgerinnen und Bürger, die Verbraucher-Erzeuger-Kooperationen lokal hergestellter Lebensmittel betreiben; einzelne Individuen, die mit einem geänderten Konsum- und Mobilitätsverhalten ihren individuellen ökologischen Fußabdruck verringern wollen und falls sie dieses Ziel nicht erreichen, eine Ausgleichsabgabe an einen Fonds zahlen, aus dem Projekte zur Reduzierung des Energieverbrauchs, zur Wiederaufforstung und ähnliches mehr bezahlt werden. Die überregional bekannteren Initiativen heißen etwa *Transition Town, Urban Gardening, Kleiderkreisel* oder *Atmosfair*.[1]

---

[1] Vgl. als wissenschaftlich einordnende Literatur zu diesem Phänomen u.a. Franken 2013; Müller 2012; Schröder/Walk 2014; Paech 2012; aus Akteursperspektive vgl. etwa Welzer 2013; Hopkins 2014.

Einige dieser Verhaltensweisen sind nicht neu. So gibt es Carsharing-Initiativen schon seit den späten 1980er Jahren und wenn man an die ehrenamtliche Arbeit denkt, die traditionellerweise von kirchlichen Gruppen verrichtet wird, dann sind auch Kleiderbörsen keine Erfindung unserer Tage.[2] Dennoch soll hier davon ausgegangen werden, dass es sich um einen neuen Engagementtypus handelt, der neben dem unter Umständen erzielten individuellen Spargewinn vor allem von einer gemeinwohlorientierten Motivation der Akteure gespeist wird: nämlich durch Einsparung von Ressourcen und Vermeidung von Emissionen einen direkten Beitrag zur Lösung des als dringend angesehenen ökologischen Problems zu leisten und damit die Gesellschaft insgesamt hin zu einer nachhaltigen Wirtschafts- und Lebensweise zu transformieren.[3]

Der hier gewählte Zugang zur Thematik des Umgangs mit begrenzten Ressourcen ist ein sozialwissenschaftlicher, genauer: ein politikwissenschaftlicher. Es soll untersucht werden, inwiefern sich diese Strategien des Umgangs mit der Erfahrung begrenzter Ressourcen, die von Individuen ausgehen und die nicht innerhalb der staatlichen Institutionen entwickelt werden oder auf diese gerichtet sind, sondern die jenseits der staatlichen Politik stattfinden, als politisches Engagement verstehen lassen. Aus einer politiktheoretischen Perspektive erscheint diese Hypothese zunächst kontraintuitiv, da sich das Engagement nicht auf die Herstellung und Durchsetzung allgemeinverbindlicher Normen richtet, sondern auf der gesellschaftlichen, um nicht zu sagen privaten Ebene verbleibt.

Diese Überlegungen aus politikwissenschaftlicher Perspektive können auch für die kulturwissenschaftlichen Analysen dieses Phänomens von Wert sein, insofern sie einen Beitrag dazu leisten können, einige der Diskussionen über den politischen Gehalt ihrer Aktionen, die die Akteure selbst führen,

---

2 Die erste Car-Sharing-Initiative bildete sich in Deutschland 1988 unter dem Namen StattAuto in Berlin (vgl. »Autos für alle«, in: *Frankfurter Rundschau*, 22.03.2013). Anders als die erst seit einigen Jahren verbreiteten Unternehmen »DriveNow« (BMW/Sixt), flinkster (Deutsche Bahn), »CiteeCar« oder »car2go« (Daimler/Europcar) arbeitete StattAuto, das in einigen Städten 2004 von Greenwheel übernommen worden ist, mit politischem Anspruch. In einigen Städten besteht StattAuto immer noch als funktionierende Genossenschaft – etwa in Lübeck und Kiel (vgl. Wloch 2014: 136f.; Adler 2011).

3 Seit dem 2011 veröffentlichten Bericht »Große Transformation« des Wissenschaftlichen Beirats für Globale Umweltfragen hat das Konzept der Transformation (ein Zitat in Anlehnung an das Werk des Wirtschaftshistorikers Karl Polanyi) als zeitdiagnostischer Ausdruck einer aus ökologischen Gründen notwendigen Veränderung hin zu einer nachhaltigen Lebens- und Wirtschaftsweise weite Verbreitung gefunden. Häufig wird es mit der Forderung nach einer Postwachstumsökonomie zusammengebracht.

besser einordnen zu können.⁴ Zu dieser Einordnung soll zudem in einem zweiten Schritt ein Konzept zur analytischen Erfassung von gesellschaftlichem Wandel, der von Individuen ausgeht, vorgestellt werden: das des sozialen Unternehmertums. Schließlich soll die Erörterung des politischen Charakters des Engagements erfolgen.

Zunächst gilt es allerdings noch zu erläutern, was hier unter begrenzten Ressourcen verstanden wird und inwiefern dies als Ausdruck einer Erfahrung von Endlichkeit anzusehen ist. Unter begrenzten Ressourcen im Kontext von Knappheit wird hier absolute Knappheit verstanden. Während die produzierten Güter im Verhältnis zu ihrer Nachfrage relativ knapp sein können, sind die zur Herstellung dieser Güter notwendigen natürlichen Ressourcen absolut begrenzt. Zwar können bei der Bergung von Rohstoffen immer neue Wege beschritten werden, um auch bislang ›verborgene‹ Quellen (insbesondere von Rohöl, Kohle und Gas) zu erschließen, aber dies geht zumeist mit steigenden Kosten einher. Daher ist es gerechtfertigt, mit Blick auf die Erschöpfung gerade fossiler Energieressourcen von einer Erfahrung von Endlichkeit zu sprechen, die der für die Moderne typischen Erfahrung grundsätzlich unbegrenzter natürlicher Grundlagen, die durch den Einsatz immer neuer Technologien verfügbar gemacht werden, entgegensteht. Zugleich hat es Strategien des individuellen wie kollektiven Umgangs mit der Begrenztheit einzelner, regional knapper natürlicher Ressourcen von jeher gegeben – die nachhaltige Waldbewirtschaftung im Mittelalter gilt hier als ein Paradebeispiel.

Für die Gegenwart spezifisch und im Verhältnis zu anderen Zeiträumen relativ neu ist dagegen die Einsicht in die Begrenztheit der Gesamtheit natürlicher Lebensgrundlagen als globales Phänomen. Hier tritt neben die absolute Begrenztheit natürlicher Ressourcen ein weiteres Problem in den Vordergrund, das sich insbesondere anhand des Klimawandels verdeutlichen lässt, nämlich dass auch die Fähigkeit ökologischer Systeme endlich ist, anthropogene Einwirkungen, die das ökologische Gleichgewicht in einer den ganzen Erdball erfassender Weise stören, auszugleichen.⁵ Vor diesem Hintergrund wird seit den frühen 1970er Jahren unter dem Stichwort der »Grenzen des Wachstums« der Zusammenhang zwischen ökonomischem

---

4 Zu den Akteursdiskussionen vgl. ebenfalls Maria Grewe im Erscheinen.
5 Vgl. hierzu auch Leggewie/Welzer 2009: 10.

Wachstum und ökologischer Krise problematisiert.[6] Die Hypothese lautet, dass die rasante absolute Zunahme von den in herkömmlichen industriellen Produktionsweisen hergestellten Gütern, aber auch mancher Dienstleistungen, und insbesondere der damit verbundene Verbrauch fossiler Energien Ursache der Krise ist, insofern die hier problematischen Emissionen nicht kompensiert werden können. Die natürliche Aufnahmekapazität wird wie mit Rohstoffen vergleichbar als begrenzte Ressource verstanden. Natur ist damit nicht nur als Basis für Ressourcen im engeren Sinne begrenzt, sondern auch als Senke für Abfälle und Emissionen. Die Einsicht in diese neue globale Dimension der Endlichkeit der natürlichen Lebensgrundlagen führt zur Notwendigkeit einer umfassenden Transformation von kulturellen, wirtschaftlichen und politischen Strategien des Umgangs mit dieser Begrenztheit.

2. Der Staat als Fluchtpunkt politischen Handelns

Aus einer bestimmten politikwissenschaftlichen, genauer: einer verbreiteten politiktheoretischen Perspektive lässt sich das Phänomen individuellen Engagements in ökologischer Absicht, selbst wenn es gemeinsam mit anderen ausgeübt wird, nicht als ein politisches Engagement verstehen. Es erscheint vielmehr jenseits der Demokratie und ihrer Institutionen gelegen. Wenn man nämlich von einem republikanisch-etatistischen Politikbegriff ausgeht und die Politik auf den Staat hin bezogen versteht, also auf die Regelung der öffentlichen Angelegenheiten durch für alle verbindliche Gesetze, dann würde man deswegen zögern, dieses Engagement als politisch zu bezeichnen, da diese Handlungen nicht auf die Willens- und Entscheidungsbildung im Staat hin ausgerichtet sind, wie etwa die klassische Verbands- und Bürgerinitiativenarbeit. Umweltschutzverbände wie in Deutschland beispielsweise der seit Jahrzehnten etablierte »Bund für Umwelt und Naturschutz«

---

6 Ausgelöst durch die in zahlreiche Sprachen übersetzte und millionenfach verkaufte Publikation »Die Grenzen des Wachstums. Bericht des Club of Rome zur Lage der Menschheit« (1972); die heutige Literatur zur Postwachstumsgesellschaft übernimmt zumeist die Annahme eines Zusammenhangs von Naturzerstörung und ökonomischen Wachstums (siehe etwa Jackon 2009; Seidl/Zahrnt 2010; Paech 2012). Auf der Basis der Annahme, dass absoluter Naturverbrauch und wirtschaftliches Wachstums tatsächlich nicht zwingend gekoppelt sind, stellen wenige andere Autoren diesen Zusammenhang in Frage und plädieren vielmehr für ein »grünes Wachstums« (siehe dazu statt anderer Fücks 2013).

machen Lobbying gegenüber Legislative und Exekutive für eine aus ihrer Sicht bessere Umweltpolitik, die sich in Gesetzen und Regierungsprogrammen niederschlagen soll. Auch die »Wutbürger« der Stuttgart-21-Initiativen haben mit ihren Demonstrationen versucht, eine andere Regierungspolitik gegenüber der Bundesbahn zu erreichen, indem Druck in der Öffentlichkeit erzeugt und so auf das Handeln von Politikern in staatlichen Organen Einfluss genommen wird. Und auch jede lokale Bürgerinitiative, die sich etwa für die Verhinderung eines Gewerbegebiets, einer Umgehungsstraße oder auch für eine andere Trassenführung bei den neuen Stromtrassen einsetzt, richtet sich mit ihren Forderungen an die staatlichen Institutionen vermittels strategischer Einbeziehung der Öffentlichkeit. Gegenüber dieser aktivierten und politisierten Öffentlichkeit müssen sich die Vertreter staatlicher Institutionen in einer Demokratie responsiv zeigen, wollen sie ihre Macht erhalten respektive aus einer Oppositionsposition heraus diese erringen.

Aber dieses klassische Muster des Lobbying in Bezug auf staatliche Entscheidungen ist bei den Akteuren von *Urban Gardening*, von *Slow Food* oder von den neuen lokalen Energiegenossenschaften anders: Diese Akteure richten sich nicht an den Staat – sie haben keine Partei gegründet beziehungsweise sind zur Verfolgung ihres Anliegens in keiner bestehenden Partei aktiv, sie sind auch nicht in einer klassischen Bürgerinitiative engagiert, um Lobbying für andere staatliche Gesetze zu machen. Vielmehr reagieren sie in kritischer Wahrnehmung eines konkreten Problems, das derzeit nicht gut geregelt ist oder dessen Lösung sich niemand befriedigend angenommen hat – weder der Staat, noch bestehende gesellschaftliche Institutionen – und entwickeln nun selbst eine Lösung für dieses Problem und setzen diese Lösung dann auch in die Praxis um, um dem Problem vermittels dieses eigenen Handelns Abhilfe zu schaffen.

In den Sozialwissenschaften werden unter politischem Engagement alle freiwilligen Handlungen verstanden, die politische Entscheidungen auf den verschiedenen Ebenen des politischen Systems beeinflussen beziehungsweise genauer: beeinflussen wollen (vgl. Kaase 1997: 160). Der Begriff ist dann synonym mit politischer Partizipation zu verstehen, verstanden als im weitesten Sinne Teilhabe an der Regelung der öffentlichen Angelegenheiten. Inwiefern kann dieses gemeinschaftliche Tätigwerden mit anderen dann aber überhaupt als politisches Engagement bezeichnet werden, wenn es sich nicht auf die Gestaltung der (verbindlichen) Regelung der öffentlichen Angelegenheiten in Form staatlicher Normsetzung zielt? Ist es womöglich nicht nur eine weitere Facette in dem Bild, auf dem wir den Niedergang der repräsentativen Demokratie gezeichnet sehen, und auf dem sich die Bürgerinnen und Bürger massenhaft von der repräsentativen Demokratie abwenden: von Parteien, Verbänden, einhergehend mit der sinkenden Bereitschaft, ein Mandat in einem Parlament zu übernehmen (vgl. etwa Niedermayer 2013)?

Tatsächlich belegt die Forschung über Bürgergesellschaft, dass es nicht zu einem generellen Abbruch des Engagements kommt, sondern dass das Engagement von den klassischen Feldern wie der Mitwirkung in Parteien und Parlamenten in andere Bereiche wandert.[7] Der Aktivbürger geht heute nicht mehr so häufig zu einer Partei mit ihrem programmatischen Themenbündel und bindet sich an diese langfristig, sondern will sich mehr themenorientiert, auf kurzfristige Zeithorizonte sowie ergebnis- und projektorientiert und auch auf seine persönlichen Interessen hin bezogen einsetzen.[8] Die Bürgerschaft ist also durchaus weiter aktiv. Aber muss nicht gleichwohl qualifizierend gesagt werden, dass sie in ihrem Engagement tendenziell unpolitischer agiert, da das Handeln immer weniger auf Machtanteile in staatlichen Institutionen gerichtet ist?

Dagegen soll hier die These vertreten werden, dass dieser Teil der Bürgerschaft, der sich in Solargenossenschaften, in der *Transition-Town*-Bewegung, in Tauschringen und anderen Initiativen engagiert, eine Form bürgerschaftlichen Engagements betreibt, das sich durchaus auch als politisch verstehen lässt. Aber dazu gilt es, einen verengten und exklusiv auf den Staat und die mit ihm operativ verbundenen Institutionen bezogenen Begriff von Politik zu erweitern. Die Erweiterung sollte auf die Dimension der Lösung gesellschaftlicher Probleme fokussiert sein. Mit Blick auf das hier untersuchte Engagement gilt es zu fragen, inwiefern die Bürger mit ihren Lösungsideen zum Umgang mit dem Problem der begrenzten Ressourcen einen Beitrag zu sozialem Wandel, zu gesellschaftlicher Veränderung zu leisten versprechen, gleichviel ob sie dabei ausschließlich ein bestimmtes

---

[7] Vgl. etwa die Ergebnisse des ZiviZ-Survey der Bertelsmann- und Thyssen-Stiftung, wonach ca. 17 Millionen in rund 600.000 Initiativen, Vereinen, Verbänden etc. ehren-amtlich engagiert sind (Krimmer u.a. 2013).

[8] Inwieweit hier neue Partizipationsformen bei den auf die demokratische Willens- und Entscheidungsbildung bezogenen Engagementformen Abhilfe schaffen können, wird derzeit intensiv erforscht (siehe etwa auf der Basis eines europäischen Vergleichs Geissel/Newton 2011; vgl. als Analyse der kommunalen Ebene in Deutschland Bertelsmann-Stiftung/Staatsministerium Baden-Württemberg 2014).

individuelles oder kollektives Handeln einsetzen. Der hier erkennbare Weg zur gesellschaftlichen Veränderung ist allerdings ein anderer als vermittelt über den Staat.

Um solche Akteure sozialen Wandels aus der Perspektive der Politikwissenschaft zu untersuchen, ist nach diesem Problemaufriss eine politisch-soziologische Analyse nötig, die sich von der Frage leiten lässt: Um was für einen Akteur handelt es sich, der hier jenseits klassischer politischer Partizipation aktiv ist, wie kann er begrifflich kategorisiert werden? In einem zweiten Schritt interessiert dann die analytisch-konzeptionelle Verortung in Hinblick auf den zugrundeliegenden Politikbegriff: Wie kann das Verhalten dieser Akteure als politisches Verhalten verstanden werden beziehungsweise was hat das mit Politik – verstanden als die gemeinschaftliche Regelung der öffentlichen Angelegenheiten – zu tun?

3. Individuelles Engagement als *social* und *civil entrepreneurship*

3.1. Social entrepreneurship als Konzept

Bei der politisch-soziologischen Analyse fällt besonders auf, dass für das Entstehen wie auch den Fortbestand dieser Initiativen das Engagement von Einzelpersonen besonders relevant ist: Individuen sind es, die allein oder mit anderen eine Idee entwickeln und diese praktisch werden lassen, indem sie in der Regel eine neue Handlungsstruktur aufbauen und zu institutionalisieren suchen und nicht etwa auf etablierte kollektive Strukturen von Gewerkschaften, Verbänden oder Kirchen zurückgreifen. Wie kann dieses Verhalten und dieser Akteur konzeptionell gefasst werden?[9] In der Politikwissen-

---

[9] Melanie Jaeger-Erben und Heike Walk führen das Konzept kollektiven Handelns als heuristische Kategorie an, um damit das Gruppenhandeln etwa von Energie-genossenschaften zu erfassen, also von Gruppen, die jenseits der Sachlogiken von Markt und Staat einen Beitrag zum Klimaschutz leisten. Unter kollektivem Handeln verstehen sie »koordiniertes Handeln von Individuen [...], bei dem auf der Ebene des Kollektivs ein bedeutender Effekt entsteht, der dann wiederum den beteiligten Individuen zugutekommt. Kollektives Handeln wird nicht als Zufallsprozess betrachtet, sondern ist zielgerichtet und wird mit der Absicht in Zusammenhang gebracht, ein Kollektivgut zu erstellen« (Jaeger-Erben/Walk 2014: 232). Dabei gehen sie von der Annahme aus, dass die »Kapazität einer Gesellschaft sich an den Klimawandel anzupassen, stark von ihrer Kompetenz abhängig kollektiv zu handeln« (ebd.: 229), da Gruppen wie Genossenschaften, die zugunsten des Klimaschutzes kollektiv handeln, Transitionsprozesse auslösen können. Gerade Gruppen

schaft gibt es zahlreiche Studien zu kollektiven Akteuren, also zu Parteien, Verbänden und generell zu Institutionen, aber die Akteurskategorie »Einzelpersonen« ist eher wenig untersucht und es gibt kaum Konzepte, die einen analytischen Rahmen bieten. Hier soll der auf den Ökonomen Joseph Schumpeter zurückgehende Begriff des Unternehmers eingeführt werden, um das spezifisch individualistische Moment dieses politischen Akteurs in den Blick zu bekommen und davon ausgehend das auf der Basis Schumpeters weiter entwickelte Konzept von *social entrepreneurship*, um dieses auf die hier in Rede stehenden aktiven Bürger zu beziehen.[10]

Denn die Übertragung von Schumpeters Verständnis des Unternehmers von der ökonomischen in die politische Sphäre erbringt einige interessante analytische Ansatzpunkte. Schumpeter hat für Unternehmer als wesentlich erkannt, dass sie in einer gegebenen Marktlage die Möglichkeit einer Innovation erkennen. Sie entwickeln in dem berühmten Prozess kreativer Zerstörung ein neues Angebot und sorgen so für wirtschaftliche Dynamik (vgl. Schumpeter 1928). Für die Veränderung im wirtschaftlichen System ist also wesentlich dieser schöpferische Unternehmer verantwortlich, den Schumpeter von dem statisch agierenden Wirt abgrenzt, der den Gegentypus bildet. Unaufhörlich werde die alte Struktur zerstört und durch eine neue ersetzt (vgl. Schumpeter 1950). Die beiden amerikanischen Sozialwissenschaftler Roger Martin und Sally Osberg (2007) arbeiten unter Rückgriff auf Schumpeter die Charakteristika des *social entrepreneur* heraus:

Der *social entrepreneur* macht *erstens* ein Problem aus, etwa einen Zustand sozialer Ungerechtigkeit, in dem Menschen aufgrund mangelnder Ressourcen oder ungenügender Rahmenbedingungen keine Änderung ihrer Lage erreichen oder aber dass der Staat keine befriedigende Energiepolitik zu Wege bringt oder auch dass die Staatengemeinschaft keine ausreichenden Anstrengungen in der Entwicklungshilfe unternehmen oder dass die Kommunen

---

auf lokaler Ebene könnten u.a. den sozialen Kontext für Veränderungen bereiten (vgl. ebd. 230). Die Autorinnen richten ihr Augenmerk speziell auf die Frage, wie es zu kollektivem Handeln kommt und wie es aufrechterhalten werden kann, weniger auf die Frage, inwiefern diesem Handeln eine politische Dimension zukommt. Dazu greifen sie auf Lebensstilforschung und Milieuansätze zurück. Als Antwort auf die Frage nach den Entstehungsbedingungen solcher ökologisch motivierter Gruppen wird hier hingegen ein anderes Konzept fruchtbar gemacht, nämlich das oben im Folgenden zu skizzierende Konzept von sozialem Unternehmertum.

10 Im folgenden Abschnitt greife ich auch auf Ausführungen zurück, die ich bereits in Stein 2011 (dort mit weiterführenden Literaturangaben) publiziert habe.

vor Ort nicht genügend Unterstützung für Kinder aus jenen Familien schaffen, die von sich aus nicht ihre sozialen und kulturellen Teilhabechancen realisieren würden oder vieles mehr.

Wie ein Wirtschaftsunternehmer eine Gelegenheit erkennt, so sieht dann auch der Sozialunternehmer, wie eine Änderung der Lage möglich wäre und entwickelt daraus *zweitens* ein Angebot, mit dem ein »sozialer Mehrwert« erreicht werden kann, der einer sozial benachteiligten Gruppe oder der Gesellschaft insgesamt zugutekommt. Bei der Realisierung setzt er seine persönlichen Fähigkeiten ein: Ideenpotenzial, Kreativität, Risikobereitschaft, Wissen und Engagement.

Sein Ziel geht aber *drittens* nicht in der Nutzung des bereitgestellten Angebots auf. Vielmehr will der *social entrepreneur*, dass sich mit seiner Handlung ein neuer, gerechterer Zustand entwickelt – indem die Idee sich gesellschaftlich verbreitet und nachgeahmt wird, politische Institutionen die Idee des *social entrepreneurs* adaptieren oder aber dass soziale Verhaltensweisen sich schon so grundlegend ändern, dass sich eine kollektiv verbindliche Regulierung durch eine öffentliche Hoheitsgewalt erübrigt.

Der *social entrepreneur* zielt also auf die Änderung gesellschaftlicher Strukturen. Der zentrale Unterschied zum ökonomischen Unternehmer ist eine andere Wertschöpfung: der Sozialunternehmer sucht einen sozialen Mehrwert zu erreichen (vgl. Dees 2001).

Muhammad Yunus mit der *Grameen Bank* zur Vergabe von Mikrokrediten ist ein passendes Beispiel eines Sozialunternehmers.[11] Zwar herrscht in den Wirtschafts- und Sozialwissenschaften ein Disput über die Frage, ob es mit dem Mikrokreditsystem wirklich gelungen ist, einen strukturellen Weg aus der Armut zu weisen, oder ob nicht vielmehr die Kreditnehmer in einem Kredit-Zirkel mit wachsenden Zinsen gefangen bleiben. Auch wird überhaupt die Mikrokreditidee als eine Adaption kapitalistischer Marktstrukturen kritisiert. Die empirischen Studien über die Wirksamkeit von Mikrokreditprogrammen als Instrument, extreme Armut zu überwinden, sind hier bislang noch nicht eindeutig. Gleichwohl kann in Bezug auf Yunus festgehalten werden, dass er mit seinem Engagement und Fähigkeiten einen Prozess sozialen Wandels gestartet hat, indem er eine alternative soziale Institution entwickelt, in der Praxis erprobt und auch korrigiert hat, die weder abhängig von Regierungsinstitutionen ist, noch von diesen geführt wird. Und es kann gesagt werden, dass er wichtigster globaler Promoter gewesen ist, indem er

---

11 Siehe Grameen Bank: http://www.grameen-info.org/ (05.05.2015).

die Erfahrungen, die die *Grameen Bank* gesammelt hat – und darunter fallen auch die negativen Erfahrungen, die zu Veränderungen im Konzept geführt haben – in den transnationalen Foren öffentlich gemacht und für die Mikrokreditidee geworben hat.

Dem Typus des *social entrepreneur* wird in der Forschungsliteratur die Rolle des Schrittmachers zugeschrieben. Anders als die privaten Anbieter sozialer Leistungen, die karitativ tätig sind, zielt der Sozialunternehmer mit seinem Wirken auf die Änderung der Strukturen, wie es Bill Drayton auf den Punkt bringt, Gründer von *Ashoka*: »Social entrepreneurs are not content just to give a fish, or teach how to fish. They will not rest until they have revolutionized the fishing industry.«[12] Hier wird eine Linie gezogen zwischen Sozialunternehmertum einerseits und einem anderen Typus einer sozialen Tätigkeit, nämlich der Bereitstellung sozialer Güter und Dienstleistungen durch Spenden (*charity*).

3.2. *Civil entrepreneurs* als alternative Bezeichnung?

Sind nun alle die Aktivisten, die das *Urban Gardening* ins Leben gerufen haben, die Kleiderbörsen organisieren, die Solarenergiegenossenschaften initiieren, sinnvollerweise als *social entrepreneurs* zu bezeichnen? Als Argument dafür ist zunächst anzuführen, dass das Adjektiv sozial in *social entrepreneur* hier nicht bedeutet, dass die Tätigkeit auf soziale Zwecke wie Gesundheit, Arbeitswelt oder ähnliches gerichtet sein muss, sondern vielmehr hiermit eine Tätigkeit bezeichnet werden soll, die generell auf die Gesellschaft in ihren sozialen Kooperationen und Strukturen bezogen ist, in Abgrenzung zum ›klassischen‹ Unternehmer, der auf den Markt und ökonomische Zwecke bezogen ist. Die Zwecksetzung des *social entrepreneurs* beinhaltet die Lösung eines gesellschaftlichen Problems, das nach einer anderen als der üblicherweise vorhandenen gesellschaftlichen Praxis verlangt. Bei den hier fokussierten Aktiven stehen vor allem ökologische Zwecke im Vordergrund – es geht zusammengefasst darum, den ökologischen Fußabdruck durch einen anderen, einen nachhaltigen Umgang mit begrenzten Ressourcen zu verringern. Wie für *social entrepreneurs* typisch, zeichnen sich diejenigen, die es vermocht

---

[12] Das Zitat findet sich auf www.ashoka.org. Ashoka ist eine Organisation, die Sozialunternehmern Stipendien zur Verfügung stellt, gewissermaßen als Anschubfinanzierung, um ihre Idee realisieren zu können (siehe vertiefend Drayton 2006).

haben, einer Initiative Dauerhaftigkeit und Erfolg zu verleihen, durch Eigenschaften wie Eigeninitiative, Kreativität und Hingabe aus und betreiben ihr Engagement machtvoll und professionell. Auch kann das Engagement als eine Antwort auf ein Defizit des Status quo gelten, denn die klassischen staatlichen beziehungsweise mit dem Staat assoziierten Institutionen haben sich des Problems nicht oder nicht überzeugend angenommen. Aber was bei der Kennzeichnung als *social entrepreneur* konzeptionell nicht hinreichend zum Tragen kommt, ist die politische Motivation, die dem Handeln dieser Aktivisten entnommen werden kann. Das spezifisch politische Moment des gemeinschaftlichen Handelns kommt im Begriff des *social entrepreneur* jedenfalls nicht angemessen zum Ausdruck. Denn diese Aktivisten zielen darauf ab, dass sich ihr Handeln gesellschaftlich verbreitet und dass für die Verbreitung ihres Handelns gegebenenfalls auch der Staat passende Rahmenbedingungen schafft. Aber sie warten nicht auf eine staatliche Regelung in Form einer Normsetzung und konzentrieren sich in ihrer Tätigkeit nicht auf das Lobbying für eine andere staatliche Regelung, sondern sie wollen mit ihrem Verhalten bereits zeigen, dass und wie eine andere nachhaltigere Praxis funktionieren könnte. Damit sind die Handlungsformen, wie bereits angesprochen, nicht im Spektrum des klassischen politisch-bürgerschaftlichen Engagements angesiedelt: Im Mittelpunkt steht nicht die Organisation von Öffentlichkeitarbeit in Form von Demonstrationen, nicht das Lobbying gegenüber Abgeordneten, nicht die Konzeption von Gesetzesentwürfen beziehungsweise die Kritik an der Regierungspolitik. Vielmehr wird gesellschaftliche Aufklärungsarbeit im Sinne der Bewusstseinsbildung für Probleme und Lobby-Arbeit für nachhaltige Lösungen durch Vorleben eines anderen Verhaltens, durch Praxis geleistet. Der gewünschte gesellschaftliche Wandel soll so erreicht werden, dass andere Bürgerinnen und Bürger beeinflusst werden.

Je mehr Bürgerinnen und Bürger sich von dieser anderen gesellschaftlichen Praxis affiziert zeigen, desto eher wird eine politische Aufmerksamkeitsschwelle übersprungen, die dann auch in den klassischen politischen Institutionen zu Reaktionen führen kann. Es geht also durchaus um eine gewollte Rückwirkung auf die politische Sphäre. Daher wird hier vorgeschlagen, diese Aktiven nicht als *social entrepreneurs,* sondern als *civil entrepreneurs* zu bezeichnen. Der *civil entrepreneur* ist dann ein anderes Wort für den sozialen beziehungsweise politischen Aktivisten, der ein öffentlich wirksamer oder anderweitig einflussreicher Politiker ohne Amt ist und der sich erfolgreich für gesellschaftlichen Wandel einsetzt. Der Begriff *civil entrepreneur* ist aber spezifischer als nur von »Aktivisten« zu sprechen, da er das Augenmerk auf die unternehmerische Initiative in Verbindung mit der bürgerschaftlichen Motivation lenkt. Vor dem Hintergrund der Kennzeichnung als *civil entrepreneur* gelingt auch die im nächsten und abschließenden Schritt vorzunehmende Erfassung des spezifisch politischen Moments dieses Engagements besser.

4. Zum politischen Charakter des Engagements

Zunächst gilt es zu unterstreichen, dass es aus politikwissenschaftlicher Perspektive nicht ausreicht, eine politische Motivation der Aktiven anzuführen, die diese selber reklamieren, um das spezifisch Politische des Engagements auszumachen. Es sollten vielmehr unabhängig von der Eigeneinschätzung bestimmte Merkmale des Engagements gegeben sein, die es rechtfertigen, dieses als politisch zu kennzeichnen. Wie eingangs bereits angesprochen, wäre aus einer ganz auf den Staat bezogenen republikanisch-etatistischen Perspektive dieses Engagement deswegen kein politisches Engagement, da es nicht auf die durch den Staat institutionalisierte gemeinschaftliche Regelung der öffentlichen Angelegenheiten abzielt, letztlich also nicht auf die Regulierung des Verhaltens in Form einer staatlichen Norm aus ist. Um die Skepsis aus einer republikanischen Perspektive hier zunächst zu bekräftigen, muss in der Tat kritisch gefragt werden, ob nicht der Radius dieser Akteure nur auf ihr konkretes Vorhaben begrenzt bleibt und sie de facto über ihre unmittelbare Sphäre hinaus keine gesellschaftliche Wirksamkeit entfalten. Stellt etwa das Car-Sharing als einer neuen Eigentumskonstellation in Form eines kombinierten Sach- und Dienstleistungspaketes daher wirklich ein überzeugendes, nämlich effektives Modell zur Verringerung der Menge an Energie und weiteren Ressourcen dar? Sind die kommunalen genossenschaftlichen Modelle bei der Energiegewinnung ein belastbares Zukunftsmodell, das einerseits weniger bis gar keine klimaschädlichen begrenzten Ressourcen bei der Energiegewinnung verbraucht und andererseits den gesellschaftlichen Bedarf auch decken kann? Und können die regionalen Verbraucher-Erzeuger-Gemeinschaften für Lebensmittel in Form der dort praktizierten Gemeinwohlökonomie[13] (als solidarische

---

13 Vgl. zu den neuen Formen von Gemeinwohlökonomie (teilweise aus Akteursperspektive) Felber 2010.

Ökonomie) im Rahmen der globalisierten Weltwirtschaft wirklich funktionieren? Der materielle Beitrag zur Lösung des jeweils adressierten ökologischen Problems, den diese und die weiteren Öko-Aktivisten leisten, fällt quantitativ, gemessen an der Notwendigkeit einer massenhaften Verhaltensänderung zugunsten einer Begrenzung des Ressourcenverbrauchs und der Produktion klimarelevanter Gase jedenfalls angesichts des derzeitigen Verbreitungsgrads dieser Initiativen nicht wesentlich ins Gewicht. Die Effektivität des Problemlösungsbeitrags steht in dieser Hinsicht also in Frage, was sowohl bezogen auf das Konzept von *social* respektive *civil entrepreneurship* als auch in Hinblick auf den Anspruch der Aktivisten, nämlich einen direkten Beitrag zur Lösung des jeweils adressierten Problems zu leisten, ein Problem ist.

Vor diesem Hintergrund ist der Vorwurf zu vernehmen, dass es sich bei diesem Engagement um bloße Lebensstilfragen handele, die zur Beruhigung des eigenen Gewissens dienen.[14] Die polemische Spitze dieses Vorwurfs geht allerdings insofern fehl, da hier nicht bloße individualethische Vorstellungen des guten Lebens, also nur partikulare Wertentscheidungen gegenüber anderen Lebensstilen als überlegene geadelt würden. Denn die Verringerung des individuellen Fußabdrucks lässt sich durchaus moralisch überzeugend als verallgemeinerungsfähige Norm begründen: Es gilt, die eigenen Handlungen so zu wählen, dass ihre Auswirkungen nicht die Freiheits- und Handlungssphäre anderer in unzumutbarer Weise beeinträchtigen. Die Reichweite der moralisch begründbaren Pflichten macht dabei weder an den Grenzen des Nationalstaates noch an der eigenen Generation halt. Der Moralphilosoph Hans Jonas hat dies in seinem ökologischen Imperativ wie folgt gefasst: »Handle so, dass die Wirkungen deiner Handlungen verträglich sind, mit der Permanenz echten menschlichen Lebens auf Erden« (Jonas 1979: 36).

---

14 Vgl. dazu polemisch etwa Wolfgang Ullrich, der bei den Konsumenten der Produkte eines Handelshauses wie Manufactum von Gewissens-Wellness für die Bessersituierten spricht, die sich den ethisch korrekten Konsum als Distinktionsmerkmal zulegen (vgl. dazu den Konferenzbericht von Björn Ahaus u.a., Chancen und Grenzen der Konsumentenverantwortung. Eine Bestandsaufnahme, in: *Working Papers des CRR*, Jg. 1/2009, Nr. 6, online unter: http://duepublico.uni-duisburg-essen.de/servlets/ DerivateServlet/Derivate-25926/WP_06_Konsumentenverantwortung.pdf (05.05.2015); siehe auch Heidbrink 2011.

Es bleibt aber die kritische Frage, inwiefern denn dieses moralisch reflektierte individuelle Verhalten als ein politisches Verhalten verstanden werden kann, wenn damit weder auf die Regelung der öffentlichen Angelegenheiten gezielt wird, noch wenn damit in nennenswerter Weise ein effektiver Beitrag zur Lösung des Problems geleistet wird, da sich die individuelle Verhaltensänderung der Wenigen nicht zu einer spürbaren Reduktion des Ressourcenverbrauchs bzw. der klimarelevanten Gase aufsummiert. Gegen diese kritische Sicht können zwei grundlegende Gedanken eingebracht werden. Der erste stellt die Reduktion von Politik auf den Staat in Frage und argumentiert für eine stärker gesellschaftliche Verortung von Politik, der zweite ist auf die mangelnde Leistungserfüllung des Staates gerichtet. Einen wichtigen Impuls zum ersten Aspekt hat ein Beratungsgremium der deutschen Regierung gegeben. In seinem Hauptgutachten spricht der Wissenschaftliche Beirat der Bundesregierung für Globale Umweltveränderungen (WBGU) von der Notwendigkeit einer »Großen Transformation«. Für den Ausstieg aus der auf fossiler Energiegewinnung basierten Wirtschaft bedürfe es einer umfassenden Transformation unserer Konsumptions- und Produktionsprozesse. Claus Leggewie, einer der Autoren des Berichts, führt an anderer Stelle dazu wie folgt aus:

»Politik ist eben nicht nur staatliche Regulierung, sondern auch gesellschaftliche Aktivität. Und man wird davon ausgehen dürfen, dass eine Gesellschaft, die zu großen Teilen auf erneuerbaren Energien beruhen wird und Aspekte der Effizienz und Suffizienz viel stärker berücksichtigt, als das in der gegenwärtigen Verschwendungsökonomie der Fall ist, dass also diese Gesellschaft auch andere Sozialformen entwickelt, d.h. andere Arbeitsformen, andere Unternehmensformen, andere Politikformen.«[15]

Die Reduktion von Politik auf den Staat ist vor dem Hintergrund des hier interessierenden Problems der Endlichkeit natürlicher Ressourcen als einer der zeitgenössisch wichtigsten Herausforderungen also deswegen problematisch, da anzunehmen ist, dass eine Bewältigung dieses Problems nicht allein vom Staat als politischer Kooperationsform ausgehen wird. Tatsächlich erweisen sich die in modernen Gesellschaften herausgebildeten institutionellen Kooperationsformen, nämlich der Staat und der Markt, als die beiden

---

15 Interview mit Claus Leggewie: http://denkanstoesse.de/Dossier/225-%C3%9Cber%20Politik%20und%20Gesellschaft%20in%20Zeiten%20des%20Wandels (05.05.2015). Siehe auch die entsprechenden Passagen im Hauptgutachten des Wissenschaftlichen Beirats der Bundesregierung für Globale Umweltveränderungen, *Welt im Wandel. Gesellschaftsvertrag für eine Große Transformation*, Berlin 2011, v.a. S. 87ff., 185, 255–280.

grundlegenden Handlungssysteme, mit denen Verhalten koordiniert wird, in ihrer jetzigen Verfasstheit gerade als in spezifischer Weise unzureichend, um diese Transformation zu bewerkstelligen. Während im Markt bekanntlich die ökonomischen Austauschbeziehungen auf der Basis des Leitmediums Geld als Tauschäquivalent geregelt werden, stellt demgegenüber der Staat ein Kooperationssystem dar, das auf expliziten Entscheidungen zur Regelung der öffentlichen Angelegenheiten beruht, indem Normen verabredet werden, die mit dem staatlichen Gewaltmonopol bewehrt allgemeinverbindlich durchgesetzt werden. Moderne Gesellschaften weisen mit dem Staat daher ›eigentlich‹ eine überzeugende Institution zur expliziten Koordinierung und Regulierung menschlichen Verhaltens auf, was zudem im demokratischen Verfassungsstaat in sozialverträglicher, fairer und gerechter Weise gelingen soll. Aber die bisherigen staatlichen Antworten auf die ökologischen Grenzen des ökonomischen Wachstums als Endlichkeitsproblem können mit guten Gründen als unzureichend bezeichnet werden. In der Politikwissenschaft wird diesbezüglich von einem »Staatsversagen« gesprochen.[16] Dieses Staatsversagen ist umso problematischer, da auch für den Markt ein spezifisches Versagen ausgemacht werden kann, das – verkürzt gesagt – darin besteht, dass die Schädigung der Umwelt als öffentliches Gut nicht in die Preisberechnung eingeht: die Marktteilnehmer externalisieren ihre mit Produktion und Konsumtion einhergehenden Kosten so weit wie möglich. Der Markt allein ist kein zureichendes Handlungssystem zur Koordinierung des Verhaltens in modernen Gesellschaften, sondern auf eine rahmensetzende und ordnende Instanz angewiesen, die diese negativen Externalitäten auffängt. In Bezug auf die soziale Frage hat der Staat diese Aufgabe übernommen und mit den Regelungen zu den gesetzlich gestützten sozialen Sicherungssystemen, zum Arbeitsrecht und weiteren, insbesondere die Arbeitnehmer, welche im Markt die schwächere Position einnehmen, schützenden Maßnahmen einen sozial eingehegten Markt – die soziale Marktwirtschaft – geschaffen. Die rahmensetzende Instanz des Staates gegenüber dem Markt ist nun auch in Bezug auf die ökologische Herausforderung notwendig, damit die Preise »die ökologische Wahrheit« sagen, wie es Ernst Ulrich von Weizsäcker (1992) bereits vor zwei Jahrzehnten auf eine plakative Formel gebracht hat. Das Problem ist nun, dass der Staat dieser Aufgabe nicht angemessen nachkommt, da auch seine Entscheidungspro-

---

16 Erstmalig bezogen auf Umweltprobleme vgl. Jänicke 1986.

zesse in der Wettbewerbsdemokratie auf einem kurzfristigen Rationalitätskalkül der Akteure beruhen. Gegenwärtige Gewinne (Regierungsgewinn bzw. Regierungserhaltung) werden höher bewertet als zukünftige und zukünftige Kosten (Schäden durch Klimawandel) geringer gewichtet als gegenwärtige, so dass die Kosten der Entscheidungen auf diejenigen Betroffenen externalisiert werden, die ihre Interessen heute und hier politisch nicht zur Geltung bringen können: auf die Angehörigen zukünftiger Generationen oder (respektive und) Menschen, die außerhalb der nationalstaatlichen Grenzen leben. Die staatliche Demokratie befindet sich also nicht nur in einer Beteiligungskrise, sondern auch einer Leistungskrise.

Als Antwort auf diese Krise sind bislang vornehmlich institutionelle Reformen der staatlichen Willensbildungs- und Entscheidungsprozeduren entwickelt worden, etwa Zukunftsbeauftragte als Ombudspersonen, Vetorechte für Umweltminister, Umweltgrundrechte, Umweltstaatsziele, Ökologische Räte als dritte Kammern und anderes mehr (vgl. Stein 1998). Diese neuen Institutionen sollen in den Normsetzungsprozess mehr ökologische Rationalität einspeisen, damit solchermaßen die staatlichen Normen die Gesellschaft in ökologischer Hinsicht besser steuern. Die bisherigen Erfahrungen mit solchen institutionellen Reformvorschlägen sind aber eher ernüchternd. Wenn sie überhaupt aufgenommen werden, dann nur in solchen Schwundstufen, dass das damit intendierte Einstreuen ökologischen Sands in das Getriebe der ›normalen‹ Institutionen nicht zur Wirkung kommen kann.[17]

Vor diesem Hintergrund eines tendenziellen Markt- und Staatsversagens und der Schwierigkeiten institutioneller Reformen kann daher das hier analysierte neue Bürgerengagement politisch von großem Zündstoff sein. Es steht nicht im Gegensatz zu einem politischen, auf den staatlichen Entscheidungsprozess gerichteten Engagement, sondern komplementär dazu. Es ist insofern ebenfalls als politisch zu kennzeichnen, da es wie das ›klassische‹ politische Engagement eine Veränderung erreichen will, die auf die der Gesellschaft gemeinsam gestellten Probleme abhebt. Aber die Form, die die Veränderung auslösen soll, ist eine andere als vermittels staatlicher Normen, die dann das Verhalten verbindlich steuern. Vielmehr wird hier eine gemeinschaftliche Form der Regelung der öffentlichen Angelegenheiten angestrebt,

---

[17] Diese Kritik wird insbesondere für das ökologisch gewissermaßen abgerüstete Umweltstaatsziel erhoben, wie es im Grundgesetz in Art. 20a Aufnahme gefunden hat (vgl. zur Diskussion Glaser 2006: 229ff.).

die von Individuen ausgeht, die eine neue Struktur jenseits des Staats schaffen. Innerhalb dieser neuen Struktur soll dann das individuelle Verhalten sich dauerhaft umstellen. Dabei reichen die Formen dieser neuen Strukturen von auch rechtlich gestützten institutionellen Arrangements wie sie im Carsharing zu finden sind, oder in dem auf das Genossenschaftsrecht gestützten neuen Energiekooperationen bis hin zu ganz auf Freiwilligkeit basierenden Assoziationen, bei denen die Dauerhaftigkeit der Verhaltensänderung durch moralische Appelle und informierende Aufklärungsarbeit erreicht werden soll. Letzteres gilt auch für die Werbung für ethisch verantwortlichen Konsum.

Die oppositionelle Gegenüberstellung, bei der der erwünschte soziale Wandel für Nachhaltigkeit entweder durch staatliche Normen, die verbindlich durchgesetzt werden oder gewissermaßen freiwillig durch bürgerschaftliche Initiativen erfolgt, ist ohnehin kurzschlüssig. Wenn nämlich die Annahme plausibel ist, dass ein nachhaltiger ökologischer Wandel auch auf einen Wandel der Lebensstile und Einstellungen der Individuen und der Gesellschaft insgesamt angewiesen ist, dann gilt es gerade dem Zusammenhang von Bereitschaftspotential für Veränderungen in der Bevölkerung und politischer Steuerung nachzugehen. Dann würde der politische Beitrag dieser Aktiven nicht nur und in erster Linie in dem direkten Beitrag zur Problemlösung liegen – der angesichts des Verbreitungsgrad im Unterschied zu staatlichen Regelungen immer nur als gering und nicht effektiv erscheinen kann. Vielmehr kommt diesem Verhalten eine gesamtgesellschaftliche Leitbildfunktion zu. Es wird in der Praxis gezeigt, dass andere Arten des Umgangs mit begrenzten Ressourcen möglich sind, und dass Bürgerinnen und Bürger bereit sind, die unter Umständen damit verbundenen höheren Kosten respektive den höheren Aufwand zu tragen. Damit kann dann eine Sogwirkung in Hinblick auf politisch-staatliche Steuerung entstehen, die angesichts der Reichweite und des Wirkungsgrades staatlicher Normen weiterhin notwendig bleibt. Hier erhellt sich das komplementäre Verhältnis von staatlicher Normsetzung und gesellschaftlichen Initiativen für sozialen Wandel. Als Beispiel kann die bereits erreichte Verbreitung erneuerbarer Energien in Deutschland gelten, die auf einem Wechselprozess zwischen neuen Unternehmen, alternativen Ingenieuren und der diese Ansätze fördernden Umweltbewegung beruht und die den entscheidenden Verbreitungsschub durch den Staat erhalten hat, als das Erneuerbare-Energiegesetz (EEG) beschlossen wurde. In diesem Sinne erwiese sich der geforderte neue Gesellschaftsvertrag für eine Große Transformation wirklich umfassend als Gesellschaftsvertrag: nämlich sowohl die staatlichen als auch gesellschaftlichen Kooperationen betreffend.

5. Fazit

Wo Menschen zusammenkommen, sich der heute gestellten gesellschaftlichen Herausforderungen annehmen, für diese konstruktive Weisen des Umgangs mit diesen Herausforderungen entwickeln und umsetzen, handeln sie politisch. Die gemeinschaftliche Verarbeitung des heute drängenden gesellschaftlichen Problems eines nachhaltigen Umgangs mit begrenzten Ressourcen kann nicht mehr allein durch staatliche Normsetzung gelingen, zumal der Staat als Wettbewerbsdemokratie selbst in spezifischen Restriktionen gefangen ist. Sozialer Wandel für Nachhaltigkeit wird vielmehr auch durch freiwillige, auf Überzeugung beruhender Einsicht erzeugt, für die gesellschaftlich geworben wird. Die Verhaltensänderung, die in neuen Formen problembezogener gesellschaftlicher Selbstregulation jenseits der staatlichen Regulierung aufscheint, ist nicht als eine Totalalternative zum Staat zu verstehen. Es geht nicht darum, den Staat durch neue Genossenschaften, Nachbarschaften, Kooperativen und anderes mehr abzulösen, die von Individuen initiiert und zusammengehalten werden. Vielmehr handelt es sich um ein komplementäres Verhältnis. Die neuen bürgerschaftlichen Initiativen erarbeiten eine Problemdiagnose, entwickeln einen Therapievorschlag und machen die Probe aufs Exempel, indem sie den Vorschlag auch in die Praxis umsetzen. Zudem schaffen die neuen Engagementformen als Leitbilder im Umgang mit begrenzten Ressourcen das nötige gesellschaftliche Bereitschaftspotential für die anstehenden Veränderungen, auf die eine staatliche Regulierungspolitik in der Demokratie angewiesen ist. Der Staat bleibt als Kooperationsform menschlichen Handelns unverzichtbar, um die hier erkennbaren Transformationen zu unterstützen, mit dem Ziel, die erforderliche Breitenwirkung zu erreichen.

Literatur

Adler, Michael, *Generation Mietwagen. Die neue Lust an einer anderen Mobilität*, München 2011.

Bertelsmann-Stiftung/Staatsministerium Baden-Württemberg, *Partizipation im Wandel*, Gütersloh 2014.

Dees, J. Gregory, *The meaning of social entrepreneurship*, Revised version Kansas City 2001. Online unter: www.caseatduke.org/documents/dees_sedef.pdf (05.05.2015).

Drayton, Bill, »Everyone a changemaker. Social entrepreneurship's ultimate goal«, in: *Innovations. Technology, Governance, Globalization Winter* (2006), S. 1–27.

Felber, Christian, *Die Gemeinwohlökonomie. Das Wirtschaftsmodell der Zukunft*, Wien 2010.

Franken, Marcus, *Bericht aus der Zukunft. Wie der grüne Wandel funktioniert*, hg. von der Heinrich-Böll-Stiftung, München 2013.

Fücks, Ralf, *Intelligent wachsen. Die grüne Revolution*, München 2013.

Geissel, Brigitte/Newton, Kenneth (Hg.), *Evaluating Democratic Innovations. Curing the democratic Malaise?*, London u.a. 2011.

Glaser, Andreas, *Nachhaltige Entwicklung und Demokratie. Ein Verfassungsrechtsvergleich der politischen Systeme Deutschlands und der Schweiz*, Tübingen 2006.

Grewe, Maria, »Reparieren in Gemeinschaft: ein Fallbeispiel des kulturellen Umgangs mit materieller Endlichkeit«, in: Bihrer, Andreas u.a. (Hg.), *Endlichkeit. Zur Vergänglichkeit und Begrenztheit von Mensch, Natur und Gesellschaft*, Bielefeld, im Erscheinen.

Heidbrink, Ludger (Hg.), *Die Verantwortung des Konsumenten. Über das Verhältnis von Markt, Moral und Konsum*, Frankfurt am Main 2011.

Hopkins, Rob, *Einfach. Jetzt. Machen!*, München 2014.

Jackon, Timothy, *Prosperity Without Growth. Economics for a Finite Planet*, London u.a. 2009.

Jaeger-Erben, Melanie/Walk, Heike: »Kollektives Handeln für den Klimaschutz: Zur Relevanz unterschiedlicher Erklärungsansätze aus der Lebensstil-, Milieu- und Bewegungsforschung«, in: Schröder, Carolin/Walk, Heike (Hg.), *Genossenschaften und Klimaschutz. Akteure für zukunftsfähige, solidarische Städte*, Wiesbaden 2014, S. 229–256.

Jänicke, Martin, *Staatsversagen. Die Ohnmacht der Politik in der Industriegesellschaft*, München 1986.

Jonas, Hans, *Das Prinzip Verantwortung. Versuch einer Ethik für die technologische Zivilisation*, Frankfurt am Main 1979.

Kaase, Max, »Vergleichende Partizipationsforschung«, in: Berg-Schlosser, Dirk/Müller-Rommel, Ferdinand (Hg.), *Vergleichende Politikwissenschaft. Ein einführendes Handbuch*, Opladen 1997, S. 145–160.

Krimmer, Holger u.a., *ZiviZ-Survey 2012 – Zivilgesellschaft verstehen*, Berlin 2013: www.ziviz.info/publikationen/publikationen-und-materialien/ (05.05.2015).

Leggewie, Claus/Welzer, Harald, *Das Ende der Welt, wie wir sie kannten. Klima, Zukunft und die Chance der Demokratie*, Frankfurt am Main 2009.

Martin, Roger/Osberg, Sally, »Social entrepreneurship: The case for definition«, in: *Stanford Social Innovation Review* 18 (2007), S. 29–39.

Müller, Christa, *Urban Gardening. Über die Rückkehr der Gärten in die Stadt*, 4. Aufl., München 2012.

Niedermayer, Oskar u.a. (Hg.), *Abkehr von den Parteien? Parteiendemokratie und Bürgerprotest*, Wiesbaden 2013.

Paech, Nico, *Befreiung vom Überfluss. Auf dem Weg in die Postwachstumsökonomie*, München 2012.

Schröder, Carolin/Walk, Heike (Hg.), *Genossenschaften und Klimaschutz. Akteure für zukunftsfähige, solidarische Städte*, Wiesbaden 2014.

Schumpeter, Joseph A., *Kapitalismus, Sozialismus, Demokratie*, 8. Aufl., Tübingen 1950.

— »Unternehmer«, in: *Handwörterbuch der Staatswissenschaften*, Band 8, Jena 1928, S. 476–487.

Seidl, Irmi/Zahrnt, Angelika (Hg.), *Postwachstumsgesellschaft. Konzepte für die Zukunft*, Marburg 2010.

Stein, Tine, »Global Social Entrepreneurship – Komplement oder Konkurrenz zu Global Governance?«, in: Hackenberg, Helga/Empter, Stefan (Hg.), *Social Entrepreneurship – Social Business: Für die Gesellschaft unternehmen*, Wiesbaden 2011, S. 29–48.

— *Demokratie und Verfassung an den Grenzen des Wachstums. Zur ökologischen Kritik und Reform des demokratischen Verfassungsstaates*, Wiesbaden 1998.

von Weizsäcker, Ernst Ulrich, *Erdpolitik. Ökologische Realpolitik an der Schwelle zum Jahrhundert der Umwelt*, Darmstadt 1992.

Welzer, Harald, *Selbst Denken. Eine Anleitung zum Widerstand*, 2. Aufl., Frankfurt am Main 2013.

Wloch, Madeleine, »Lokaler Klimaschutz durch Genossenschaften in der Praxis: Fallbeispiele«, in: Schröder, Carolin/Walk, Heike (Hg.), *Genossenschaften und Klimaschutz. Akteure für zukunftsfähige, solidarische Städte*, Wiesbaden 2014, S. 135–148.

Begrenzte Energie: Ursachen und Umgangsweisen mit Energiearmut

Karl-Michael Brunner

Sozialökologische Ungleichheiten als Nachhaltigkeitsproblem

Anfang der 1970er Jahre wurde mit der Ölkrise und den Diskursen zu Grenzen des Wachstums die energetische Basis der Industriestaaten erstmals in ihren Fundamenten hinterfragt und die Abhängigkeit von (endlichen) fossilen Energien deutlich. Der Umgang mit begrenzten (ökologischen) Ressourcen (»Peak Oil«) ist seither zu einer zentralen Frage gesellschaftlicher Zukunftsfähigkeit geworden. Der »Brundtland-Bericht« der »Weltkommission für Umwelt und Entwicklung« hat 1987 ökologische Wachstumsgrenzen im weltgesellschaftlichen Kontext thematisiert, indem die globale Umweltzerstörung, die weltweiten Ungleichheiten, die wachsende Armut und die Bedrohung von Frieden und Sicherheit in ihren Zusammenhängen analysiert wurden (Hauff 1987). »Nachhaltige Entwicklung« ist seitdem ein kontrovers diskutiertes Entwicklungskonzept, das auf die Zukunftsfähigkeit von Gesellschaften in ökologischer, ökonomischer und sozialer Hinsicht gerichtet ist, wobei es um die Schaffung von mehr Gerechtigkeit sowohl innerhalb der lebenden als auch zukünftigen Generationen geht.

Lange Zeit wurden in der internationalen Nachhaltigkeitsdebatte Gerechtigkeitsfragen allerdings vorwiegend im intergenerativen Vergleich diskutiert oder in Bezug auf globale Entwicklungsunterschiede zwischen Nord und Süd. Soziale Dimensionen standen dabei meist nicht im Zentrum und den (potenziell konfliktträchtigen) Verbindungen zwischen der sozialen und der ökologischen Dimension wurde wenig Aufmerksamkeit geschenkt (Boström 2012). Nachhaltigkeit war weitgehend Ökologie- und/oder Ökonomiethema, Gerechtigkeitsfragen und Verteilungsaspekte in gegenwärtigen, westlichen Gesellschaften blieben ausgespart. In den letzten Jahren gewinnen aber im Zusammenhang mit der Berücksichtigung sozialer Aspekte von Nachhaltigkeit zunehmend auch soziale Verteilungsmuster von Umweltbelastungen und -nutzungen sowie Naturschutzkosten in den industrialisierten Ländern an Bedeutung (Kraemer 2008). Dabei wird soziale Gerechtigkeit nicht (nur) unter dem Aspekt der Einkommensverteilung und der sozialen Teilhabe betrachtet, sondern auch unter dem Aspekt ökologischer Gerechtigkeit (Walker 2012). Beispielsweise wird im Zusammenhang mit dem Klimawandel die soziale Differenzierung von Verantwortlichkeiten und Betroffenheiten betont (Agyeman/Evans 2004). Häufig sind Umweltdegradationen in größerem Ausmaß durch die Handlungen Wohlhabender verursacht, während die sozial Schwächeren überproportional von diesen Problemen betroffen sind. Eine britische Studie zeigt beispielsweise, dass die zehn Prozent einkommensstärksten Haushalte in Großbritannien für 43 Prozent der verkehrsbezogenen Treibhausgasemissionen verantwortlich sind, die zehn Prozent einkommensschwächsten gerade einmal für ein Prozent (Brand/Boardman 2008). Auch im Zusammenhang mit der Energiewende stellt sich zunehmend die Frage, wie sozial gerecht der Übergang zu einem nachhaltigeren Energiesystem gestaltet ist (Heindl u.a. 2014).

Der Energiekonsum ist von zentraler nachhaltigkeitspolitischer Relevanz. Energiesparen und die Erhöhung der Energieeffizienz stehen ebenso auf der Tagesordnung wie der Übergang zu einem postfossilen Energiesystem. Dabei ist allerdings zu berücksichtigen, dass der Zugang zu und der Verbrauch von Energie sowohl global als auch national sehr unterschiedlich ausgeprägt und eng mit gesellschaftlichen Differenzierungen und Machtverhältnissen verknüpft ist. So haben beispielsweise weltweit 1,4 Milliarden Menschen keinen Zugang zu Elektrizität (Sovacool u.a. 2012). In den westlichen »high-energy-societies« ist Energie Basisvoraussetzung für soziale Integration und gesellschaftliches Leben. Konsumpraktiken gegenwärtiger Lebensstile basieren auf einem hohen Verbrauch (endlicher) Ressourcen. Lange Zeit wurde hoher Energieverbrauch mit gesellschaftlichem Fortschritt und Modernisierung gleichgesetzt. Diese Gleichsetzung wird aber mit dem Bewusstwerden der Nebenfolgen der industriellen Moderne (z.B. Klimawandel, Ausbeutung endlicher Ressourcen) zunehmend hinterfragt. Es herrscht inzwischen Konsens, dass eine Transition zu einer »low-carbon-society« auf Basis erneuerbarer Ressourcen notwendig ist. Bei diesem Übergang stehen aber nicht nur ökologische, sondern auch soziale Dimensionen nachhaltiger Entwicklung auf dem Prüfstand (Fitzpatrick 2014). Denn während für manche gesellschaftlichen Gruppen in den Industrieländern die (unbegrenzte) Verfügbarkeit von Energie eine Normalität darstellt, stehen andere Gruppen vor dem Problem, sich Energie in ausreichendem Ausmaß leisten zu können bzw. die Inanspruchnahme von Energiedienstleistungen einschränken zu müssen. Bevor die Lebenswelten und Praktiken energiearmer Haushalte in das Zentrum der Analyse rücken, sollen im Folgenden kurz sozial- und kulturwissenschaftliche Perspektiven zur Erforschung des Energiekonsums skizziert werden, die die entsprechenden Forschungen angeleitet haben.

Energiekonsum im Kontext: Sozialwissenschaftliche Perspektiven

Aus sozialwissenschaftlicher Sicht ist Energiekonsum sozio-kulturell strukturiert und hängt mit gesellschaftlichen Differenzierungen zusammen (z.b. sozialen Schichten und Lebensstilen). Die (unbegrenzte) Verfügbarkeit von Energie ist immer auch Ausdruck von sozialen Machtbeziehungen und eröffnet gesellschaftliche Teilhabemöglichkeiten oder grenzt diese ein. Energiekonsum ist auch in soziotechnische Infrastrukturen eingebunden (z.b. Heizungssysteme), was Einfluss auf Handlungsspielräume haben kann (Shove u.a. 1998). Diese Einsichten fanden allerdings in der Forschungslandschaft zu Energiekonsum lange Zeit nur geringe Aufmerksamkeit, da technisch-ingenieurwissenschaftliche Perspektiven dominierten, bei denen die Optimierung technischer Effizienz im Zentrum stand. Neben technisch-ingenieurwissenschaftlichen Ansätzen sind es in den 1970er bis 1990er Jahren vorwiegend ökonomische und psychologische Ansätze, die Forschungen zum Energiekonsum anleiten. Ökonomische Ansätze stellen Einkommen und Energiepreise in das Zentrum ihrer Analysen. So zeigt sich, dass mit steigendem Einkommen die Energieausgaben absolut zunehmen, gleichzeitig jedoch der Anteil der Ausgaben für Energie an den gesamten Haushaltseinkommen sinkt. Einkommensschwächere Haushalte geben hingegen einen größeren Teil ihres Einkommens für Energie aus. Steigende Energiepreise können die Diffusion energieeffizienterer Technologien beschleunigen, wobei einkommensschwache Haushalte auf steigende Energiepreise eher mit Verhaltensänderungen reagieren als mit (teuren) Investitionen in effizientere Technologien oder Gebäudeausstattungen. Neben dem Einkommen spielen auch andere Faktoren wie z.b. die Anzahl der Haushaltsmitglieder oder die Wohnungsgröße und Wohnform beim Energiekonsum eine Rolle. Allerdings wurde zunehmend deutlich, dass Energieverbrauch auch mit anderen Faktoren (z.b. lebensgeschichtlich erworbenen Temperaturansprüchen, Laienvorstellungen von Technik oder habitualisierten Energiesparhaltungen) im Zusammenhang steht, da Haushalte bei annähernd gleichen sozioökonomischen Voraussetzungen und Wohnbedingungen teilweise große Unterschiede im Energieverbrauch aufweisen können, sowohl in der Mittelschicht (Gram-Hanssen 2010) als auch in Haushalten weniger privilegierter Schichten (Brunner u.a. 2012). Dies deutet auf lebensstilspezifische Einflüsse hin.

Sogar innerhalb der Ökonomie setzt sich inzwischen die Einsicht durch, dass auch nicht-ökonomische Faktoren herangezogen werden müssen, um ein fundiertes Verständnis der Komplexität des Energiehandelns zu erlangen. Demnach ist auch vordergründig ökonomisches Handeln sozial und kulturell eingebettet, von nicht-ökonomischen Aspekten wie Anerkennung, sozialen Normen und Beziehungen geprägt. Diese Einsichten anerkennend, orientiert sich die Ökonomie allerdings meist an paradigmatisch nahestehenden Disziplinen wie der Psychologie. Diese untersucht bei der Analyse des Energiekonsums das Zusammenspiel von Wissen, Einstellungen, Werten und Handlungsbereitschaften. Diese Faktoren werden in der Ökonomie inzwischen als »begrenzte Rationalität« des homo oeconomicus anerkannt. Allerdings ist strittig, in welchem Ausmaß Einstellungen und Werthaltungen für das Handeln wirksam sind.

In der sozialwissenschaftlichen Nachhaltigkeitsforschung zeigt sich immer wieder, dass nachhaltigkeitsrelevante Werthaltungen zwar oft notwendige, aber selten hinreichende Voraussetzungen für nachhaltiges Handeln sind, da z.B. Alltagsroutinen oder Gelegenheitsstrukturen wesentlich stärker handlungsanleitend sein können (Brunner 2014). Die soziologische und kulturwissenschaftliche Kritik sowohl an ökonomischen als auch psychologischen Theorieansätzen bezieht sich vor allem auf die individualistischen, sozial entbetteten Akteursmodelle mit ihrer Ausblendung von Handlungskontexten und strukturellen Gegebenheiten, die meist als dem Handeln äußerlich konzipiert werden und damit den inhärent soziokulturellen Charakter des Energiehandelns unterschätzen. Energiehandeln ist in Lebensstile und soziale Milieus eingebettet. Je nach Lebensstil können in Haushalten unterschiedliche »Energiekulturen« existieren, wobei die Berücksichtigung lebensstilspezifischer Einstellungs- und Verhaltensorientierungen nicht mit einer kulturalistischen Entwertung sozialer Lagemerkmale gleichgesetzt werden sollte, deren mehr oder weniger großer

Einfluss auf Energiehandeln nicht zu unterschätzen ist. Wesentlich zum Verständnis des Energiekonsums ist auch, dass Handeln nicht auf bewusste Wahlhandlungen reduzierbar ist. Energiekonsum im Alltag verläuft zum Großteil unthematisiert und unsichtbar, ist nur unter bestimmten Bedingungen der Reflexion zugänglich (Gronow/Warde 2001), z.B. bei Unterbrechungen der Energiezufuhr. Energiekonsum ist Bestandteil einer Vielzahl sozialer Praktiken im Haushalt (z.b. Kochen und Heizen), die weniger auf bewussten Entscheidungen basieren als auf der »Performance« alltäglicher Routinen und im Gebrauch »domestizierter« Technologien (Berker 2008).

Wichtig zum Verständnis sind auch die Vorstellungen von gesellschaftlicher »Normalität«, die Energiepraktiken zugrunde liegen und häufig treibende Faktoren des Mehrkonsums sind. So haben sich in den letzten Jahrzehnten Innenraumtemperaturen, die als »normal« gelten, deutlich erhöht (Doyle 2014). Energiehandeln ist ebenso eingebettet in die alltägliche Lebensführung der Menschen, die pragmatische Koordination von Zeit und Raum im Alltag. Energiepraktiken sind vielfältig kontextualisiert: Zusätzlich zu den bereits genannten Faktoren spielen gesellschaftliche Diskurse zu Energie, Umwelt, Nachhaltigkeit usw. ebenso eine Rolle wie gesellschaftliche Entwicklungen (z.b. Individualisierung), politische, rechtliche und wirtschaftliche Rahmenbedingungen (z.b. die Ausgestaltung von Energiemärkten) und Infrastrukturen. Ausformungen und Dynamiken von Energiepraktiken sind durch dieses komplexe Gefüge an Einflussfaktoren gekennzeichnet (Brunner u.a. 2011) und das Zusammenspiel all dieser Faktoren kann Handlungsspielräume der Konsument/innen erweitern oder auch einschränken.

Energiearmut: Umgang mit begrenzten Ressourcen

Es wurde bereits einleitend auf soziale Ungleichheiten in Energiepraktiken hingewiesen, die beim Thema Energiearmut besonders deutlich werden. Durch steigende Energiepreise, sinkende oder stagnierende Einkommen und in vielen Ländern einen hohen Bestand an energieineffizienten Gebäuden bekommt Energiearmut als gesellschaftliches Problem zunehmende öffentliche und wissenschaftliche Aufmerksamkeit. Energiearmut ist durch mehrere Charakteristika gekennzeichnet: u.a. hohe Energiekosten, Energieschulden, Abschaltungen, Einschränkungen des Energiekonsums auf Kosten der Gesundheit oder auch den Wahlzwang, ob das verfügbare Einkommen für Essen oder Heizen ausgegeben wird. Energiearmut entsteht aus dem Zusammenspiel von niedrigen Einkommen, hohen Energiepreisen und energieineffizienten Wohnungen bzw. Geräten (Brunner/Mandl 2014). Zusätzlich zu diesen Hauptgründen können auch Unterbelegung von Wohnungen, hohe Mietpreise, prekäre Lebensbedingungen und hohe Lebenshaltungskosten sowie ein Mangel an Ersparnissen zu Energiearmut beitragen. Meist ist es nicht ein Faktor alleine, der ausschlaggebend ist, sondern das Zusammenspiel mehrerer dieser Faktoren. Energiearmut ist aber nicht mit Einkommensarmut gleichzusetzen: Obwohl es häufig Überschneidungen zwischen beiden Formen von Armut gibt, kann z.B. trotz niedrigem Einkommen das Leben in einer energieeffizienten Wohnung bedeuten, dass keine Betroffenheit von Energiearmut vorliegt.

Inzwischen gibt es eine Vielzahl an Studien, die sich dem Phänomen Energiearmut widmen (Boardman 2010). Bisher eher selten sind Untersuchungen, die Erfahrungen, Umgangsweisen und Praktiken aus der Sicht der Betroffenen in den Vordergrund stellen und den Energiealltag einkommensschwacher und/oder energiearmer Menschen untersuchen (Barnes u.a. 2014). Die Ergebnisse eines solchen Projektes[1] mit dem Titel NELA, »Nachhaltiger Energiekonsum und Lebensstile in armen und armutsgefährdeten Haushalten«, werden im Folgenden im Zentrum der Ausführungen stehen, ergänzt um Befunde internationaler Studien. Das Ziel des Projektes war die Untersuchung der Energiepraktiken in einkommensschwachen Haushalten aus der Perspektive der Betroffenen. NELA war dem qualitativen Forschungsparadigma verpflichtet, wobei die Methodologie der »Grounded Theory« forschungsleitenden Charakter hatte. Charakteristisch für diese ist ein zyklisches Verständnis des Forschungsprozesses, in dem Erhebung und Auswertung eng miteinander verbunden sind (Strübing 2004). Die Erhebung wurde in zwei Phasen mittels offener, qualitativer Interviews durchgeführt, zusätzlich wurden auch quantitative Daten (z.B. Wohnungs-

---

[1] Das Projekt wurde vom österreichischen Klima- und Energiefonds gefördert und von 2008 bis 2011 durchgeführt. Projektpartner waren das Österreichische Institut für Nachhaltige Entwicklung, das Institut für Soziologie und empirische Sozialforschung an der Wirtschaftsuniversität Wien und das Wuppertal Institut für Klima, Energie, Umwelt GmbH.

größe, Geräteausstattung und teilweise auch der reale Energieverbrauch) erhoben. Der Feldzugang wurde über vertraute Personen von sozialen Organisationen und NGOs hergestellt, die Interviewpartner/innen für das Gespräch finanziell entschädigten. Insgesamt wurden 50 Interviews in einkommensschwachen Haushalten durchgeführt und zu Vergleichszwecken zehn Interviews in einkommensstarken Haushalten mit einem Einkommen von mindestens 6.000 Euro pro Monat. Auswertungsmethodisch wurde im Projekt vor allem dem Kodierverfahren der »Grounded Theory« (Strauss/ Corbin 1996) gefolgt, wobei die Analyse computergestützt mit der qualitativen Daten-Software »atlas.ti« durchgeführt wurde. Die Interviews fanden in den Wohnungen der Gesprächspartner/innen statt, wodurch auch Einblicke in die Lebens- und Wohnsituation der Betroffenen gegeben waren, die in Form von Protokollen der Interviewer/innen dokumentiert wurden. Generell zeigt die Interviewanalyse, dass die Energiepraktiken in einkommensschwachen Haushalten aus einem Zusammenspiel mehrerer Faktoren resultieren und häufig multiple Belastungssituationen gegeben sind, wobei die Menschen zum Teil sehr kreativ mit begrenzten Ressourcen umgehen.

Wohn- und Lebenssituationen

Aufgrund des begrenzten Einkommens sind viele Haushalte durch mehr oder weniger große Einschränkungen gekennzeichnet. Häufig ist ein Leben mit Schulden und ohne Rücklagen. Dies ist kein österreichisches Spezifikum: So konstatiert eine britische Studie bei der Hälfte einkommensschwacher Haushalte Zahlungsrückstände (Hills 2011). Sparen in vielen Bereichen ist bei vielen unserer Interviewpartner/innen eine Lebensmaxime. Eine langfristige Strategie mit dieser Lebenssituation umzugehen ist, was in Anlehnung an Bourdieu (1982) als Entwicklung eines Notwendigkeits- bzw. Genügsamkeitshabitus bezeichnet werden kann. Wohnqualität wird dabei häufig mit existenziellen Dingen (das Vorhandensein bestimmter Einrichtungsgegenstände und Geräte) und der Verfügung über »selbstverständliche« Standards (Dusche, WC in der Wohnung) in Zusammenhang gebracht. Auch hinsichtlich erwünschter Veränderungen der Wohnsituation werden nur geringe Ansprüche sichtbar (z.B. nicht mehr in der Küche schlafen zu müssen). Im Gegensatz zur Annahme einer ständigen Erhöhung der Standards gesellschaftlicher Normalität (Shove 2003) wird in vielen der befragten

Haushalte deutlich, dass ein schrittweiser Anpassungsprozess nach unten stattfindet und Standards »normalen Lebens« abgesenkt werden. Temporäre oder länger andauernde Engpässe oder Notlagen sind trotzdem die Regel. So kann eine unerwartet hohe Energiekostennachzahlung das fragile Finanzmanagement massiv erschüttern oder ein defektes Gerät große Probleme in der Alltagsbewältigung verursachen. Wer in ein soziales Netzwerk eingebunden ist, kann unter Bedingungen des Ressourcenmangels das Leben leichter meistern als jemand, der nur wenig soziales Kapital zur Verfügung hat. Wird z.b. am Ende des Monats das Geld knapp, dann können Freunde kurzfristige Überbrückungshilfen leisten, die bei Verbesserung der finanziellen Lage wieder zurückgezahlt werden. Es kommt allerdings nicht selten vor, dass Schamgefühle die Aktivierung des sozialen Netzes verhindern.

Die begrenzten finanziellen Ressourcen werden auch in den Wohnungen der meisten Interviewpartner/innen deutlich. In der Mehrzahl der Fälle sind Wohnungen älteren Datums schlecht isoliert und oft mit undichten Fenstern und Türen ausgestattet. Ineffiziente Heiztechnologien sind nicht selten. Zwar gibt es auch energieeffizientere, thermisch sanierte Wohnungen, jedoch ist dies nicht die Regel. Vor allem Menschen, die bereits länger in manifester Armut leben (Langzeitarbeitslose, Mindestpensionist/innen, auch Migrant/innen), sind durch eine eingeschränkte Wohnsituation gekennzeichnet. Die Belastung durch schlechte Wohnbedingungen kann durch psychische oder physische Erkrankungen noch verstärkt werden.

Die Einkommenslage schränkt nicht nur die Wahl der Wohnung ein, sondern wird auch in der Ausstattung der meisten Haushalte deutlich. Teilweise werden vielfältige Strategien verfolgt, um trotz mangelnder Ressourcen die Wohnung so gut wie möglich einzurichten: So wird im Freundeskreis nach gebrauchten Einrichtungsgegenständen und Geräten gesucht, werden Flohmärkte, Gebrauchtwarenplattformen und Sonderangebote genutzt, kaputte Gegenstände wieder repariert. Es zeigt sich, dass einkommensschwache Haushalte oft in vielfältige »second hand cultures« (Gregson/ Crewe 2003) eingebunden sind. Generell ist der Ausstattungsgrad mit Geräten eher gering, wobei häufig eine Mischung aus bereits vorhandenen, gebraucht gekauften oder geschenkten (meist älteren) Geräten beobachtbar ist. Sind Haushaltsgeräte defekt, werden in manchen Fällen die Gesundheit gefährdende technische Ad-Hoc-Lösungen bzw. »Provisorien« gewählt (z.B. notdürftige Reparaturen). Kurzfristige Notlösungen mutieren allerdings nicht selten zu Daueriernrichtungen. Neu gekaufte Geräte sind in diesen Haushalten nicht die Regel. Sind finanzielle Mittel für die Anschaffung neuer

Geräte vorhanden, dann werden oft billige Geräte gekauft, deren Energieeffizienz nicht ausgeprägt ist. Bemühungen zur Erhöhung der Energieeffizienz sind aber durchaus vorhanden: Kleinere Investitionen werden getätigt (z.B. Anschaffung von Energiesparlampen), für größere Investitionen (z.B. den Austausch eines alten Kühlgeräts) fehlen aber meist die Mittel.

Umgang mit Geld und Energiekosten

Die Interviewanalyse zeigt deutliche Unterschiede zwischen den Interviewpartner/innen im Umgang mit Geld. Einige haben ihr Finanzmanagement voll im Griff. Sie haben einen genauen Überblick über die monatlichen Fixkosten, bezahlen diese zuerst und begleichen mit dem übrig bleibenden Rest die laufenden Kosten. Eine pensionierte Interviewpartnerin beispielsweise würde eher nichts mehr essen oder sich nur von Kartoffeln und Suppe ernähren als die Energierechnung nicht rechtzeitig zu bezahlen. Andere Interviewpartner/innen haben einige Monate im Jahr Engpässe, wenn beispielsweise die Jahresabrechnung eine hohe Nachzahlungsforderung aufweist. Das führt dazu, dass mit den Kosten jongliert werden muss, Zahlscheine später bezahlt und Mahnungen (und Mahngebühren) in Kauf genommen werden müssen. Für die einen scheint dieser Umstand bereits eine Form der Normalität darzustellen, während für andere die Unsicherheit, ob sie die Rechnungen rechtzeitig bezahlen können, eine hohe Belastung bedeutet. Auch Green und Gilbertson (2008) stellen bei energiearmen Haushalten in Großbritannien häufig Schwierigkeiten bei der Bezahlung von Energierechnungen fest, was zu Stress, Angst oder Depression führen kann. Bei vielleicht einem Zehntel unserer Interviewpartner/innen scheint das Finanzmanagement durch die periodisch wiederkehrende Überlastung des Haushaltsbudgets zusammengebrochen zu sein. Die Aufrechterhaltung der materiellen Existenz ist dadurch stark gefährdet, weil Miete, Strom und Heizung nicht mehr rechtzeitig bezahlt werden können. Ein ständiger Stress durch Mahnungen und die drohende Delogierung oder Abschaltung bei Nichtbezahlung ist die Folge. In diesen Haushalten wurden Strom und Heizungsenergie mehrmals abgeschaltet, weil die Rechnungen nicht rechtzeitig bezahlt wurden. Irrationale Konsumentscheidungen in diesen Belastungsphasen können die Situation noch schlimmer machen.

Generell stellen hohe Energiekosten bzw. unerwartete Nachzahlungsforderungen der Energieunternehmen für viele Haushalte ein Problem dar. Zahlungsrückstände bei Energieversorgern und Abschaltungen werden auch aus den USA berichtet: Demnach sind fast 80 Prozent einkommensschwacher Haushalte von solchen Problemen betroffen (Hernández/Bird 2010). Zwar werden – wie weiter unten genauer ausgeführt wird – verschiedene Strategien verfolgt, um die Energiekosten niedrig zu halten und Sparpotenziale zu nutzen, allerdings bleibt oft unklar, ob die gesetzten Handlungen auch wirklich relevant sind, da entsprechende Rückmeldesysteme fehlen. Viele Befragte beklagen, dass sie ihre Energiesparversuche nicht evaluieren können. Die einzige Rückmeldung ist häufig die Jahresabrechnung, die von einigen Interviewpartner/innen als Schock erlebt wird, da damit das ohnehin fragile Finanzmanagement ins Schwanken geraten kann. Die Jahresabrechnung sei ein Schrecken, es falle einem die Decke auf den Kopf oder man sei fast ohnmächtig geworden, erzählen einige Interviewpartner/innen. Mehr als ein Fünftel der Befragten äußerte sich zur Jahresabrechnung auf diese Weise. Manche geben an, dass sie zittern, bevor sie den Brief des Energieversorgers öffnen oder ihn tagelang aus Angst vor dem Inhalt ungeöffnet liegen lassen. Die mangelnde Verbrauchskontrolle kann im Einzelfall dazu führen, dass wegen vermuteter höherer Energiekosten auf die Geräteverwendung im Haushalt verzichtet wird und stattdessen eine Dienstleistung in Anspruch genommen wird. Ein Interviewpartner lässt seine Hemden in der Textilreinigung waschen, da ihm die Einzelzahlung für diese Dienstleistung nachvollziehbarer erscheint als der kumulierte Energieverbrauch des Waschens mit der Waschmaschine.

Energieabschaltungen gehören zum Alltag vieler Interviewpartner/innen. Mehr als ein Viertel der Befragten hatte bereits eine oder mehrere Abschaltungen zu verkraften. Abschaltungen finden statt, wenn alle Mechanismen des Finanzmanagements versagen und auch Unterstützungsstrukturen nicht mehr gegeben sind. Es kommt häufig vor, dass nach einer Abschaltung innerhalb weniger Tage die Schulden bezahlt werden (wenn wieder Geld auf das Konto gekommen ist) und die Energiezufuhr wieder hergestellt wird. In manchen Fällen besteht die finanzielle Notlage länger und die Energie bleibt im Extremfall bis zu mehreren Jahren abgeschaltet. Probleme durch Abschaltungen sind vielfältig: Neben den unmittelbaren Schwierigkeiten einer fehlenden Strom- und/oder Heizversorgung sind vor allem die zusätzlichen direkten (z.B. Mahngebühren) und indirekten Kosten (z.B. Vernichtung des Kühlgutes) zu bedenken. Für armutsgefährdete Menschen scheint es besonders schlimm zu sein, Essen wegwerfen zu müssen. Da weint das Herz, meint eine Interviewpartnerin und fragt sich, was ihre Großmutter wohl dazu gesagt hätte, würde sie das noch miterleben. Ein genügsames Leben zu führen, heißt auch, Sonderangebote zu kaufen und Vorrat anzulegen (vgl. auch Anderson u.a. 2010). Wenn dieser Vorrat zerstört wird, ist das besonders schwer zu verkraften. Je nach persönlichem Kontext, sozialem Umfeld und Jahreszeit wird die Situation unterschiedlich wahrgenommen. Vor allem für Familien mit Kleinkindern ist der Verlust des Warmwassers eine große Herausforderung. Kinder müssen gebadet werden und das geht mit kaltem Wasser nicht. Manche Eltern schämen sich vor ihren Kindern und versuchen ihnen spielerisch die Situation zu erklären. Bei Kerzenlicht die Hausaufgaben zu machen war spannend und schön, meint eine Interviewpartnerin. Sie erinnert sich, erst viel später verstanden zu haben, dass ihre Mutter den Strom nicht bezahlen konnte. Mütter versuchen, die Belastung durch Abschaltungen von den Kindern fernzuhalten, indem sie Spiele erfinden, ihnen erlauben im Bett der Eltern zu schlafen oder sonstige kreative Lösungen finden. Das Schamgefühl darüber, sich nicht einmal die Grundversorgung leisten zu können, kann auch dazu führen, dass Menschen zu spät um Unterstützung anfragen oder eine Abschaltung verheimlichen.

Seit der Liberalisierung der Energiemärkte besteht eine Möglichkeit der Kostensenkung im Wechsel des Energieversorgers. Auch wenn einige Befragte einen Wechsel in Erwägung ziehen, findet dieser nur in den seltensten Fällen statt. Ein solcher Wechsel wird als High-Involvement-Entscheidung wahrgenommen, die bestimmte Bedingungen erfordert. Neben aktivem Informationsverhalten (einige Haushalte haben keinen Internet-Zugang) braucht es eine physisch und psychisch resiliente Persönlichkeit und ein systematisches Vorgehen. Solche Bedingungen sind bei einkommensschwachen Haushalten nicht immer im nötigen Ausmaß gegeben. Gleichzeitig haben viele Haushalte im Laufe der Zeit »Erfahrungswissen« über »ihren« Energieversorger gesammelt (z.B. hinsichtlich Kulanzspielräumen), das mit einem Anbieterwechsel verloren ginge. Außerdem lässt die Marktmacht einiger Energieunternehmen Zweifel aufkommen, ob ein problemloser Wechsel möglich ist. Dies könnte auch ein Grund für die generell niedrige Wechselrate aller Haushalte in Österreich sein.

Vor dem Hintergrund dieser oftmals mehr oder weniger restriktiven Budget-, Wohn- und Lebensverhältnisse müssen auch die Energiepraktiken der Haushalte gesehen werden.

Energiepraktiken

Das Heizen der Wohnung macht meist einen zentralen Teil der Energiekosten aus und Wärme stellt einen wesentlichen Faktor für Wohlfühlen und Gesundheit dar. Angesichts der beschriebenen Restriktionen überrascht es vermutlich wenig, dass es den Haushalten in vielen Fällen nicht möglich ist, ihre Wohnung ausreichend zu beheizen. Die realen Heizkosten sind von einer Menge an Faktoren abhängig, die von den Interviewpartner/innen nur schwer beeinflussbar sind. Dazu gehören Gebäudehülle und Fenster, die Heiztechnologie, die Lage der Wohnung, aber auch die Härte und Länge der kalten Jahreszeiten. Charakteristisch für einkommensschwache Haushalte ist, dass sie nur geringe investive Möglichkeiten haben, wodurch sich die Bewältigungsstrategien überwiegend auf das eigene Energiehandeln beschränken.

Im Folgenden werden häufig vorkommende Strategien[2] skizziert, die einkommensschwache Menschen beim Heizen und Beleuchten verfolgen. Dabei können Effizienz- und Suffizienzstrategien unterschieden werden, wobei beide durch geringe Investitionsnotwendigkeiten gekennzeichnet sind. Effizienzstrategien sind solche, die die Energieeffizienz der Wohnung erhöhen. Dazu gehören z.B. das Abdichten undichter Fenster und/oder das Abhängen dieser Fenster mit dicken Vorhängen. Suffizienzstrategien sind solche, die durch persönliche Einschränkungen eine Verringerung des Energieverbrauchs zur Folge haben, Kälte erträglich machen oder Wärme konzentrieren sollen. Dazu gehört beispielsweise, dass Nebenräume nicht geheizt werden oder in jahreszeitlichen Übergängen die Heizung möglichst nicht verwendet wird. Einige Interviewpartner/innen setzen sich direkt neben den Heizkörper, um Wärmeverluste zu vermeiden. Im Einzelfall kann es vorkommen, dass die Wohnung über mehrere Jahre nicht geheizt wird. Zur Ausschöpfung von Suffizienzpotenzialen werden die eigenen Kinder manchmal über einen längeren Adaptionsprozess an die Kälte gewöhnt.

---

[2] Der Strategiebegriff wird in diesem Zusammenhang nicht im Sinne zweckrationaler Handlungsorientierung verwendet, sondern eher im Sinne von mehr oder weniger reflektierten »Umgangsweisen«.

Am häufigsten sind drei Bewältigungsstrategien: 21 von 50 Haushalten heizen nur einen Raum in der Wohnung, um Kosten zu sparen. Dadurch wird zwar die Bewegungsfreiheit in der Wohnung eingeschränkt und es bleiben manche Räume (z.B. die Küche) unbeheizt, aber ein warmer Raum ist vorhanden. Für ein Drittel der Haushalte bedeuten kalte Jahreszeiten auch, dass sie sich in ihrer Wohnung mit mehreren Schichten bekleiden. Meist gehören dazu zwei Paar dicke Socken, eine lange Unterhose und mehrere Kleidungsschichten am Oberkörper. Warme Füße sind hierbei besonders wichtig. Die Winterkleidung ermöglicht eine Wärme, die sich mit den finanziellen Möglichkeiten deckt, die aber des Öfteren unter der Wohlfühltemperatur liegt. Eine weitere daran anschließende Bewältigungsstrategie gegen Kälte in der Wohnung ist das Zu-Bett-Gehen auch am Tag. Sechs Interviewpartner/innen geben an, sich damit die Kälte erträglich zu machen. 31 von 50 Haushalten verfolgen aktiv eine oder mehrere dieser drei Strategien, die zum Ziel haben, die Heizkosten einzuschränken und trotzdem ansatzweise die Energiebedürfnisse befriedigen zu können.

Weniger als ein Drittel der Befragten können ihre Wohnung so heizen, wie es ihrem Verständnis von Wohlfühlen entspricht. Das bedeutet, dass sie mit der dafür nötigen Heiztechnologie ausgestattet sind und es sich finanziell ausgeht, auf die gewünschten Temperaturen zu heizen. Das bedeutet jedoch nicht, dass diese Gruppe einen höheren Heizverbrauch als andere hat. Einige Personen in dieser Gruppe leben in energieeffizienten Wohnungen, sodass sie weniger heizen müssen. Auch ein ausgeprägter Sparhabitus kann in geringem Verbrauch resultieren. Für einige Interviewpartner/innen ist Wärme so wichtig, dass sie dafür höhere Kosten in Kauf nehmen, Abschaltungen oder Energieschulden riskieren (vgl. auch Radcliffe 2010). Sind Kinder im Haushalt, wird oft mehr geheizt als es das Budget zulassen würde. Gespart wird dann in anderen Konsumbereichen wie z.B. beim Essen oder bei Kleidung. In der internationalen Diskussion ist vom »Heat-or-Eat-Dilemma« (Bhattacharya u.a. 2003) die Rede, wobei das Ausmaß der Reduktion in den Nahrungsausgaben unterschiedlich eingeschätzt wird (Hills 2011).

Vergleichen wir die Ergebnisse des vorliegenden Projekts mit der internationalen Forschungslage, dann zeigen sich viele Ähnlichkeiten bei den Heizpraktiken: Generell wird eine Vielfalt an Umgangsweisen energiearmer Haushalte beim Heizen festgestellt (Jenkins u.a. 2011). Einschränkungen beim Heizen sind dabei am häufigsten feststellbar, aber auch die Reduktion der Nutzung von Wohnräumen, zusätzliche Bekleidung oder das Zubettgehen am Tag zur Generierung von Wärme (vgl. z.B. Anderson u.a. 2010;

Day/Hitchings 2009; Gibbons/Singler 2008). Generell zeigt sich, dass einkommensschwache und/oder energiearme Haushalte häufig weniger Energie konsumieren als aus Gesundheitsgründen notwendig wäre. Kälte in der Wohnung kann neben Gesundheitsrisiken (z.b. Depressionen) auch andere Einschränkungen in der Lebensqualität mit sich bringen, z.b. wenn es aufgrund der Kälte nicht möglich ist, Freunde einzuladen (Anderson u.a. 2010) und Haushalte deswegen ihre sozialen Interaktionen einschränken müssen (Hills 2011).

Neben Wärme ist auch Licht ein menschliches Grundbedürfnis. In den Interviews wird fast durchgehend eine Lichtkultur deutlich, die sich in einer »Zweiteilung« der Beleuchtungsmodi zeigt und von einem Interviewpartner als Unterscheidung von »Zwecklicht« und »Atmosphärelicht« bezeichnet wird. »Zwecklicht« meint an der Decke befestigte, zentrale Lichtquellen, die einen Raum erleuchten und meist mit Helligkeit, Direktheit, Kälte, grellem Licht oder »Kunstlicht« in Verbindung gebracht werden. »Atmosphärelicht« demgegenüber wird von den Interviewpartner/innen mit dezentralen Lichtquellen, gedämpftem, indirektem Licht, Gemütlichkeit, Wärme, Ruhe, Romantik in Verbindung gebracht. Letzteres wird meist als angenehmer wahrgenommen und mit der Vorstellung eines gemütlichen Heims und einer entsprechenden »Stimmung« (Stokes u.a. 2006) verbunden. Diese Lichtkultur wird im Gegensatz zwischen »brightness« und »cosiness« als lichtbezogenen Leitunterscheidungen deutlich, wie sie z.b. in interkulturellen Studien als Unterschiede zwischen Japan und Norwegen identifiziert wurden. Demnach wird in Japan ein zentrales, an der Decke befestigtes Licht bevorzugt, das den Raum in helles Licht setzt, während in Norwegen viele kleine Lampen ein Gefühl von Gemütlichkeit erzeugen sollen. Diese kulturell unterschiedlichen Lichtkulturen haben auch Auswirkungen auf den Energieverbrauch: Japanische Haushalte hatten zum Zeitpunkt der Studie durchschnittlich 2,5 Glühbirnen pro Raum, norwegische 9,6 (Wilhite u.a. 1996).

Soziotechnisch gesehen setzt sich das in den befragten Haushalten häufig gegebene Problem der vorhandenen, meist veralteten Infrastruktur auch bei den Beleuchtungspraktiken fort. Mehrere Interviewpartner verweisen auf mit der Wohnung übernommene Beleuchtungskörper oder auf seit langem »domestizierte« (Berker 2008) Leuchten, an die man sich gewöhnt hat und die nur schwer zu verändern seien bzw. als für Energiesparlampen nicht tauglich wahrgenommen werden.

In vielen Interviews wird eine »Lichtbescheidenheit« deutlich, die in verschiedenen Suffizienzstrategien – wie sie bereits beim Heizen deutlich geworden sind – ihren Ausdruck finden. Eine Strategie besteht darin, potenziell vorhandene Lichtquellen nur sehr selektiv bzw. überhaupt nicht zu nutzen: Beispielsweise werden mehrflammige Leuchten nur mit einem Teil der Glühbirnen ausgestattet (manche sind im Laufe der Zeit kaputt gegangen, manche werden herausgedreht), um nicht zu viel Licht zu haben. Dies kann sparbezogene Gründe haben, aber im Einzelfall auch mit dem Charakter des Lichts (zu stark) begründet werden. Manche als Energie fressend eingeschätzte Lichtquellen werden nicht oder nur selten benutzt (z.B. Neonröhren). Kleinere Lichtquellen werden statt größeren genutzt bzw. generell die Beleuchtung zu minimieren versucht. In vielen Haushalten wird die beim Fernsehen entstehende Helligkeit als einzige abendliche Lichtquelle genutzt. Manchmal werden Kerzen als zusätzliche oder als hauptsächliche Beleuchtungsform genutzt, teilweise aus Gründen der Beleuchtungsminimierung, teilweise wegen des warmen Lichts und besonders im Winter. Eine weitere Strategie besteht darin, nur einen Raum (meist den Hauptaufenthaltsraum) zu beleuchten und das Licht dieses Raums auf andere abstrahlen zu lassen (z.B. das Bad). Häufig ist auch, beim Verlassen eines Raums das Licht abzudrehen. Diese Handlung steht auch im Zentrum, wenn die eigenen Kinder zum Stromsparen erzogen werden.

Auch wenn es Interviewpartner/innen gibt, die trotz restriktiver Bedingungen ihre Beleuchtungspraktiken nicht reflektieren und auch keine Einsparintentionen verfolgen, nehmen viele Befragte mehr oder weniger ausgeprägte Reduktionen des Lichtkonsums vor. Allerdings werden auch Situationen deutlich, in denen die volle Erleuchtung des Heims Norm ist. Dies ist besonders bei Besuchen von Bekannten und Verwandten auffällig. Dann soll das Heim hell und gut ausgeleuchtet sein. Licht erscheint in solchen Fällen als Wertschätzung, Helligkeit verweist auf die (Gast)Freundlichkeit und ist dem Sparen entgegen gesetzt (vgl. dazu auch Day/Hitchings 2009; Wilhite u.a. 1996). Trotz ausgeprägtem Energiebewusstsein kann beispielsweise auch die Weihnachtsbeleuchtung ein Grund für den Verzicht auf Verbrauchsreduktion sein: Diese zu haben bedeutet, an kulturell üblichen Festen ohne Einschränkung teilzuhaben und sich damit als integrierter Teil der Gesellschaft fühlen zu können. Auch psychische Belastungen (z.B. Burnout oder Angstzustände) und ein daraus resultierender erhöhter Lichtbedarf können dem Stromsparen Grenzen setzen. Dies gilt aber nicht nur für Beleuchtungszwecke: Soziale Isolation und Kommunikationsmangel können dazu führen, dass Geräte der Unterhaltungselektronik im Dauereinsatz sind, ein sozial-kommunikatives Hintergrundgeräusch erzeugen und so Isolationsgefühle reduzieren helfen.

Hinsichtlich der bereits im Abschnitt über Heizpraktiken angeführten Effizienzstrategien wurde im Projekt auch beim Lichtgebrauch untersucht, ob die Interviewpartner/innen von der Möglichkeit der Erhöhung der Energieeffizienz durch die Benutzung von Energiesparlampen Gebrauch machen. Es zeigte sich, dass bereits in mehr als drei Viertel der Haushalte Energiesparlampen in Verwendung sind. Dies deutet darauf hin, dass einkommensschwache Haushalte auch unter restriktiven Lebensbedingungen in relativ hohem Ausmaß bemüht sind, durch Kleininvestitionen Energie zu sparen.

Nachhaltige Energiepolitik: Maßnahmen zur Verringerung von Energiearmut

Die verschiedenen Studien zu Umgangsweisen mit Energiearmut haben gezeigt, dass die betroffenen Haushalte mit vielfach begrenzten Ressourcen zu kämpfen haben und oft durch multiple Belastungen gekennzeichnet sind, die sich mitunter verstärken. Entsprechend dieser Problemlagen sollten Policy-Maßnahmen zur Bekämpfung von Energiearmut gleichzeitig an mehreren Ankern ansetzen, um den multiplen Verursachungen und Belastungen gerecht zu werden. Dies ist jedoch bisher nur selten der Fall. Auf EU-Ebene sind Politikmaßnahmen, die Energiearmut adressieren, bis dato limitiert (Thomson/Snell 2013). Bouzarovski u.a. (2012) kritisieren, dass die institutionellen Kapazitäten zur Bekämpfung von Energiearmut auf verschiedenen Governance-Ebenen in der EU unzureichend sind.

Energiearmut ist ein Thema, bei dem soziale, ökonomische und ökologische Dimensionen eng miteinander verknüpft sind. Wie kann ein ökologisch nachhaltigerer Energiekonsum mit sozialer Gerechtigkeit einhergehen? Unter nachhaltigkeitspolitischen Gesichtspunkten kann ein Ansetzen an einzelnen Verursachungsfaktoren durchaus erfolgversprechend zur Reduktion von Energiearmut sein: Die Erhöhung der Einkommen ist eine Möglichkeit, Menschen aus Energiearmut herauszuführen (wie dies durch finanzielle Zuschüsse beim Heizen versucht wird). Diese Maßnahme bietet kurzfristig kurative Hilfestellung für betroffene Haushalte, ist jedoch nicht zweckgebunden und oft nicht zielgenau auf energiearme Haushalte ausgerichtet (Boardman 2010). Auch eine Reduktion der Energiepreise kann den finanziellen Druck lindern (z.b. durch Sozialtarife für einkommensschwache Bevölkerungsgruppen oder andere Maßnahmen von Energieunternehmen). Gebäudestandards werden bei dieser Maßnahme aber nicht einbezogen. Am nachhaltigsten wäre eine Erhöhung der Energieeffizienz von Gebäuden und Wohnungen, was verminderten Energieverbrauch zur Folge hätte und auch ein Beitrag zur Reduktion von CO2-Emissionen wäre (IEA 2014). Energieeffizienzprogramme könnten das Problem in einer präventiven Weise lösen. Allerdings besteht oft das Problem, dass solche Programme einkommensschwachen Haushalten nicht helfen, da der notwendige finanzielle Eigenanteil ohne Unterstützung nicht zu finanzieren ist (Hills 2011), womit häufig Haushalte der Mittelschicht subventioniert werden. Es darf auch nicht außer Acht gelassen werden, dass solche Maßnahmen jenen wenig helfen, die ausgeprägte Suffizienzstrategien praktizieren und ihren Energiekonsum radikal einschränken (Radcliffe 2010). Da Energieeffizienz immer auch eine Frage des Handelns von Konsument/innen ist, sollten Maßnahmen zur Erhöhung der »energy literacy« nicht vergessen werden (Hernández/Bird 2010). Mit niederschwelligen, zielgruppenorientierten Vorort-Beratungen können z.T. erhebliche Effizienzsteigerungen erzielt werden (Christanell u.a. 2014).

Eine radikale Reduktion von Energiearmut wird vermutlich nur durch ein integriertes Ansetzen an allen Ursachen möglich sein. Dazu wären allerdings ein sektorenübergreifendes Politikverständnis und eine interministerielle Kooperation notwendig (Bouzarovski u.a. 2012). Dies ist in Österreich gegenwärtig noch nicht der Fall. Umwelt-, Sozial-, Wirtschafts- und Gesundheitspolitik gehen häufig getrennte Wege. Die Verbindung von Sozial- und Umweltpolitik ist bisher noch wenig ausgeprägt. Dass die Erhöhung der Energieeffizienz von Gebäuden nicht nur die Leistbarkeit von Energie erleichtern würde und zur Reduktion von Treibhausgasemissionen beitragen würde, sondern außerdem zur Hebung der Lebensqualität sowie zur Verbesserung des Gesundheitsstatus von einkommensschwachen Menschen, ist bisher noch wenig in den Fokus der Nachhaltigkeitspolitik gelangt. Ein integratives Nachhaltigkeitsverständnis müsste diese »non-energy co-benefits« (IEA 2014) stärker in das Zentrum stellen (z.B. Wertsteigerung von Gebäuden, Arbeitsplatzbeschaffung, verbesserter Gesundheitsstatus, reduzierte Emissionen) (Brunner/Mandl 2014). Dies würde auch die Nutzendimensionen nachhaltiger Investitionen in einem anderen Licht erscheinen lassen. Beispielsweise zeigen Studien, dass thermische Sanierungen von

Wohnungen und Gebäuden nicht nur die Heizkosten senken, sondern auch mit deutlichen Verbesserungen des Gesundheitsstatus verbunden sind (Liddell/Morris 2010). Maßnahmen zur Erhöhung der Energieeffizienz können zu mehr Lebensqualität führen, zu höherer emotionaler Sicherheit und weniger Stress. Nach einer britischen Studie hat sich die Inzidenz für Angst und Depression nach einer Sanierung halbiert (Green/Gilbertson 2008). Effizienzverbesserungen sind aber nicht automatisch mit niedrigeren Energierechnungen verbunden, da Haushalte einen Teil der Einsparungen durch höhere Temperaturen kompensieren. Solche Rebound-Effekte sind aber unter Gesundheitsgesichtspunkten positiv zu sehen (IEA 2014).

In vielen Konsumfeldern zeigt sich, dass sozial benachteiligte Gruppen in der Gesellschaft oft einen deutlich geringeren Umweltverbrauch aufweisen als sozial privilegierte. Auch im Energiebereich ist dies der Fall: Durchschnittlich verbrauchen einkommensschwache Haushalte deutlich weniger als einkommensstarke, wenngleich – wie auch in der NELA-Studie deutlich wurde –, einzelne einkommensschwache Haushalte im Extremfall fünf Mal so viel Energie verbrauchen als der Durchschnitt (z.B. wenn das Heizen mit Strom und eine extrem schlechte Energieeffizienz von Wohnung und Geräten eine unheilvolle Allianz bilden). Obwohl dieser Minderverbrauch auf dem Weg in eine »low-carbon-Gesellschaft« eigentlich positiv zu sehen wäre, wurde diese »Leistung« öffentlich bisher wenig gewürdigt, sondern oft durch höhere ökonomische und soziale Kosten »bestraft«. So ist die Stellung einkommensschwacher Haushalte am Energiemarkt oft eine schwache, d.h. sie müssen meist mehr für Energie zahlen als einkommensstärkere Haushalte und profitieren auch weniger von der Liberalisierung des Energiemarktes (Boardman 2010). Demgegenüber werden die partiell nachhaltigen Konsumpraktiken privilegierter, »umweltbewusster« Bevölkerungsgruppen als »Pionierleistung« medial gefeiert, obwohl insgesamt der Konsumstil dieser Gruppen deutlich ressourcenintensiver ist. Allerdings geht es nicht um ein »Ausspielen» einer Bevölkerungsgruppe gegen eine andere. Ein aus Mangel resultierender, im Ergebnis nachhaltigerer Lebensstil kann nicht als Vorbild gepriesen werden, da Ressourceneinsparungen oft mit sozial und ökonomisch nicht nachhaltigen Einschränkungen von Lebensqualität einhergehen.

Nachhaltigkeitspolitik muss deshalb soziale Unterschiede und die damit verbundenen Fragen der (ökologischen) Verteilungsgerechtigkeit, der sozialen und ökonomischen Teilhabe berücksichtigen. Es sollte nicht sein, dass jene übermäßige ökonomische und soziale Kosten zu tragen haben, die weniger zur Ressourcenbeanspruchung beitragen.

»Ungerecht aus sozial-ökologischer Perspektive wäre es, dass geringe persönliche Umweltverbräuche – ob freiwillig oder nicht – gesellschaftlich mehrheitlich als Versagen sozialer Teilhabe oder sozialen Aufstiegs gedeutet werden. Ökologische Gerechtigkeit hieße dann im Umkehrschluss, eine Lebensform auch sozial auszuzeichnen, die sich durch geringe Umweltinanspruchnahme auszeichnet« (Borgstedt u.a. 2011: 17).

Literatur

Anderson, Will u.a., *»You just have to get by«. Coping with low incomes and cold homes*, Bristol 2010.

Agyeman, Julian/Evans, Bob, »Just sustainability: the emerging discourse of environmental justice in Britain?«, in: *The Geographical Journal* 170 (2004), S. 155–164.

Barnes, Matt u.a., *Understanding the behaviours of households in fuel poverty*, London 2014.

Berker, Thomas, »Energienutzung im Heim als soziotechnische Praxis«, in: Fischer, Corinna (Hg.), *Strom sparen im Haushalt*, München 2008, S. 175–192.

Bhattacharya, Jayanta u.a., »Heat or Eat? Cold-Weather Shocks and Nutrition in Poor American Families«, in: *American Journal of Public Health* 93 (2003), S. 1149–1154.

Boardman, Brenda, *Fixing Fuel Poverty*, London 2010.

Borgstedt, Silke u.a., *Umweltbewusstsein in Deutschland 2010. Ergebnisse einer repräsentativen Umfrage. Vertiefungsbericht 1*, Dessau-Roßlau 2011.

Boström, Magnus, »A missing pillar? Challenges in theorizing and practicing social sustainability: introduction to the special issue«, in: *Sustainability: Science, Practice & Policy* 8 (2012), S. 3–14.

Bourdieu, Pierre, *Die feinen Unterschiede*, Frankfurt am Main 1982.

Bouzarovski, Stefan u.a., »Energy poverty policies in the EU: A critical perspective«, in: *Energy Policy* 49 (2012), S. 76–82.

Brand, Christian/Boardman, Brenda, »Taming the few: the unequal distribution of greenhouse gas emissions from personal travel in the UK«, in: *Energy Policy* 36 (2008), S. 224–238.

Brunner, Karl-Michael, »Sozialstrukturelle Dimensionen zukunftsfähiger Entwicklung. Ein soziologischer Beitrag zur Nachhaltigkeitsforschung«, in: Bohmann, Gerda u.a. (Hg.), *Sozioökonomische Perspektiven. Texte zum Verhältnis von Gesellschaft und Ökonomie*, Wien 2014, S. 289–318.

Brunner, Karl-Michael/Mandl, Sylvia, »Energy Consumption and Social Inequality: The Problem of Fuel Poverty«, in: Reiter, Sigrid (Hg.), *Energy Consumption: Impacts of Human Activity, Current and Future Challenges, Environmental and Socio-economic Effects*, New York 2014, S. 167–184.

Brunner, Karl-Michael u.a., »Experiencing fuel poverty. Coping strategies of low-income households in Vienna/Austria«, in: *Energy Policy* 49 (2012), S. 53–59.

— »Energiekonsum und Armut«, in: Mikl-Horke, Gertraude (Hg.), *Sozioökonomie: Die Rückkehr der Wirtschaft in die Gesellschaft*, Marburg 2011, S. 319–348.

Christanell, Anja u.a., *Pilotprojekt gegen Energiearmut. Endbericht*, Wien 2014.

Day, Rosie/Hitchings, Russell, *Older People and their Winter Warmth Behaviours: Understanding the Contextual Dynamics*, Birmingham 2009.

Doyle, Ruth, »Heating«, in: Davies, Anna R. u.a. (Hg.), *Challenging Consumption. Pathways to a more sustainable future*, London 2014, S. 112–134.

Fitzpatrick, Tony, *Climate Change and Poverty*, Bristol 2014.

Gibbons, Damon/Singler, Rosanna, *Cold Comfort: A Review of Coping Strategies Employed by Households in Fuel Poverty*, London 2008.

Gram-Hanssen, Kirsten, »Residential heat comfort practices: understanding users«, in: *Building Research & Information* 38 (2010), S. 175–186.

Green, Geoff/Gilbertson, Jan, *Warm front: better health: Health impact evaluation of the warm front scheme*, Sheffield 2008.

Gregson, Nicky/Crewe, Louise, *Second-hand Cultures*, Oxford 2003.

Gronow, Jukka/Warde, Alan (Hg.), *Ordinary Consumption*, London 2001.

Hauff, Volker (Hg.), *Unsere gemeinsame Zukunft. Der Brundtland-Bericht der Weltkommission für Umwelt und Entwicklung*, Greven 1987.

Heindl, Peter u.a., »Ist die Energiewende sozial gerecht?«, in: *Wirtschaftsdienst* 94 (2014), S. 508–514.

Hernández, Diana/Bird, Stephen, »Energy burden and the need for integrated low-income housing and energy policy«, in: *Poverty & Public Policy* 2 (2010), S. 5–25.

Hills, John, *Fuel Poverty. The problem and its measurement. Interim Report of the Fuel Poverty Review*, London 2011.

IEA (International Energy Agency), *Capturing the Multiple Benefits of Energy Efficiency*, Paris 2014.

Jenkins, David u.a., *A study of fuel poverty and low-carbon synergies in social housing*, Edinburgh 2011.

Kraemer, Klaus, *Die soziale Konstitution der Umwelt*, Wiesbaden 2008.

Liddell, Christine/Morris, Chris, »Fuel poverty and human health: A review of recent evidence«, in: *Energy Policy* 38 (2010), S. 2987–2997.

Radcliffe, James, *Coping with Cold: Responses to Fuel Poverty in Wales*, Ebbw Vale 2010.

Shove, Elizabeth, *Comfort, Cleanliness and Convenience: the Social Organization of Normality*, Oxford 2003.

Shove, Elizabeth u.a., »Energy and Social Systems«, in: Rayner, Steve/Malone, Elizabeth L. (Hg.), *Human Choice and Climate Change*, Vol. 2. Columbus 1998, S. 291–325.

Sovacool, Benjamin K. u.a., »What moves and works: Broadening the consideration of energy poverty«, in: *Energy Policy* 42 (2012), S. 715–719.

Stokes, Melody u.a., *Shedding Light on Domestic Energy Use: a Cross-Discipline Study of Lighting Homes*, London 2006.

Strauss, Anselm/Corbin, Juliet, *Grounded Theory: Grundlagen qualitativer Sozialforschung*, Weinheim 1996.
Strübing, Jörg, *Grounded Theory*, Wiesbaden 2004.
Thomson, Harriet/Snell, Carolyn, »Quantifying the prevalence of fuel poverty across the European Union«, in: *Energy Policy* 52 (2013), S. 563–572.
Walker, Gordon, *Environmental Justice. Concepts, Evidence and Politics*, London 2012.
Wilhite, Harold u.a., »A cross-cultural analysis of household energy use behaviour in Japan and Norway«, in: *Energy Policy* 24 (1996), S. 795–803.

Ist Energie knapp? Kulturanthropologische Forschungsperspektiven im Bereich der *Energopower* und *Energopolitics*

Franziska Sperling und Alexander Schwinghammer

Ist Energie knapp? Um auf diese Frage einzugehen, muss zunächst hervorgehoben werden, dass Energie dahingehend zu verstehen ist, dass der Begriff grundsätzlich auf die *technische Nutzung von Energie* abzielt und Energieversorgung, -regelung und -verbrauch sowie Energiesicherheit mit einschließt. Bereits 1972 warnte der Club of Rome in seiner Studie »Grenzen des Wachstums« vor den Folgen der Industrialisierung, einer stetig wachsenden Weltbevölkerung, immer knapper werdender Ressourcen, Ausbeutung der Rohstoffreserven und massiver Umwelt- und Lebensraumzerstörung (vgl. Meadows u.a. 1972). In ähnliche Richtung argumentiert das 2002 gegründete wissenschaftliche Netzwerk *Association for the Study of Peak Oil and Gas* (ASPO), das angesichts des globalen Ölfördermaximums (vgl. Hubbert 1962) auf ein Umdenken in der Energieverwendung drängt. Entsprechend fordert ASPO Deutschland e.V., »[d]ie Menschheit muß daher unweigerlich lernen, in einer Welt mit erhöhtem Raumwiderstand zurechtzukommen und zukunftsfähige Lebensweisen zu entwickeln, die mit wesentlich weniger Erdöl und Erdgas auskommen«.[1]

Energie schreibt sich permanent in politische, kulturelle und ökonomische Diskurse über Knappheit ein. Während der Diskussionsrunde »Courting Disaster: The Fight for Oil, Water and a Healthy Planet«, die 2007 an der Stanford University stattfand, hob der US-Amerikanische Vier-Sterne-General John Abizaid die energiepolitischen Gründe für den Irakkrieg hervor. »Of course it's about oil, we can't really deny that«, lautete seine nüchterne Feststellung.[2] Das militärische Handeln – nicht nur im Fall des Irakkriegs – basiert zu großen Teilen auf dem Eindruck (oder der politischen Hysterie) einer möglichen Verknappung der Energieversorgung. Dass für

---

[1] http://aspo-deutschland.blogspot.de/p/peak-oil.html (20.01.15). Vgl. auch »Das Ende des Ölzeitalters«, Association for the Study of Peak Oil and Gas: http://www.peak-oil.com/ (20.01.15) & PostFossil Institut: http://www.postfossilinstitut.de/ (20.01.15).
[2] »Roundtable dabates energy issues«, in: *The Stanford Daily*, 15.10.2007.

Ressourcen und insbesondere Energieträger Kriege geführt werden (vgl. Altvater 2007), ist zwar keine neue Erkenntnis, unterstreicht aber, welche Bedeutung Energie und Energieversorgung zugeschrieben werden kann. Denn Energieverbrauch ist ein fester – wenn nicht sogar ubiquitärer – Bestandteil alltäglichen Handelns.

Dies lässt sich anhand einer Untersuchung verdeutlichen, die im Rahmen des Projekts »Low Effort Energy Demand Reduction« entstanden ist. Zwischen 2010 und 2014 führten Anthropologen ethnografische Untersuchungen zu Energie- und Medienkonsum in britischen Haushalten durch. In diesem Zusammenhang beschreibt Gary die abendliche Routine, der er und seine Partnerin Vicky folgen, wenn sie zu Bett gehen:

»Last thing at night: usually Vicky will come to be bed first, not always but usually. She will then lay in bed and watch a bit of TV, sometimes, or read a book. I will come up usually half an hour later. At which point she will turn and I will sit and read for a bit. Vicky turns her light off first and turns the radio on, at which point I will turn usually mine off and the tele will gone off.«[3]

Diese kurze Darstellung zeigt, welche zentrale Rolle die Verwendung von Licht, Fernsehgerät und Radio im Alltag übernimmt. Darüber hinaus wird deutlich, dass es konsequent erscheint, statt lediglich von einer »Veralltäglichung von Technik« (Hengartner/Rolshoven 1998) zu sprechen, die Einschreibung von Energie in nahezu alle Lebensbereiche hervorzuheben. Denn ohne Energie – hier im traditionellen Wortsinn der Stromverwendung – wäre Garys und Vickys Routine eine ganz andere.

Re-energizing Anthropology – ein Forschungsprogramm

Die amerikanische Anthropologin Laura Nader konstatiert, dass seit dem Beginn der Menschheit permanente Transformationsprozesse beobachtbar seien, sich jedoch ihre Geschwindigkeit vor allem innerhalb der letzten 200 Jahre durch die westliche Industrialisierung zunehmend beschleunigt habe (Nader 2013). Gerade im Bereich der Energie(-forschung) wurde diese

---

3 Das Beispiel ist der Studie »Energy & Digital Living« entnommen, in der unter Leitung der Anthropologin Sarah Pink von 2010 bis 2014 Alltagspraxen der Energieverwendung untersucht wurden: http://energyanddigitalliving.com/ (31.03.2015).

enorme Beschleunigung der Wandelprozesse als Schlüsselvariable stark vernachlässigt. Es geht heute nicht mehr nur um »currents and flows« (ebd.: 319), deren Endlichkeit nicht in Frage gestellt wird, sondern vielmehr um die Folgen einer Reihe von Engpässen, Katastrophen und Widerständen. Die Energie- und Rohstoffversorgung der Zukunft ist eine der zentralen Herausforderungen des 21. Jahrhunderts. Global steigt der Energiebedarf, wichtige Ressourcen werden knapper und verteuern sich. Wenn es darum geht, sich aus kulturanthropologischer und europäisch-ethnologischer Sicht mit begrenzten Ressourcen zu befassen, ist gerade Energie ein zentraler Forschungsgegenstand. Im Horizont kritischer Auseinandersetzung mit Knappheit ist es notwendig, dass anthropologische Forschungen zu Energie eine zentrale Position einnehmen. Energie ist zum einen fester Bestandteil politischer, kultureller und ökonomischer Diskurse über Knappheit, als auch aufgrund der Ubiquität von Energie im alltäglichen Handeln sofort bemerkbar, sobald eine Begrenzung oder Veränderung der Energieversorgung auftritt. Die Notwendigkeit einer energiepolitischen Neuorientierung erscheint insbesondere vor dem Hintergrund des globalen Erdölfördermaximums, klimaschädlicher Auswirkungen der beim Verbrennen von Erdöl und Erdgas entstehenden Treibhausgase und der grundsätzlichen Begrenztheit fossiler Rohstoffe mehr als eindringlich. Dass dies sowohl politische, ökonomische und soziale Programme erzeugt als auch beobachtbare, lokale Auswirkungen hervorbringt, verdeutlicht das Potential einer anthropologischen Herangehensweise. Es geht darum, eine analytische Perspektive für eine *Anthropology of Energy* zu entwerfen.

Um sich unterschiedlichen kulturanthropologischen und europäisch-ethnologischen Auseinandersetzungen mit Energie anzunähern, fragt der Artikel zunächst einführend danach, was eine *Anthropology of Energy* grundsätzlich ausmacht und welchen maßgebenden Rahmen diese hat. In einem nächsten Schritt werden zwei programmatische Konzepte – jenes der *Energopower* und das der *Energopolitics* – kritisch diskutiert und für die empirische Forschung fruchtbar gemacht. Zuletzt werden Bezüge zwischen der deutschen Energiewende, der Bedeutung von erneuerbaren Energien und dem hier vorgestellten Forschungsparadigma *Energopower* und *Energopolitics* hergestellt und die methodischen Potentiale des Ansatz der *Energopractices* herausgearbeitet. Die anschließenden Überlegungen zum Forschungsprogramm einer *Anthropology of Energy* werden ausgehend von Forschungen zu erneuerbaren

Energien in Deutschland konkretisiert (vgl. auch Sperling 2014, 2012). Diese werden insbesondere mit Blick auf Transformationsprozesse in ihrer Interdependenz mit Ebenen der energie-, agrar-, umwelt- und strukturpolitischer Entscheidungsfindung und institutioneller Gestaltung fokussiert. Dazu gehört beispielsweise die Frage, *wie* durch gesetzliche Rahmenbedingungen moderne Technologien der Energieerzeugung und -nutzung im ländlichen Raum vorangetrieben werden und *wie* sich diese lokal manifestieren.

Anthropology of Energy

Der Titel dieses Beitrags »Re-energizing Anthropology« ist dem von Strauss u.a. (2013) herausgegebenen Sammelband »Cultures of Energy: Power, Practices, Technologies« entnommen. Darin fordern Sarah Strauss und die anderen Autorinnen und Autoren einerseits, sich mit einem »neuen« Phänomenbereich zu beschäftigen, den die anthropologischen Disziplinen bisher kaum beachtet haben – nämlich Energie. Andererseits folgt daraus für Strauss u.a. zugleich ein theoretisches wie methodisches »Re-energizing« der Anthropologie. Dies bedeutet, dass es auch notwendig ist, das Phänomen Energie mit neuen Forschungskonzepten und Forschungsansätzen zu beforschen. Gerade die anthropologisch-ethnografischen Disziplinen besitzen hinsichtlich ihrer methodischen Orientierung und theoretischen Grundierung enormes Potential. Der folgende Beitrag greift diese programmatische Perspektivierung dahingehend auf, dass die Auseinandersetzung mit Energie nicht nur ein dynamisiertes Forschungsfeld ist, sondern zugleich die Dynamisierung des Faches Kulturanthropologie bedingt.

Eine *Anthropology of Energy* als Bestandteil anthropologischer Arbeitsbereiche ist ein neu entstehendes Forschungsgebiet. Zwar sind seit dem letzten Jahrzehnt zahlreiche anthropologische Publikationen zum Thema Klimawandel entstanden, in denen es im weitesten Sinne um Nachhaltigkeit, Umweltverschmutzungen und -katastrophen geht (vgl. Chakrabarty 2009; Crate/Nuttall 2009; von Storch/Krauß 2013; Henning 2005). Angesichts der tiefgreifenden und weitrechenden Transformationen werden jedoch erst in den letzten Jahren verstärkt – auch durch Fallstudien unterfüttert – Energie, Energienutzung und Energiepolitik in den Blick genommen (vgl. Ferguson 2005; Henning/Leijonhufvud 2014; Willow/Wylie 2014).

Einen wichtigen Teilbereich nehmen hierbei Forschungen ein, die Praktiken der Energienutzung im Alltag untersuchen (vgl. Brunner in diesem Band; Pink/Leder Mackley 2012) und diese in Zusammenhang der Bedeutungszuschreibung von Energie setzen (vgl. Strauss u.a. 2013; Wilhite 2013). Der Anthropologe Harold Wilhite hebt hierbei hervor, dass Energie weit weniger zentraler als Akteur, denn vermittelt auftreten könne: »people do not consume energy per se, but rather the things energy makes possible, such as light, clean clothes, travel, refrigeration and so on« (Wilhite 2005: 2). Menschen nehmen Energie als unsichtbar, allmächtig, und gefährlich wahr – oder als wünschenswert und unverzichtbar, aber auch unzuverlässig. Die Macht der Energie verändert die Welt und fließt in den verschiedensten Formen in natürlichen und sozialen Kreisläufen. Energie ist ein Feld in Bewegung, das sich über soziale und physische Räume zieht (vgl. Strauss u.a. 2013).

Die lebensweltliche Bedeutung von Energie – also etwa die Nutzung im Alltag – und die starke und nahezu omnipräsente Diskursivierung des Themas Energie verlangen geradezu nach einer kritisch-dekonstruierenden kulturanthropologischen Bearbeitung. Diese widmet sich dem Thema Energie dann auf unterschiedlichen Ebenen. Dieser Aspekt einer *Anthropology of Energy* fragt beispielsweise danach, *wie* Menschen Energie in ihren verschiedenen Qualitäten erfahren und nutzen, *wie* sie sich auf die Quantität verlassen, und *wie* sie sowohl Qualitäten und Quantität von Energie nutzbar machen. Dieser Bereich einer *Anthropology of Energy* analysiert die zahlreichen verschiedenen umkämpften Bedeutungen von Energie. Diese Herangehensweise ist wichtig und weiterführend. Allerdings orientiert sie sich in der Fokussierung von Praktiken der Bedeutungszuschreibung jedoch eher an klassischen anthropologischen Fragestellungen. Neben Endverbrauchern, technischen Geräten, die in lokalen Aneignungspraktiken beobachtbar sind und Stoffströmen, die durch das Umlegen eines Schalters, dem Griff zur Fernbedienung oder der Nutzung einer Steckdose sichtbar werden, gehören auch politische Programme, ökologische Systeme, Gesetzgebungen sowie technische oder soziale Infrastrukturen in das Forschungsspektrum einer *Anthropology of Energy*. Die vielschichtigen sozialen, ökonomischen und politischen Beziehungen, die im Kontext von Energie rhetorisch, metaphorisch und materiell entstehen, werden durch die im Folgenden vorgestellten Konzepte *Energopower* und *Energopolitics* für einen analytische Annäherung greifbar gemacht.

Energopower und *Energopolitics*

Im Umfeld des Center for Energy and Environmental Research in the Human Sciences (CENHS) der Rice University versuchen eine Reihe von Wissenschaftlern verschiedener Disziplinen – allen voran der amerikanische Anthropologe Dominic Boyer, Direktor des CENHS –, neue Denkweisen auf Formationen und Einsatz moderner Macht aufzuzeigen. Es geht ihnen dabei vor allem darum, zu untersuchen, wie Energie und Infrastrukturen mit Institutionen und Ideen politischer Macht zusammenhängen.

Boyer argumentiert, dass Atomkatastrophen, das Ende der fossilen Brennstoffe, der Klimawandel und Umweltverschmutzungen die Grundlagen des heutigen biopolitischen Regimes in einer Weise erschüttert haben, dass sich neue Bedrohungen auftun und die Menschheit vor unbekannte Herausforderungen gestellt wird (vgl. Boyer 2014: 322f.). Angesichts dieser Entwicklungen entwirft Boyer die Konzepte *Energopower* und *Energopolitics*. Der Ansatz der *Energopower* und *Energopolitics* ist für anthropologische Forschungen im Bereich Energie heuristisch reizvoll, denn er ermöglicht es, die Vielfalt der Zusammenhänge zwischen den Formen der jeweiligen Energieproduktion und den spezifischen politischen Projekten nachzuzeichnen. Eine *Anthropology of Energy* will in diesem Sinne dann erforschen, wie Voraussetzungen von Biomacht (dem Regieren des Lebens und der Bevölkerung) heute in entscheidenden Punkten mit Modalitäten der *Energopower* (der Nutzung von Elektrizität und Treibstoff) zusammenhängen und umgekehrt.

»We need to pay close attention, [...] to the relations between logics of energy development, extant social institutions, emergent technologies, histories of political relations, and cultural understandings of energy, since all are vitally important forces affecting the pathways of energy transition.« (Boyer 2011: 5).

In erster Linie ist mit den beiden Konzepten *Energopower* und *Energopolitics* ein Forschungsprogramm verbunden, welches politische Macht durch die doppelte Analyse von Energieressourcen und Energieproduktion überdenkt und durch die wir die Organisation und Dynamiken politischer Kräfte über verschiedene Skalen begreifen können. Boyer argumentiert dazu:

»I would describe energopower [...] as an analytic method that looks in the walls to find the wiring and ducts and insulation, that listens to the streets to hear the murmur of pipes and sewage, that regards discourse on energy security today as not simply about the management of population [...] but also about the concern that our precious and invisible conduits of fuel and force stay brimming and humming.« (Boyer 2014: 325)

Für einen heuristischen Zugriff liegt die Stärke der beiden Konzepte in der Analyse, Darstellung und Beforschung von Energie-Phänomenen – und dies nicht nur aufgrund ihrer methodischen, sondern vor allem auch wie im Folgenden dargestellten energopolitischen, theoretischen Herangehensweise. *Energopower* und *Energopolitics* sind Diskurs und vorfindbares Phänomen zugleich, während sie zugleich als Zeichen der energo-materiellen Übertragungen und Transformationen in allen anderen gesellschaftspolitischen Phänomenen fungieren (Boyer 2014: 326). Mit dem Forschungsprogramm *Energopower* und *Energopolitics* werden Diskurs, Materialität und Historizität zugleich erfasst. Nach Boyer ist *Energopower* keine »Art von Macht«, sondern vielmehr die konzeptionelle Beobachtungskategorie für Macht (Boyer 2014: 326).[4] Die theoretischen Überlegungen zum Konzept der *Energopower* und *Energopolitics* lehnt Boyer an Foucaults Konzepte der Biomacht und Biopolitik an.[5]

Eine ausführliche theoretische Auseinandersetzung mit Foucaults Ansätzen soll an dieser Stelle nicht vertieft werden. Es geht vielmehr darum, dass *Energopower* und *Energopolitics* keine alternativen Konzepte zu Biomacht und Biopolitik sind, sondern dass beide die Dringlichkeit der Untersuchung der wesentlichen Funktion von Energie unterstreichen, nämlich die Organisation und Dynamik politischer Kräfte in verschiedenen Größenordnungen. In Boyers Perspektive findet Energie ihren Weg in anthropologische Diskurse gerade jetzt als die Folge von Krisenmomenten in den dominanten Energieregimen. Nicht nur stellen Energieunternehmen einen zentralen Be-

---

4 Energopower und Energopolitics als Konzept erscheint gerade jetzt sinnvoll, weil eine Reihe von Ereignissen unsere Aufmerksamkeit auf Spannungen und Widersprüche zwischen staatlichen Bestrebungen und den Energiemächten gezogen hat. Ereignisse wie die Ölkrisen der 1970er Jahre oder die Gewissheit des Anthropozän helfen uns, neue Dimensionen der Macht zu sehen (Boyer 2014: 327). Genau aus diesen Gründen ist es dringend notwendig, sozial- und kulturwissenschaftliche Forschungen über Energie im Zusammenhang mit dem anthropogenen Klimawandel und der Notwendigkeit einer Energiewende zu sehen. Die mediale Darstellung von extremen Wetter- und Verschmutzungsereignissen ist so allgegenwärtig, dass die Faktizität des Anthropozän zu einem Grundzug des Alltagswissens geworden ist.

5 Michel Foucault entwickelt seine Begriffe von Biomacht bzw. Biopolitik aus einer Analyse der umfassenden Transformation der Lebensweisen und der Machtverhältnisse. Bezeichnet werden damit Machttechniken und -instrumente, die nicht auf den Einzelnen, sondern auf die gesamte Bevölkerung zielen (vgl. Foucault 2005: 230ff.), insbesondere auf die Regulierung ihrer Fortpflanzung, ihrer Gesundheit, ihrer Geburten- und Sterberate, ihrer Wohnverhältnisse durch statistischen Messung.

standteil wirtschaftlicher Produktion dar, sondern die Sicherung bzw. Ausübung staatlicher Ordnung ist in wesentlichen Punkten auf Energie gegründet. Für den Kulturwissenschaftler Imre Szeman ist das Problem des Regierens der Bevölkerung in direkter Weise mit Energie verbunden. Szeman argumentiert, dass der Zugriff auf immer größere Energiequellen, welche die Expansion von Industrie und Bevölkerung ermöglicht, eine zentrale Motivation für staatliches Handeln darstellt (Szeman 2014: 455). Die Konzepte *Energopower* und *Energopolitics* versuchen hier anzusetzen und in Erweiterung von Foucaults Begriff der Gouvernementalität die Rolle der Energie in Foucaults Ansatz der Biomacht und Biopolitik konzeptionell neu zu fassen.[6] Das bedeutet, dass eine biopolitische Analyse in jedem Falle notwendig ist, aber nicht ausreicht, um die komplexe Funktionsweise moderner Staaten und moderner Macht zu verstehen, vor allem im Zusammenhang mit deren Versuch der Nutzung und Kontrolle von Energie, denn »power over energy has been the companion and collaborator of modern power over life and population from the beginning« (Boyer 2011: 5).

Zwar unterscheidet Foucault nicht systematisch zwischen Biomacht und Biopolitik, sondern verwendet die Begriffe oft synonym (vgl. Lemke 2004 und Folkers/Lemke 2014), trotzdem lassen sich Tendenzen in den Verwendungsweisen der beiden Begriffe ausmachen (Folkers/Lemke 2014: 12). Stefanie Graefe (2007) hat darauf aufmerksam gemacht, dass Foucault mit Biopolitik zumeist die konkreten Techniken der Macht meint, die auf Sicherung und Steigerung von Lebensprozessen abzielen, hingegen es sich bei Biomacht häufig um den gesellschaftlichen und historischen Kontext handelt, in dem diese Techniken eingesetzt werden. Bei Dominic Boyers Ansatz zu *Energopower* und *Energopolitics* wird zwischen den Begriffen nicht trennscharf differenziert, daher werden im Folgenden die Konzepte weiterentwickelt und analytisch gefasst. Ähnlich wie die beiden beschriebenen Tendenzen der Begriffe Biomacht und Biopolitik bei Foucault lässt sich diese Unterscheidung auf *Energopower* und *Energopolitics* übertragen. Mit *Energopower* lässt sich der gesellschaftliche, sozio-technische und kulturelle Kontext beschreiben, während *Energopolitics* hingegen die politische Programme und Regierungs-

---

6 Obwohl Foucault Praktiken und Prozesse der Gouvernementalität eingesetzt vom Staat zur Ausführung der Biopolitik berücksichtigt, fehlt bei ihm Energie als ein entscheidender Teil der Geschichte der Entstehung des modernen Subjekts und der Verfassung des zeitgenössischen Staats (vgl. Szeman 2014: 455).

techniken umfasst. Um eine mögliche forschungsprogammatische Einbettung einer *Anthropology of Energy* zu konkretisieren, wird sich der nächste Abschnitt mit der Energiewende in Deutschland auseinandersetzen und sie zu den beiden – größtenteils theoriebasierten – Konzepten von Dominic Boyer in Beziehung setzen, um sie dann um eine ethnographisch-orientierte Perspektive zu erweitern.

Perspektiven einer *Anthropology of Energy* am Beispiel der Energiewende in Deutschland

Die Landgenossenschaft Pröttlin[7], welche die Abwärme ihrer Biogasanlage zur Fischzucht verwendet, das mit Bioenergie beheizte St. Antonius-Krankenhaus in Bottrop-Kirchhellen[8], aber auch die Initiative Landschaftsschützer Oberschwaben[9], die das Landschaftsbild des Wurzacher Beckens durch Windräder in Gefahr gebracht sehen, sowie aufgebrachte Jäger, besorgte Umweltschützer, vom Aussterben bedrohte Tierarten und permanent wachsende Maisfelder – ohne die deutsche Energiewende gäbe es diese Projekte, Akteursgruppen und die aufgezählten, zum Großteil ungewollten Nebenfolgen des Ausbaus erneuerbarer Energien überhaupt nicht. Das Forschungsprogramm einer *Anthropology of Energy* läßt sich plastisch vor dem Hintergrund der deutschen Energiewende skizzieren.

Kurz gefasst lässt sich unter der Energiewende das politische Projekt verstehen, welches es sich zur Aufgabe gemacht hat, bis 2050 die Energieproduktion und -konsumption in Deutschland von fossilen und nuklearen Energieträgern auf erneuerbare Energieträger umzustellen. Um dies zu ermöglichen, wurden finanzielle Anreize, bestimmte Regelungen eingeführt und spezielle Technologien gefördert. Mit dem Atomausstieg nach der Nuklearkatastrophe von Fukushima wurde die bereits voranschreitende Energiewende sogar noch beschleunigt. Die Energiewende ist ein vielschichtiges

---

7 »Biogasanlagenwärme für die Zucht von Afrikanischen Welsen«, Landesgenossenschaft Pröttlin: http://prignitzer-genossenschaften.de/?cid=1363265416&name=Landgenossenschaft+Pr%C3%B6ttlin+eG#Portraet (20.01.2015).

8 »Antonius-Krankenhaus wird jetzt mit Biogas beheizt«, in: *Dorstener Zeitung* 06.03.2013: http://www.dorstenerzeitung.de/staedte/kirchhellen/Vom-Hof-Miermann-Antonius-Krankenhaus-wird-jetzt-mit-Biogas-beheizt;art4249,1930114 (20.01.2014).

9 Landschaftsschützer Oberschwaben-Allgäu: www.landschaftsschuetzer.de/ (20.01.2014).

Projekt, in dem veränderte politische Sachlagen, Feedback-Effekte oder reziproke Entwicklungen Nebenfolgen generieren, die dann wieder Teil des gesamten Projekts werden.

Das wichtigste Förderinstrument für den Ausbau von Erneuerbaren Energien auf Bundesebene ist das »EEG«, das Erneuerbare-Energien-Gesetz, welches die Abnahmepreise für Ökostrom garantiert, langfristige Investitionen für Betreiber von Solar-, Wind- und Biomasseanlagen aufgrund der 20-jährigen Sicherheit in ihrer Rentabilität besser abschätzbar macht, die gezielte Nutzung von Ökostrom durch den Endverbraucher ermöglicht und zusätzlich die Genehmigungsverfahren für den Bau von Wind-, Solar und Biomasseanlagen vereinfacht.[10] Verfolgt man die derzeitige politische Diskussion zur Energiewende in Deutschland, so ist augenscheinlich, dass der Bereich der Produktion erneuerbarer Energien mit starken strukturellen Veränderungen verbunden ist. Einerseits entstehen Chancen und Risiken in Bezug auf die jeweilige Landnutzung, andererseits kommt es zu weitreichenden Folgen und Einschnitten der lebensweltlichen Bereiche der Regionen, in denen Technologien zur Erzeugung erneuerbare Energien (z.B. Biogas, Photovoltaik oder Windenergie) implementiert werden. Für eine kulturanthropologische Auseinandersetzung im Themenspektrum begrenzter Ressourcen ist es produktiv, diese energiepolitisch induzierten Transformationen im Zusammenhang ihrer Effekte, Konsequenzen und Nebenfolgen zu untersuchen (vgl. Sperling 2014, 2012).

Im Hinblick auf das Beispiel der Energiewende beschreibt Boyers Konzept der *Energopower* hier die für die Energiewende nötigen Energieproduktionstechnologien und deren Materialität, also die Substanzen, die ganz konkret zur Energiegewinnung verwendet werden. Außerdem betrifft *Energopower* Diskurse über Natur und Kultur, wie die im Zeitalter des Anthropozän notwenige Neu-Definition menschlicher Beziehungen, Zuständigkeiten und Verantwortlichkeiten, das eigenständige Hinterfragen der Kompetenz der Behörden und Institutionen, um über Themenfelder wie Klimawandel, Nachhaltigkeit und die Energiewende der Industriegesellschaften zu sprechen und zu urteilen.

Unter *Energopolitics* fallen in diesem Zusammenhang ebenso das Erneuerbare-Energien-Gesetz, wie die verschiedenen Regierungsformen und Formen des Regierens und des Sich-Selbst-Regulierens, aber auch

---

10 Vgl. EEG (2009), Erneuerbare-Energien-Gesetz vom 01.01.2009, sowie EEG (2012), Erneuerbare-Energien-Gesetz vom 01.01.2012; beide Gesetzestexte sind einsehbar unter: http://www.erneuerbare-energien.de (27.04.2015).

Energieautarkie-Projekte, Protest (Wutbürger) oder das NIMBY-Syndrom (Not-In-My-Backyard-Syndrom). Gemeint sind hier auch die politischen Strategien (de Certeau 1988), die im Namen zukünftiger Energie-Transformationen in kollektive Existenzen eingreifen.[11] In dieser kurzen Aufzählung wird deutlich, dass sich in der Energiewende nicht nur unterschiedliche Akteure (u.a. Politiker, Energiekonzerne, Interessengruppen, Landwirte) und Aktanten (u.a. EEG, Technologien, Richtlinien) zusammenfinden, sondern das Projekt selbst aufgrund verschiedenster Effekte, Konsequenzen und Nebenfolgen keine stringente Ordnung aufweist bzw. ausweisen kann. Dies bedeutet nicht ein mögliches Scheitern des Projekts, sondern vielmehr, dass Nicht-Ordnung andere Potentiale besitzt und auch anders beschrieben werden muss (Abrahamson 2002; Law 2004; Marcus 1994).

Die *messiness* der Energiewende

In seinem programmatischen Beitrag mit dem Titel »No brownouts in Germany – towards an analysis of energopractices and renewable democracies after Fukushima« argumentiert der Anthropologe Stefan Beck, die Energiewende schaffe unerwartete Paradoxien (vgl. Beck 2013). Als Reaktion darauf, so Beck, versuche die Regierung gerade die Energiewende zu verlangsamen, um diese paradoxen, unbeabsichtigten und ungewollten Effekte in den Griff zu bekommen und kontrollierbar zu machen. Eigentlich sollten der Atomausstieg und die Steigerung der Produktion von erneuerbaren Energien lebensbedrohliche Risiken wie Radioaktivität, das ungelöste Problem der Lagerung des Atommülls, die Bedrohungen des Klimawandels, verursacht durch die Nutzung von fossilen Brennstoffen, reduzieren. Doch die Entscheidungen, öffentliche Statements und Gesetze führten zu allgemeiner Verwirrung.[12]

---

11 Der Begriff »Strategien« beschreibt in Anlehnung an Michel de Certeau hier die konkreten (politischen) Verordnungen. Im Gegensatz zu alltagspraktischen Handlungen, welche die Freiräume zwischen den Ordnungsprogrammen nutzen, die de Certeau »Taktiken« nennt, soll hier insbesondere der kollektivierende Strukturierungsaspekt hervorgehoben werden.

12 »Seehofers Regierung verstrickt sich in Widersprüche«, in: *Süddeutsche Zeitung* 25.02.2014: http://www.sueddeutsche.de/wirtschaft/energiewende-seehofers-regierung-verstrickt-sich-in-widerspruechen-1.1897477 (20.01.15).

So scheint es, dass durch die Energiewende nur noch mehr Probleme und Risiken in anderen Bereichen des Energiesystems entstehen (Beck 2013: 2): Die Energiewende wird damit zu einem »wicked problem« (Rittel/Webber 1973). Neben (oder gerade durch die Auseinandersetzung mit) solchen Paradoxien treten zudem vormals verborgene, als selbstverständlich genommene oder auch unbekannte Infrastrukturen zu Tage (Beck 2013: 2). Beck beschreibt diese Entwicklung als zunehmende Bewusstwerdung der Auswirkungen von »irreducible systemic complexity« (ebd.) und der Erkenntnis, dass die politischen Institutionen und die etablierten Verantwortlichen der Planungsprozesse nur unzureichend in der Lage sind, diese Komplexität zu regieren.

Die Energiewende wurde zu einem Projekt, das (a) weit über den durch die Politik definierten Rahmen hinausreicht, (b) multi-direktional verläuft, (c) (wachsende und) verschiedene Gruppen von Beteiligten umfasst, die nicht notwendigerweise Teil der ursprünglichen Projektplanung waren, (d) verschiedene Aneignungspraktiken und Folgeregime nach sich zieht, (e) über eine nicht simpel reduzierbare Komplexität verfügt und somit (f) eine verstrickte Unordnung –»messiness« – besitzt. Für Stefan Beck ist es eben gerade diese »messiness«, also die Unordnung der Energiewende, welche die Energiewende zum idealen Forschungsfeld für Anthropologen werden lässt.

Die Energiewende enthüllt, was Beck als »cosmological orientations of actors on all levels« (Beck 2013: 2) bezeichnet und was in seinen Augen unerwartete soziale Innovationen hervorbringt. Hier ist es also von Bedeutung diese »messiness« der Energiewende nicht als einen bedauerlichen Nebeneffekt anzusehen, sondern diese vielmehr als einen sozialen Prozess zu bezeichnen, der fundamentale rechtliche, wirtschaftliche, moralische, soziale, kulturelle und materielle Veränderungen mit sich bringt, die einen stark unplanbaren Charakter haben. Gerade die unintendierten und überraschenden Effekte können aus einer anthropologischen Perspektive zur Erkenntnis von festverwurzelten, nicht hinterfragten Verstehensweisen und Mustern von Praxis in einer modernen industrialisierten Gesellschaft führen (Beck 2013: 3).

Bereits vor Stefan Becks Auseinandersetzung mit der Energiewende haben Anthropologen wie Paul Rabinow oder George Marcus den Begriff der »messiness« verwendet und daran das produktive Potential anthropologischer Forschung geknüpft. Paul Rabinow fordert Anthropologen auf, aufmerksam für unerwartete und inkonsistente Ereignisse zu sein. Ähnlich schreibt Beck: »It means being attentive to messiness, un-orderliness, or nonregularity« (Beck 2013: 4). Anthropologisch Forschen heißt hier, das Aktuelle, den Moment der Bewegung in den Blick zu nehmen und eine *anthropology of the contemporary* (Rabinow 2008) oder »anthropology of the moderns« (Berliner u.a. 2013) zu betreiben.

Gerade angesichts der »messiness« jüngster Transformationsprozesse der Energiewende erfordert eine Analyse, sowohl die historischen Bedingungen, Konfigurationen und Konstellationen von Macht und Wissen zu beobachten, als auch eine sensible Untersuchung von Eventualitäten, Umgestaltungen und Unwägbarkeiten. Im Hinblick auf die Auseinandersetzung mit Erneuerbaren Energien bedeutet das, die Unterschiede zwischen den Formen von Erneuerbaren Energien in den Blick zu nehmen und zu fragen, wie Sonne, Wind, Wasser oder Biomasse die jeweils verschiedenartigen sozialen, technologischen, wirtschaftlichen und politischen Relationalitäten formen.

Stefan Beck plädiert in diesem Zusammenhang insbesondere auch dafür, diese Verschiedenartigkeit ähnlicher Energieerzeugung zu untersuchen (Beck 2013: 3). Beispielsweise bestehen große Unterschiede zwischen Off-Shore-Windparks einerseits, die eine erhebliche Unternehmensinvestition erfordern und Bürgerfinanzierten, lokalen Windparks andererseits, die zu energieautarken Gemeinden führen. Ebenso lässt sich nach den Unterschieden fragen, die zwischen großen Biomasse-Kraftwerken, welche von multinationalen Unternehmen geführt werden, und Viehbauern in den ländlichen Gebieten bestehen, die kleine Biogasanlagen für die Vor-Ort-Energieversorgung bestücken, mit Fernwärmeleitungen lokale Schulen beheizen und die verarbeitete Biomasse als willkommenen Dünger für ihre Böden einsetzen (vgl. Sperling 2014). Eine praxeologische Herangehensweise an die jüngsten Veränderungen im Energiesektor verschiedener Industriegesellschaften wird sich daher darum bemühen, den kreativen Opportunismus der Akteure, ihr Glücksspiel, ihre Versuche, bestehende Ressourcen zu kapitalisieren, und ihre individuellen oder kollektiven Utopien zu verfolgen (vgl. Fisch 1998: 420). Um der Anforderung gerecht zu werden, nicht nur staatliche oder industrielle Machtverhältnisse oder bloße gesetzliche Regelungen zu beschreiben, sondern um aktuelle energopolitische Transformationsprozesse aus der Perspektive einer Anthropologie des Zeitgenössischen zu fassen, führt Stefan Beck den Begriff *Energopractices* ein (Beck 2013: 4). Das Konzept der *Energopractices* stellt ein wichtiges analytisches Element dar, welches ergänzend zu den bereits beschriebenen Konzepten *Energopower* und *Energopolitics* zu verstehen ist.

Energopractices

Ganz grundsätzlich wird das Konzept der *Energopractices* von Boyers Konzept der *Energopower* und *Energopolitics* informiert. Zudem lassen sich nach Beck unter dem Begriff *Energopractices* auch insbesondere Unvollständigkeiten und oft improvisierte Formen im Forschungsfeld fassen.

Mit den Begriffen *Energopower* und *Energopolitics* lassen sich zwar machtvolle Strukturierungsmechanismen und Einflussfaktoren beschreiben. Aber ein riesiges, laufendes, heterogen soziales, technologisches, wirtschaftliches und kulturelles Experiment wie die Energiewende kann eben nicht im anthropologischen Sinn der Feldforschung *beobachtbar* gemacht werden. Welche methodischen Instrumente sind nötig, um eine Veränderung zu verstehen, die verschiedene Blickwinkel der Interaktion mit lokalen, regionalen, nationalen und transnationalen Mustern der Praxis gleichzeitig zulässt? Folgt man Stefan Beck, so lässt sich unter dem Begriff *Energopractices* eine methodische Perspektive formulieren, die klassische anthropologische Methodenformen (Interview, Teilnehmende Beobachtung, Dokumentenanalyse etc.) zusammendenkt mit den verschiedenartigen Einbettungen aller dieser Praktiken – sei es eine normative, materielle oder soziokulturelle Einbettung (vgl. Granovetter 1985). Als Perspektive bedeutet der Zugang über *Energopractices*, dass Innovationen oder Transformationen der Energiepolitik – wie jeder soziale Prozess – als mehrfach eingebettet in politische Prozesse, philosophische sowie alltägliche Umwelten, materielle Infrastrukturen, soziale Netzwerke, wirtschaftliche und rechtliche Ordnungen, kulturelle Prägungen, Kreativität und Widerstand, historische Erfahrungen, verschiedene Arten von Wissen und vor allem die differenzierten sozialen Felder, in denen Menschen handeln, analysiert werden.

Diese Einbettung beinhaltet lokale, regionale, nationale als auch grenzüberschreitende Dimensionen der oben genannten Faktoren. Stefan Beck weist darauf hin, dass dies zunächst als triviale Tatsache erscheinen mag, die aber dennoch für die auffällige Unordnung und die vielen unbeabsichtigten sowie unerwarteten Auswirkungen der Energiewende in Deutschland im Moment verantwortlich ist (Beck 2013: 6). Im »society-wide experiment« (ebd.) der Energiewende zeigt sich ein breites Spektrum von Akteuren aus ganz verschiedenen sozialen Bereichen, die zwar mehr oder weniger entsprechend bestimmter Strukturierungen handeln, aber eben auch innerhalb von und mit den Infrastrukturen experimentieren.[13] Es geht also letztlich auch um die Erforschung der Subjektivierungsprozesse, in denen Individuen durch ihre täglichen Routinen intervenieren können und somit ihre Umwelten umgestalten und ein neues, nachhaltiges, individuelles oder kollektives Verhalten schaffen (Beck 2013: 5).

Durch diese Herangehensweise werden Ordnungssyteme zwischen verschiedenartigen komplexen Zusammenhängen, wie landwirtschaftlichen Voraussetzungen und materiellen Umgebungen, Einflüssen der Gesetzgebung (EEG), Fragen nach Energieautarkie, Phänomenen wie NIMBY (Not-In-My-Backyard-Syndrom), Macht- und Wissenskonstellationen, organisierte Bürgerinitiativen und Wutbürgern, besorgten Umweltschützern, vom Aussterben bedrohten Tierarten und Auswirkungen auf Umwelt und Klima sichtbar gemacht, die nicht von vornherein offensichtlich sind.

Zusammenspiel der Konzepte *Energopower*, *Energopolitics*, *Energopractices*

Als theoretische Rahmung und methodisch-analytische Perspektive für anthropologische Forschungen läßt sich von einem Zusammenspiel der analytischen Begriffe ausgehen: Unter dem Begriff *Energopower* wird der gesellschaftliche und kulturelle Kontext, das heißt die Energiewende in Deutschland, in den Blick genommen. Die Perspektive auf *Energopolitics* stellt politische Programme und Regierungstechniken wie das EEG in den Mittelpunkt. Die Auseinandersetzung mit den in der Feldforschung gesammelten Daten wird durch den Begriff *Energopractices* gefasst. Durch eine praxeologische Herangehensweise bzw. Forschungsansatz werden Handlungsweisen, Folgen und Nebenfolgen auf Mikroebene beobachtbar und analysierbar, die aus *Energopower* und *Energopolitics* resultieren.

Mit der Perspektive sowohl Institutionen und politischen Programme als auch individuelle Handlungsfähigkeit in den Blick zu nehmen, bewegen sich kulturanthropologische Forschungen zu Energie in der Nähe einer »Engaged Anthropology« (vgl. Low/Merry 2010). Eine politisch orientierte Kulturanthropologie kann hier genuine Beiträge zum vielfach verflochtenen

---

13 Ähnlich argumentiert auch Manfred Faßler in *Erdachte Welten,* indem er Experiment & Innovation als Kippfigur neben beobachtbarer im Moment geschehender Praxis und auf Dauer gestellte kulturelle Programme hervorhebt (Faßler 2005).

Feld von Energienutzung, -versorgung, -regelung und -verbrauch sowie Energiesicherheit und schließlich auch zur Frage, wie Menschen Ressourcen nutzen und diskursiv verhandeln, liefern. In den Debatten über die Begrenztheit fossiler Ressourcen wird deutlich, wie Energie fester Bestanteil der Diskurse über Knappheit geworden ist. Nicht nur Diskurse, sondern politische Entscheidungen, rechtliche Regelungen, Institutionalisierungsprozesse und technologische Entwicklungen stehen im Verhältnis zu Energie und ihrer möglichen Verknappung. Aufgrund der Tatsache, dass Energie zentrale Grundbedingung nicht nur für technische oder soziale, sondern für nahezu alle Aspekte menschlichen (und nichtmenschlichen) Lebens geworden ist, lässt sich eine integrativ angelegte kulturanthropologische Auseinandersetzung mit Knappheit nicht ohne Energie entwerfen.

Literatur

Abrahamson, Eric, »Disorganization Theory and Disorganizational Behavior: Towards an Etiology of Messes«, in: *Research in Organizational Behavior* 24 (2002), S. 139–80.

Altvater, Elmar, »Oil-Empire«, in: ders. u.a. (Hg.), *Der Sound des Sachzwangs: der Globalisierungs-Reader*, Berlin 2007, S. 184–193.

Beck, Stefan, »›No brownouts in Germany‹ – towards an analysis of energopractices and renewable democracies after Fukushima«, Vortrag 2nd Annual Cultures of Energy Spring Symposium, Rice University, Houston, Texas, 19.-21. April 2013.

Berliner, David u.a. (Hg.), »Bruno Latour and the anthropology of the moderns«, in: *Social Anthropology* 21 (2013), S. 435–447.

Boyer, Dominic, »Energopower: An Introduction«, in: *Anthropological Quarterly* 87/2 (2014), S. 309–333.

— »Energopolitics and the Anthropology of Energy«, in: *Anthropology News* (2011), S. 5–7.

Chakrabarty, Dipesh, »The Climate of History: Four Theses«, in: *Critical Inquiry* 35/2 (2009), S. 197–221.

Crate, Susan Alexandra/Nuttall, Mark (Hg.), *Anthropology and climate change. From encounters to actions*, Walnut Creek 2009.

de Certeau, Michel, *Kunst des Handelns*, Berlin 1988.

Ferguson, James, »Seeing Like an Oil Company: Space, Security, and Global Capital in Neoliberal Africa«, in: *American Anthropologist* 107 (2005), S. 377–382.

Faßler, Manfred, *Erdachte Welten. Die mediale Evolution globaler Kulturen*, Wien/New York 2005.

Fish, Stanley, »Truth and Toilets: Pragmatism and the Practices of Life«, in: Dickstein, Morris (Hg.), *The Revival of Pragmatism. New Essays on Social Thought, Law, and Culture*, Durham/London 1998, S. 418–433.

Folkers, Andreas/Lemke, Thomas (Hg.), *Biopolitik. Ein Reader*, Berlin 2014.

Foucault, Michel, »Die Maschen der Macht. (1981/1985)«, in: Defert, Daniel/Ewald, Francois (Hg.), *Analytik der Macht*, Frankfurt am Main 2005, S. 230ff.

— *Der Wille zum Wissen*, 1. Aufl, Frankfurt am Main 1977.

Graefe, Stefanie, *Autonomie am Lebensende. Biopolitik, Ökonomisierung und die Debatte um Sterbehilfe*, Frankfurt am Main/New York 2007.

Granovetter, Mark, »Economic Action and Social Structure: The Problem of Embeddedness«, in: *American Journal of Sociology* 91/3 (1985), S. 481–510.

Hengartner, Thomas/Rolshoven, Johanna, »Technik – Kultur – Alltag«, in: dies. (Hg.), *Technik – Kultur. Formen der Veralltäglichung von Technik – Technisierung als Alltag*, Zürich 1998, S. 17–49.

Henning, Annette, »Climate Change and Energy Use«, in: *Anthropology Today* 21/3 (2005), S. 8–12.

Henning, Annette/Leijonhufvud, Gustaf, »Rethinking indoor climate control in historic buildings: The importance of negotiated priorities and discursive hegemony at a Swedish museum«, in: *Energy Research & Social Science* 4 (2014), S. 117–123.

Hubbert, Marion King, *Energy Resources. A Report to the Committee on Natural Resources: National Academy of Sciences. National Research Council, Publication 1000-D*, Washington DC 1962.

Marcus, George E., »On Ideologies of Reflexivity in Contemporary Efforts to Remake the Human Sciences«, in: *Poetics Today* 15/3 (1994), S. 383–404.

Law, John, *After method: mess in social science research*, London u.a. 2004.

Lemke, Thomas, »Die politische Ökonomie des Lebens. Biopolitik und Rassismus bei Michel Foucault und Giorgio Agamben«, in: Bröckling, Ulrich u.a. (Hg.), *Disziplinen des Lebens. Zwischen Anthropologie, Literatur und Politik*, Tübingen 2004, S. 257–274.

Low, Setha M., »Merry, Sally Engle: Engaged Anthropology: Diversity and Dilemmas«, in: *Current Anthropology* 51/2 (2010), S. 203–226.

Meadows u. a., *Die Grenzen des Wachstums 1972*, Übersetzung von Hans-Dieter Heck, 14. Aufl., Stuttgart 1987.

Nader, Laura, *The Energy Reader*, Oxford 2010.

— »Afterword. Maximizing Anthropology«, in: Strauss, Sarah u.a. (Hg.), *Cultures of Energy. Power, Practices, Technologies*, Walnut Creek 2013, S. 317–324.

Pink, Sarah/Leder Mackley, Kerstin: »Video and a sense of the invisible: approaching domestic energy consumption through the sensory home«, in: *Sociological Research Online* 17/1 (2012).

Rabinow, Paul, *Marking Time. On the Anthropology of the Contemporary*, Princeton 2008.

Rittel, Horst W. J./Webber, Melvin M., »Dilemmas in a General Theory of Planning«, in: *Policy Sciences* 4 (1973), S. 155–169.

Sperling, Franziska, »Energie-Kollektiv – Energie-Autarkie. Lokale Energieproduktions- und -konsumgemeinschaften vor dem Hintergrund politisch induzierter Energieregulierung«, in: Adam, Jens/Vonderau, Asta (Hg.), *Formationen des Politischen. Anthropologie politischer Felder*, Bielefeld 2014, S. 215–240.

— »The angry countryside – the installation of biogas plants as a contested issue in a German region« in: Welz, Gisela u.a. (Hg.), *Negotiating environmental Conflicts: Local Communities, global policies*, (Kulturanthropologische Notizen 81), Frankfurt am Main 2012, S. 145–161.

Strauss, Sarah u.a., »Powerlines: Cultures of Energy in the Twenty-first Century«, in: Strauss, Sarah u.a. (Hg.), *Cultures of Energy: Power, Practices, Technologies*, Walnut Creek 2013, S. 11–38.

Szeman, Imre, »Conclusion on Energopower«, in: *Anthropological Quarterly* 8/2 (2014), S. 453–464

Tsing, Anna Lowenhaupt, *Friction. An Ethnography of Global Connection*, Princeton/Oxford 2005.

von Storch, Hans/Krauß, Werner, *Die Klimafalle. Die gefährliche Nähe von Politik und Klimaforschung*, München 2013.

Wilhite, Harold, »Energy consumption as cultural practice: implications for the theory and policy of sustainable energy use«, in: Strauss, Sarah u.a. (Hg.), *Cultures of Paradoxes, Predicaments and Problems,* Walnut Creek 2013, S. 60–72.

Wilhite, Harold, »Why Energy Needs Anthropology«, in: *Anthropology Today* 21/3 (2005), S. 1–2.

Willow, Anna/Wylie, Sara, »Politics, ecology, and the new anthropology of energy: exploring the emerging frontiers of hydraulic fracking«, in: *Journal of Political Ecology* 21 (2014), S. 222–236.

Agency und Selbstwirksamkeit unter der Bedingung ökonomischer Knappheit

Silke Meyer

Knappheit lässt sich je nach Blickwinkel als zwangsläufige anthropologische Erfahrung von Begrenzung oder als Ergebnis von Marktkalkül und Kosten- und Nutzenberechnung interpretieren. Aus ethnologisch-kulturanthropologischer Perspektive interessiert weniger der ontologische Charakter von Mangel, sondern vielmehr seine Bedeutungszuschreibung und Orientierungsfunktion für das Handeln von Menschen in Verteilungsfragen. Damit rückt die Situiertheit und Anthropogenität von Knappheit in den Mittelpunkt des Forschungsinteresses: Welche ökonomischen, sozialen und kulturellen Praktiken stellen Knappheit her? Für welche Logiken und Argumentationen wird die Begrenztheit von Ressourcen als Begründung angeführt? Welche diskursiven Deutungen erfahren Mangel und Knappheit (vgl. Möhring u.a. 2011; vgl. auch die Beiträge von Welz, Groth sowie Tauschek in diesem Band)?

Im Gespräch mit Menschen, für die der Mangel an ökonomischen Ressourcen ein alltägliches, existentielles Erlebnis ist, stellt sich jedoch ein gewisses Unbehagen am sozialkonstruktivistischen Verständnis von Knappheit ein. In meinem Forschungsfeld der Verschuldung in der deutschen Gegenwartsgesellschaft bedeutet die subjektive Erfahrung von Knappheit der ökonomischen Ressourcen zugleich soziale Deprivation und Stigmatisierung. Gerade in diesem Setting, in dem Knappheit und ihre Wahrnehmung unmittelbar und zwangsläufig handlungsleitend wirken, wird der Umgang mit ihr signifikant. Wie wird Mangelerfahrung situiert und kompensiert, wie werden Fragen des Zugangs zu ökonomischen, sozialen und symbolischen Ressourcen diskutiert und Fragen der Verteilung moralisch gedeutet?

Ich möchte in diesem Beitrag beleuchten, wie Menschen mit Verschuldung und ihren Ursachen umgehen, welche Wahrnehmung von Schuld und Schulden sie haben und wie sich diese Wahrnehmungen auf ihr Selbstbild auswirken. Es geht also um einen Subjektivierungsprozess der

Verschuldung, der sich als symbolisch kodierte Ordnung mit eigenem Regelsystem lesen lässt und der moralische Bewertungen und Bilder des verschuldeten Selbst hervorbringt.

Grundlage meines Beitrages sind 45 Interviews mit ver- und überschuldeten Menschen, die ich hinsichtlich ihres Umgangs mit Schulden sowie ihres Schulden- und Schuldverständnisses befragt habe. Diese narrativen Selbstdarstellungen und Selbstdeutungen, die eine intensive Auseinandersetzung mit einem wortreich geführten gesellschaftlichen Diskurs zeigen, habe ich narrationsanalytisch ausgewertet.[1] Ich interpretiere also das Sprechen über Schulden als eine soziale Praxis, genauer gesagt als eine Subjektivierungsweise (Bührmann 2012; vgl. zu Subjekttheorien in der Europäischen Ethnologie Seifert 2015). Im Reden über Verschuldung werden Fragen des ökonomischen Handelns und der Selbstwahrnehmung miteinander verbunden und mit Wertungen aufgeladen, es entsteht ein spezifischer narrativer Habitus (vgl. Frank 2010). In der Analyse dieses narrativen Habitus wird deutlich, welche Formen und Inhalte des Redens über Schulden sozial ratifizierbar und diskursfähig sind und damit eine kompensatorische Funktion erhalten. Anders gesagt: Wie kann über Verschuldung gesprochen werden, um die Erfahrung von Exklusion und Stigmatisierung aufzuheben oder zumindest abzumildern?

Handlungsmacht als Counterpart zu Knappheit – Was ist Agency?

Richtet man also den Blick darauf, was man mit dem Sprechen sagen will – »ce que parler veut dire« ist der Originaltitel von Pierre Bourdieus einschlägiger Studie zur Kommunikation als symbolischer Interaktion (Bourdieu 2012) –, dann erhält ökonomische Knappheit einen narrativen Counterpart, nämlich Handlungsmacht. Aus der Akteursperspektive fungieren Darstellungen von Agency erfolgreich als Kompensation für finanzielle Defizite. Der durch ökonomischen Mangel eingeschränkte Handlungsspielraum wird durch Ressourcen der Agentivität und Selbstwirksamkeit ausgeglichen.

---

[1] Ausführlich zur Narrationsanalyse als Methode der Datenauswertung in der Europäischen Ethnologie siehe Meyer 2014, allgemein Lucius-Hoene/Deppermann 2004, beides mit Literaturüberblick.

Konzepte der Agency-Forschung erfahren seit mehr als einem Jahrzehnt in den Kultur- und Geisteswissenschaften große Aufmerksamkeit und können verstanden werden als »faktisches Handeln« mit oder ohne feststellbare Wirkung, »als beobachtbare Aktion, als individuelle Eigenschaft von Menschen oder Strukturen (oder vielleicht auch von unbelebten Dingen), als interaktiv hervorgebrachte Handlungsermächtigung oder als subjektive Deutung« (Helfferich 2012: 8; vgl. Emirbayer/Mische 1998). In der interviewbasierten Forschung verläuft der Zugang über die Sprache als Wirksystem, Agency ist damit eine sprachliche Konstruktion, die sich aus der Erfahrung und ihrer narrativen Repräsentation zugleich konstituiert (Bamberg 2005) und ihre Bewertung in subjektiven wie kollektiven Deutungssystemen erhält.

Diese soziale Bestimmtheit, »die Annahme einer Potenz subjektiver Agency-Konstrukte, Wirklichkeit[en] herzustellen« (Helfferich 2012: 16), macht Agency als analytische Kategorie besonders aussagekräftig für kulturwissenschaftliche Forschung. Nicht nur Sprache als kollektives Ordnungssystem in Syntax und Semantik, sondern auch die in ihr reproduzierten sozialen Regeln der Thematisierung eignen sich für die Analyse gesellschaftlicher Verfasstheit. Der Ausdruck »Mir ist die Hand ausgerutscht« zeigt die sozial eingebettete Bewertung von zwischenmenschlicher Gewalt (Helfferich 2012: 16). Der/die Erzähler/in tritt als Agens hinter die handelnde Hand zurück und beweist mit der Verwendung des Ausdrucks, dass er/sie sich der Unmäßigkeit seines/ihres Handelns bewusst ist. Wird die Redewendung vom Gegenüber verstanden, fungiert sie zugleich als Bekenntnis zu einem intersubjektiven Wertesystem und als Entschuldigung für das eigene Handeln. Anzumerken ist, dass die Bewertung prinzipiell offen ist, konkret: Handlungsmacht ist nicht per se als positiv und Ohnmacht als negativ einzustufen. Die Analyse der Kommunikationssituation darf solche gesellschaftlichen Wertungen nicht reproduzieren, sondern muss ihr Augenmerk darauf legen, *wie* diese Zuschreibungen in der Selbstrepräsentation und Interaktion erreicht werden und welche Auswirkungen sie auf die Identitätsarbeit haben. Agency als analytische Kategorie ist ohnehin nicht abzugrenzen von Nicht-Handlungsmacht, sondern umfasst Erfolgsgeschichten wie Leidensgeschichten und Widerfahrnis (vgl. Helfferich 2012: 14–15; Rehbein 1984; Rehbein 1980). Präzisieren lässt sich die Oberkategorie Agency mit den Begrifflichkeiten der Agentivierung und der Agentivität. Erstere meint Strategien der Selbstermächtigung und den Akt der Zuschreibung von Handlungsmacht, zweitere die Eigenschaft eines Wirkzentrums (Lucius-Hoene 2012: 42).

Agency und Selbstwirksamkeit im Umgang mit Schulden

Handlungsfähigkeit wird genau dort zum zentralen Wertekonzept, wo sie fehlt oder zumindest durch finanzielle und damit eben auch durch soziale Deprivation eingeschränkt ist. Dies ist leicht nachvollziehbar: In einem Leben mit Schulden sind die Möglichkeiten zu einer konsumatorischen Teilhabe beschränkt. Kinoabende und Urlaube, Skikurse und Familienausflüge und das ganz alltägliche Einkaufen sind nicht nur selten und nicht spontan möglich, sondern unterliegen langfristiger Planung und tragen nur wenig dazu bei, sich selbst durch Konsum und Freizeitgestaltung einen Platz im sozialen Umfeld zu sichern. Diesen Mangel an Konsumoptionen sprechen die Interviewpartner/innen offen an, sie führen aus, dass ihnen die Spontanität in der Freizeitgestaltung besonders fehle und dass es ihnen vor allem für ihre Kinder Leid tue, kein aktiver Teil der Konsumgesellschaft sein zu können. Zugleich legen sie großen Wert darauf, dass die Knappheit an Geld nicht zu einer Knappheit an Selbstbestimmung und Handlungsfähigkeit führe und widmen der narrativen Selbst-Agentivierung viel Aufmerksamkeit im Interview. Mit erzählerischen Positionierungs- und Deutungsmustern gelingt es damit denjenigen, die doch unter wirtschafts- und sozialstrukturellen Bedingungen kaum über Handlungsspielräume verfügen, Agentivität her- und darzustellen.

Diesen Mechanismen der narrativen Konstruktion von Agency und ihrem Verhältnis zur Struktur möchte ich im Folgenden en détail nachgehen und zwar auf drei Ebenen: erstens auf einer sprachlich formalen Ebene, zweitens auf einer interaktiven Ebene und drittens auf der Ebene der Erzählmuster und ihrer inhärenten moralischen Deutung.[2] Als Beispiel dienen Sequenzen aus einem Interview mit der 44-jährigen Anna Ostendorf. Sie ist gelernte Bürokauffrau und arbeitete seit ihrer Jugend in der Spedition ihres Vaters. Von diesem hatte sie die Spedition im Jahr 2000 übernommen. 2008 meldete sie Insolvenz an, weil sie nach eigener Auskunft nicht mehr rentabel wirtschaften konnte, Einzelheiten dazu nennt sie nicht.[3]

---

[2] In der Erzählung überlagern sich diese Ebenen selbstverständlich. Ich folge damit dem Aufbau des Textes und im Weiteren den Analyseschritten von Gabriele Lucius-Hoene in ihrem Text zur narrativen Konstruktion von Agency (Lucius-Hoene 2012).

[3] Das Verbraucherinsolvenzverfahren gilt für all diejenigen, die nie wirtschaftlich selbstständig tätig waren, sowie für diejenigen Unternehmer/innen, die ihr Unternehmen eingestellt, nicht mehr als 19 Gläubiger/innen und keine Verbindlichkeiten an ehemalige Angestellte, Sozialversicherungen oder das Finanzamt haben.

Das Interview führten wir auf ihren Wunsch in ihrem ehemaligen Büro, das auf dem Speditionsgelände liegt. Das Gelände ist mittlerweile verkauft an einen ehemaligen Mitarbeiter, die Nutzung des Büroraums für Anna Ostendorf jedoch weiterhin möglich. Die Wahl des Ortes erschien mir signifikant für ihre Selbstdarstellung, zumal der Raum nicht geheizt und für März empfindlich kalt war. In ihrem ehemaligen Büro präsentierte sich Anna Ostendorf als selbstbewusste Geschäftsfrau und Gastgeberin zugleich, sie bot mir Kaffee und Gebäck an und prägte in diesen Rollen die Atmosphäre des Gesprächs. Dies wird zu Beginn dieses Abschnitts deutlich: Anna Ostendorf fragte mehrfach nach meinem Wohlbefinden und bot Nachschub an, mich brachte ihre betonte Gastfreundschaft stellenweise aus dem Konzept und ich verlor den Faden im Interview:

SM: und mit der insolvenz, wie geht es ihnen da?

AO: haben sie auch alles, ist ja genug da --- alles GUT? sie sagen dann bescheid, JA?

SM: ja, gerne, vielen dank, äh, also, ich wollte noch fragen, also, wie geht es ihnen denn jetzt mit der insolvenz?

AO: also, also GUT kann man sagen. ---- ich habe es ja geSCHAFFT, und das hat mir KEINER geglaubt, von denen. die spedition SO lange zu führen, als frau und in DIESen zeiten, sie wissen ja, wer schafft das denn schon? --- Als mein vater starb und MIR das alles zufiel, da sah es noch anders aus. ich war ja auch noch so total unerfahren in der leitung und eigentlich darauf gar nicht vorbereitet, ich dachte ja immer, mein bruder ---- Also ich kannte den laden natürlich schon, das SCHON, aber --- und dann kam es SO, und da stehe ich jetzt als CHEFin und sag, was zu tun ist. und als die zeiten schwieriger wurden, und das sind sie jetzt ECHT, das ist keine ausrede oder so, dann kam auch noch die insolvenz irgendwann und da bin ich fast durch jetzt. habe mich zwar durchwurscheln müssen und war auch schlimm, aber ich habe den kopf übers wasser gestreckt und jetzt bin ich schon fast STOLZ drauf (8 Sekunden Pause) wissen sie ICH finds immer leichter, wenn man halt MACHen kann ---- ja, und dann fast so nebenbei, die insolvenz, da bin ich ja jetzt fast durch, darauf bin ich schon stolz. wenn sie DAS schaffen, obwohl alle nur gegen sie sind, die konkurrenz, die eigenen mitarbeiter, das finanzamt, die familie und sie an allen fronten kämpfen, das ist schon eine leistung, das können sie mir glauben. Und darauf bin ich auch stolz, auch wenn es komisch klingt, bei einer nullinsolvenz, von der ja eh keiner mehr was hat.

SM: worauf genau sind sie denn stolz?

AO: na, nicht auf die insolvenz, man kann ja kaum stolz darauf sein, dass man pleite ist (lacht). nein, dass ich durchgehalten habe, nicht aufgegeben, obwohl es am anfang ziemlich schlecht aussah. dass ich so völlig zäh war und kämpferisch. Und dass ich es geschafft habe, mich zu organisieren, mein leben in die hand zu nehmen.

SM: das organisieren hat ihnen dabei geholfen?

AO: ja, TOTAL. als ich dann endlich ordnung im chaos hatte, alles schön abgeheftet und in ordnern geordnet, da habe ich angefangen, mich besser zu fühlen. #27:01:08-3#

Sprachliche Formen geben Hinweise auf die Gestalter/innen einer Geschichte: Personen, benennbare und anonyme Mächte werden zum Movens von Handlungen. Ob sich eine Person eine aktive oder passive Rolle zuschreibt, gibt Hinweise auf ihr biografisches Selbstverständnis. In Anna Ostendorfs Antwort findet sich dies sehr deutlich: Sie positioniert sich direkt zu Beginn als handlungsmächtig, sogar im Kampf gegen genderpolitische und wirtschaftliche Benachteiligung, und macht dies zur Kernaussage ihrer Erzählung. Mit »als Frau« und »die Zeiten« benennt sie zwei Gegenspieler, gegen die kein oder nur ganz wenig Kraut gewachsen ist. Die Mächte, die gegen sie stehen, dienen aber in der Aussage eher dazu, die eigene Leistung zu betonen: »wer schafft das denn schon?« Im nächsten Satz ist die Erzählerin das Objekt der Satzstruktur: das Geschäft ›fällt ihr zu‹. Diese eher passive Haltung prägt jedoch die Vergangenheit (»damals«). Was den Wendepunkt zu ihrer heutigen Stellung als »Chefin« markiert, bleibt unklar (»ich dachte ja immer, mein bruder ---- und dann kam es so«).

Bei der Analyse der sprachlichen Konstituierung von Agentivität empfiehlt sich ein aufmerksamer Blick auf Prädikatsausdrücke (Lucius-Hoene 2012: 49–50). Anna Ostendorf benutzt Aktionsprädikate, Prozessprädikate und Qualitätsprädikate. Mehrfach verwendet sie die aktionsstarken Verben »schaffen« und »durchwursteln«, das Bild des Kopf-über-Wasser-Haltens wird aktivisch gebeugt, indem sie den Kopf übers Wasser streckt, in der Schlusspassage formuliert sie mit dem Ich-Subjekt, wie ihr das aktive Schaffen von Ordnung zum Lichtblick wird. Die Narrationsanalyse fragt nach Varianten, um die Bedeutung des Gesagten noch klarer fassen zu können (Lucius-Hoene/Deppermann 2004: 184–187). Anna Ostendorf wählt an dieser Stelle eben nicht die Formulierung »als dann endlich ordnung im chaos war« oder »als sich das chaos endlich lichtete«, sondern setzt sich selbst als Agens. Qualitäts- oder Zustandsprädikate verstärkt sie evaluativ, um den eigenen Standpunkt zu unterstützen: die Zeiten sind »echt« schlecht, sie war in ihren Anfängen »total« unerfahren, später »völlig« zäh und kämpferisch.

Für den Prozess der wirtschaftlichen Verschlechterung in der Rezession entscheidet sie sich hingegen für das neutrale »als die Zeiten schwieriger wurden« und lässt hier die Stelle des Movens unbesetzt. Im Gegensatz zum absichtsvollen und zielgerichteten Aktionsprädikat wird hier keine willentliche Einwirkung markiert. Eine Leerstelle bleibt auch die von mir erwartete Erzählung über ausländische Konkurrenz und Globalisierungszwänge. Die strukturelle Veränderung der Speditionsbranche bleibt unbestimmt und fungiert im Interview nicht einmal als Nebenerzählung.

Auf der Ebene der Interaktionsanalyse fragt man danach, inwieweit Erzählerin und Zuhörerin an der Konstruktion von Agentivität beteiligt sind und in welchen Situationen Verstärkungen eingeholt werden und auch erfolgen. Beim hier betrachteten Abschnitt fällt auf, dass die Erzählerin ihre Ausführungen epistemisch modalisiert, d.h. sie untermauert ihre Aussagen auf einer meta-kommunikativen Ebene, z.B. »das können sie mir glauben«. Auf der gleichen Meta-Ebene relativiert sie ihre eigene Aussage, stolz zu sein auf die Insolvenz (»auch wenn es komisch klingt«). Der Aussage, dass eine Nullinsolvenz keine finanziellen Vorteile für ihre Gläubiger mit sich bringt, sondern eher zur disziplinarischen Aufgabe wird, die sie gemeistert hat, verleiht sie dadurch eine höhere Gültigkeit. Zudem stellt sie gleich zu Beginn des Abschnitts bei deutungsoffenen Zusammenhängen kommunikativ Einigkeit mit mir her: »als frau und in diesen zeiten, sie wissen ja, wer schafft das denn schon?« Hier bin ich als Frau angesprochen, die die Härte der Wirtschaftslage kennen soll. Damit erreicht die Interviewpartnerin eine Emotionalisierung und Solidarisierung im Gespräch. Ich komme darauf noch zurück, zuvor möchte ich mit einem neuen Textabschnitt die dritte Ebene der narrativen Muster und ihrer Deutung einführen.

AO: wissen sie, MIR kommt der ganze kampf gegen die gläubiger und notare auch manchmal komisch vor, also, ich halte mich an die spielregeln, aber im ernst, was soll's. ich MACH das verfahren, aber ich bezahl ja KAUM was zurück, ist ja doch lächerlich, am ENDE, das weiß doch JEDER.

SM: aber sie machen es TROTZdem.

AO: JA, weil ich das gefühl habe, dass ich damit auf der richtigen seite, also ich kämpfe da den RICHtigen kampf. Aussichtslos zwar, aber eben moralisch richtig.

SM: das müssen sie mir erklären.

AO: ja, es ist halt die alte geschichte von den kleinen gegen die großen, eigentlich unmöglich zu gewinnen, aber das UNmögliche wird dann eben doch möglich ---- WIE im FILM, wenn dann DOCH die kleinen gewinnen, gegen die bösen großen firmen. (6 Sekunden Pause) kennen sie erin brockovich, den film mit julia roberts, den kennen sie doch wohl, hat sie einen oscar dafür gekriegt. DA ist das so, sie zieht gegen diesen riesigen konzern ins feld, eigentlich unmöglich, die zu überführen, ohne große kanzlei und jurastudium, aber sie bleibt dran und sammelt alle möglichen unterlagen und dann schafft sie es eben, weil ihr die leute vertrauen und die kriegen dann super viel schadensersatz für ihre krankheiten --- kennen sie bestimmt, oder? Und das ist eine WAHRe geschichte.

SM: und bei ihnen war's ----?

AO: ja, natürlich NICHT SO, ich bin ja nicht sterbenskrank und kriege millionen dafür bezahlt. aber ich bin auf der richtigen seite und dann kann man sich auch durchsetzen gegen das System, wissen sie ja. weil, ich habe ja nichts wirklich FALSCH gemacht, also, ich bin ja keine kriminelle oder so. ich habe eben versucht, mich gegen die großen durchzusetzen, und da muss man auch so sein, bereit und fleißig und so, sie wissen es ja selbst.

SM: mhm, ja klar. und DAS machen sie jetzt im insolvenzverfahren?

AO: ja da auch, auch wenn's nichts bringt, hab ich ja schon gesagt. Aber es ist halt so eine haltung von mir. #35:05:03-3#

Agentivität und Handlungsmacht bringen Verantwortung mit sich. Wer eine Handlung willentlich steuert, kann auch zur Rechenschaft gezogen werden. Die Frage, wie mit dieser Eigenverantwortlichkeit in einem Gespräch zu einem biografischen Planbruch, nämlich der Ver- und Überschuldung umgegangen wird, findet ihre Antwort im erfolgreichen Einsatz eines Erzählmusters. Anna Ostendorf war als unerfahrene Tochter in den Beruf »hineingestolpert«, konnte sich aber aufgrund ihrer Eigenschaften der Zielgerichtetheit, des Durchhaltevermögens und Glaubens an sich selbst gegen alle Widerstände in einer feindlichen Welt behaupten. Aus einem anonymen Geschehen ohne treibendes Movens – die Rolle des Vaters wird nicht weiter ausgeführt – wird eine Handlung mit einem kompetenten und zielgerichteten Wirkzentrum (Lucius-Hoene 2012: 54). In beiden Abschnitten führt sie aus, wie sie eine Aufgabe bewältigt, bei der sie mächtige Kräfte gegen sich hat und die sie nur bewerkstelligen kann, indem sie fest an sich glaubt.

Als Vorlage dienen ihr unzählige Geschichten vom Underdog, deren Erzählstruktur von dem Sieg des Unterlegenen entgegen allen Erwartungen hier reproduziert wird. Die biblische Geschichte über die Befreiung Israels von den Philistern, bei der der Knabe David aus dem Kampf gegen den Riesen Goliath siegreich hervorgeht (Hunger 1981: 365–367), bildet das narrative Muster, das Eingang in unzählige Volksmärchen, literarische Stoffe wie den Bildungsroman, TV- und Kinofilme und auch Selbsterzählungen gefunden hat.[4] Überall werden ungleiche Ausgangsbedingungen in einen Sieg der vermeintlich Schwächeren über die vermeintlich Stärkeren verkehrt. Was erstere stark macht, ist ihr Glaube an sich selbst, ihre Zielstrebigkeit und ihr Durchhaltewille.

Nicht ohne Selbstironie verankert Anna Ostendorf ihre Verschuldungsgeschichte intertextuell. Die Rede ist hier vom Blockbuster *Erin Brockovich* und ihrem Sieg über den Großkonzern PG&E, also Pacific Gas and Electric. Wiederum spricht sie wiederholt mich als Zuhörerin an (»kennen sie bestimmt, oder?«), um die Etabliertheit des Musters hervorzuheben. Zudem kommentiert sie auf der Metaebene: »und das ist eine WAHRe geschichte«, um den Vergleich mit ihrer Geschichte und die Überzeugungskraft des Musters zu stärken. Das Motiv vom Sieg der Kleinen über die Großen, weil erstere die besseren Waffen der Überzeugung und Moral haben, ist kulturell fest etabliert und lässt sich mühelos auf die eigene Biografie umdeuten. Die Selbstermächtigung liegt dabei in der Moral der Geschichte, denn in der Erzählung vom Underdog gewinnen David, Erin und eben auch Anna aufgrund ihrer Entschlossenheit, ihres Glaubens an sich selbst und damit letztlich aufgrund ihrer moralischen Überlegenheit. Und auch in der Interaktion ist das Muster eindeutig: Als Zuhörerin weiß ich sofort, auf wessen Seite ich mich zu schlagen habe, allein die Figur des Underdog verdient meine Sympathie (vgl. Lumsden 2013).

Nur, wie an meinem zaghaften Einwand zu erkennen ist: Anna Ostendorf kämpfte nicht an der Seite der Unterlegenen gegen einen fiesen Großkonzern, sondern hat, wie sie an anderer Stelle ausführt, finanziell und biografisch die falschen Entscheidungen getroffen und Schulden gemacht, die sie nicht zurückbezahlen kann. Sie erkennt meinen Zweifel sofort und berichtigt: »ich bin ja nicht sterbenskrank und kriege millionen dafür bezahlt.« Indem sie die Form der Geschichte quasi über ihren Inhalt stellt – auch in dem expliziten Verweis auf das mit einem Oscar prämierten Filmformat »den film mit julia roberts, den kennen sie doch wohl, hat sie einen oscar dafür gekriegt« –, gelingt es ihr dennoch, den Kampf gegen Gläubiger, Notare und das System zur Kernnarration ihrer Darstellung zu machen und damit aus ihrer narrativen Kompetenz eine moralische Kompetenz abzuleiten.

---

4 In anderen biblischen Erzählungen ist die Rolle des Davids besetzt mit dem armen Verwandten oder dem jüngsten Sohn, z.B. Jakob oder Josef (Niditch 1987: 70-125). Der sogenannte Underdog-Effekt ist vor allem in der Werbung gut erforscht (siehe Paharia u.a. 2011).

Mit dem zweimal wiederholten Hinweis »sie wissen es ja selbst« macht sie mich interaktiv zur Zeugin dieser Selbstaussage. Ihre prompt auch von mir bekräftigte Selbsterzählung wird zur Selbstermächtigung, die unterstreicht, dass sie den richtigen Kampf kämpft. Das Erzählmuster erlaubt ihr mithin, Agentivität und Agentivierung im richtigen Maß zu verhandeln: ihre Aussagen stellen sie als handlungsmächtige und selbstbestimmte Person dar, die für ihre Unterlegenheit gegen das System nicht zur Rechenschaft gezogen werden kann.

Auch in anderen Interviews bildet der narrative Habitus der Verschuldung ein erfolgreiches Ringen um Selbstbestimmung ab, welches dem Individuum erlaubt, sein eigenes nicht-konventionelles Handeln nicht nur mit individueller Sinnhaftigkeit, sondern auch mit moralischer Kompetenz anzureichern. Die Geschichte entfaltet Möglichkeiten, zu denen die Individuen aufgrund ihrer finanziellen Deprivation kaum Zugang haben. Narrativ aber entwickeln sie Agentivität, indem sie wie hier auf die Pluralität von Lesarten hinweisen, vielfältige Evaluationen bereitstellen und damit dominante Positionen hinterfragen. Auf diese Weisen kann ein/e Erzähler/in die Knappheit von Ressourcen in eine Wertschöpfung des Selbst umdeuten. Der Schlüssel dazu liegt in der Moral der Geschichte.

Agency und Schuldendiskurse

Erzählmuster sind Ordnungsprinzipien, anhand derer wir sowohl unser eigenes Handeln ausrichten als auch externe Handlungsschemata erkennen können. Die narrativen Ordnungsmuster wandeln sich, knüpfen ihrerseits an Geschichten an und werden zu neuen Geschichten (Schapp 1975). Diese Beschreibung der Wirkweisen von Geschichten überträgt der Kommunikationswissenschaftler Siegfried J. Schmidt auf Diskurse. In der begrifflichen Verschränkung »Geschichten & Diskurse« zeigt er, dass auch Diskurse nur als eine Abfolge und Neuproduktion von Ordnungsprinzipien verstehbar werden (Schmidt 2003). Sprachliche Subjektivierungsprozesse sind nicht nur das Ergebnis gesellschaftlich ratifizierter narrativer Muster, sondern belegen auch die Aneignung und damit die Formation von gesellschaftlichen

Diskursen. Handlungsmacht und Struktur stehen – dies ist nicht neu und in der Gesellschaftstheorie auf unterschiedliche Weise ausformuliert[5] – in einem dialektischen Verhältnis.

Diese Dialektik lässt sich an der Rolle von Agency im rechtlichen wie im medialen Schuldendiskurs nachweisen. In beiden gilt Handlungsmacht als unbedingte Tugend auf dem Weg der Entschuldung. Laut der 1999 eingeführten Insolvenzordnung wird Restschuldbefreiung nur dem zuteil, der sich als »redliche[r] Schuldner« (Insolvenzordnung §1, Abs. 1) erweist, und einen Nachweis der Redlichkeit kann nur erlangen, wer aktiv am Insolvenzverfahren mitarbeitet (Meyer 2014b). Zur Verfahrenseröffnung muss sich der/die Schuldner/in selbst entschließen und dies in die Wege leiten. §20 der Insolvenzordnung formuliert weiterhin die »Auskunfts- und Mitwirkungspflicht« der Schuldner/innen, und §287 Abs. 2 führt aus, dass Schuldner/innen in der Wohlverhaltensphase ihre pfändbaren Bezüge an die Treuhänder/innen abtreten sowie pfändbares Kapital zur Schuldtilgung zur Verfügung stellen müssen. Schuldnerberater/innen kontrollieren die aktive Mitwirkung anhand der Ordnung von Unterlagen, Haushaltsbüchern sowie durch den Nachweis von Bewerbungen, Wohnungswechseln oder durch Berichte über Einsparmaßnahmen wie der Nutzung von Sperrmüll oder Essenstafeln (Ebli/Herzog 2013: 216–217). Wer sich erinnert: Anna Ostendorf fing an, sich besser – lies: redlicher – zu fühlen, als es ihr gelang, ihr »leben in die hand zu nehmen.« Geholfen haben ihr dabei Praktiken der Ordnung: »als ich dann endlich ordnung im chaos hatte, alles schön abgeheftet und in ordnern geordnet, da habe ich angefangen, mich besser zu fühlen.«

---

5 Nur zwei Namen sollen hier genügen: Anthony Giddens versteht unter der Dualität der Struktur »the essential recursiveness of social life, as constituted in social practices: structure is both medium and outcome of reproduction of practices. Structure enters simultaneously into the constitution of the agent and social practices, and 'exists' in the generating moments of this constitution« (Giddens 1979: 5; Giddens 1984; siehe auch Welskopp 2001) und nennt diese Wechselwirkung Strukturation. Pierre Bourdieu fasst die Vermittlung von Struktur und Praxis im Konzept des Habitus: »Die für einen spezifischen Typus von Umgebung konstitutiven Strukturen (etwa die eine Klasse charakterisierenden materiellen Existenzbedingungen) [...] erzeugen *Habitusformen*, d. h. Systeme dauer-hafter *Dispositionen*, strukturierte Strukturen, die geeignet sind, als strukturierende Strukturen zu wirken, mit anderen Worten: als Erzeugungs- und Strukturierungsprinzip von Praxisformen und Repräsentationen, die objektiv ›geregelt‹ und ›regelmäßig‹ sein können, ohne im geringsten das Resultat einer gehorsamen Erfüllung von Regeln zu sein; [...] und die, dies alles gesetzt, kollektiv abgestimmt sein können, ohne das Werk der planenden Tätigkeit eines ›Dirigenten‹ zu sein.« (Bourdieu 2009: 164–165, kursiv im Original).

Diese Aussage ist kein Einzelfall in den Interviews: Selbstorganisation und Selbstordnung sind aktivierende Strategien, die dem/der Einzelnen das Gefühl der Handlungsfähigkeit verleihen.

Im Internet fordern Beratungsstellen auf: »Sie können selbst aktiv werden«[6] und bieten Hilfestellung zu ersten Schritten an. Zudem offerieren die Internetseiten von gemeinnützigen und kommerziellen Schuldnerberatungen eine Vielzahl von interaktiven Optionen zum Schuldenmanagement. So stellt die Homepage der RTL-Sendung »Raus aus den Schulden« neben statistischen Daten und Rechtsbeihilfen einen interaktiven Rechner für Versorgungslücken im Rentenalter und für die Höhe von Hartz IV-Zahlungen sowie einen Schnäppchen-Rechner, der die günstigste Zeit für den Kauf von Fernsehern, Kleidung und Freizeitgeräten angibt, zur Verfügung. Unter der Rubrik »Es geht um Ihr Geld« sind die größten Schuldenfallen zusammengestellt. Von dieser Sparte aus weiterführend werden Energiespartipps (»Strom sparen, [sic] heißt Geld sparen«) und Ratschläge für Investments (»So retten Sie Ihr Geld durch die Krise«) angeboten. Unter der Überschrift »So stimmt die Haushaltskasse« finden Mediennutzer/innen einen Test zum Thema »Können Sie gut mit Geld umgehen?« sowie Einkaufsratschläge wie Listen, Preisvergleich und Barzahlung. Zusätzlich finden sich Angebote, über Inhalte beliebter Serien abzustimmen, z.B. »wer soll zur Dschungelprüfung« für die RTL-Serie »Ich bin ein Star. Holt mich hier raus!«, und dabei 5000 Euro zu gewinnen.[7]

Die Sendung und ihre Homepage wirken stilbildend: Die kommerzielle Pro-Schuldnerberatung beispielsweise wirbt für den Beruf mit dem prominenten Kollegen Peter Zwegat, dem sie unter der Rubrik »Begriffsklärungen« einen eigenen Eintrag widmen. Auf diesem Weg beziehen sie indirekt den Plot der Sendung »Raus aus den Schulden« in ihre Selbstdarstellung mit ein:

»Mit großem Einsatz arbeitet Peter Zwegat als staatlich anerkannter Schuldenberater gegen die dauernd zunehmende Verschuldung privater Haushalte. Herr Zwegat ist auch ausgebildeter Pädagoge und arbeitet gegen fehlenden Antrieb, Faulheit, Lust- und Arbeitslosigkeit. Herr Zwegat arbeitet oft gegen allzu große Naivität und allzu

---

6 Z.B. die Kreisdiakoniestelle Esslingen unter http://www.kreisdiakonie-esslingen.de/rat-und-hilfe/schuldnerberatung/voraussetzungen-moeglichkeiten-selbst-aktiv-zu-werden/ (08.01.2015). Die aktive Mitarbeit der Ratsuchenden wird als Voraussetzung für eine Beratung in allen mir bekannten Fällen auf der Startseite der Schuldnerberatungen genannt.

7 »Raus aus den Schulden«, rtl: http://www.rtl.de/cms/sendungen/real-life/raus-aus-den-schulden.html (09.01.2015).

große Dummheiten von hilfesuchenden Personen. Der bekannte Schuldnerberater konnte bisher fast jedem Schuldner helfen: Raus aus den Schulden und aus der Armut.«[8]

Es folgen ein ausführlicher Lebenslauf Zwegats und ein Verweis auf seine verschiedenen Fernsehauftritte.

Auch hier ist Agentivität positiv besetzt: das aktive Verb »arbeiten« wird drei Mal wiederholt, während Arbeitslosigkeit semantisch und syntaktisch mit Antriebslosigkeit, Faulheit und Lustlosigkeit in Verbindung gebracht wird. Unter »Service & Ratgeber« bietet die Schuldnerberatung dann – ähnlich der Homepage von RTL – eine Reihe von Musterbriefen und Formularen sowie einen Online-Pfändungsrechner, Unterhaltstabellen, Tipps für »Geld und Haushalt mit Budgetplanung« und »Preiswerte Rezepte und Gerichte für 120,00 Euro im Monat« an.[9] Interaktiv werden hier Optimierungsstrategien für die Bewältigung des Alltags offeriert. In der Nutzung solcher »Mikropolitiken des Alltags« (Seier 2009a, b) werden die Akteur/innen zu Prosument/innen, deren Verhalten von passivem Konsum und aktiver Teilhabe und Aneignung gleichzeitig gekennzeichnet ist. Die Mediennutzer/innen sind Verbraucher/innen und Produzent/innen zugleich, mit ihren Praktiken der Herstellung und des Konsums lösen sie die klassische Rolle der bloßen Teilnahme auf und engagieren sich aktiv und selbstbestimmt in der Mediennutzung.

Entscheidend ist in dieser Analyse der Mikropolitiken, dass sie in ihrer Anwendung ebenfalls einen Subjektivierungsprozess abbilden, indem sie nämlich keine individuellen, sondern stets modellhafte Verhaltensoptionen offerieren. Die Handhabung und Optimierung des Selbst geschieht zwar eigeninitiativ, autonom und freiwillig, aber doch nach technischen oder diskursiven Vorlagen. Selbstführung und Fremdführung lassen sich nicht mehr voneinander trennen. Denn der Transformation von Konsument/innen zu Produzent/innen sind Ebenen vorgelagert, die die Prozesse des Selbstentwurfes strukturieren und normieren. Im Umgang mit interaktiven Angeboten wie Online-Rechnern beispielsweise wird der Selbstentwurf auf einer technischen Ebene vorgegeben, der Schnäppchen-Rechner avanciert nicht nur den voraussichtlich günstigsten Zeitpunkt für den Kauf eines Fernsehers

---

[8] Pro-Schuldnerberatung: http://www.pro-schuldnerberatung.de/?a=1&t=0&y=3001&r =0&n=146&i=&c=25&v=page&o=&s= (09.01.2015).
[9] Pro-Schuldnerberatung: https://www.pro-schuldnerberatung.de/ (09.01.2015).

oder eines Fahrrads, sondern auch die Produkte selbst. Das Wälzen von Prospekten macht zwar auf Sonderangebote aufmerksam, aber eben auch auf Produkte:

»Daher geht der Akt der Selbstkonstitution nicht aus einer aktiv-heroischen Selbstschöpfung hervor, sondern das Subjekt entsteht innerhalb eines bereits vorgegebenen Möglichkeitsfeldes, welches das Handeln der Subjekte zugleich bedingt und offen hält. Individualisierung beruht nicht auf einer freien Entscheidung der Subjekte, sondern ist ein in sich widersprüchlicher Zwang zur vermehrten Selbstreflexion und biografischen Selbstinszenierung.« (Reichert 2008: 69–70).

Das verschuldete Selbst ist nicht nur fremdgesteuert, sondern auch stark normiert.

Fazit

Schlüssel zum Entschuldungserfolg bietet die Selbstaktivierung und Handlungsmacht. Diese neoliberalen Tugenden sind sowohl in den wirkmächtigen Diskursen als auch in den Augen der befragten Akteur/innen ausgesprochen positiv besetzte Konzepte. Ihre narrative Darstellung erlaubt die Kompensation sozialer Marginalisierung, langfristig sind sie die Leitplanken auf dem Weg aus den Schulden. Dies ist nur möglich, weil eine Selbstpositionierung als handlungsfähig zugleich gesellschaftliche Anschlussfähigkeit an eine neoliberale Normalität und ihre hegemonialen Diskurse bedeutet.

Wer den Begriff des Neoliberalen verwendet, muss auch erklären, was an der Beobachtung ›neo‹ ist: Praktiken der Agentivierung sind keine Phänomene der Spätmoderne und weder Selbstermächtigung durch Ordner noch durch Ordnung ist per se neoliberal. Der Schweizer Historiker Mischa Suter (2011) analysiert einen Verschuldungsfall von 1842, bei dem er ebenfalls Subjektivierungspraktiken beobachtet. Die Verinnerlichung ökonomischer wie sozialer Anforderungen ist kein reines Gegenwartsphänomen. Suters Fall betrifft jedoch einen Kaufmann und diese Subjektform ist entscheidend für sein Ergebnis. Zur Stärkung des Arguments: Die Sichtbarmachung von Schulden im Schweizer Handelsregister des 19. Jahrhunderts ist ebenfalls eine kaufmännische Praxis. Anna Ostendorf scheitert zwar als Kauffrau, erlebt die Verschuldung und die Auswirkungen der Privat(!)-Insolvenz jedoch ganzheitlich identitätswirksam. Was hier in meinen Augen durchaus eine postmoderne Kultur- und Epochenspezifik aufweist, sind die diskursiven Bewertungen von Subjektivierungspraktiken und damit auch die Forderungen, die eine Gesellschaft an ihre Mitglieder stellt. Im Übergang vom Fordismus zum Postfordismus ist eben diese Anschlussfähigkeit an eine Normalität durch Praktiken der Selbstermächtigung, Eigenaktivierung und Eigenverantwortlichkeit im Privaten bezeichnend. Deshalb sind die narrativen Rahmungen dieser Postulate so aufschlussreich, weil sie Auskunft darüber geben, wie die Positionierung als agentiv zugleich als Integrationsversprechen erfahren wird, gerade von denjenigen, die ökonomische wie soziale Marginalisierung erleben.

Dieses Versprechen gibt es aber nicht umsonst, die moralische Aufwertung von Agentivität im Umgang mit Schulden führt nämlich in ihrer Konsequenz in ein für die Akteur/innen fatales Schulden- und Schuldverständnis. Die narrative Konstruktion von Agency entlastet zwar das Subjekt einerseits, zugleich belastet sie es auch mit der Eigenverantwortlichkeit. Strukturelle Bedingungen von Verschuldung wie Arbeitslosigkeit oder Transformationen des Arbeitsmarktes geraten damit aus dem Blickfeld. Anna Ostendorf spricht gerade nicht über die Bedingungen der Internationalisierung ihrer Branche und verzichtet weitgehend auf das Schauermärchen von der Globalisierung. Vielmehr übernimmt sie im Subjektivierungsprozess mit ihrer Agentivität und Verantwortlichkeit für ihr Handeln auch die Schuld an ihren Schulden. Damit bezahlt sie am Ende einen hohen Preis.

Postskriptum

Ich will meine Überlegungen zur Agentivierung um eine weitere kulturwissenschaftliche Repräsentation von Knappheit ergänzen. Die Ausstellung »Bitter Oranges«, kuratiert 2014/2015 von Diana Reiners und Gilles Reckinger, zeigt Fotografien vom Leben und Arbeiten auf einer Orangenplantage in Kalabrien, Süditalien.[10] Ungefähr die Hälfte der Bilder stammt von Carole Reckinger, die als Fotografin an der Feldforschung beteiligt war, die andere Hälfte nahmen die Arbeiter mit Digitalkameras, die die Forscher/innen zur Verfügung gestellt hatten, für die Ausstellung selbst auf. Neben Bildern von Müll, Containersiedlungen und Slums aus Zeltbehelfen hängen Fotos aus dem Alltag im Arbeitscamps: Ein Mann wäscht seine Wäsche in

---

10 Zur Ausstellung siehe http://bitter-oranges.com/ (13.07.2015), zum Projekt vgl. auch Reckinger/Reiners 2014.

einem Eimer und grinst breit in die Kamera, die sein Freund M. in den
Händen hält. Wirtin R. stockt den Kühlschrank mit Getränken auf, eine
Gruppe von Männern sitzt auf dem Boden um eine Schüssel mit einem
Reisgericht. Auf einem Plakat zur ethnografischen Arbeit zeigt eine Foto-
grafie Gilles Reckinger im Interview; der Forscher sitzt auf einem Stuhl, sein
Gegenüber auf einem Baumstamm. Knappheit dominiert das Leben im
Camp und folglich auch die Fotografien, sie reproduziert und verschärft die
sozialen Strukturen. Leben in Armutsbedingungen und moderne Sklaverei
in Europa sind das Thema der Ausstellung, dennoch zeigen sich die
Menschen auf den Fotografien auch, wie sie gesehen werden wollen: grin-
send die Wäsche waschend, mit breiter Brust im königsblauen Lakers-Shirt,
ernst bei der Lektüre eines Wörterbuchs. Der partizipative Ansatz gibt ihnen
einen eigenen Blickwinkel, den die Forscher/innen wiederum in ihr Ausstel-
lungsergebnis integrieren.

Was die afrikanischen Arbeitsmigranten in Kalabrien mit der deutschen
Schuldnerin gemeinsam haben, sind visuelle und narrative Strategien der
Agentivierung. Selbstbilder und Selbsterzählungen sind, auch unter den Bedingungen der Knappheit, kreative Hervorbringung und bilden Handlungsmacht und Ermächtigung ab. Auf keinen Fall darf diese Lesart dazu führen,
Armut zu romantisieren und dadurch strukturelle Ungleichheit und symbolische Gewalt zu verdecken. Selbstermächtigung verlangt den Akteur/innen
einiges, darunter eben Subjektivierungsarbeit, ab. Zugleich ist Knappheit
nicht allein als »Lage«, als »ein passives Ausgeliefertsein und Mitschwimmen
im Strom von Zwängen, Pflichten und Routinen« zu sehen, sondern es gilt
darin »aktive und kreative Fähigkeiten zu materiellen Produktions- und sozialen Reproduktionsleistungen« (Kaschuba 1986: 479; vgl. ausführlich
Warneken 2006: 91–205) zu entdecken und zu deuten. Die Situiertheit und
Anthropogenität von Knappheit in den Blick zu nehmen, bedeutet auch,
Akteur/innen nicht auf diese zu reduzieren. Diana Reiners erzählte bei einer
Führung, dass eine Schülerin sie fragte, warum der Wäscher grinste, obwohl
er doch unter diesen Bedingungen leben müsste. Reiners Gegenfrage, was
denn eine ›normale Reaktion‹ in dieser Situation wäre, gibt die Antwort:
wenn uns ein Freund fotografiert, dann grinsen wir eben. Und manchmal
muss man sich in der Feldforschung auch auf dem einzigen Stuhl niederlas-
sen, um dem Gegenüber das Recht auf Gastfreundschaft nicht abzuerken-
nen und ihn nicht auf seine Mangelsituation zu reduzieren.

Literatur

Bamberg, Michael, »Agency«, in: Herman, David u.a. (Hg.), *The Routledge encyclopedia of narrative theory*, New York 2005, S. 9–10.

Bourdieu, Pierre, *Ein Entwurf einer Theorie der Praxis auf der ethnologischen Grundlage der kabylischen Gesellschaft*, 2. Aufl., Frankfurt am Main 2009.

Bourdieu, Pierre, *Was heißt Sprechen? Zur Ökonomie des sprachlichen Tausches*, 2. Aufl., Wien 2012.

Bührmann, Andrea D., »Das unternehmerische Selbst: Subjektivierungsform oder Subjektivierungsweise«, in: Keller, Reiner u.a. (Hg), *Diskurs – Macht – Subjekt: Theorie und Empirie von Subjektivierung in der Diskursforschung*, Wiesbaden 2012, S. 145–164.

Ebli, Hans/Herzog, Kerstin, »Ist Schuldnerberatung (nur) hilfreich? Ein Reflexionsangebot aus der Perspektive der sozialen Ausschließung«, in: *Bundesarbeits-gemeinschaft-Schuldnerberatung (BAG-SB) Informationen* 3 (2013), S. 213–218.

Emirbayer, Mustafa/Mische, Ann, »What is Agency?«, in: *The American Journal of Sociology* 103/4 (1998), S. 962–1023.

Frank, Arthur, *Letting Stories Breathe. A Socio-Narratology*, Chicago 2010.

Giddens, Anthony, *Central problems in social theory: Action, structure, and contradiction in social analysis*, Los Angeles 1979.

Giddens, Anthony, *Die Konstitution der Gesellschaft. Grundzüge einer Theorie der Strukturierung*, Frankfurt am Main 1984.

Helfferich, Cornelia, »Einleitung. Von roten Heringen, Gräben und Brücken. Versuche einer Kartierung von Agency-Konzepten«, in: Bethmann, Stephanie u.a. (Hg.), *Agency. Die Analyse von Handlungsmacht in qualitativer Sozialforschung und Gesellschaftstheorie*, Weinheim/Basel 2012, S. 8–39.

Hunger, Felix , »David und Goliath«, in: Ranke, Kurt u.a. (Hg.), *Enzyklopädie des Märchens. Handwörterbuch zur historischen und vergleichenden Erzählforschung*, Band 3, Berlin 1981, S. 365–367.

Kaschuba, Wolfgang, »Mythos oder Eigen-Sinn? ›Volkskultur‹ zwischen Volkskunde und Sozialgeschichte«, in: Jeggle, Utz u.a. (Hg.), *Volkskultur in der Moderne*, Reinbek bei Hamburg 1986, S. 469–507.

Lucius-Hoene, Gabriele/Deppermann, Arnulf, *Rekonstruktion narrativer Identität. Ein Arbeitsbuch zur Analyse narrativer Interviews*, 2. Aufl., Wiesbaden 2004.

Lucius-Hoene, Gabriele, »›Und dann haben wir's operiert‹. Ebenen der Textanalyse narrativer Agency-Konstruktionen«, in: Bethmann, Stephanie u.a. (Hg.), *Agency. Die Analyse von Handlungsmacht in qualitativer Sozialforschung und Gesellschaftstheorie*, Weinheim/Basel 2012, S. 40–70.

Lumsden, Karen, »You Are What You Research: Researcher Partisanship and the Sociology of the Underdog«, in: *Qualitative Research* 13/1 (2013), S. 3–18.

Meyer, Silke, »Was heißt Erzählen? Die Narrationsanalyse als hermeneutische Methode in der Europäischen Ethnologie«, in: *Zeitschrift für Volkskunde* 110/2 (2014a), S. 243–267.

— »Recht und Redlichkeit. Eine Einschätzung der deutschen Insolvenzordnung aus europäisch-ethnologischer Perspektive«, in: *Alltag – Kultur – Wissen 1* (2014b), S. 87–105.

Möhring, Maren u.a. (Hg.), »Knappheit«, *Zeitschrift für Kulturwissenschaften* 1 (2011).

Niditch, Susan, *Underdogs and Tricksters. A Prelude to Biblical Folklore*, San Francisco 1987.

Paharia, Neeru u.a., »The Underdog Effect: The Marketing of Disadvantage and Determination through Brand Biography«, in: *Journal of Consumer Research, 37/5* (2011), S. 775–790.

Reckinger, Gilles/Reiners, Diana, »Der Preis der Orangen. Vom Flüchtling aus Afrika zum Sklaven in Europa«, in: Omahna, Manfred/Rolshoven, Johanna (Hg.), *Ver-Arbeiten. Aufsätze und Skizzen zu gesellschaftlichen Umbrüchen in städtischen und ländlichen Räumen. Ein Buch für Elisabeth Katschnig-Fasch*, Marburg 2014, S. 67–74.

Rehbein, Jochen, »Beschreiben, Berichten und Erzählen«, in: Ehlich, Konrad (Hg.), *Erzählen in der Schule*, Tübingen 1984, S. 67–124.

Rehbein, Jochen, »Sequentielles Erzählen – Erzählstrukturen von Immigranten bei Sozialberatungen in England«, in: Ehlich, Konrad (Hg.), *Erzählen im Alltag*, Frankfurt am Main 1980, S. 64–108.

Reichert, Ramón, *Amateure im Netz. Selbstmanagement und Wissenstechnik im Web 2.0*, Bielefeld 2008.

Schapp, Wilhelm, *Philosophie der Geschichten*, Wiesbaden 1975.

Schmidt, Siegfried J., *Geschichten & Diskurse*, Reinbek bei Hamburg 2003.

Seier, Andrea, »Reality-Fernsehen als Verfahren des Prototypisierens«, in: Bergermann, Ulrike u.a. (Hg.), *Prototypisieren*, Bremen 2009a, S. 36–43.

— »Fernsehen der Mikropolitiken: Televisuelle Formen der Selbst-führung«, in: Loreck, Hanne/Mayer, Kathrin (Hg.), *Visuelle Lektüren – Lektüren des Visuellen*, Hamburg 2009b, S. 158–175.

Seifert, Manfred: »Personen im Fokus. Zur Subjektorientierung in der Europäischen Ethnologie«, in: *Zeitschrift für Volkskunde* 111/1 (2015), S. 5–30.

Suter, Mischa, »Schuld und Schulden. Zürich 1842«, in: *L'Homme. Europäische Zeitschrift für feministische Geschichtswissenschaft* 22 (2011), S. 113–120.

Warneken, Bernd Jürgen, *Die Ethnographie populärer Kulturen. Eine Einführung*, Wien u.a. 2006.

Welskopp, Thomas, »Die Dualität von Struktur und Handeln: Anthony Giddens' Strukturierungstheorie als ›praxeologischer‹ Ansatz in der Geschichts-wissenschaft«, in: Suter, Andreas/Hettling, Manfred (Hg.), *Struktur und Ereignis*, (Geschichte und Gesellschaft, Sonderheft 19), Göttingen 2001, S. 99–119.

Die diskursive Konstruktion des ›Weniger‹. Vom Voluntary Simplicity-Movement zum Minimalismus[1]

Heike Derwanz

Minimalismus, Voluntary Simplicity, Downshifting, Simplifying oder gar Askese sind kritische Positionen zum Leben im Überfluss. Als Vorläufer des Minimalismus kritisiert das Voluntary Simplicity-Movement (Elgin/Mitchell 2003) in Form einer individuellen Lebensweise oder sozialen Bewegung bereits seit den 1970er Jahren die westliche Überflussgesellschaft und die damit verbundene »overconsumption«. Das Phänomen des heutigen Minimalismus ist vor dem historischen Hintergrund der Überflussgesellschaft der letzten Hälfte des 20. Jahrhunderts zu verstehen. Minimalismus ist eine konsumverändernde Lebensweise, die den persönlichen Lebensweg in den Mittelpunkt stellt und Dinge, Beziehungen und Erlebnisse umwertet, um damit den Alltag zu modifizieren.

Die zeitgenössische minimalistische Lebensweise – von lat. *minimum*, das Kleinste, Geringste oder Mindestmaß – bezieht sich auf eine Lebensform, Ästhetik[2] oder relative, quantitative Beschreibung von Konsum. Von welchem Status Quo ausgehend minimiert oder reduziert wird und in welchem Maße, ist eine wichtige individuelle Entscheidung der Minimalist/innen. Denn das ›Weniger‹ wird erst sozial konstruiert, so meine These. Im Unterschied zu anderen gegenkulturellen Bewegungen ist Minimalismus in seinen verschieden starken Ausrichtungen keine Entsagung von Konsum und Besitz, sondern eine Reduktion. Durch die Reduktion findet eine Umwertung statt, die die minimalistische Lebensweise von der vorangegangenen im

---

1 Ich danke dem Team der Forschungsinitiative »Low Budget Urbanität«, vor allem Alexa Färber, Katharina Held und Johanna Halfmann, für die Unterstützung.

2 Wie auch Daniel Miller in »The Comfort of Things« bemerkt, ist das Ziel der Minimalist/innen nicht die Nachbildung des Stils des Minimalismus in der bildenden Kunst, sondern eine generellere Zugangsweise zu materiellen und sozialen Beziehungen: »As often when people use this term, what is implied is not so much the positive aesthetics of a branch of modernism, but rather a preference for absence and a detachment from things in general« (Miller 2010: 196).

Mainstream der Konsumgesellschaft unterscheidet. Aus der Perspektive der Sozial- und Wirtschaftswissenschaften sind deshalb die Forschungen zu Voluntary Simplicity, Downshifting oder dem Simplify-Trend Konsumthemen.[3] Reduktion im Konsum bedeutet vor allem kontrollierter Konsum, der unter verschiedenen Schlagworten bearbeitet wird: in der Ausrichtung zu ökologisch nachhaltigen Produkten als Green Consumption-Diskurs (Barendregt/Jaffe 2014), auf die Herstellung und Arbeitsbedingungen bezogen als Ethical Consumption (Lewis/Potter 2011), auf die Geld und andere Ressourcen schonende Konsumweise als Frugal Consumption (Todd/ Lawson 2003; Lastovicka u.a. 1999) oder Thrifty oder Frugal Behavior (Evans 2011; Podkalicka/Potts 2013) oder gar auf Subsistenz und andere konsumvermeidende Praktiken gerichtete Anti-Consumption (Portwood-Stacer 2012; Zavestoski 2002). Die Motivationen der Minimalist/innen liegen aber keinesfalls allein in einer anti-konsumistischen Haltung. Sie wurden zwar bisher nicht übereinstimmend definiert, werden beispielsweise aber auch in ökologischen Bedrohungen und Stressreduktion (Huneke 2005: 536) gesehen: »They [voluntary simplifiers] want control over the way they spend their time and their money.« (ebd. 547). Die Motivationen sind mehrdimensional und beziehen sich auf den gesamten Lebensstil. Aus kulturhistorischer Perspektive könnte man auch eine neue Form von Sparsamkeit attestieren, die sehr eng mit Sinnstiftung,[4] als Form »sozialer Ethik materieller Sparsamkeit« (Yates/Hunter 2011: 4) verbunden ist.

Die im folgenden Beitrag in den Mittelpunkt gerückten Quellen, Blogs und andere Repräsentationsformen von Minimalist/innen nehmen in ihrer Suche nach dem Weniger zunächst jedoch kaum Bezug auf das Thema Sparen. Ich beginne deshalb mit einer Analyse der Repräsentation der aus dem Internet bekannten Minimalist/innen in den USA und Deutschland und werde dann eine kurze Übersicht zur Einbettung der Diskurse um den Minimalismus in den deutschen Printmedien geben. Im zweiten Teil des Artikels beschreibe ich die historischen Wurzeln des Phänomens der Voluntary Simplicity in den USA und beleuchte mit Hilfe wissenschaftlicher Studien

---

3 Siehe Alexander 2011; Craig-Lees/Hill 2002; Penn 2010; Shaw/Newholm 2002; Alexander/Ussher 2011; Soper 2011.

4 Yates und Hunter beschreiben in ihrer Geschichte der Sparsamkeit und Prosperität in den USA, wie eng Vorstellungen und Praktiken von Sparsamkeit mit Sinnstiftung in unterschiedlichen Epochen unterschiedlich, aber verknüpft sind: »How Americans have encountered the challenge to thrive amid abundance has depended on the particular view of moral progress and the associated ethic they have brought to the question.« (Yates/Hunter 2011: 577).

aus den USA und Australien die Entwicklung der Idee von Voluntary Simplicity zu den heute vor allem durch das Internet bekannten Minimalist/innen. Die historischen religiösen Bewegungen sollen dabei ausgeklammert werden, denn sie schreiben eigene, durch die verschiedenen Traditionen in den Weltreligionen legitimierte Narrative von Reduktion fort, die kaum bis gar nicht in den hier untersuchten Selbstzeugnissen vorkommen.[5] Stattdessen werde ich mit dem Voluntary Simplicity Movement in den USA der 1970er Jahre und deren rezipierten Quellen die heutige Bewegung des Minimalismus historisch kontextualisieren.

Denn aus kulturanthropologischer Perspektive zeigen sich anhand der Praxen der Minimalisten zwei andere gesellschaftsrelevante Themen: Zum einen die Frage nach der Übersetzung einer als Überfluss und Überforderung erlebten kulturhistorischen Situation in einen Lebensstil des ›Weniger‹ und zum anderen die (alte) Frage nach der Entstehung und Durchsetzung neuer gesellschaftlicher Leitwerte (Doherty/Etzioni 2003). Auf die Theorien Victor Turners aufbauend, beschreibt Aida Bosch, dass Besitzlosigkeit die Macht hat, soziale Strukturen anzugreifen, denn sie »verleihe Mut zu davon abweichenden, existenziellen Handlungsformen. Wer nichts besitzt, hat auch nichts zu verlieren und ist deshalb bereit, seine alltägliche Vorstellungswelt zu verlassen und ein höheres Handlungs- und Identitätsrisiko einzugehen« (Bosch 2010: 68). Diesen abweichenden Handlungsformen und ihrer sozialen Wirksamkeit soll mit empirischen Fragen nachgegangen werden: Wie wird Minimalismus heute praktiziert und welche Gründe gibt es dafür? Wie wird durch minimalistische Praktiken und Umwertungen Knappheit hergestellt? Und wie wird die freiwillige Reduktion der Minimalist/innen sozial wirksam?

Die Reduktion unseres Verbrauchs an endlichen und unendlichen Ressourcen mit angeschlossenen normativen Diskursen auf der einen und der dominante wirtschaftliche Wachstumsdiskurs auf der anderen Seite prägen den Alltag in der Überflussgesellschaft. In der bereits verbreiteten Erwartungshaltung eines sinkenden Wohlstands für die nächsten Generationen scheint ein notwendiges Downscaling schon diskursiv vorgedacht (z.B. Opaschowski 2009). Von den wachstumskritischen Diskursen der 1960er Jahre, über den aktuellen Post-Wachstumsdiskurs, die Degrowth-Bewegung oder die älteren Debatten zur Suffizienz (Sachs 1993; Stengel 2011; Linz 2012) verschiebt sich die Lösung mehr von technischen Innovationen zu

---

5 Dabei wird auch die Askese als Form einer Selbsttechnologie mit dem Ziel der »Freiheit von weltlichen Begierden und Leiden« (Gronau/Lagaay 2010) ausgeschlossen.

sozialen Dimensionen wie Vertrauen, Solidarität und der Entflechtung komplexer globaler Wertschöpfungsketten durch Subsistenz- und Suffizienzpraktiken in lokalen Ökonomien (Paech 2013: 123). Minimalist/innen nehmen die Frage, wie dies geschehen wird, schon heute in Alltagspraktiken vorweg. Der britische Soziologe John Urry schreibt in seinem Buch »Societies beyond Oil« (2013) über Zukunftsszenarien nach Peak Oil auch Downscaling als einen Weg im Alltag ohne Öl. Dafür müssten Trends wie Minimalismus neue gesellschaftlicher Leitwerte hervorbringen:

> »It's about policy, it's about new kinds of sociability that seem fashionable. What might make luxury and richness unfashionable? How could somebody sitting in their Jacuzzi in their 4-star hotel think more modestly? How can modest lives be fashionable? And that relates very much to societies and norms. The disapproval of excess. So it is policy, it is cultural change, and it's new kinds of technologies and economies that somehow make that possible.« (Urry 2013: 225)

»Is minimalism just about counting your stuff?« – Zeitgenössischer Minimalismus im Internet

Internetstars

Die Bewegung des Minimalismus hat einflussreiche Repräsentant/innen hervorgebracht, deren minimalistischer Lebensstil massenmedial verbreitet wird.[6] Joshua Fields Millburn und Ryan Nicodemus nutzen für ihre Webseite den Namen »*the Minimalists*«, Leo Babauta den Namen »*mnmlist*«. Auch Kelly Sutton ist mit seinem Blog und der Liste »*Everything that Kelly Sutton owns*« international bekannt geworden. Die Bekanntheit wurde ursprünglich über Blogs generiert, steigerte sich dann durch Interviews, Vortragsreisen und Auftritte, wie beispielsweise Kelly Suttons Auftritt auf dem Berliner Medienkunstfestival »Transmediale 11«. The Minimalists, Milburn und Nicodemus sowie auch Leo Babauta mit seinen Büchern und Kursen versuchen nun, von ihren Anleitungen zu einem neuen Leben und ihren persönlichen

---

6 Eine Liste deutschsprachiger Blogger im Interview findet man unter: http://www.ein fachbewusst.de/2013/03/was-ist-minimalismus/ (11.02.2015); eine Auswahl englischsprachiger unter: http://www.einfachbewusst.de/2013/06/englischsprachige-minimalis mus-blogs/ (11.02.2015).

Motivations- und Konversionsgeschichten zu leben.[7] Die Entwicklungen der Geschichten sind dabei enorm, so wurde einer der Minimalists aus seinem »6-digit-Job gefeuert«[8] und Leo Babauta war nach eigenen Angaben ein übergewichtiger und verschuldeter Raucher, bis er den Weg der Einfachheit fand.[9]

Heute sind im Internet viele Online-Repräsentationen von Menschen zu finden, die sich als Minimalist/innen bezeichnen. Unter ihnen befinden sich vor allem gut ausgebildete Wissensarbeiter/innen bzw. digitale Arbeiter/innen – so beschreibt z.b. Kelly Sutton, selbst Informatiker: »Unter Programmierern in der Start-up-Szene ist das weit verbreitet, vor allem in New York« (Reißmann 2010).

Das Beherrschen digitaler Medien ist die technische und intellektuelle Voraussetzung, diese Selbstzeugnisse herzustellen und stellt deshalb für die heutige Bewegung einen wichtigen kulturellen Hintergrund dar. Blogs als Online-Tagebücher eignen sich als Medium besonders gut, weil sie materielle und soziale Veränderungen in Selbstzeugnissen dokumentieren und damit eine Anteilnahme am Leben anderer ermöglichen, wie es vor neueren Social Media-Technologien nicht in Echtzeit und global möglich war. Der Minimalist und Blogger Joshua Becker schreibt zur Intention seines Blogs: »This blog is about our journey towards a rational approach to minimalism. It is about the joys and the struggles. It is about the lessons we have learned. It has inspired millions around the world. It is written to inspire you to intentionally live with less.« (Becker 2014)[10]

Charakteristische Praktiken

Joshua Beckers neue minimalistische Alltagspraktiken und ihre Entstehung werden durch Fotos und Texte auf dem Blog repräsentiert. Der Autor beschreibt seine Intentionen und veröffentlicht oft Listen, wie man Praktiken umsetzen kann. Ein Foto illustriert die meisten Blogeinträge. Wie andere Minimalist/innen generiert er auf diese Weise »original content«, eines der

---

7 Interessant ist, dass sich der große Erfolg und Durchbruch der Blogger/innen, wie auch im Bereich zeitgenössischer Kunst, Kochen oder Inneneinrichtung dann mit dem Wechsel in das Medium des Buches zeigt: Leo Babauta hat vier E-Books und ein Printbuch veröffentlicht, Joshua Becker vier Bücher.
8 http://www.theminimalists.com/about/#the_mins (10.02.2015).
9 http://leobabauta.com/bio (10.02.2015).
10 http://www.becomingminimalist.com/about-us/ (10.2.2015).

wichtigsten Produkte im Internet. Das heißt, Minimalist/innen generieren über lange Zeit persönliche Inhalte, die eine emotionale und vertrauensvolle Beziehung zu den Leser/innen herstellen, wie sie kaum von Journalist/innen zu leisten wären. Der »original content« besteht vor allem aus ihren charakteristischen Praktiken, von denen ich drei hervorheben möchte: die Wissensvermittlung, das Ordnen und die Vernetzung. Zum Beantworten der Fragen, wie heute Minimalismus praktiziert wird und welche Gründe es dafür gibt, werden im Folgenden die Bloginhalte untersucht.

a) Wissensvermittlung

Blogs zum Minimalismus haben zumeist das Format nacheinander geschalteter Posts mit Erfahrungen und Handlungsanweisungen. Doch mit welchen Formaten und auf welche Weise werden diese Informationen vermittelt? Leo Babauta (mnmlist) hat das klassische Blogformat weiter ästhetisch minimiert: Die Datumsangabe oder Angaben zu Tags fallen weg, der Hintergrund und der Header sind weiß und der Blogname ist schwarz und in serifenloser Schrift geschrieben. Der Blogeintrag mit dem Titel »less« transportiert ästhetisch und verbal die gleiche Botschaft:

»Stop buying the unnecessary. Toss half your stuff, learn contentedness. Reduce half again. List four essential things in your life, do these first, stop doing the non-essential. Clear distractions, focus on each moment. Let go of attachment to doing, having more. Fall in love with *less*.«[11]

Die Handlungsanleitungen können auch in anderen Formaten mit persönlichen Erzählungen verknüpft werden, wie z.B. die Minimalismus Podcast-Reihe zweier deutscher Autoren. Die Minimalismus-Podcasts arbeiten mit zwei Formaten, dem Interview oder dem Gespräch zwischen den Initiatoren Daniel und Michael. Die Erzählmuster hier beschränken sich auf Formulierungen wie »so habe ich es gemacht« und das Vertreten eigener Meinungen. Die Themenwahl entsteht durch gemeinsame Gespräche und Feedback aus der Gemeinschaft. Auch die Seite des Minimalismus-Podcasts enthält die typischen Handlungsanleitungen im Audioformat. Sie ist ebenfalls betont schlicht gestaltet, der Begriff des ›Weniger‹ wird darüber ästhetisch erfahrbar.

---

11 http://mnmlist.com/less/ (11.08.2015).

Das ›Weniger‹ ist auch in der nächsten Handlungsanweisung der deutschen Bloggerin Anuschka greifbar. »Less« ist der positive Leitbegriff, der ausgehend von einem Begriff der Leere und Schwäche umgedeutet wird. Auf diese Weise werden zum einen materieller Besitz als »clutter« und »unnecessary« umgewertet, zum anderen auch »24/7 productivity«, »overcommitting«, »distractions« und »attachment to having more« als negative Handlungsmuster entlarvt und damit entwertet. Die Umwertungen sollen den Alltag mit dem Ziel größerer Zufriedenheit materiell und immateriell neu organisieren. Die Bloggerin Anuschka beschreibt auf abstrakter Ebene die Form der Umorganisation:

»The key idea of minimalism is this:
Remove what isn't adding value to your life, to make room for stuff that is.
Less: Clutter, time commitments, negative thought patterns and toxic relationships.
More: Time, space and energy for things that really matter to you.
So essentially, minimalism is about figuring out which things, people and activities are important to you and which aren't.« (Into Mind)[12]

Anuschka arbeitet hier mit subjektiven und abstrakten Definitionen der Begriffe Wert, Abfall, Zeit und Raum und toxischen Beziehungen. Die Leserinnen und Leser sind aufgefordert, diese für sich zu definieren.

Die inhaltlichen Ziele der Wissensvermittlung der Blogs sind Erweckung, Augen öffnen, den Perspektivwechsel einleiten oder das Wissen zu erlangen, wie Dinge im Leben umzuwerten sind. Schon erfahrene Minimalist/innen bieten durch Handlungsanweisungen und kleine Essays Hilfe zur Selbsthilfe.

b) Zählen und Ordnen

Ein wesentliches Instrument zur Umorganisation des Haushalts und damit alltäglicher Praktiken ist die Liste. Listen setzen ein Aufzählen und Ordnen voraus und werden im Folgenden als charakteristisches Format analysiert. Kelly Suttons ursprünglicher Blog enthielt eine Liste mit seinen Besitztümern. Eingeteilt in die drei Spalten Sache, Preis und Kategorie wird nicht nur jedem Stück ein Wiederverkaufspreis direkt zugeordnet, sondern in der letzten Spalte vor allem der ephemere Status »Verkauft«, »Zu Verkaufen«

---

[12] Into Mind: http://into-mind.com/2014/10/27/minimalism-a-beginners-guide/ (09.11.2014).

oder »Behalten«. Die Farben rot für »Verkauft« oder »Behalten« und Grün für »Zu Verkaufen« unterstreichen die starke Fluktuation einzelner Objekte. Dasselbe »non-attachment« an die noch vorhandenen Besitztümer drückt Colin Wright in seiner Foto-Liste »the 72 things I own«[13] aus. Auffallend ist auch hier, dass nur Bekleidung und technische Ausrüstung[14] zu sehen sind und biographisch-persönliche Gegenstände wie Fotografien, Zeugnisse, Rentenversicherungspapiere oder gar persönliche Erinnerungsgegenstände fehlen. Sutton und Wright sind zum Zeitpunkt dieser Listen Berufsanfänger Anfang zwanzig, die am inoffiziell im Internet geführten Wettbewerb, möglichst unter 100 Dinge zu besitzen, teilnahmen.[15]

Die Handlungsanweisungen, ebenfalls meist in Listenform, gehen dem voraus und fordern dazu auf, im ersten Schritt Prioritäten zu setzen und dann auszusortieren. Suttons und Wrights Listen sind das vorläufige Ergebnis des (radikalen) Aussortierens. Die Listen wirken über die Erkenntnis, mit wie wenig andere Minimalist/innen auskommen und wie viele Sachen sie entbehren konnten.

Beide Techniken des Listens zeigen Prozesse des Ordnens, was sich sowohl auf Materielles als auch auf Immaterielles beziehen kann. Hinter der minimalistischen Lebensweise und der Suche nach Ordnung sehe ich drei verschiedene Praxisbereiche: als erstes das Aussortieren des Vorhandenen (Reduktion oder »Ausmisten«)[16], zweitens die Organisation und Pflege des Übriggebliebenen (ein unterrepräsentierter Bereich der nachhaltigen Alltagspraktiken) und drittens der kontrollierte Konsum. In allen drei Praxisbereichen muss durch das Augenöffnen eine Achtsamkeit entwickelt werden, um daraus alternative Praktiken schöpfen zu können. Viele der Praktiken könnten selbst erdacht oder im minimalistischen Alltag entwickelt werden. Die Aufgabe der Wissensvermittlung über Blogs, Podcasts usw. ist es, Interessierten die Erfahrungen praktizierender Minimalist/innen zu vermitteln, um ihnen dadurch zu ermöglichen, deren alternative Alltags-

---

13 Exile Lifestyle: http://exilelifestyle.com/all-72-things-own/ (10.02.2015).
14 Die Geräte sind zum einen Arbeitsinstrumente, aber auch privat wichtig: »Es könne minimalistisch sein, ein iPhone zu haben, schließlich ersetze es CD's, Fotoalben, Foto- und sogar Videokameras. Ein Computer mache DVD-Sammlungen und Bücherschränke überflüssig« (Alexa Rubenbauer zitiert in Schulz, *Spiegel Online*, 15.07.2011).
15 Siehe z.B. Schulz, Benjamin, »Minimalisten. Haste nix, biste was«, in: *Spiegel Online*, 15.07.2011 oder Brauck/Hawranek 2014.
16 Siehe z.B. Minimalismus-Podcast 4: http://www.minimalismus-podcast.de/episode-8-ausmisten/ (11.9.2013).

praktiken des ›Weniger‹ zu übernehmen. Handlungsanweisungen oder Sortierungen in der Form von Listen sind eine übersichtliche und scheinbar präzise Art und Weise, Überblick und damit Ordnung und Einfachheit darzustellen.

c) Vernetzung

Über die Internetphänomene wie Minimalismus entstehen Szenen, die nicht nur anonym im Internet existieren. Seit ca. fünf Jahren vernetzen sich in Deutschland Minimalist/innen, um gemeinsam zu schreiben oder Treffen zu organisieren. Welche Instrumente nutzen sie für diese Vernetzung und welche soziale Qualität entsteht daraus? Der Minimalismus-Podcast[17] wird beispielsweise dazu genutzt, andere Minimalist/innen anzusprechen und gezielt Wissen zur minimalistischen Lebensweise in Deutschland bereitzustellen. Die amerikanischen Vorbilder wurden zwar anerkannt, es wurde aber auch deutlich der Wunsch geäußert, über eigene Erfahrungen zu berichten (minimalismus-podcast 1). Über den Podcast stellen die Minimalist/innen in gemeinsamer Arbeit Referenzen auf das Netzwerk der Minimalist/innen in Deutschland her. Neben den Kommentaren und Gastbeiträgen auf den eigenen Blogs zeigt sich hier, wie groß die Gruppe der Minimalist/innen ist und welcher gemeinsame Wissensbestand in Deutschland vorhanden ist.

Aber auch gemeinsam betriebene Seiten wie http://www.minimalistenfreun.de/ oder Facebookgruppen[18] vernetzen die Praktizierenden über ihre Blogs, Twitter und Instagram-Seiten hinaus. Linklisten vereinfachen das Surfen von Seite zu Seite und veranschaulichen die digitale Vernetzung der Szene.[19] Trotz der vielen Kommunikationskanäle wird auch der persönliche Austausch (die persönliche Erfahrung) gesucht, wie Michael schreibt:

---

17 Minimalismus-Podcast: http://www.minimalismus-podcast.de (30.03.2015).

18 Facebookgruppen sind eine sehr einfache Möglichkeit, generierte Informationen zu einem Themengebiet an das persönliche Facebook-Profil zu hängen und damit einer Online-Identität Ausdruck zu geben. Dazu Michael im Wochenrückblick 4/2015: »Außerdem war viel los in der Minimalismus Facebook Gruppe. Die Gruppengröße ist auf über 1200 Leute angestiegen und die Diskussionen wurden intensiver und persönlicher. Das hat leider dazu geführt, dass sich einige von der Gruppe verabschiedet haben. Die Gruppe ist nun geheim und neue Mitglieder können nur per Einladung hinzugefügt werden.«, http://www.minimalismus-leben.de/ (11.02.2015).

19 Wie z.B. die Linkliste der Bloggerin Julia Marienfeld: http://www.minimalistischleben.de/linkliste/ (10.11.2014).

»In den letzten beiden Wochen habe ich mich mit ziemlich vielen Leuten ausgetauscht. [...] Es ging, wie ihr euch denken könnt, um das Thema Minimalismus. Über Podcastaufnahmen, Stammtische, das große Minimalismus Treffen im Sommer, Newslettererstellung, das Leben im Allgemeinen und Besondern und vieles mehr.«[20]

Minimalisten-Stammtische haben sich in vielen deutschen Großstädten gegründet und organisieren sich beispielweise über die deutsche Internetseite Minimalismus-Stammtisch.de oder die Internetplattform Meet-Up. Auf einer Weltkarte kann man hier nach Gruppen in der eigenen Stadt suchen und sich dann über Blogeinträge verabreden.

Alternative Praktiken von anderen Minimalist/innen zu lernen, ist eine Seite der Repräsentation im Internet, die eigene Selbstversicherung des Weges und die positive Verstärkung aus der Gruppe sind weitere Motivationen.

Diskurse um Sparen, Knappheit, Normalität

Die eben vorgestellten Beispiele sind Selbstzeugnisse aus den USA und Deutschland. Aber auch in Australien und Westeuropa gibt es einen medialen Diskurs, wie die Verteilung von Stammtischen über die Webseite Meet-Up zeigt. In den Ländern des reichen Nordens und der Überflussgesellschaften – nimmt man die Ziele aus den vorgestellten Webseiten ernst – verändern sich Einstellungen und alltägliches Handeln in der Relation von Dingkultur, sozialen Beziehungen und Werten. Nur wenige Minimalist/innen nennen jedoch die gesellschaftlichen Auswirkungen ihres Verhaltens, also den Ausstieg aus dem Massenkonsum und die Hinwendung zu einer Post-Wachstumsgesellschaft als Motivation. Die Minimalist/innen erkennen zwar an, dass die neue Konsumweise wohl auch besser für die Umwelt sei, dies ist aber keinesfalls Hauptmotivation auf den untersuchten Blogs. Diese Verbindung zwischen individueller Praxis und sozialem Wandel zeichnet die mediale Darstellung des Phänomens Minimalismus und die Einbettung in gesellschaftliche Diskurse von Knappheit und Überfluss nach, die im Folgenden auf ihre Erklärungsmuster hin untersucht werden.

---

20 Minimalismus Leben: http://www.minimalismus-leben.de/ (10.02.2015).

Minimalismus in deutschen Mainstream-Medien

Die deutschen Mainstream-Medien nehmen die Minimalist/innen gern als Gesprächspartner oder Beispiele für den von ihnen konstatierten Trend des Minimalismus (siehe Tabelle). Eine kurze Artikelübersicht soll zur Beantwortung der Frage führen, wie die deutschsprachigen Journalist/innen die Bedeutung des Minimalismus einschätzen und wo sie eine gesellschaftlich-politische Dimension sehen. Besondere Beachtung sollen dabei die Werte und normativen Konzepte, die die Debatte durchdringen, finden.

Die Artikel speisen sich zumeist aus Interviews und Beschreibungen von Minimalist/innen, Erklärungen von Expert/innen und ihren Fachbüchern oder anderen Medienartikeln. Natürlich stehen deshalb die Praktiken des Aussortierens und des Lebens mit dem Weniger als »Bewältigungsstrategien von Komplexität« (Schulz 2011)[21] im Vordergrund.

Autor/in	Jahr	Titel	Zeitschrift
Brauck, Markus/ Hawranek, Dietmar	2014	»Überdruss am Überfluss«	Der Spiegel
Napp, Annette	2014	»Konsum, Job, Privates – weniger ist meistens mehr«	Die Welt
Gruen, Gianna Carina	2014	»Wenig besitzen, aber viel Freiheit haben – das Minimalismus Interview«	Jetzt.de
Brzoska, Maike	2014	»Wenig ist genug«	Zeit Online
o.A.	2013	»Ballast abwerfen«	Brand Eins
Laage, Philipp	2013	»Danke für nichts«	Manager Magazin
Schulz, Benjamin	2011	»Haste nix, biste was«	Spiegel Online
Krol, Beate	2010	»Ich will weniger!«	Brigitte Woman
Reißmann, Ole	2010	»Verzicht-Kult. Mein Leben auf der Festplatte«	Spiegel Online
Otto, Anne	2009	»Minimalismus. Besitztümer: Weniger ist mehr«	Für Sie

---

21 Diese und die folgenden Angaben beziehen sich auf die in der Tabelle aufgelisteten Quellen.

Busse, Tanja	2008	»Grüner konsumieren und dann?«	Greenpeace Magazin
Giger, Andreas	2004	»Der Simplify-Trend. Die neue Einfachheit wird auch das Konsumverhalten beeinflussen«	Schweizer Werbeagenda
Horx, Mathias	2003	»Bye, bye Consumerism. Die erste heiße Phase der Konsumgesellschaft geht zu Ende«	Textilwirtschaft

Tabelle: Auswahl von Artikeln in deutschsprachigen Printmedien zum Schlagwort Minimalismus (2003–2014)

Der Hintergrund der Artikel wird von Debatten dominiert, in denen zwei Dimensionen verhandelt werden: zum einen der Stand der Konsumgesellschaft und die Bedeutung des Konsums heute und zum anderen die Bedeutung von materiellem und immateriellem Besitz. Die Verbindung zwischen beiden liegt in der oft zitierten Wirkkette: Je weniger Geld ausgegeben wird, desto weniger muss man arbeiten und desto mehr Zeit hat man (z.b. Giger 2004; Krol 2010; Brzoska 2014).[22] Unumstritten verändert sich der Konsum – in der für die Trendforschung wichtigen gesellschaftlichen Gruppe der Minimalist/innen –, es wird weniger konsumiert, dafür aber mehr Geld ausgegeben, so die positive Einschätzung des Phänomens. Es erfolgt damit ein Upgrade auf hochwertigere Produkte (vgl. Otto 2009). Konsumverzicht hingegen, als die negativere Interpretation der Konsumentwicklung, soll ein Vorteil und »Ausdruck der Reife« sein, wird sogar als »sexy« beschrieben (Brand Eins 2013). Viele Produkte werden jedoch in digitaler Form konsumiert und der Zugang zu ihnen ist nun entscheidend (Brand Eins 2013). Sie fallen als Besitztum nicht mehr in Betracht. Dieser alte Besitz, häufig in Form von DVD's, Büchern oder Platten beschrieben, »belästigt« (Krol 2010). Wurde er noch als Erfolgsbeweis (Otto 2009) oder von der Kriegsgeneration als Sicherheit (Krol 2010) gesehen, behindert er heute die Konzentration auf das Wesentliche: Sozialkontakte und Selbstverwirklichung (Giger 2004; Otto 2009; Schulz; 2011; Brzoska 2014). »Nachhaltigkeit, Konsumkritik, ein alternativer Lebensstil – das spielt alles

---

[22] In den deutschen Presseartikeln und Selbstzeugnissen der Minimalist/innen wird Verschuldung nicht als Grund für den Lebensstilwandel genannt. In den USA und Großbritannien ist dies anders (siehe Babauta).

mit rein«, schreibt Philipp Laage für das Managermagazin (2013). Nur über die Praktiken des Reduzierens hinaus schreiben die Journalist/innen explizit kaum über Minimalismus als Postwachstums- oder Post-Überflussstrategie.

Minimalismus als Strategie der Ordnung von Knappheit und Überfluss

Als Ausnahmen diskutieren die beiden Autoren des Spiegel-Artikels mit dem Titel »*Überdruss am Überfluss*« Minimalismus als eine Reaktion auf neue gesellschaftliche Bedingungen einer Postwachstumsökonomie (Brauck/ Hawranek 2014); zitiert werden dabei gleichermaßen zur Plausibilisierung dieser Einschätzung die beiden Nachhaltigkeitsforscher Harald Welzer und Nico Paech. Ich möchte die Praktiken der Minimalist/innen noch einmal aus einer kulturwissenschaftlichen Perspektive betrachten, die Knappheit und Überfluss als Gegenstände einer gesellschaftlichen Debatte und gleichzeitig als einen theoretischen Rahmen fasst. Im Gegensatz zum Beispiel der Verschuldung, bei der Handlungsspielraum durch finanzielle und soziale Deprivation eingeschränkt wird (siehe den Beitrag von Silke Meyer in diesem Band), entsteht durch eine minimalistische Reduktion eine selbsthergestellte und gewollte alternative Erweiterung des Spielraums durch weniger Konsum. Deutsche Presseartikel stellen Minimalismus zum einen als kritische Position zum Leben im Überfluss aus Motivation des eigenen Wohlgefühls (Kontrolle, Ethik und Ästhetik) dar. Zum anderen wird die hauptsächlich praktizierende Generation auch als die Generation beschrieben, die den materiellen Lebensstandard ihrer Eltern durch Knappheit von natürlichen Ressourcen, unsicherer Altersversorgung usw. nicht mehr erreichen wird. Diese Veränderung des Konsumverhaltens muss deshalb in ihrer historischen Relation gesehen werden, wie Kerstin Poehls in ihrem Text über den Alltag in der griechischen Wirtschaftskrise schreibt: »Nur erscheint das ›Mehr‹/›Genug‹ durch die Brille der Generationen von Konsum und Wachstumserwartungen geprägten Gesellschaften als ›Weniger‹« (Poehls 2012: 17). Das angelernte ›Genug‹ wird nicht mehr als angenehm erlebt und deshalb als Maßstab abgelehnt und neuen subjektiven Bedürfnissen angepasst.

Im deutschen Diskurs wurden Armut oder Sparen aus Notwendigkeit bisher nicht als treibende Motivationen des Minimalismus thematisiert.[23]

---

[23] Möhring u.a. merken richtigerweise an, dass die Gegenüberstellung von Grundbedürfnissen und Luxus die Diskussion von Mangel und Überfluss nicht befruchtet

Nur ein amerikanischer Blogartikel geht explizit auf Armut und Sparen ein und macht damit auch eine grundlegende Kritik an der »freiwilligen Knappheit« deutlich: »There's a criticism of voluntary simplicity or minimalism (two flavors of the same thing) that seems to be widely accepted: that it's a luxury of relatively affluent people, that it's not something the poor can afford to do« (The Minimalists).[24] Die Antwort der Minimalisten ist: »I disagree: anyone can do it.« (ebd.).

Nur macht Minimalismus als Lebensstil und soziale Ethik in Armut überhaupt Sinn? Die Historikerin Deirdre Nansen McCloskey macht darauf aufmerksam, dass der freiwillige Rückzug eben auch nur aus einer privilegierten Position in Überflussgesellschaften entsteht: »True, some people, especially rich people, complain about overflow. They always have, I say again, in whatever age and whatever the actual condition of poverty and riches« (Nansen McCloskey 2012: 163).

Man kann die freiwillige Reduktion (Verknappung) von materiellen Gütern also als eine ästhetisch-ideologische Sparpraktik einer gesellschaftlichen Gruppe im materiellen Überfluss deuten. Die Beispiele haben gezeigt, dass die Verschiebungen in den Vorstellungen davon, was ›genug‹ ist, eine Veränderung von Prioritäten und die Umwertung von Dingen voraussetzen. Von einer gesellschaftlichen Gruppe werden nun Zeit und soziale Kontakte usw. als knappe Ressourcen definiert. Joseph Heath und Andrew Potter schreiben in ihrem Gegenkultur-kritischen Buch *Konsumrebellen*, dass »Knappheit [...] in unserer Gesellschaft ein soziales, kein materielles Problem« sei (Heath/Potter 2005: 356). Aus der privilegierten Sicht der Autor/innen, Journalist/innen und Minimalist/innen stellt gar die Relevanz und Verfügbarkeit von Konsumgütern[25] im reichen Norden überhaupt kein Problem dar. »Too much information, too many choices, too many commodities or tasks« beschreiben Czarniawska und Löfgren die wahrgenommene Lebensrealität in den Überflussgesellschaften (2013: 1). Knappheit ist nicht mehr die Knappheit an Konsumgütern, sondern definiert sich durch ihren Gegenspieler des Überflusses.

(Möhring u.a. 2011: 9). Oder wie Lorenz schreibt: ›Der Rekurs darauf, ›was wir wirklich brauchen‹, macht die Sache nicht besser« (Lorenz 2014: 122).

24 http://mnmlist.com/not-affluent/ (13.02.2015).

25 Der Konsum sollte jedoch bewusst erfolgen, die Verantwortung der Konsument/innen ist oft beschrieben, angefangen bei Naomi Klein (2000), über die LOHAS-Bewegung (Hartmann 2009) bis zur simulativen Demokratie (Blühdorn 2013).

Minimalismus ist eine historisch spezifische Umgangsweise mit dem gleichzeitig erlebten Überfluss an Konsumgütern und Besitz und der Knappheit an Zeit, Kontrolle, sozialer Interaktion und persönlicher Freiheit. Minimalismus entsteht erst durch die Umwertungen und die neuen Zuschreibungen der Kategorien von Knappheit und Überfluss: »The workings of a consumer society require a constant redefinition of scarcity and abundance [...]« (Czarniawska/Löfgren 2014: 4). Egal ob Umgang mit Überfluss oder Knappheit, es entwickeln sich jeweils Fähigkeiten und Strategien. Eine solche Strategie beginnt mit der Frage: was *brauche* ich wirklich (vgl. Lorenz 2014: 123)? Die Lösung sehen Czarniawska und Löfgren im Ordnen, denn »pleasing and comforting order is crucial in both private lives and professional planning« (2014: 9). Für Czarniawska und Löfgren entwickelt sich aus der Kombination neuer Fähigkeiten und Instrumente eine neue Organisation (2014: 3); Minimalismus ist eine Ordnungsweise materieller und immaterieller Besitztümer. Stephan Lorenz beschreibt das ›Weniger‹ als Ziel sozio-ökologischer Wachstumskritik in einer Überflusskultur und als ein Hilfskonzept für einen sinnvolleren Umgang mit Dingen (2014: 71). Das ›Weniger‹ ist für ihn nur Mittel zum Zweck. Er geht nach Miller davon aus, dass nicht das Weglassen an sich der Sinn ist, sondern das Erreichen einer neuen Sinnstiftung.[26]

Diskursgeschichte und Forschung

Es wurde schon angedeutet, dass im minimalistischen Diskurs keine religiösen Verbindungen im Vordergrund stehen. Die Suche nach der Sinnstiftung hat jedoch andere explizit genannte Anschlüsse und Vorbilder, die im Folgenden vorgestellt werden sollen. Die für die Sinnstiftung der Minimalist/innen wichtigen und oft zitierten Quellen beziehen sich auf das Voluntary Simplicity-Movement der 1970er Jahre. Ich möchte nun zunächst die populären Quellen vorstellen, die in der Voluntary Simplicity-Bewegung und den sich anschließenden Wissenschaften als Inspiration beschrieben werden.

---

26 Im Gegensatz zu allen minimalistischen Erlösungserzählungen bringt Miller in seinem Buch *Der Trost der Dinge* (2010) ein Beispiel, bei dem Gegenstände in einer vollen Wohnung für die Besitzer diesen Sinn herstellen im Gegensatz zu einer leeren Wohnung ohne Gegenstände der persönlichen Bindung.

Ab ca. dem Jahr 2000 kommt es zu einem historischen Bruch, als der Begriff des Minimalismus vor allem in Selbstzeugnissen auftaucht und Voluntary Simplicity ablöst.

Historische Vorläufer von Voluntary Simplicity und Minimalismus

Der amerikanische Sozialphilosoph Richard Gregg soll den Begriff »Voluntary Simplicity« 1936 in einem Essay für ein Quäker-Zentrum erstmals erwähnt haben (Elgin/Mitchell 2003: 145; Huneke 2005: 529). Da er sich seitdem in Amerika, Großbritannien und Australien durchgesetzt hat, ist es zunächst interessant zu sehen, was Gregg darunter verstand:

»We are not here considering asceticism in the sense of a suppression of instincts. What we mean by voluntary simplicity is not so austere and rigid. Simplicity is a relative matter, depending on climate, customs, culture, the character of the individual.« (Gregg 1936: 1, 2003: 131)

Gregg, der über die Friedensbewegung sowie vor allem über Ghandi gearbeitet hat, erwähnt jedoch deutlich den Einfluss der Religionen:

»Voluntary simplicity of living has been advocated and practiced by the founders of most of the great religions: Buddha, Lao Tse, Moses and Mohammed,— also by many saints and wise men such as St. Francis, John Woolman, the Hindu *rishis,* the Hebrew prophets, the Moslem *sufis;* by many artists and scientists; and by such great modern leaders as Lenin and Gandhi.« (Gregg 1936: o.S.)

Für viele praktizierende Minimalist/innen ist die populärste Inspirationsquelle bis heute Henry David Thoreau Buch »*Walden. Or Life in the Woods*«, welches aus Tagebucheinträgen besteht. Thoreau zog sich 1845 in eine Blockhütte in Massachusetts zurück, lebte dort 2 Jahre nach seinem Ideal des Lebens aus eigener Hände Arbeit (Thoreau 1999). Die Bedeutung des Buches liegt darin, deutlich zu machen, dass eine Reduktion des Konsums die Lebensqualität steigern kann. Seine heute noch oft rezitierte Argumentation ist, die Zeit, die für den Unterhalt von Haus, Kleidung etc. abgearbeitet wird, besser nutzen zu können.

Eine dritte, immer wieder zitierte Quelle ist die 1972 vom Club of Rome in Auftrag gegebene Studie »*Die Grenzen des Wachstums*«. Sie enthielt Hochrechnungen zum Verbrauch der Ressourcen. Der amerikanische Geologe Marion King Hubbert machte 1974 die Voraussage, dass 1995 der Peak Oil erreicht wäre und die Erdölforderung danach sinken muss. Diese stark verbreitete These wurde gesellschaftlich heftig diskutiert. Aufgrund der höheren Rohstoffpreise kam es dann 1973 und 1979 zu den Ölkrisen, worin sich die wissenschaftlichen Szenarien scheinbar realisierten. Ölknappheit wurde im Alltag der Menschen erfahrbar und führte zu einer großen Aufmerksamkeit für das Thema Ressourcenverbrauch und den Beginn vieler neuer energieeffizenter Technologien. Ein Artikel markiert wenig später den Beginn der Analyse des Voluntary Simplicity-Movements. Duane Elgin und Arnold Mitchell haben 1977 im CoEvolution Quarterly, dem heutigen Whole Earth Magazine den Artikel »*Voluntary Simplicity. A Movement Emerges*« publiziert, der bis heute die Grundlage der Schriften zu Voluntary Simplicity bildet. Nachdem sie das Phänomen inhaltlich beschrieben und quantitativ für die USA umrissen haben, fragen sie aus einer wirtschaftlichen Perspektive nach sozialen und wirtschaftlichen Auswirkungen. Ihre Annahme ist, dass Voluntary Simplicity als Massenbewegung das Wirtschaftssystem der USA stark verändern würde. In einem Artikel aus dem Jahr 2003 haben Johnsten und Burton Voluntary Simplicity-Literatur aus 25 darauffolgenden Jahren analysiert und kamen zum Ergebnis, dass Elgin und Mitchells Aufsatz höchst einflussreich waren: »The five categories proposed by Elgin and Mitchell (1977) are well represented«; ca. 63% der Literatur zu Voluntary Simplicity haben diese später übernommen (2003).[27]

Wissenschaftliche Rezeption von Voluntary Simplicity

Die nordamerikanische und australische Wissenschaft zeigt in den darauf folgenden Jahren parallel zu Mainstream-Medien und Tagungen, wie dem Simplicity Forum 2001, Interesse an Voluntary Simplicity oder Downshifting. Mit dem Buch *Voluntary Simplicity. Responding to Consumer Culture* versammeln Doherty und Etzioni (2003) ca. 25 Jahre später noch einmal Texte der wichtigsten Autoren der Debatte. Die meisten Publikationen entstanden weiterhin aus der Konsum- und Marktforschung heraus. Auch Johnston und Burton begründen ihre Arbeit aus diesem Interesse: »Voluntary Simplicity is

---

[27] http://www.freepatentsonline.com/article/Academy-Marketing-Studies-Journal/166751753.html (10.11.2014). Die Kategorien zur Untersuchung der Bewegung sind: Material Simplicity, Human Scale, Self-Determination, Ecological Awareness, and Personal Growth.

a growing social movement that is important to marketers, because it may herald fundamental and widespread changes in consumer preferences« (Johnston/Burton 2003).

Vier Aspekte sollen kurz die Entwicklung des Diskurses darstellen: Erstens wurde seit den späten 90er Jahren das Thema in den USA von Nischenbüchern zu Mainstream-Medien verschoben. Es wurden neue Bücher publiziert, aber auch alle großen Zeitungen haben im Durchschnitt in zwei Artikeln über Voluntary Simplicity berichtet. Der Soziologe Stephen Zavestoski beschäftigte sich mit der Beliebtheit des Themas beim Mainstream-Leser und zählte, dass die Rate von 26 Büchern zwischen 1973 und 1994 auf 32 Bücher zwischen in 1995 und 1998 anstieg (2002: 152).[28]

Zweitens bleibt die dominante Perspektive die der Konsumforschung. Die Bedeutung der Ideen für die amerikanische Gesellschaft beschreiben amerikanische Historiker/innen in Bezug auf Sparsamkeit, die in den Jahren nach dem Zweiten Weltkrieg in Keynesianischer Tradition als eine Gefahr für die Gesellschaft gedeutet wurde (Glickman 2011: 264; Yates/Hunter 2011). Einzelne Traditionen dieser Sichtweise gehen noch weiter zurück und zeigen eine Entwertung der Tugenden des Englischen Purismus (Nansen McCloskey 2011: 61). Johnston und Burton schreiben in Anlehnung an Duane und Mitchell: »In many ways, Voluntary Simplicity turns the consumer behavior of mainstream America on its head« (Johnston/Burton 2003). Optimistischere Interpretationen sehen eher eine Veränderung des Konsumverhaltens durch mehr funktionelle Produkte mit weniger Verpackung, aber bessere Information in eher lokalen, kleinen Einkaufsumfeldern und dem Sinn für Do-It-Yourself (Shama 1981; 1985).

Drittens verlagert sich mit dem Beginn der australischen Forschung die Aufmerksamkeit auch auf andere Komponenten wie Zeit:

»As a trade-off for more personal time, simplifiers reduced consumption by seeking ›value for money, buying less, (and) buying cheaper brands.‹ Products most often sacrificed in service of the simple life were theaters and movies, restaurant use, travel and image brands.« (Craig Lees 2002: 206f.)

Die Studien von Samuel Alexander, Simon Ussher und Gershwin Penn zeigen, dass nicht nur materielle Gegenstände gegen immaterielle Werte, wie Zeit und Freiheit getauscht werden. Auch immaterielle Güter wie Kino und

---

[28] Es wurde auch versucht, die Anzahl der Simplifier in den USA zu schätzen. Die Autor/innen kamen jedoch zu dem Ergebnis, dass weder der Einfluss von Voluntary Simplicity auf das Verhalten, noch die genaue Anzahl zu bestimmen sind.

Theatervorstellungen werden als Zeitressourcen gesehen, die anders genutzt werden können. Penn untersucht, wie durch soziales Handeln sozialer Wandel herbeigeführt wird und eigene Werte im alltäglichen Leben umgesetzt werden können. In seiner Studie spielt auch die Ökologie eine größere Rolle, die Moral ist an Verantwortung für die Umwelt gebunden.

Viertens zeichnet sich in der amerikanischen und australischen Literatur zur Voluntary Simplicity ab, dass das Erreichen des subjektiven Glücks im Mittelpunkt des Voluntary Simplicity-Lebensstils steht und als persönlicher Weg darin thematisiert wird:

»In short, a self-motivated simple life combines an escape from the materialistic expectations of society to a freedom to work on one's personal goals, and thereby find harmony by behaving in ways that are fulfilling and consonant with one's personal values. This definition forms the basis for Voluntary Simplicity. This definition changes as the values served by the Voluntary Simplicity lifestyle shift focus from the self to personal relationships, society, and the Earth, as follows.« (Johnston/Burton 2003)

Ein charakteristisches Merkmal dabei ist die Freiwilligkeit, die Amitai Etzioni aus Sicht der ökonomischen Soziologie beschreibt als »out of free will rather than out of coercion by poverty, government austerity programs, or imprisonment« (Etzioni 1999: 109). Er schließt damit an die ursprüngliche Definition von Richard Gregg an und betont den Ausschluss von Armut, die im Horizont vieler Minimalist/innen heute nicht mehr wesentlich ist.

Zusammenfassung

Minimalismus kann als das neue Gesicht der Voluntary Simplicity beschrieben werden: eine Lebensweise, die in den Mainstream-Medien diskutiert wird, den Konsum ablehnt, den persönlichen Lebensweg in den Mittelpunkt stellt und Dinge, Beziehungen und Erlebnisse umwertet, um damit den Alltag zu verändern. Minimalismus kann aber auch als eine neue Phase der Voluntary Simplicity gelesen werden, bei der sich politisches und ökologisches Engagement gegen große unsichtbare globale Gegner auf den Konsum beschränkt. Die Minimalist/innen entdecken dabei etablierte Orte der Gegenkultur und Konsumkritik erst langsam über ihre praktische Aufräumarbeit für sich: Was mache ich jetzt mit den aussortierten Dingen, die man noch benutzen könnte, ist eine Frage, die sich im Tun stellt. Dieser pragmatische Zugriff ohne altbekannte Sozial- und Ökonomiekritik ist sicher ein Grund für die Popularität der Webseiten und Bücher. Minimalistische Praktiken scheinen verankert in einer globalen digitalen Realität und zeigen damit eine andere, vielleicht problematische politisch-gesellschaftliche Bedeutung, die in der kritischen Sozialwissenschaft formuliert wird: »Mindestens ambivalent erscheinen zudem Konsumkritik und Orientierungen an praktischen Schritten für Lebensstile des Weniger: Diese stehen in Verdacht, Prozesse der Umverteilung nach oben zu legitimieren.« (Schachtschneider 2015), schreibt der im Postwachstumsdiskurs beheimatete Sozialwissenschaftler Ulrich Schachtschneider zur Frage, wie Postwachstumsgesellschaft und Kapitalismuskritik zueinander stehen.

Der Minimalismus als Trend und die darin praktizierte soziale Konstruktion des ›Weniger‹ stellt eine von mehreren Arten gesellschaftlicher Bearbeitung von Überfluss[29] dar. Das Ausloten des ›Weniger‹ ist dabei an die soziale Produktion und Situiertheit von Knappheit und Überfluss als Gegenspieler gebunden. Auch Sparpraktiken in den westlichen Gesellschaften sind nicht immer eine Antwort auf gesetzte Knappheit von Ressourcen, sondern entstehen aus der Kombination von Werten und Motivationen bei gleichzeitiger Innovation alternativer Umgangsmöglichkeiten (Färber u.a. im Erscheinen). Eine wesentliche Voraussetzung dabei ist, das scheinbar dominierende Wertespektrum von Geld und Zeit durch ein weitaus pluraleres System zu ersetzen. Die diskursiven und materiellen Praktiken der digitalen Kommunikation über Blogs, des Listens und Ordnens und der Bildung einer sozialen Gemeinschaft haben minimalistische Umgangsweisen mit Überfluss unterschiedlichster Objekte vorgestellt. Umwerten, Ordnen und »Ausmisten« sind die alltäglichen Strategien, die den Umgang mit angelernter gesellschaftlicher Normalität verändern: erstens bekommen Konsumprodukte weniger Wert bzw. erhalten einen negativen Wert (im Sinne von Belastung), denn sie sind im Überfluss vorhanden. Zweitens erfahren natürliche materielle Ressourcen einen höheren Wert, weil durch den gesellschaftlichen Diskurs ihre Knappheit als bewiesen erscheint. Drittens werden Zeit, Sozialität und Einfachheit als knappe Ressourcen erkannt und als neue Prioritäten eingesetzt. Diese Prioritäten entsprechen nicht dem gesellschaftlichen Vorbild von Werten oder Konsumgütern und werden gegenkulturell als die ›eigentlich

---

29 Des Weiteren siehe den Beitrag von Dieter Kramer in diesem Band, insbesondere seine Thesen zu Traditionen der Selbstbegrenzung in Sprichwörtern, Mythen, Märchen wie beispielsweise »Der Fischer und seine Frau«.

wichtigen Dinge< gesetzt. Die Vergänglichkeit und Ungreifbarkeit dieser Werte und die Arbeit, sie für sich immer wieder neu durch die Lebensweise des ›Weniger‹ zu vergegenwärtigen, hat auch schon der von Simplifiern und Minimalist/innen benannte Vordenker Henry David Thoreau formuliert:

»Die größten Gewinne und Werte sind am weitesten davon entfernt, geschätzt zu werden. Wir zweifeln leicht daran, daß sie überhaupt existieren. Wir vergessen sie schnell.« (Thoreau 1999: 226)

Literatur

Alexander, Samuel, »The voluntary simplicity movement. Reimagining the good life beyond consumer culture«, in: *International Journal of Environmental, Cultural, Economic and Social Sustainability* 7/3 (2011), S. 50–133.

Alexander, Samuel/Ussher, Simon, »The voluntary simplicity movement. A multinational survey analysis in theoretical context«, in: *Simplicity Institute Report* 11a (2011), http://simplicityinstitute.org/wp-content/uploads/2011/04/The-Voluntary-Simplicity-Movement-Report-11a.pdf (25.06.2015).

Barendregt, Bart/Jaffe, Rivke, *Green consumption: The global rise of eco-chic*, London 2014.

Blühdorn, Ingolfur, *Simulative Demokratie. Neue Politik nach der Post-Demokratischen Wende*, Frankfurt am Main 2013.

Bosch, Aida, *Konsum und Exklusion. Eine Kultursoziologie der Dinge*, Bielefeld 2010.

Craig-Lees, Margaret/Hill, Constance, »Understanding voluntary simplifiers«, in: *Psychology & Marketing* 19/2 (2002), S. 187–210.

Czarniawska, Barbara/Löfgren, Orvar (Hg.), *Managing overflow in affluent societies*, London/New York 2014.

Doherty, Daniel/Etzioni, Amitai, *Voluntary simplicity: Responding to consumer culture*, Oxford 2003.

Elgin, Duane/Mitchell, Arnold, »Voluntary simplicity. A movement emerges«, in: *Voluntary simplicity. Responding to consumer culture*, Oxford 2003, S. 71–145.

Etzioni, Amitai, »Voluntary simplicity: A new social movement?«, in: *Twenty-First Century Economics*, New York 1999, S. 107–128.

Evans, David, »Thrifty, green or frugal: Reflections on sustainable consumption in a changing economic climate«, in: *Geoforum* 42/5 (2011), S. 550–557.

Färber, Alexa u.a., »Saving in a common world. Cosmopolitical instances from a low budget urbanities perspective«, in: Blok, Anders/Farias, Ignacio (Hg.), *Urban cosmopolitics. Multiplicity, place, atmospheres*, London (im Erscheinen).

Gregg, Richard B., »The value of voluntary simplicity«, 1936, http://www.soilandhealth.org/03sov/0304spiritpsych/030409simplicity/SimplicityFrame.html (22.06.2015).

Gronau, Barbara/Lagaay, Alice, »Einleitung«, in: dies. (Hg.), *Ökonomien der Zurückhaltung. Kulturelles Handeln zwischen Askese und Restriktion*, Bielefeld 2010, S. 7–13.

Heath, Joseph/Potter, Andrew, *Konsumrebellen. Der Mythos der Gegenkultur*, Berlin 2005.

Huneke, Mary E., »The Face of the un-consumer. An empirical examination of the practice of voluntary simplicity in the United States«, in: *Psychology & Marketing* 22/7 (2005), S. 527–551.

Johnston, Timothy C./Burton, Jay B., »Voluntary simplicity: Definitions and dimensions«, in: *Academy of Marketing Studies Journal* 7/1 (2003). http://www.free patentsonline.com/article/Academy-Marketing-Studies-Journal/166751753. html (10.11.2014).

Klein, Naomi, *No Logo. Der Kampf der Global Players um Marktmacht*, München 2000.

Lastovicka, John L. u.a., »Lifestyle of the Tight and Frugal. Theory and Measurement«, in: *The Journal of Consumer Research* 26/1 (1999), S. 85–98.

Linz, Manfred, *Weder Mangel noch Übermaß. Warum Suffizienz unentbehrlich ist*, München 2012.

Lorenz, Stephan, *Mehr oder Weniger? Zur Soziologie ökologischer Wachstumskritik und nachhaltiger Entwicklung*, Bielefeld 2014.

Miller, Daniel, *Der Trost der Dinge*, Frankfurt am Main 2010.

Möhring, Maren u.a. (Hg.), *Knappheit, Zeitschrift Für Kulturwissenschaften* 1 (2011).

Nansen McCloskey, Deirdre, »Keep calm and carry on? The economic history of overflow«, in: *Managing overflow in affluent societies*, New York/London 2012, S. 155–164.

— »The prehistory of American thrift«, in: Yates, Joshua J./Hunter, James Davison (Hg.), *Thrift and thriving in America. Capitalism and moral order from the puritans to the present*, New York 2011, S. 61–87.

Opaschowski, Horst W., *Wohlstand neu denken. Wie die nächste Generation leben wird*, Gütersloh 2009.

Paech, Niko, *Befreiung vom Überfluss. Auf dem Weg in die Postwachstumsökonomie*, München 2013.

Penn, Gershwin, »Simplicity and the city. Understanding the voluntary simplicity movement in Melbourne«, in: *Independent Study Project (ISP) Collection. Paper 867* (2010), o.S.

Podkalicka, Aneta/Potts, Jason, »A general theory of thrift«, in: *International Journal for Cultural Studies* (2013), S. 1–15.

Poehls, Kerstin, »Weniger Wollen. Alltagswelten im Kontext von ›Krise‹ und Postwachstums-Debatte«, in: *Vokus* 22/2 (2012), S. 5–18.

Portwood-Stacer, Laura, »Anti-consumption as tactical resistance. Anarchists, subculture, and activist strategy«, in: *Journal of Consumer Culture* 12/1 (2012), S. 87–105.

Sachs, Wolfgang, »Die vier E's, Merkposten für einen maß-vollen Wirtschaftsstil«, in: *Politische Ökologie* 33 (1993), S. 69–72.

Schachtschneider, Ulrich, *Degrowth - Eine Kapitalismuskritische Bewegung?!*, 20.01.2015: http://blog.postwachstum.de/degrowth-eine-kapitalismuskritische-bewegung-20150120#more-5910 (10.02.2015).

Shama, Avraham, »Coping with stagflation: Voluntary simplicity«, in: *Journal of Marketing* (1981), S. 120–134.

— »The voluntary simplicity consumer«, in: *Journal of Consumer Marketing* 2/4 (1985), S. 57–63.

Shaw, Deirdre/Newholm, Terry, »Voluntary simplicity and the ethics of consumption«, in: *Psychology & Marketing* 19/2 (2002), S. 167–185.

Soper, Kate, »Alternative Hedonism, Cultural Theory and the Role of Aesthetic Revisioning«, in: *Cultural studies and anti-consumerism. A critical encounter*. London 2011, S. 49–69.

Stengel, Oliver, *Suffizienz. Die Konsumgesellschaft in der ökologischen Krise*, München 2011.

Thoreau, Henry David, *Walden. Ein Leben mit der Natur*, München 1999.

Todd, Sarah/Lawson, Rob, »Towards an understanding of frugal consumers«, in: *Australasian Marketing Journal* 11/3 (2003), S. 8–18.

Urry, J. *Societies beyond oil: Oil dregs and social futures*, London 2013.

Welz, Gisela, »Introduction. Negotiating environmental conflicts: Local communities, global policies«, in: *Negotiating environmental conflicts: Local communities, global policies. Kulturanthropologie Notizen* 81 (2012), S. 13–22.

Yates, Joshua J./Hunter, James Davison (Hg.), *Thrift and thriving in America. Capitalism and moral order from the puritans to the present*, New York 2011.

Zavestocki, Stephen, »The social–psychological bases of anticonsumption attitudes«, in: *Psychology & Marketing* 19/2 (2002), S. 149–165.

»Nachhaltiges« Weitertragen? Überlegungen zum humanitären Hilfsgut Altkleidung zwischen Überfluss und Begrenzung

Nadine Wagener-Böck

Textilflut 1

In seiner Print-Ausgabe vom 24.11.2014 brachte der *Spiegel* unter der Überschrift »Hosen bis an die Decke« einen einseitigen Artikel über die Problematik der Flut an Kleiderspenden für Flüchtende, die nach Deutschland gelangen. Das Spendenaufkommen übersteige bei weitem den Bedarf an Textilien und so komme es zu Annahmestopps vieler Wohlfahrtseinrichtungen. Der Leserschaft wird eingangs der Unmut einer Mutter zweier Kinder geschildert. Er kam auf, weil sie ihre Kleiderspenden, die sie und ihr Mann als seltenst getragen deklarierten, wieder mitnehmen musste. Weiter stehen dann die Probleme im Vordergrund, der sich diverse Betreiber von Kleiderkammern und Wohlfahrtsverbände gegenübergestellt sahen. Eine Sachspendenflut stelle kein Novum dar und so seien die bereits bestehenden Bestände zu einem Berg angewachsen, der die räumlichen Kapazitäten sprenge, ein Berg, der zudem kaum als Hilfsgut zu verwerten sei: »Es wird unmöglich sein, all das zu verteilen«[1].

Es gebe, so der Beitrag weiter, ein Problem mit den Kleidergrößen. So kommt eine Caritas-Mitarbeiterin aus der Nähe von München zu Wort, die darauf verweist, dass die jungen Männer aus Eritrea »in der Regel Schuhgröße 40 und Hosengröße 28 oder 30«[2] trügen, die gespendete Kleidung hingegen vornehmlich in größeren Konfektionsgrößen als diesen vorliege. Neben der mangelnden Passung an die zu bekleidenden Körper wird weiter angeführt, dass sich die Hilfsorganisationen in Folge der Spendenflut mit einer Problematik von Altkleidung konfrontiert sähen, welches sich im Alter der Garderobe begründe. Auch Flüchtende besäßen modischen Ge-

---

1 Kleinhubbert, Guido, »Hosen bis an die Decke«, in: *Der Spiegel* 48 (2014), S. 47.
2 Ebd.

schmack, so die Caritas-Mitarbeiterin. Bei der Ausgabe seien die aus der Mode gekommenen Textilien nur schwer vermittelbar. Zur Entsorgung, so die Aussage des Beitrags, sei die Abgabe von Kleiderspenden nicht gedacht. Es ergäben sich logistische Probleme bei qualitativ minderwertiger und nicht dem Bedarf entsprechender Spende. Die Hilfsorganisationen müssten einen Teil der Geldspenden für die Müllentsorgung aufbringen. Der Artikel endet mit der drastischen Maßnahme einer Strafanzeige, die ein bayrisches Sozialkaufhaus in katholischer Trägerschaft gegenüber jenen tätige, die außerhalb der Öffnungszeiten Altkleidung vor der Tür hinterlassen. Der »Müllentsorgung«, die sich »als Hilfsbereitschaft« tarne, solle damit entgegengewirkt werden. Dringend benötigt und deshalb eine gern angenommene Ausnahme sei im November Winterkleidung. Aber: Wer hat diese im Winter abzugeben?

Textilflut 2

Im Februar 2015 sendete der »Weltspiegel«, das Auslandskorrespondent/innenmagazin der ARD mit seinem Sendeplatz am Sonntagabend vor der »Tagesschau«, einen Beitrag über Ghana. »Kampf der Produktpiraterie«[3] titelte der knapp 7-minütige Beitrag über (meist illegal) eingeführte Nachahmungen von ghanaischen Baumwollstoffen mit Wachsprint, produziert von der dortigen Textilindustrie. Die Zuschauer/innen erfahren hier über die Wertschätzung, die die Käuferinnen auf dem Makola-Markt in Accra den verhältnismäßig teuren Stoffen entgegenbringen. Sie sehen die Herstellung der Textilien, die durch eine besondere Bearbeitung einzigartige Muster aufweisen und somit − wie ein ghanaischer Markenschützer in einer Textilfabrik erörtert − von den Fakes mit ihren aufgedruckten symmetrischen Mustern gut zu unterscheiden seien. Sie erfahren von den Maßnahmen, die die Regierung ergreift, wie dem *Traditional Friday Wear*-Tag und einer Spezialeinheit, die dem Schmuggel von Fakestoffen aus Fernost den Kampf angesagt hat.

»30 Tausend Menschen arbeiteten lange in der eigenen Textilindustrie« ist im Beitext der Sendungswebsite nachzulesen. »Doch mittlerweile sind es nur noch knapp 3.000. Ein Grund für den Niedergang: Der Markt wird überschwemmt mit billigen Stoff-Kopien, die überwiegend aus China in das

---

3 http://www.daserste.de/information/politik-weltgeschehen/weltspiegel/sendung/swr/ghana-textilindustrie-100.html (09.02.2015).

Land geschmuggelt werden.«[4] Damit ist das Thema des Beitrags umrissen. Die Moderatorin der Sendung begründet die Bedrohung der »tollen bunten Stoffe« aus heimischer Produktion allerdings wie folgt: »*erstens* wird der afrikanische Markt von Gebrauchtkleidung aus Europa überschwemmt, und *zweitens* hat die Wirtschaftsgroßmacht China auch hier längst ihre Finger in den Wühltischen.«[5] Auch im Beitrag aus Ghana selbst wird die Gebrauchtkleidung aus Europa – gewissermaßen Schwemme Nr. 1 – angesprochen. Ein Haufen Blue Jeans auf dem Makola-Markt steht stellvertretend für die Unmengen, denen sich Ghana als »eines der Länder mit dem größten Anteil an Secondhandkleidung«[6] offenbar gegenüber sieht; Unmengen, die »zusätzlichen Druck für die Textilindustrie«[7] bedeuteten, der befragten Marktbesucherin aber eine erschwingliche und schnell verfügbare Alternative zu den hochpreisigen und noch zu Kleidung zu verarbeitenden heimischen Stoffen bietet. Also doch: »das eigentliche Problem für Ghana ist die Billigkonkurrenz aus China«[8]?

Die zwei Vignetten geben Einblicke in gegenwärtige Debatten über einen angemessenen Umgang mit Bekleidung. So unterschiedlich dabei die angesprochenen Kontexte auf den ersten Blick erscheinen, wird doch deutlich: Die Rede von Kleiderbergen und Textilschwemme[9] zeichnet ein Szenario des Zuviel und des Überflusses, in welchem Kleidermode nicht (ausschließlich) mit hedonistischem Genuss assoziert, sondern vielmehr als stete Herausforderung oder gar Bedrohung dargestellt wird. Der Soziologe Stephan Lorenz hat in einem »Gedankenexperiment« (Lorenz 2010: 585) zur Illustration prozeduralen Forschens jene Vorstellung vom (Zu)viel der Kleider aufgegriffen. Ausgangspunkt seiner Überlegungen ist der gesellschaftliche Überfluss, der regelmäßig als Konsumüberfluss, »also als ein großes, dynamisches Angebot von Waren, Dienstleistungen, ›Erlebnissen‹ und Sinnstiftungen« (ebd.) erscheine. Auch Debatten um jene, die an diesem Überfluss nicht teilnehmen können, seien zu vernehmen. Lorenz spricht

---

4 Ebd.
5 http://www.daserste.de/information/politik-weltgeschehen/weltspiegel/videos/ghana-kampf-gegen-produktpiraterie-100.html (Minute 00:00-00:30, 09.02.2015), Kursivsetzung durch die Autorin.
6 Ebd. (Minute 04:32-04:34, 09.02.2015).
7 Ebd. (Minute 04:38-04:40).
8 Vgl. http://www.daserste.de/information/politik-weltgeschehen/weltspiegel/sendung/swr/ghana-textilindustrie-100.html (09.02.2015)
9 Vgl. hierzu auch den Beitrag von Regina Bendix in diesem Band, der sich sprachlichen Bildern des Überflusses am Beispiel von Nahrung widmet.

hier von »Diskussionen über die sogenannten ›Überflüssigen‹ [...], die gewissermaßen die Antithese bilden, da es hier um Menschen geht, die gerade keinen Anteil am Konsumüberfluss haben« (ebd.: 586). Am Beispiel Kleidung verdeutlicht, sei es die Differenz zwischen hohem Einkommen und entsprechenden Einkaufsgewohnheiten einerseits, niedrigem Budget und Angewiesensein auf Secondhandware oder Kleiderspende andererseits.

Aus dieser Dichotomie entwickelt Lorenz Problematisierungen das Forschungsinteresse betreffend, d.h. den »gesellschaftlichen Überflussphänomenen in ihren ›Vernetzungen‹« (ebd.: 585). Frage man etwa nach den Beziehungen zwischen Konsumüberfluss und Partizipation an jenem durch Marktbeteiligung, so seien praktisch »differenzierte ›Netze‹ der Kleidersammlung, des Second-Hand-Marktes und des Recycling« aufzeigbar (ebd.: 586). Frage man danach, was ›Überflüssige‹ meine, so werde man

»insbesondere feststellen, dass diese weder am Arbeits- noch am Konsummarkt von der ökonomischen Dynamik ›nachgefragt‹ werden, gegebenenfalls auch soziale Beziehungen sowie Ansprüche an staatliche Leistungen verlieren. Sind sie deshalb tatsächlich für das ökonomische Geschehen verzichtbar und bedeutungslos oder werden ihnen neue Funktionen zugewiesen: indem sie das Anspruchsniveau der (prekären) Arbeitnehmer/innen am Arbeitsplatz drücken; indem sie die massenhafte Entsorgung des Überflusses als soziale Tatsache legitimieren?« (ebd.).

Der Soziologe führt sein materiell-semiotisches »Gedankenexperiment« fort, indem er darauf hinweist, dass den verschiedenen Vernetzungen weiter zu folgen sei und dabei die Leitfrage zu stellen, welche Bedeutung die Kleidersammlung im Kontext des Überflusses habe.

Lorenz' Überlegungen fußen auf einer Auseinandersetzung mit der Akteur-Netzwerk-Perspektive und deren Vorzügen für die Beschreibung von Wirklichkeiten. Er nutzt Bruno Latours Ausführungen über »ordentliche Verfahren« (Latour 2010: 127ff.) zur Einrichtung eines Kollektivs aus menschlichen und nicht-menschlichen Akteuren, um daraus seine Methodologie zur Erforschung von vernetzten Phänomenen abzuleiten.[10] Die folgenden Ausführungen über das humanitäre Hilfsgut Altkleidung können das Gedankenexperiment, welches nach Lorenz (2010) einen ersten »Durchgang« (ebd.: 585) im Rahmen eines Forschungsprojektes darstellt und »zur konkretisierten Fragestellung eines Forschungsprojekts« (ebd.: 585) führen soll, nicht in Gänze empirisch fortschreiben und somit angemessen in die

---

10 Adaptiert werden Konzepte und Begriffe, die Bruno Latour in »Das Parlament der Dinge« (2010) entwickelt hat. Lorenz (2010) versteht daher z.B. das Formulieren von Fragen in Anlehnung an Bruno Latours Begriff der »Konsultation« (2010: 291f.).

Praxis übersetzen. Die Ausführungen regen jedoch zu einer kulturanthropologischen Auseinandersetzung mit Herstellung, Verwendung, Distribution und Verwertung von Altkleidern an, wobei insbesondere die globalen Dimensionen des Umgangs mit Altkleidern spezifische Zugangsweisen und Konzeptionalisierungen erforderlich machen.

Mit der Aufmerksamkeit für die Verflechtungen, ›Vernetzungen‹ und Relationen zwischen Produktions-, Konsumptions- und schließlich Weiterverwertungs- und Entsorgungspraktiken wird die Notwendigkeit unterstrichen, nicht nur Kleidung im Überfluss, sondern immer auch den Mangel an Kleidung zu denken. Dies gilt auch für Altkleidung, denn situativ bedingt spürbarer[11] wie – global gedacht – imaginierter Mangel motiviert zu Altkleiderspenden, die im Überfluss in Einrichtungen humanitärer Hilfsorganisationen auflaufen oder die Auslagen auf dem Makola-Markt in Accra bestücken. Wie verhalten sich Mangel, Knappheit und Überfluss hier zueinander? Wann und wie wird aus dem ›Berg‹ an produzierten und dann erstmals konsumierten Kleidern ein knappes Gut? Im Folgenden werde ich an jenem Punkt der sogenannten »textile[n] Wertschöpfungskette« (Grundmeier 2005: 226) ansetzen, an welchem Kleidung zu Altkleidung wird. Am Beispiel einer humanitären Hilfsorganisation möchte ich dann Strategien im Umgang mit der Ressource textiles Hilfsgut aufzeigen, die sich zugleich als Strategien im Umgang mit den Szenarien des Zuviels darstellen.[12]

---

11 Es ist unabdingbar, mit Gisela Welz und Stefan Groth (in diesem Band) zu betonen, dass Mangel situiert und hervorgebracht ist. Lorenz' Rede von den »Überflüssigen« (2010: 586) macht ebenfalls sehr deutlich, dass es sich weniger um einen unhintergehbar wahren Mangel an Ressourcen, denn um einen Mangel an Partizipation aufgrund von Exklusion und Zugangsrestriktionen handelt. Materielle wie immaterielle Ressourcen (z.B. Wissen) sind aufgrund ökonomischer und politischer Interessen ungleich verteilt. Gerade dass die »Überflüssigen« unabdingbare Kämpfe um Partizipation fechten, unterstreicht die These von der Situiertheit und Konstruiertheit des Mangels. Dennoch erscheint es mir vor dem Hintergrund der ethnographischen Explorationen im Bereich der humanitären Hilfe angebracht, auch darauf hinzuweisen, dass der Alltag für jene ohne Partizipationsmöglichkeiten durch das Fehlen (lebens)notwendiger Ressourcen wesentlich geprägt ist.

12 Die folgenden Ausführungen stehen im Kontext der Frühphase eines Forschungsprojekts, das sich der humanitären Hilfe mit Altkleidung widmet. Es fokussiert das Sammeln, Aufbereiten und Verteilen des Hilfsgutes Altkleidung, vornehmlich für und in Ost- und Südosteuropa, welches durch die in diesem Aufsatz thematisierte diakonische Stiftung und deren Projektpartner durchgeführt wird. Gefragt wird nach dem Nexus von glaubensbasiertem Helfen und Formen von Humanitarismus bzw. »corporate humanitarianism« (Redfield 2012: 175).

Altkleiderspenden: Vom Viel der Secondhandware und dem Weniger des humanitären Hilfsguts

Für gewöhnlich nimmt die Einordnung eines Kleidungsstücks in die Kategorie »Altkleidung« ihren Ursprung vor dem Kleiderschrank. Dieser Moment stellt nicht nur für die oder den Träger/in einen Moment der Statusveränderung dar, in welchem sich Prozesse der Selbstvergewisserung und Identifikation, der Unsicherheit und der Imagination vollziehen (vgl. Benim/Guy 2001; Woodward 2007). Folgt man dem Konzept der »cultural biography« (Kopytoff 1986) des Artefakts, so kann im Akt des Aussortierens auch das Artefakt transformiert werden: Einmal aussortiert ist es nun Altkleidung, die beispielsweise in den Secondhandshop oder in den Müll gegeben werden kann. Altkleidung ist folglich bereits hier nicht einfach eine statische Kategorie, sondern vielmehr als Oberbegriff zu verstehen, unter dem sich entsprechend der »paths« (Appadurai 1986: 16) eine ganze Reihe weiterer Status verbergen, etwa jener als Secondhandware oder der als recycelbare Ressource und Faserlieferant.

Wird die Entscheidung getroffen, die Kleidung nicht der Entsorgung zuzuführen, sondern weiterzugeben an Dritte ohne Erhalt eines Gegenwerts, so wird sie zunächst zu einer Spende. Ob der Zustand als Altkleiderspende nur ein kurzes Zwischenstadium bleibt oder aber über einen gewissen Zeitraum beibehalten wird, entscheidet sich ebenfalls noch daheim bei der/dem Träger/in. Denn: Je nachdem, wem und wie er oder sie seine oder ihre Kleidung spendet, wird bereits der Weg hin zu einer Ware oder zu einem humanitären Hilfsgut betreten.[13] Denn es gibt vielfältige Möglichkeiten, seine Kleidung als Sachspende weiterzugeben: Man kann sie in Charityshops

---

13 Der Begriff des Hilfsguts ist dabei selbst wiederum zu problematisieren (vgl. »Gebrauchtkleidung zwischen Hilfe und Handel. Ein Informations- und Aktionshandbuch«. Hg. vom Dachverband FairWertung e.V. Essen 2008). Der Verein »FairWertung e.V.« argumentiert etwa: So habe jedwede exportierte Hilfslieferung im Empfängerland einen erheblichen Marktwert. »Oft machen sich insbesondere die deutschen Partner den Warencharakter einer Hilfslieferung nicht klar.« Auch fielen bei der Durchführung von Hilfstransporten für die empfangenden Partner Kosten (für Zoll, Transport etc.) sowie bei mangelnder Kommunikation auch Entsorgungskosten an. Meine Argumentation basiert vereinfachend – mit Blick auf den Objektstatus – auf der Unterscheidung zwischen jener Kleidung, mit der kein Geld seitens der Helfenden verdient wird, und jener, die verkauft wird. Letzteres wäre auch in dem Moment anzunehmen, wo Kleidung kosten-pflichtig von einer Hilfsorganisation an eine andere abgegeben wird. Zugleich kann ein Objekt situativ zeitgleich verschiedene Zustände innehaben, was aber hier nicht berücksichtigt wird.

(vgl. Gregson/Crewe 2003), Sozialkaufhäusern und Kleiderkammern abgeben; man kann sie in aufgestellte Sammelcontainer werfen oder die in unregelmäßigen Abständen vor der Haustür aufgestellten Waschkörbe oder Plastiksäcke füllen, die zu einem genannten Zeitpunkt abgeholt werden (vgl. hierzu Hansen 2000: 105). Mit der Wahl der Weitergabe ist die Entscheidung für den Begünstigten des Spendens gefallen. Allerdings: Auf einem bedruckten Spendensack der »Deutschen Kleiderstiftung« – eine humanitäre Hilfsorganisation, auf die ich mich später noch fokussieren werde – findet sich 2012 der Hinweis: »Was passiert mit den Textilien? Die Kleidung wird zur Finanzierung unserer humanitären Arbeit unter Einhaltung der ethischen Standards von FairWertung e.V. verkauft oder unmittelbar als Hilfsgut verwendet!« Liest man ebenso aufmerksam die Aufschrift der Altkleidercontainer des »Deutschen Roten Kreuzes«, so steht dort seit einer Transparenzinitiative 2013: »Ihre Spende hilft uns helfen! Einen Teil der Kleidung geben wir an sozial benachteiligte Menschen weiter. Einen Großteil verkaufen wir an ein Verwertungsunternehmen. Der Erlös kommt unserer Arbeit zu Gute.«[14] Bereits damit fächern sich die Möglichkeiten der weiteren Verwertung wieder auf, denn wie auf der Seite des Deutschen Roten Kreuzes nachzulesen ist, werden ganze Containerinhalte direkt an kommerzielle Sortierunternehmen weitergeben. Die Spende wird damit bereits mit dem Einwurf durch die Spendenden zur Ware.

Das »Deutsche Rote Kreuz«, einer der bekanntesten Akteure im Bereich Altkleidersammlung, informiert auf seiner Homepage, es sammele mittels Altkleidercontainern und Straßensammlungen.[15] Es gebe zudem die Möglichkeit, aussortierte Kleidung in Kleiderkammern und Kleiderläden oder auch den Geschäftsstellen der Kreis- und Ortsverbände abzugeben. Von dort aus nehme die Kleidung zwei Wege der Verwertung. Im sogenannten »Kleiderkammermodell« werde die Kleidung zunächst sortiert, geeignete Stücke zur Ausgabe in den eigenen Einrichtungen weitergegeben, Überschuss werde an Verwertungsunternehmen vertrieben. Beim »Verwertermodell« hingegen werde der Inhalt eines Containers komplett verkauft, die Textilien würden dann ebenfalls nach Qualität sortiert, wobei rund 10% als Abfall und 35% als untragbar klassifiziert und schließlich zu Dämmstoffen und Putzlappen weiterverarbeitet würden. Die restlichen 55 % seien Exportware, die (Stand: Oktober 2012) vornehmlich nach Afrika (40%) und nach Asien bzw. Osteuropa (rund 20%), ein geringer Teil nach Westeuropa, den

---

14 http://www.drk-ge.de/drk/index.php?id=kleiderkammer (02.02.2015).
15 Vgl. http://www.drk.de/aktuelles/fokusthemen/kleidersammlung.html (04.02.2015).

Nahen Osten und Amerika gehe. »Welcher Anteil an Kleidung kommt direkt Bedürftigen zugute?«[16] Diese Frage ist im Anschluss an die Erörterungen der Verwertungsmodelle zu lesen. Man erfährt, dass von den 90.000 bis 100.000 Tonnen an Altkleidern noch rund die Hälfte tragbar sei, »der Rest eignet sich nur noch als Rohstoff. 4.000 bis 5.000 Tonnen Kleidung geben wir direkt an bedürftige Menschen weiter. Bezogen auf die noch tragbare Kleidung sind das also rund 10 Prozent.«[17] Der Rest sei Secondhandware, wobei die Wege der Verwertung der Spenden allerdings regional deutlich variierten. Der Erlös aus den Verkäufen fließe in die satzungsgemäßen Aufgaben.

In einem Artikel des »Fundraiser Magazins« (2013)[18] erörtert der Geschäftsführer der »Deutschen Kleiderstiftung«, dass etwa 80% der gespendeten Garderobe verkauft werde, »um die nötigen Mittel für die humanitäre Hilfe unserer nationalen und internationalen Projekte der ›Deutschen Kleiderstiftung‹ und die Verteilung der Sachspenden vor Ort zu erlösen.« (ebd.: 19). Gut 180 Tonnen[19] der eingehenden Sachspenden würden an Bedürftige verteilt. Mit dem Verkauf wird die Sachspende demnach in eine Geldspende umgewandelt, welche die Mildtätigkeit zu finanzieren hilft.[20] Altkleidung als Hilfsgut, welches bei Empfängern, den »Überflüssigen« im Sinne Lorenz (2010: 589) ankommt, scheint demnach begrenzt verfügbar. Der Prozess der Weiterverwertung erweist sich in dieser Hinsicht als Prozess der Begrenzung

---

16 Ebd.
17 Ebd.
18 Einzusehen ist der Artikel auch unter http://www.kleiderstiftung.de/fileadmin/user_upload/dokumente/Artikel_Fundraiser.pdf (30.01.2015).
19 In den hier analysierten Dokumenten werden unterschiedliche Angaben über das Gesamtgewicht der Altkleidung gemacht, was darin begründet ist, dass diese sich im Zeitraum von 2012 bis heute – für welchen Material vorliegt – offenbar kontinuierlich erhöht hat. In der jüngsten Veröffentlichung ist zu lesen: »So konnten im Jahr 2014 erstmals über 260.000kg. (4x mehr als früher) humanitäre Hilfe in viele verschiedene Länder auf den Weg gebracht [werden].« Vgl. »vom Verein zur Stiftung – Info für Gemeindebriefe« 2015/2: http://www.kleiderstiftung.de/presse-und-informationsmaterial/ (21.02.2015).
20 Dazu erklärt das »Rote Kreuz« dem Spendenden auf seiner Website: »Hilfslieferungen in ärmere Länder, die auf dem Landweg möglich sind, gibt es punktuell – wie zuvor beschrieben. Für afrikanische Länder funktioniert dieses Modell aber nicht, weil die Logistikkosten unangemessen hoch sind. Um es anschaulich zu machen: Theoretisch müsste jeder Kleiderspender bereit sein, zu seinem gefüllten Altkleiderbeutel noch eine Geldspende für Sortierung und Transport zu leisten. Denn wir sind eine spendenfinanzierte Organisation. Aber auch im Sinne der Entwicklungshilfe ist es nicht sinnvoll, Armut im großen Stil durch Sachspenden bekämpfen zu wollen.« vgl. http://www.drk.de/aktuelles/fokusthemen/kleidersammlung.html (13.02.2015).

des Überflusses. Denn durch Be- und Umwertung der Kleidung, die etwa durch die spezifische Nachfrage nach Konfektionsgrößen und jahreszeitlicher Kleidung und durch ästhetische Vorstellungen mitbestimmt wird, findet eine Verknappung im Überfluss statt. Die eingangs erwähnte Kleiderflut Nr. 1 mag als ein Beispiel nicht einer Überflutung, denn vielmehr einer Verknappungsproblematik gelesen werden, die aus der geringen Passgenauigkeit zwischen Angebot und Bedarf entsteht.

Der Verkauf, die Umwandlung der Sach- in eine Geldspende seitens der humanitären Hilfsorganisationen, geriet im öffentlichen Diskurs immer wieder in die Kritik und schwingt auch dort mit, wo gegenwärtig die illegalen Stoffimporte aus China als Problem für nationale Textilindustrien erkannt werden. Thematisiert wurden die Eingebundenheit der Organisationen in das globale Netzwerk des Handels mit Altkleidung, d.h. die Zusammenarbeit mit kommerziellen Verwertungs-, Recycling- und Sortierbetrieben, Exporteuren, Händlern und Logistikunternehmen (vgl. hierzu etwa Botticello 2012 oder Norris 2012). Reportagen der öffentlich-rechtlichen Fernsehanstalten titelten »Der Altkleider-Irrtum«[21] oder »Die Altkleider-Lüge – Wie Spenden zum Geschäft werden.«[22] Die Titel implizieren die Intransparenz gegenüber den Altkleiderspendenden, die Berichte selbst nehmen Hilfsorganisationen zum Ausgangspunkt, um von dort aus den Altkleidern über die kommerziellen Sortierbetriebe auf die Märkte Tansanias zu folgen.

Die Anthropologin Karen Tranberg Hansen ist in ihrer differenzierten Studie »Salaula. The World of Secondhand Clothing and Zambia« (2000) diesen Wegen ebenfalls nachgegangen und zeigt die diversen Akteure auf, die am Secondhandhandel partizipieren, profitieren, sich die Gebrauchtware aneignen, sie um- und verwerten. In jüngeren Überlegungen zu »charity, commerce, consumption« (2008) differenziert sie zwischen der »charitable connection« (ebd.: 222) und der »commercial connection« (ebd.: 223) und schreibt: »The extensive interactions of the charitable organizations with the textile recyclers/graders add to a commercial angle to their dealings about which there is little substantive knowledge« (ebd.: 224).

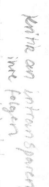

---

21 Vgl. WDR-Fernsehen, Sendebeitrag vom 10.12.2012, »Der Altkleider-Irrtum – Wie Kleiderspenden zur Ware werden«: http://www.presseportal.de/pm/7899/2378933/-der-altkleider-irrtum-wie-kleiderspenden-zur-ware-werden-folge-4-der-k-nnes-k-mpft-reihe-mit (14.02.2015).

22 Vgl. NDR-Fernsehen, Reportage vom 11.01.2013, »Die Altkleider-Lüge«; einsehbar unter https://www.youtube.com/watch?v=djXkFedpTrE (14.02.2015).

Es scheint, als sei eine Perspektive, die stärker von den Praktiken der »charitable connection« (Tranberg Hansen 2008: 222) aus argumentiert, wenig attraktiv. Die textilen Hilfsgüter, die durch humanitäre Hilfsorganisationen wie die »Deutsche Kleiderstiftung« oder das »Rote Kreuz« unproblematisch weil passgenau verteilt werden können, sind bislang kaum Gegenstand öffentlicher Berichterstattung.[23] Angesichts der anhaltenden kritischen Diskurse, die durch Aufmerksamkeit für die Konversion von Altkleiderspenden in Secondhandware bestimmt werden, stellt sich die Frage nach den Strategien, die humanitäre Hilfsorganisationen entwickeln, um weiterhin sowohl Gelder aus der Sachspende für ihre Arbeit als auch aus der Masse an Altkleiderspenden in geringerem Maße passgenaues Hilfsgut zu gewinnen. Anders formuliert: Wie gestaltet sich vor diesem Hintergrund die Selbstdarstellung jener, die mit Kleidung helfen wollen?

Beobachtungen zu Argumenten und Praktiken des »Nachhaltigen« im Feld textiler Hilfeleistungen

»[G]rowing environmental concerns in the West in recent years« schreibt Tranberg Hansen, »have enhanced both the profitability and respectability of this [second-hand, Anm. NWB] trade and given its practioners a new cachet as textile salvagers and waste recyclers« (2008: 224). Die Hinwendung zu Argumenten nachhaltigen und umweltverträglichen Handelns ist nicht nur auf Seiten kommerzieller Abnehmer (wieder) zu beobachten. Auch humanitäre Hilfsorganisationen, die als frühe Station in der Weiterverwertungskette mit dem Viel der Sachspenden umzugehen haben, setzen verstärkt auf Argumente der Ressourcenschonung und des nachhaltigen Handelns. Am Beispiel der »Deutschen Kleiderstiftung« möchte ich einige Beobachtungen diesbezüglich darlegen und kulturwissenschaftlich diskutieren.

---

23 Vgl. aber die Aktion »11 Kilo für 11 Freunde« der »Deutschen Kleiderstiftung« anlässlich der Fußballweltmeisterschaft 2014 in Brasilien, über die das ZDF in einer 19-Uhr-Ausgabe des Nachrichtenmagazins *heute* berichtete: https://www.youtube.com/watch?v=dbIPky3g09Y&feature=youtu.be (16.01.2015).

Die »Deutsche Kleiderstiftung Spangenberg« ist eine gemeinnützige Organisation mit Sitz in Helmstedt, Niedersachsen. Mit ihren gegenwärtig »etwa 40 Mitarbeitenden«[24] sammelt sie als nicht-staatliche, stifterlich[25] organisierte Einrichtung bundesweit Kleidung. Kirchliche Sammlungen bilden dabei den Grundstock der Gewinnung von Spenden. Entsprechend eines von der Organisation koordinierten Abholplans werden über die Woche Altkleiderspenden gesammelt, um dann in der Woche darauf von Mitarbeiter/innen der Kleiderstiftung abgeholt zu werden. Sollte in den Kirchengemeinden nicht genug Lagerraum zur Verfügung stehen, werden Anhänger oder die Organisation von Straßensammlungen angeboten.[26] Es finden sich weitere Formate wie die Etablierung einer dauerhaften Annahmestelle seitens Privatpersonen oder gemeinnützigen Einrichtungen oder die Durchführung von einmaligen Sammelaktionen etwa durch Schulen oder Kitas. Zudem finden sich Containerstellplätze, die in Kooperation etwa mit der Magdeburger Stadtmission oder dem CVJM (Christlicher Verein junger Menschen) Berlin aufgestellt und betreut werden.[27] Aus einem Vordruck für einen Sammelaufruf für Kirchengemeinden auf der Homepage der Organisation geht hervor, warum die Zusammenarbeit mit Kirchengemeinden und diakonischen Einrichtungen fester Bestandteil des humanitären Engagements ist:

»Unter dem neuen Leitwort ›für Wärme und Würde‹ wird heute zeitgemäße, unbürokratische und zeitnahe humanitäre Hilfe geleistet, die bereits zur Gründung des Werks 1957 im Mittelpunkt stand. Durch Mitglieder einer Herrnhuter Brüdergemeine in Berlin entstand das Sozialwerk […]. 2012 wurde das Spangenberg-Sozial-Werk e.V. in die Deutsche Kleiderstiftung umgewandelt. Heute arbeitet Spangenberg national wie international im Verbund der Diakonie und von FairWertung e.V.,

---

24 »Vom Verein zur Stiftung – Info für Gemeindebrief.« (02/2015) einsehbar unter http://www.kleiderstiftung.de/presse-und-informationsmaterial/ (21.02.2015).
25 Vgl. Homepage stiftungen.org: http://www.stiftungen.org/no_cache/de/service/stiftungssuche/trefferliste.html?tx_leonhardtbvdssearch_pi1%5Bid%5D=O26442&tx_leonhardtbvdssearch_pi1%5Bmode%5D=detail&tx_leonhardtbvdssearch_pi1%5BfromSearch%5D=bvdses (09.11.2014); »Zweck der Stiftung«, heißt es im Online-Portal für Stiftungen und Stiftungswesen des Bundesverband Deutscher Stiftungen, »ist die Verbesserung der Lebensbedingungen Not leidender Menschen im eigenen Land, sowie in aller Welt insbesondere durch Kleider- und Sachspenden und die Finanzierung sozialer Projekte.«
26 Vgl. http://www.kleiderstiftung.de/helfen-und-mitmachen/kirchliche-sammlungen/ (13.02.2015).
27 Vgl. http://www.kleiderstiftung.de/kleidung-spenden/ (13.03.2015).

dem kirchennahen Dachverband für alle Fragen rund um gebrauchte Textilien. Jährlich werden bis zu 200.000 kg Hilfsgüter auf der Weg gebracht.«[28]

Die Geschichte der Organisation und ihrer Vorläufer wird in einer Textvorlage für Gemeindebriefe vom Februar 2015 mit Blick auf die Umgestaltungen seit 2008 weiter erörtert. Hier erfährt man, dass »Weichen inhaltlich und strukturell neu gestellt wurden«, indem zunächst das Grundstück in Helmstedt in Stiftungsvermögen umgewandelt und die Stiftung »Deutsche Kleiderstiftung Spangenberg« gegründet wurde, als deren Stifter das Spangenberg-Sozialwerk e.V. fungierte. Unter dem neuen Namen erarbeite sich »das traditionsreiche Sozialwerk eine immer größer werdende Beachtung«.[29]

Auf Seiten der Projektpartner des Spendenverteilens, das heißt der konkreten humanitären Hilfe mit Kleidung, findet sich eine Vielzahl an diakonischen Einrichtungen wie Kirchengemeinden, die selbst Hilfsprojekte erdenken, an die »Deutsche Kleiderstiftung« herantragen und deren Infrastruktur zur Umsetzung nutzen. So wird etwa in Kooperation mit einem Kirchenkreis in Sachsen ein Kontakt zu einer Elim-Gemeinde in Moldawien gepflegt, die in die Versorgung von Waisenkindern vor Ort involviert ist.[30] Die »Deutsche Kleiderstiftung« ist somit Initiatorin von, vor allem aber Kooperationspartnerin bei Hilfs- und Wohltätigkeitsprojekten. Hierzu zählen die Projektpartnerschaften in EU-Ost- und Südosteuropa wie auch EU-Anrainerstaaten,[31] aus denen jedoch auch – wie das Beispiel einer Kooperation mit der Partnerorganisation in Kaliningrad zeigt – Kleiderspendensendungen ins indische Nabarangpur erwachsen können.[32] Es handelt sich, so lässt sich bereits aus diesem kurzen Porträt der »Deutschen Kleiderstiftung«

---

28 »Textvorlage für Ihren Gemeindebrief« (10/2014), Online unter: http://www.kleiderstiftung.de/presse-und-informationsmaterial/, dort »Text für Gemeindebrief (lang)« (03.11.2014).
29 »Vom Verein zur Stiftung – Info für Gemeindebrief.« (02/2015) einsehbar unter http://www.kleiderstiftung.de/presse-und-informationsmaterial/ (21.02.2015).
30 Vgl. http://www.kleiderstiftung.de/aktuelle-projekte/projekte-in-osteuropa/singerei-moldawien/ (03.11.2014).
31 Vgl. http://www.kleiderstiftung.de/aktuelle-projekte/projekte-in-osteuropa/. Zum Zeitpunkt des Verfassens dieses Artikels laufen Partnerschaften mit Albanien, dem Oblast Kaliningrad (Russland), Moldawien, Bulgarien, Rumänien und Weißrussland. Neben diesen kontinuierlichen Projektpartnerschaften ist zudem die Bereitstellung humanitärer Hilfsgüter für die Kriegsgebiete der Ukraine hinzugekommen, die in Kooperation mit einer ortsansässigen Hilfsorganisation durchgeführt wird. Vgl. http://www.kleiderstiftung.de/aktuelle-projekte/projekte-in-osteuropa/ukraine/ (13.02.2015).
32 Vgl. http://www.kleiderstiftung.de/aktuelle-projekte/projekte-weltweit/nabarangpur-indien/ (14.02.2015).

schließen, um eine glaubensbasierte humanitäre Hilfsorganisation (vgl. hierzu etwa Fassin 2012; Barnett/Gross Stein 2012). Zugleich lässt sich für die vergangenen Jahre eine Dynamik aufzeigen, die ich als »doing Nachhaltigkeit«[33] des humanitären Handelns beschreiben möchte, ein »doing Nachhaltigkeit«, das im Kontext humanitären Handelns und seiner Schnittmenge mit Entwicklungsprojekten historisch nicht neu ist (vgl. z.B. Barnett/Weiss 2008: 5), aber doch unter Vorzeichen gegenwärtiger Debatten zu Ressourcenschonung in Zeiten des Überflusses Konturen erfährt, von denen ich im Folgenden zwei näher beschreiben möchte.

Kontur 1: Bewegung, Umverteilung und Bevorratung des Hilfsguts Kleidung

Liest man die Texte der Website oder auch das Informationsblatt der Kleiderstiftung, so fällt auf, dass vielfach Vokabularien von Mobilität verwendet werden: »Woche für Woche werden von uns durchschnittlich mehr als 60.000 kg Textilien und Schuhe bewegt«[34]. Im Flyer der Stiftung ist weiter zu lesen, dass national wie international Kleidung »zur Verfügung« gestellt werde, die vor Ort fehle. Die Empfänger erhalten »durch unsere intensive Vorarbeit und professionelle Logistik nur die Textilen«, die sie benötigten. Die Beschreibungen einzelner, konzeptionell unterschiedlicher Hilfsprojekte fokussieren ebenfalls auf die Mobilisierung der Akteure, d.h. der Altkleidung, des Wissens und der Menschen. Neben dem »liefern« bedarfsgerechter Sortimente an Sozialkaufhäuser und »Hilfslieferungen« nach Albanien wird der Aufbau einer Initiative in Kaliningrad »begleitet« und das Kooperationsprojekt der Schuhgabe »auf den Weg« gebracht. Bilder von Paketen mit Kleidung (»Kleiderspenden im Paket«), Übergabeszenen mit gefüllten Spendensäcken, das Bild eines LKWs, im Infobrief zudem eines von der Sortierung, tun ihr Übriges, um die Dynamik des Sammelns, Sortierens und Verteilens abzubilden. Betrachtet man die Beschreibungen des Weges genauer, den die Altkleiderspende hin zum humanitären Hilfsgut unter Beteiligung der »Deutschen Kleiderstiftung« nimmt, so fällt also zunächst auf,

---

33 Der Begriff kann und soll hier nicht definiert werden. Mit »doing Nachhaltichkeit« verstehe ich vielmehr den performativen Bezug auf Diskurse um ökologisches und/oder sozial gerechtes Handeln, die sich dieses Wortes bedienen.

34 http://www.kleiderstiftung.de/fileadmin/user_upload/dokumente/2014-03_Spangenberg-auf-einer-Seite.pdf (14.10.2014).

dass sich hinter der Formel ›Spenden sammeln und verteilen‹ ein komplexes Netz an Akteuren verbirgt, die Aufmerksamkeit aber nicht nur auf die Knotenpunkte und Schaltstellen gelenkt wird, sondern ebenso sehr auf die sie verbindenden (Fahrt)Wege.[35] Es fällt dann auch ein spezifisches Prinzip im Umgang mit den Altkleiderspenden ins Auge, welches notwendigerweise auf logistische Infrastrukturen angewiesen ist. Das Prinzip wird als »Diakonischer Kreislauf«[36] bezeichnet und betrifft die Verteilung des Hilfsguts Altkleidung innerhalb Deutschlands.

Seinen Anfang nahm der »Diakonische Kreislauf« 2009 mit einer Verdichtung des nationalen Engagements und der Aufnahme neuer nationaler Hilfsprojekte durch die »Deutsche Kleiderstiftung«. Es wurde und werde, so informiert der Vordruck Gemeindebrief, ein Verbund von Kleiderkammern und anderen sozialen Einrichtungen, die mit Kleidung helfen, errichtet. Die Verbundmitglieder erhalten von der »Deutschen Kleiderstiftung« kostenlos Kleiderlieferungen für ihr Sortiment. Die Verbundpartner ihrerseits geben die Altkleidung dann unentgeltlich als Hilfsgut ab oder aber zu Preisen, die bei keinem oder geringem eigenen Einkommen bezahlt werden können, kurz: als kostengünstige Secondhandware. Vor Ort nicht benötigte Waren oder in den sozialen Einrichtungen entgegengenommene textile Sachspenden, die nicht dort ausgegeben werden können, werden im Zuge der Belieferung von den Fahrern eingeladen und kostenlos an jene Orte gebracht, an denen Bedarf für eben jene Kleidung – in spezifischen Größen, Stilen oder sonstigen Qualitäten – angemeldet wurde. Das Hilfsgut Kleidung wird durch seine Mobilisierung gewissermaßen ›stillgestellt‹: Das Hilfsgut durchläuft hier zwar einige Loops, diese sollen jedoch vermeiden helfen, dass die gespendete Kleidung allzu schnell zur Exportware wird oder den Weg der Weiterverwertung in Recyclingbetriebe nimmt. ›Stillgestellt‹ wird das Hilfsgut

---

35 Den Eindruck von Mobilität gewann ich auch bei ersten Besuchen am Standort Helmstedt: anlässlich des jährlichen Hof- und Hallenfestes schien sie sich im hauseigenen Fuhrpark ebenso zu materialisieren wie bei einem frühmorgendlichen Besuch in Form von Gabelstapler und LKW für einen Hilfstransport nach Albanien. Vgl. Feldnotizen vom 25.07.2014 sowie 20.09.2014. Es ist allerdings bemerkenswert, welcher Stellenwert der Mobilität in den Materialien der humanitären Hilfsorganisation zukommt. Diese charakterisiert die humanitäre Hilfe mit Sachgütern zwar allgemein (vgl. Halvorson 2012), ihr wird aber – wie die Betrachtung der Websites etwa von »Humana e.V.« oder dem »Roten Kreuz« zeigen – keineswegs immer diese hohe Aufmerksamkeit geschenkt. Es bedarf eines vertiefenden Vergleichs mit anderen humanitären Organisationen, um dieses Charakteristikum weiter einordnen zu können. Dies kann hier nicht geleistet werden.

36 Vgl. http://www.kleiderstiftung.de/aktuelle-projekte/projekte-in-deutschland/der-diakonische-kreislauf/ (13.02.2015)

dabei weiter auch durch die Bevorratung, die ebenfalls Bestandteil des nationalen Hilfsengagements ist. Die gezielte hauseigene Sortierung nach Warengruppen und deren Lagerung ermögliche die zeitnahe Belieferung entsprechend der Nachfrage.

Beim nationalen Engagement der Hilfsorganisation handelt es sich demnach um ein System der bedarfsgerechten Verteilung durch gezielte Umverteilung. Neben dem »Diakonischen Kreislauf« und der Bevorratung zählt dazu weiter die Aufnahme von Überschussware von Unternehmen.[37] Dieses System wird von der humanitären Hilfsorganisation selbst mit den Begriffen der »Kooperation«[38], der Entwicklung von »Netzwerken«[39] und »neuen Second-Hand-Systeme[n]«[40] beschrieben – Begriffe, die mit Blick auf den oben beschriebenen Prozess besondere Bedeutsamkeit erlangen. Entsprechend der Größe der Organisation musste und muss auch hier mit dem Überfluss an Altkleiderspenden umgegangen werden.[41] In den analysierten Materialien wird diesbezüglich ein Verfahren beschrieben, welches den Verknappungsprozess im Stadium der Konversion zum Hilfsgut reguliert. Die (Re)Distribution und Bevorratungspraxis lässt sich als Ressourcen schonendes Verfahren interpretieren. Geschont wird die Ressource humanitäres Hilfsgut, die – wie oben erwähnt – im Überfluss der Altkleiderspenden gerade aufgrund der Bedarfs- und Verteilungsproblematik nicht immer effizient für Hilfeleistung verwandt werden kann.

Kontur 2: ethische Standards der fairen Weiterverwertung von Spenden einhalten

Die Form der Ressourcenschonung wird – wie das gesamte Corporate Design – von der »Deutschen Kleiderstiftung« mit dem Motto »Kleidung sammeln und fairteilen« präsentiert. Auch dieses macht plausibel, in der Distributionspraxis ein Indiz für die Ausrichtung an nachhaltigem Handeln zu

---

37 Vgl. »Schlechte Qualität will auch in Osteuropa niemand haben« In: *IHK wirtschaft* 6 (2012): 27. Download von http://www.kleiderstiftung.de/fileadmin/user_upload/dokumente/2012-06_IHK_wirtschaft.pdf (28.01.2015).
38 http://www.kleiderstiftung.de/aktuelle-projekte/projekte-in-deutschland/ (28.01.2015).
39 Ebd.
40 Ebd.
41 Vgl. »Schlechte Qualität will auch in Osteuropa niemand haben« in: *IHK wirtschaft* 6 (2012): 27, Online unter: http://www.kleiderstiftung.de/fileadmin/user_upload/dokumente/2012-06_IHK_wirtschaft.pdf (28.01.2015).

sehen. Ein weiteres stellt die Mitgliedschaft bei »FairWertung e.V.« dar. Auf der Einstiegsseite der Homepage heißt es: »Wir sind dem Dachverband FairWertung e.V. angeschlossen und verpflichten uns damit zu Transparenz und verantwortlichem Handeln.«[42]

»FairWertung e.V.« entstand 1994 als Zusammenschluss gemeinnütziger und karikativer Organisationen. Der Verein begreift sich als Reaktion auf eine Studie des ökumenischen Institut Südwind, die erstmals Volumen und Wege von Altkleidung in und aus Deutschland untersuchte, auf Problematiken des Exports, der Verwertung und der Marktlogik des Altkleidersammelns hinwies und damit die Reflexion des eigenen Handelns seitens der karikativen Sammler anstieß.[43] »Verantwortlich und fair mit der Ressource Gebrauchtkleidung umzugehen, ist bis heute ein Hauptanliegen von FairWertung«.[44] Im Zentrum stehen verbindliche Standards in den Bereichen der Altkleidersammlung, der Sortierung, des Exports, des Textilrecyclings, die vor dem Hintergrund auch einer eigens in Auftrag gegebenen Untersuchung[45] entwickelt und verhandelt werden. Der Dachverband selbst sammelt nicht, so ist auf der Homepage des Verbandes zu lesen – im Gegensatz zu seinen Mitgliedern, gegenwärtig »[m]ehr als 115 Organisationen und Gruppen, kirchennahe und nicht konfessionell gebundene Einrichtungen«.[46] Die Mitglieder – so auch die »Deutsche Kleiderstiftung« – verpflichten sich vertraglich zu Gemeinnützigkeit, der Absage von Logovermietungen an kommerzielle Sammlungen, der Erfüllung aller Rechtsnormen wie Exportgenehmigungen und Umweltschutz. Hinzu kommt die Verpflichtung zur Transparenz und Offenheit hinsichtlich der Verwertung der Kleidung, sei es als Secondhandware, als humanitäres Hilfsgut oder als Recyclingmaterial sowohl gegenüber der Öffentlichkeit als auch gegenüber dem Dachverband, zudem die Kontrolle der Standards durch anerkannte externe Prüfer oder

---

42 http://www.kleiderstiftung.de/startseite/ (13.02.2015).
43 Vgl. »Gebrauchtkleidung zwischen Hilfe und Handel. Ein Informations- und Aktionshandbuch«. Hrsg. vom Dachverband FairWertung e.V. Essen 2008: 1.1, ebenso »Der Blick zurück. 15 Jahre FairWertung« Dachverband FairWertung e.V.; Jahresbericht 2010, einzusehen unter http://www.fairwertung.de/fix/doc/Jahresbericht2010_Artikel_Der%20Blick%20zur%FCck%2015Jahre%20FairWertung.3.pdf (15.02.2015).
44 Vgl. »Der Blick zurück. 15 Jahre FairWertung« Dachverband FairWertung e.V.; Jahresbericht 2010, einzusehen unter http://www.fairwertung.de/fix/doc/Jahresbericht 2010_Artikel_Der%20Blick%20zur%FCck%2015Jahre%20FairWertung.3.pdf (15.02.2015).
45 Vgl. hierzu etwa das »Dialogprogramm Gebrauchtkleidung in Afrika: Entwarnung für Gebrauchtkleiderexporte?«, http://www.fairwertung.de/info/exporte/afrika/index.html (15.02.2015).
46 http://www.fairwertung.de/info/wir/wer-ist-dabei/index.html (15.02.2015).

»FairWertung e.V.« selbst.[47] Der Dachverband führte 2010 ein neues Logo ein. 1996–2010 zeigte das Logo Zusammenarbeit in Form eines Piktogramms in dunkelgrüner Einbettung dargestellt, mit dem Slogan »Arbeit schaffen, Umwelt schonen«.[48] So wurde die Aufmerksamkeit vor allem auf »die Vernetzung mit gemeinnützigen Beschäftigungsstellen« und damit auf den Arbeitssektor Textilweiterverwertung gelenkt.[49] Mit der Einführung des neuen Logos wechselten nicht nur das Grün und das Piktogramm – nunmehr überlappen sich die Spitzen zweier Pfeile –, auch ist dort zu lesen: »FAIRwertung, bewusst handeln.«[50] Das neue Logo appelliert somit direkt an die Spendenden. Diese werden auf eine Weise angesprochen, die mit ihrem Fokus auf Verantwortung Anleihen an die Prinzipien im Bereich des fairen Konsums nimmt (vgl. hierzu etwa Barnett u.a. 2005).

Das Logo des Dachverbandes ist in den Materialien und auf der Website der Hilfsorganisation »Deutsche Kleiderstiftung« allgemein ebenso präsent wie in der Berichterstattung über sie.[51] Dieses lässt auf einen engen Zusammenhang schließen, der in dem Dokument »Nachgefragt – Interview für den Gemeindebrief«[52] auch begründet wird. Es gebe für die Sammlung von Sachspenden kein Qualitätssiegel »wie z.B. das DZI-Spenden-Siegel«. Man arbeite deshalb als »Lizenznehmer des Dachverbandes FairWertung« und halte sich an die ethischen Standards für die Handhabung von Altkleidern.«[53] Bemerkenswert mit Blick auf das »doing Nachhaltigkeit« mit Kleiderspenden ist zunächst, dass auch die Hilfsorganisation in ihrem Weihnachtsspendenmailing von 2013 auf den Wandel ihres Logos hinwies. Zu sehen sind auf dem Dokument drei Logos: Zwei sind in weiß und lila gehalten und

---

47 Vgl. http://www.fairwertung.de/fix/doc/FW_Selbstverst%E4ndnis%20%282012%29-sw.pdf (05.11.2014).
48 Siehe http://www.fairwertung.de/info/wir/zeichen/index.html (21.02.2015).
49 Vgl. »Gebrauchtkleidung zwischen Hilfe und Handel. Ein Informations- und Aktionshandbuch«. Hrsg. Vom Dachverband FairWertung e.V. Essen 2008: 2.1, 2.
50 Siehe http://www.fairwertung.de/info/wir/zeichen/index.html (21.02.2015).
51 Vgl. jüngst etwa einen Beitrag der Sendung »Kaffee oder Tee. Der SWR Nachmittag«, gesendet am 11.02.2015 (http://www.swr.de/kaffee-oder-tee/haushalt/kleiderrecycling/-/id=2343458/did=15062556/nid=2343458/pb1q98/index.html, 14.02.2015) oder auch den Artikel »Kleiderspende: Aussortieren zum guten Zweck« von Ramona Ostermeier in »Women's Health« vom 17.02.2015 (http://www.womenshealth.de/life/lebensart/aussortieren-fuer-den-guten-zweck.69174.htm).
52 »Nachgefragt – Deutsche Kleiderstiftung Spangenberg im Interview« (06/2014): http://www.kleiderstiftung.de/presse-und-informationsmaterial/ (19.02.2015).
53 Ebd.

stellen drei Strichmännchen und eine Weltkugel dar. Gemäß dem oben erwähnten Namenswechsel steht auf einem »... in gute Hände geben. Spangenberg. Wir sammeln und verteilen Kleidung«, was durch den blauen Schriftzug »Deutsche Kleiderstiftung« ersetzt wurde. Heute ist das Logo im Design eines Einnähers gehalten mit drei Kleiderbügeln, je einer in schwarz, rot und goldgelb. »Deutsche Kleiderstiftung. Kleidung sammeln und fairteilen« steht nun dort – der Leitslogan der neuen Corporate Identity der humanitären Einrichtung rekurriert somit in der Schreibweise »fairteilen« direkt auf »FairWertung e.V.« auch dort, wo dessen Logo nicht präsent ist.[54]

Schlussfolgerungen

Ausgehend von der Rede vom Überfluss der Altkleiderspenden habe ich argumentiert, dass die gespendete Kleidung von der Sachspende hin zu ihrem Weitergebrauch unterschiedliche Statuswechsel durchläuft: Sie kann zur Secondhandware oder aber zum Hilfsgut werden. Auf beiden Wegen kann sie als Hilfsleistung dienen: Sowohl mit dem Weiterverkauf und der Umwandlung einer Sach- in eine Geldspende wie auch mit der kostenlosen Weitergabe der Kleidung können humanitäre Hilfsorganisationen ihrer Aufgabe nachkommen. Gleichwohl erweist sich ersteres in Zeiten des Überflusses nicht nur als weitaus attraktiver, sofern durch den Handel mit Alttextilien lukrative Gewinne erzielt werden können. Es erweist sich letztlich auch als notwendig, denn die Generierung und Abgabe passgenauer Sachspenden erfordert einen hohen logistischen Aufwand, der organisiert und finanziert werden muss. Jener Statuswechsel und die sich daran anschließenden Ver-

---

[54] Dieser Rekurs reicht über die medienbasierte (Selbst)präsentation hinaus, wie die Teilnahme an Veranstaltungen der »Deutschen Kleiderstiftung« im Sommer 2014 zeigte. Im Juli beteiligte sich die Stiftung mit einem Informationsstand an »Braunschweig frühstückt fair«, einer Veranstaltung, die im Rahmen der Zertifizierung »Fairtradestadt« durchgeführt wurde. Die Wahl des Themas für das jährlich stattfindende Hof- und Hallenfest fiel im September 2014 auf »upcycling« – welches auch »Brauchbar. Das Magazin des Dachverband FairWertung e.V.« in seiner Ausgabe vom Juni 2014 aufgriff. Vgl. https://www.facebook.com/kleiderstiftung/posts/677025205706124 (20.02.2014); https://www.youtube.com/watch?v=BHqIwsOCJZ4 (20.02.2015); »Upcycling. Neues Leben für Gebrauchtes«, Brauchbar. Das Magazin des Dachverband FairWertung e.V., hg. vom Dachverband FairWertung e.V. 2014.

wendungsweisen der Kleidung bleiben für die Spendenden häufig im Verborgenen – ein Prozess, der sich vor allem als Resultat eines Problems von Angebot und Nachfrage ausnimmt. Mit der Analyse von Nachhaltigkeitsargumenten in der Selbstdarstellung der »Deutschen Kleiderstiftung« als ein Akteur im Feld humanitärer Hilfe mit Altkleidung lässt sich nachvollziehen, wie sich eben jene Argumente als Indizien für Lösungsangebote und -ansätze im Umgang mit der Altkleidung im Überfluss lesen lassen.

Zum einen führt die Rede von der Altkleidung im Überfluss zur Vorstellung, dass gespendete Kleidung für jeden zur Verfügung stehen könne, wenn man etwa auf deren lukrativen Handel verzichtete. Das Viel der Secondhandware und das Wenig des Hilfsguts Altkleidung ergibt sich aber logisch auch aus der Problematik der Passgenauigkeit, der Bedarfslage, woraus sich eine Verteilungsproblematik ergibt. Dieser begegnet die Hilfsorganisation in ihren Materialien mit dem Verweis auf Praktiken der Distribution, der Bevorratung und der Kooperation, deren Effekte die Partizipation einer weit größeren Anzahl an Menschen an dem Gut Altkleidung ermöglichen sollen. Die Mitgliedschaft im Dachverband »FairWertung e.V.« wie die damit verbundene Sichtbarmachung der Selbstverpflichtung zu ethischen Standards ist als Strategie zu verstehen, die eben jene Praxen zugleich an den Diskurs um Nachhaltigkeit rückkoppelt. Auf diese Weise wird die humanitäre Hilfsorganisation zu einem legitimen, weil legitimierten Akteur in diesem Feld. Die beschriebenen Konturen des »doing Nachhaltigkeit« von Altkleiderspenden umreißen folglich Aspekte, die als Positionierung interpretiert werden können.[55] Die damit verbundenen Argumentationen und Praxen sind *nicht* allein aus der Perspektive des Umweltschutzes und der Schonung natürlicher Ressourcen zu verstehen.

In seinem Gedankenexperiment zur Kleidung im Überfluss hatte Stefan Lorenz (2010) die Vernetzungen angesprochen, denen in der Analyse zu folgen sei. Betrachtet man nun die humanitäre Hilfe mit Kleidung in Anlehnung daran ebenfalls netzwerkanalytisch, genauer: aus der Perspektive einer Akteur-Netzwerk-Theorie bzw. einer »Soziologie der Translationen« (Callon 2006), so ließen sich die beschriebenen Positionierungspraktiken der »Deutschen Kleiderstiftung« als Prozesse in der Entstehung eines Akteurs-Netzwerks durchdenken. Schließlich handelt es sich bei der Selbstdarstellung als

---

55 Die dargelegten Beobachtungen sind dabei auch Indizien, die Aufschluss über einen gegenwärtigen Prozess der »branding choice[s]« (Hopgood/Vinjamuri 2008: 40) geben, wie er für Hilfsorganisationen mit Blick auf die Bedeutung von Glauben beschrieben wurde (vgl. Hopgood/Vinjamuri 2008).

faire, transparente, nachhaltig handelnde Organisation um eine reflexive Wissensproduktion. Die Kleiderstiftung scheint mit Blick auf die oben verhandelten Dokumente so unterschiedliche Akteure wie die Altkleidung und die Spendencontainer, die Spendenden, die Lastwagen, die Mitarbeiterinnen und Mitarbeiter der Sozialkaufhäuser – um nur einige zu nennen – zu interessieren und in für sie akzeptable Rollen zu verteilen. Es handelt sich offenbar um einen gelingenden Prozess der Mobilisierung (ebd.: 159ff.). Es bleibt jedoch die Frage offen, wie ihr das gelingen kann.

Zur Klärung dieser wie weiterer Fragen scheint es mir lohnenswert, den Blick auf den Umgang mit Altkleidung auch jenseits, oder besser: zusätzlich zu seinen Verflechtungen in die globalen Warenflüsse zu vertiefen (vgl. Norris 2012a) und den Vernetzungen zu folgen. Denn eine solche Betrachtung des Umgangs mit Überfluss, Begrenzung und Verteilungsproblematik in diesem Bereich deutet auf ein Paradoxon hin,[56] welches ich mit einem weiteren Gedankenexperiment skizzieren möchte: Ressourcenschonendes Handeln führt zu Konsum-, Tausch- und Upcyclinglogiken im Bereich Bekleidung, die auf eine möglichst lange Nutzung der Textilien seitens der Konsumenten und Konsumentinnen abzielen. Damit einher geht eine Reduktion als Altkleiderspende zur Verfügung stehender Textilien. Zu fragen wäre nun wiederum, was mit jenen ist, die vom Konsum neuer Kleidung ausgeschlossen sind. Es wäre zudem zu fragen, ob die Reduktion nicht diversen Hilfsorganisationen ihre ökonomische Grundlage entzöge, auf der sie agieren können. Wenn dem so ist, läge nicht eine Lösung zwingend darin, das durch reduzierten Konsum eingesparte Geld zu spenden, eine andere zwingend darin, den Zugang zu neuer Kleidung für alle zu ermöglichen, die diese wünschen? Die Beschäftigung mit Ethiken, Strategien und Praxen im Bereich der Altkleidung als humanitärem Hilfsgut verspricht in meinen Augen, wertvolle Erkenntnisse für die allgemeinere Frage nach dem Umgang mit Ressourcen zwischen Überflussnarrativen, Begrenzungsprozessen und Partizipationsmöglichkeiten zu generieren.

---

56 Ich danke Markus Tauschek für den Hinweis auf diesen Widerspruch und Markus Böck für die Diskussion der skizzierten Gedanken.

Literatur

Appadurai, Arjun, »Introduction: commodities and the politics of value«, in: ders. (Hg.), *The Social Life of Things*, Cambridge 2003, S. 3–63.
Barnett, Clive u.a., »Consuming Ethics: Articulating the Subjects and Spaces of Ethical Consumption«, in: *Antipode* 37/1 (2005), S. 25–45.
Barnett, Michael/Gross Stein, Janice, *Sacred Aid. Faith and Humanitarianism*, Oxford 2012.
Barnett, Michael/Weiss, Thomas, »Humanitarianism. A Brief History of the Present«, in: dies. (Hg.), *Humanitarianism in Question. Politics, Power, Ethics*, Ithaca/London 2008, S. 1–48.
Botticello, Julie, »Between Classification, Objectification, and Perception: Processing Secondhand Clothing for Recycling and Reuse«, in: *Textile. Journal of Cloth and Culture* 10, 2 (2012), S. 164–183.
Callon, Michel, »Einige Elemente einer Soziologie der Übersetzung. Die Domestikation der Kammmuscheln und der Fischer der St. Brieuc-Bucht«, in: Bellinger, Andréa/Krieger, David J. (Hg.), *ANThology. Ein einführendes Handbuch zur Akteur-Netzwerk-Theorie*, Bielefeld 2006, S. 135–174.
Fassin, Didier, *Humanitarian Reason. A Moral History of the Present*, Berkeley/Los Angeles/London 2012.
Grundmeier, Anne-Marie, »Textil- und Modeindustrie in Deutschland. Produkt- und Prozessgestaltung zwischen High Tech und Nachhaltigkeit«, in: Mentges, Gabriele (Hg.), *Kulturanthropologie des Textilen*, Berlin 2005, S. 225–248.
Hansen, Karen, *Salaula: The World of Secondhand Clothing and Zambia*, Chicago/London 2000.
Halvorson, Britt, »'No junk for Jesus': redemptive economies and value conversations in Lutheran medical aid«, in: Alexander, Catherine/Reno, Joshua (Hg.), *Economies of Recycling. The Global Transformation of Materials, Values and Social Relations*, London/New York 2012, S. 207–233.
Hopgood, Stephen/Vinjamuri, Leslie, »Faith in Markets«, in: Barnett, Michael/Gross Stein, Janice, *Sacred Aid. Faith and Humanitarianism*, Oxford 2012, S. 37–64.
Kopytoff, Igor, »The cultural biography of things. Commoditization as process«, in: Appadurai, Arjun (Hg.), *The Social Life of Things*, Cambridge 1986, S. 64–94.
Lorenz, Stephan, »Von der Akteur-Netzwerk-Theorie zur prozeduralen Methodologie: Kleidung im Überfluss«, in: Stegbauer, Christian (Hg.), *Netzwerkanalyse und Netzwerktheorie. Ein neues Paradigma in den Sozialwissenschaften*, 2. Aufl., Wiesbaden 2010, S. 579–588.
Norris, Lucy, »Economies of moral fibre? Recycling charity clothing into emergency blankets«, in: *Journal of Material Culture* 17, 4 (2012), S. 389–404.

— »Shoddy rags and relief blankets: perceptions of textile recycling in north india«, in: Alexander, Catherine/Reno, Joshua (Hg.), *Economies of Recycling. The Global Transformation of Materials, Values and Social Relations*, London/New York 2012a, S. 35–58.

Redfield, Peter, »Bioexpectations. Life Technologies as Humanitarian Goods«, in: *Public Culture* 22, 1 (2012), S. 157–187.

Wachstum – Ressourcen – Grenzen. Prolegomena zur Ethnografie von Kulturen sozialer Ungleichheit[1]

Lars Winterberg

Als im November 2014 die dem vorliegenden Band zugrunde liegende Arbeitstagung stattfand, lebte die globale Menschheit bereits knapp drei Monate »auf Pump«[2] – so ließe sich zumindest in Anlehnung an das *Global Footprint Network* (GFN) argumentieren, welches den jährlichen »Earth Overshoot Day« berechnet, also jenen Stichtag, »an dem die Menschheit die natürlichen Ressourcen eines ganzen Jahres erschöpft hat.«[3] Seit dem 19. August übersteige unsere Nachfrage die planetare Kapazität zur natürlichen Reproduktion. Im Jahr 2013 fiel der »Welterschöpfungstag« noch auf den 20. August, 1993 war es der 19. Oktober. Seit den jeweiligen Stichtagen »versündigen wir uns an der Zukunft«, kommentierte zeitnah der *World Wide Fund For Nature* (WWF):

> »Wir nehmen mehr von unserem Planeten, als eigentlich vorhanden ist. Und wir nehmen immer mehr, immer schneller. Wir verbrauchen zu viele Rohstoffe, verschmutzen zu viel Wasser, fangen zu viele Fische, essen zu viel Fleisch, schlagen zu viel Holz, produzieren viel zu viel Kohlendioxid.«[4]

Die Erde sei nicht nur »am Limit«, ihre Ressourcen verbrauche der Mensch bereits heute mit 1,5-fachem Faktor. »Bei unserer Nachfrage nach Energie, Lebensmitteln und anderen Konsumgütern werden wir noch vor 2050 die

---

[1] Der Text basiert wesentlich auf meinem laufenden Promotionsprojekt »Die Not der Anderen? Armut und Fairer Handel im globalisierten Alltag. Zur Ethnografie von Kulturen sozialer Ungleichheit« (Universität Regensburg). Auch bindet er vereinzelt Textfragmente der bislang unveröffentlichten Dissertationsschrift ein. Für kritische Lektüre und weiterführende Hinweise danke ich Lina Franken und Mirko Uhlig.

[2] Focus Online: http://www.focus.de/wissen/natur/world-overshoot-day-seit-heute-leben-wir-auf-pump-bei-der-erde_aid_804446.html (03.02.2015).

[3] Global Footprint Network: http://www.footprintnetwork.org/de/index.php/GFN/page/earth_overshoot_day/ (03.02.2015).

[4] Dieses und die folgenden Zitate aus: World Wide Fund for Nature: http://www.wwf.de/themen-projekte/biologische-vielfalt/welterschoepfungstag-die-welt-ist-nicht-genug/ (03.02.2015).

Ressourcen von drei Erden benötigen«. Ähnliche Prognosen, das Wissen um oder zumindest ein vages Gefühl von ökologischer Überlastung erscheinen in den Industriegesellschaften des frühen 21. Jahrhunderts konsensfähig. Antizipationen finden sich mannigfach – die Kampagne um den Welterschöpfungstag sowie ihre Multiplikation durch staatliche oder zivilgesellschaftliche Institutionen bildet nur ein Beispiel unter vielen.

Ressourcen – Verteilung: »Danke, Dritte Welt«

Aus kulturwissenschaftlicher Perspektive sind weder Ressourcen noch ihre Nutzung »natürlich«. Vielmehr ist davon auszugehen, dass Ressourcen kulturell hergestellt sind und deren Nutzung immer geregelt wird. Die Codierung bestimmter Ressourcen als »begrenzt« erweist sich insofern bereits als wirkmächtige kulturelle Setzung. Sie befördert und hemmt bestimmte Formen des Umgangs, beeinflusst also Denk- und Handlungsmöglichkeiten. Ressourcen bilden insofern nicht natürliche Entitäten, sondern sind kulturelle Konstruktionen, also »Menschenwerk« (Scharfe 2002: 7). Mit Gisela Welz ist der kulturwissenschaftliche Blick somit auch auf den Aspekt der »Ressourcivierung« zu richten, also auf die Herstellung von Ressourcen im theoretischen (nicht produktionspraktischen) Sinne, auf ihre Definitionen und so auch auf »Knappheit und Überfluss als mächtige Erfindungen des Menschen« (Welz in diesem Band). Im Grunde sind Ressourcen schlicht (im-)materielle Güter, die Prozesse ermöglichen. Derart abstrakt definiert sind sie für Dynamiken jedweder Art unersetzlich; für Wirtschaft, Politik und Gesellschaft sind Ressourcen zentral. Wesentlich ist zunächst ihre Verfügbarkeit, was unweigerlich auf – zumindest relative – Begrenztheit verweist. Und eben diese fällt angesichts variabler Orte, Zeiten und sozialer Kontexte stark different aus.

Dazu ein weiteres Beispiel mit folgender Situation: Zwei dynamisch wirkende junge Männer betreiben auf einem nicht näher lokalisierten deutschen Wochenmarkt einen Stand mit verschiedenen Produkten.[5] Sie bewerben ein aufstrebendes Unternehmen, welches unter farbenfroh designtem Label günstige Lebensmittel bewirbt. Auffällig ist hier insbesondere der wieder-

---

5 Vgl. hinsichtlich der Beschreibungen und (in-)direkter Zitate auch nachfolgend die aktionsbezogene Kampagnenwebsite Agraprofit: http://agraprofit.de/ (03.02.2015).

kehrende Slogan: Unter »faire Preise – volle Transparenz« folgen und brechen die Anbieter mit den gängigen Marktmechanismen gleichermaßen. Ins Auge fallen zunächst das naturnahe Firmenlogo, ein auf dem Schriftzug »agrarprofit« thronender Hahn, ähnlich konnotiert dann die »Originalrezeptur« ihrer »Wiesenkräuter«-Salami oder die »Feine Robusta-Arabica Mischung – Ursprünglich angebaut, nachhaltig im Geschmack«.

Dass der Kaffee aber nicht etwa nachhaltig angebaut und ursprünglich im Geschmack ist, wird vermutlich erst auf den zweiten Blick hin sichtbar. Die »sympathischen Jungs« vom Startup Agrarprofit – so die Einschätzung eines Marktkunden – erweisen sich bei näherer Betrachtung als wahre PR-Experten. Sie schaffen als »multinationales Unternehmen« nach eigener Aussage »Arbeitsplätze vor Ort« (sprich im globalen Süden), bieten beispielsweise »garantiert gewerkschaftsfreie Bananen« an, die »fair für den Konsumenten« sind, und »arbeiten aktiv daran, Markthemmnisse vor Ort zu verhindern und so sozialen Frieden zu sichern.«

Auch hier geht es – in multipler Hinsicht – um Ressourcen: Es geht um Konsumgüter des (mehr oder minder) täglichen Bedarfs – Eier, Wurst, Bananen, Kaffee und Schokolade –, die als Lebensmittel bereits eine terminologische Nähe zur Ressourcendefinition aufweisen, sind sie doch offenkundig *Mittel* zum *Leben*. Thematisiert werden zumindest indirekt auch die finanziellen Ressourcen der früh industrialisierten Gesellschaften[6], ihrer Konzerne wie auch Konsument/innen, die Agrarprofit offenkundig zu schonen gewillt ist. Und folgt man den Dialogen am Marktstand, so rücken auch die Ressourcen weltweiter Produzent/innen in den Fokus. »Warum die [Produkte] so günstig sind? Das liegt einfach daran, dass wir unseren Arbeitern nicht so viel bezahlen.« Laminierte Informationsblätter klären die Kunden weiter auf: »Global Player: Auch Kleinbauern nehmen am Spiel der Märkte teil. Im Wettbewerb ist jeder gefordert, sein Bestes zu geben.« Da erscheint es nur folgerichtig, dass Agrarprofit immer dann kaufe, »wenn der Kaffeepreis im Keller ist.« Im Grunde seien die Produzent/innen ohnehin »sehr bescheiden in ihren Preisvorstellungen«. Und dass man davon *profitie*ren könne, daran lassen die Unternehmer von Agrar*profit* keinen Zweifel. Faire Preise – volle Transparenz: »Ich sag' immer: Danke, Dritte Welt, dass die uns ermöglichen, dass wir hier so gut essen können.«

---

6 Die Bezeichnung steht in Anlehnung an Terminologien und Argumentationen, die das Denkwerk Zukunft gebraucht. Stiftung kulturelle Erneuerung: http://www.denkwerkzukunft.de/ (03.02.2015).

Ungleichheit – Aspekte einer Ethnografie politischer Felder

Der folgende Beitrag möchte im Spannungsfeld der mehrdeutigen Bergriffe *Wachstum, Ressourcen, Grenzen* die global ungleiche Ressourcenausstattung in den Blick nehmen, das heißt die Begrenztheit beziehungsweise Verknappung von Ressourcen als *Verteilungseffekte*. Insofern resultiert Ressourcenarmut, also eine relative oder gar existenziell kritische Unterausstattung mit Ressourcen, nicht aus einem grundsätzlichen oder gar natürlichen Mangel, sondern ist Effekt eines Zugangs beziehungsweise einer Zuweisung, die als unzureichend verstanden wird. Im Fokus des Beitrags steht jedoch nicht die Frage, wie es zu global ungleicher Ressourcenausstattung kommt[7], sondern vielmehr wie jene transnationale soziale Ungleichheit kulturell ausgehandelt, also wahrgenommen, gedeutet und verarbeitet wird. Die Kulturanthropologie/Volkskunde legt hier exemplarisch argumentierende Herangehensweisen nahe. Im Spiegel einer konkreten Aushandlungspraxis lassen sich grundlegende Erkenntnisse zum Umgang mit begrenzten Ressourcen konturieren. Ich möchte insbesondere den *Fairen Handel* als Fallbeispiel heranziehen. Er ist schon im vorgenannten Beispiel zentral. Auf diese Weise verschiebt sich der Fokus der Analyse eines Umgangs mit begrenzten Ressourcen: So ist *Endlichkeit* zwar wesentlicher diskursiver Fluchtpunkt einer kulturellen Konstruktion von Ressourcen, *Verteilung* hingegen lässt sich als zentrales Merkmal unseres Umgangs mit Ressourcen problematisieren. Und diese globale Verteilung unterliegt (wie auch ihre Bewertung) den grundlegenden Modi jener *Kulturen sozialer Ungleichheit*, welche sich – folgt man den Darstellungen jüngerer Weltgeschichtsschreibung – im langen 19. Jahrhundert etabliert haben (Bayly 2006: 15; Osterhammel 2009).

Versteht man Kultur nun mit Clifford Geertz (1983: 9) als *Bedeutungsgewebe*, welches zwar vom Menschen geschaffen wurde, in welches er sich aber stets auch »verstrickt«, so ließen sich Kulturen sozialer Ungleichheit gewissermaßen als Chiffre für spezifische Gewebeanordnungen verstehen. Diese sind einerseits Effekt transnationaler sozialer Ungleichheiten, prägen aber andererseits auch fortschreitend ihre Wahrnehmungen, Deutungen und

---

7 Diese Frage findet insbesondere in politikwissenschaftlicher bzw. entwicklungstheoretischer Forschung intensiv Berücksichtigung (vgl. exemplarisch Stockmann u.a. 2010). Soziologische Analysen transnationaler sozialer Ungleichheit liegen – im Vergleich zu nationalstaatlich ausgerichteten Beiträgen – bislang nur sehr eingeschränkt vor (Beck/Poferl 2010; Beck 1998). Einzubeziehen sind zudem globalgeschichtlich ausgerichtete Arbeiten wie jene Christopher Baylys (2006) und Jürgen Osterhammels (2009).

Verarbeitungen. Nicht selten verschleiern sie den Umstand ungleicher Verteilung sowie ihre Effekte und wirken so machtvoll im Sinne selbsterhaltender Systeme. Letztlich bilden sie eine spezifische Imprägnierung *politischer Felder* (Adam/Vonderau 2014: 14ff.), in denen sich *Regime* (vgl. zum Regime-Begriff Tsianos/Hess 2010) des Umgangs mit begrenzten Ressourcen ausprägen – und Bedeutungsgewebe potenziell restrukturieren.

Der vorliegende Beitrag möchte Annäherungen an Kulturen sozialer Ungleichheit anbieten – und so spezifische Formen wie auch grundlegende *Realitätsbedingungen* (Foucault 1973: 184f.) des Umgangs mit vermeintlich begrenzten Ressourcen beleuchten. Die eingangs skizzierten Beispiele verweisen bereits auf die zentralen Aspekte dieser Aushandlung: Endlichkeit (Bsp. Welterschöpfungstag) und Verteilung (Bsp. Agrarprofit). Diese gilt es, im Folgenden dezidierter aufzugreifen und auf dieser Basis über einen möglichen Zuschnitt künftiger Ethnografien zu reflektieren. In einem nächsten Schritt werden wesentliche Voraussetzungen gegenwärtiger Umgangsweisen konturiert: So lassen sich *The Limits to Growth* als diskursive Bruchlinie eines kaum hinterfragten Wachstumskurses betrachten, von hier ausgehend grundlegendere Aspekte jenes sich im späten 20. Jahrhundert vollziehenden Wandlungsprozesses in den Blick nehmen und schließlich zentrale Entwicklungslinien des hier fokussierten Fairen Handels nachzeichnen. Vor diesem Hintergrund ist zu diskutieren, wie Aushandlungen begrenzter Ressourcen im Spiegel gegenwärtiger Ausprägungen des Fairen Handels exemplarisch sichtbar zu machen sind. Und schließlich gilt es, die skizzierten ethnografischen Vorüberlegungen zu Kulturen sozialer Ungleichheit zu bündeln.

In der Kritik: Wachstum – Ressourcen – Grenzen

Betrachten wir unter diesen Vorzeichen zunächst noch einmal das Geschehen am Wochenmarktstand von Agrarprofit. Es lässt sich in einem fünfeinhalb minütigen Clip nachvollziehen, der mitunter im Videoportal *Youtube* hinterlegt ist.[8] Er hat seit 2013 viral enorm Fahrt aufgenommen und gilt mit inzwischen knapp 600.000 Klicks als einer der erfolgreichsten Filme der Plattform zum Thema. Eine aktionsbezogene Website kontextualisiert den Beitrag ausführlicher, diverse Medien greifen die Thematik zusätzlich auf

---

8 Videoplattform *Youtube*: https://www.youtube.com/watch?v=pgCD-4Q-4Wo (13.04.2015).

und hinterlassen so ihrerseits Spuren im Netz. Ohnehin dürften virtuelle Multiplikationen beziehungsweise weiterführende Recherchen Effekte strategisch angelegter Affordanzen sein, die bereits in der Konzeption aktueller Kampagnen mitgedacht werden (vgl. zu Affordanzen Hahn 2013: 18ff., 21). Erst im distanzierten Blick medialer Rezeption wird die bittere Ironie hinreichend deutlich. Der Film macht dominante Produktionsweisen im Kontext eines konventionellen Welthandels ebenso transparent wie die systematische diskursive Verschleierung ihrer Effekte. Auf der Basis von Transparenz und Wissen rückt er eine Verantwortung von Verbrauchern, Wirtschaft, Medien und Politik in den Fokus, die nicht an Staatsgrenzen ende. Verantwortung und Solidarität werden so explizit aus ihrem nationalen Zuschnitt gelöst. In mögliche Leerstellen tritt der als »richtig« codierte Umgang einer öko-fairen Produktion. Denn spätestens im Übergang von realer Marktsituation zur distanzierten Medienrezeption erhält die Wirtschaftsweise Agrarprofits selbstironische Züge, und eine Kritik alltäglichen Konsumverhaltens wird sichtbar.[9] Für die Akteure des Wochenmarktes ist der Fairhandelsbezug hingegen kaum nachvollziehbar – das heißt nur, sofern die Situation als satirische Kritik dechiffriert wird. Sie gehen jedoch mehrheitlich in die Marketing-Falle. Und dies im gleich doppelten Sinne, gebärden sie sich doch nicht nur als ebenso werbeaffine wie preisbewusste Kundschaft, sie werden zudem unfreiwillig Objekte einer »Guerilla-Aktion«[10], deren audiovisuelle Dokumentation eingebettet ist in eine populäre Kampagne des Weltladendachverbands: »Öko plus Fair – ernährt mehr!«[11]

»Verbraucher in Deutschland zählen zu den größten Schnäppchenjägern Europas. Noch immer ist der günstige Preis eine der wichtigsten Kaufentscheidungen insbesondere bei Lebensmitteln. Gleichzeitig erhoffen sich Viele, Qualität und ökologische Produktion auch zum Sparpreis zu bekommen. Sie lassen sich nur allzu leicht davon überzeugen, das[s] beides gleichzeitig möglich sei und werden zum Opfer fadenscheiniger Unternehmenskommunikation, die mit nichtssagenden oder schöngefärbten Produktbeschreibungen wie ›regional‹, ›kontrollierter Anbau‹, ›traditionelle Rezeptur‹, ›Gourmet‹, oder mit grünen Verpackungen und nachhaltiger Produktauf-

---

9 Es lässt sich nicht abschließend klären, ob die Marktsituation im Sinne einer Guerilla-Aktion tatsächlich realisiert oder der Clip grundsätzlich inszeniert wurde. Ein Interview mit dem Regisseur Hassaan Hakim legt ersteres, die wechselnden Kameraperspektiven teils letzteres nahe; vgl. Magazin Biorama: http://www.biorama.eu/was-steckt-hinter-agraprofit-interview-mit-hassaan-hakim/ (03.02.2015).
10 Vgl. Autonome a.f.r.i.k.a. gruppe, *Handbuch der Kommunikationsguerilla*, Hamburg u.a. 2012.
11 Vgl. »Öko plus Fair – ernährt mehr!«: http://www.oekoplusfair.de/ (03.02.2015).

machung darüber hinwegtäuschen, dass für Billigpreise auch nur billige Massenproduktion möglich ist, oft unter Ausbeutung von Menschen und Raubbau an der Natur.«[12]

Die Aussage des Clips wird durch die aktionsbezogene Website offenkundig. Die Akteure der Kampagne kommentieren hier dominante Wirtschafts- und Konsumweisen unserer Gesellschaft. Sie betonen eine Beziehung zwischen sozialen und ökologischen Missständen einerseits sowie lokalen Konsum- und globalen Produktions- und Handelspraxen andererseits.

Im Falle der Kampagne um den Earth Overshoot Day charakterisiert hingegen nicht soziale Ungleichheit in Bezug auf Ressourcenverteilung, sondern die Endlichkeit natürlicher Ressourcen die Argumentation. Der Gedanke einer Versündigung an der Zukunft ist nicht nur christlich konnotiert, sondern impliziert auch die Frage der Generationengerechtigkeit, die seit den 1990er Jahren in Nachhaltigkeitsdebatten populär wurde.[13] Der Verweis auf konkrete »Limits« und Wachstumsfaktoren kennzeichnet zudem naturwissenschaftlich geprägte Denklogiken, denen zufolge komplexe Szenarien mehr oder minder exakt berechenbar und damit gesellschaftlich kalkulierbar sind. Und schließlich ist der Argumentationshorizont Endlichkeit mit Verteilungsfragen zumindest auch verknüpft. So kommentiert der WWF: »Wir können unsere Welt nicht unendlich ausbeuten. Die Verantwortung dafür tragen wir alle. Gerade im Westen verbrauchen wir viel zu viel – die Folgen tragen aber vor allem die armen Länder.«[14]

Verbindungen, Beziehungen – Netzwerke, Regime

In beiden Beispielen stehen dominante Umgangsweisen mit Ressourcen in der Kritik. Ihre Reichweite und Wirkung ist indes begrenzt. Dass sich (neue) Denk- und Handlungsweisen nicht einfach von zentralen Institutionen entwickeln und implementieren lassen, ist aus kulturwissenschaftlicher Sicht naheliegend. Es gilt vielmehr abweichende – teils konträre, teils ergänzende,

---

12 Kampagnenwebsite Agrarprofit: http://agraprofit.de/der-film-3 (03.02.2015).
13 Als Initialzündung für Nachhaltigkeitsdebatten gilt der als Brundtland-Bericht bekannte »Report of the World Commission on Environment and Development: Our Common Future« von 1987; http://www.un-documents.net/our-common-future.pdf (03.02.2015).
14 WWF: http://www.wwf.de/themen-projekte/biologische-vielfalt/welterschoepfungstag-die-welt-ist-nicht-genug/ (03.02.2015).

sich in jedem Falle aber allmählich in Beziehung setzende – Einflüsse in den Blick zu nehmen, Diskurse zu verfolgen und ihre Protagonisten sichtbar zu machen. Was heißt das aber für die kulturwissenschaftliche Arbeit?

»Im Rückgriff auf zentrale Einsichten der Regimeanalyse wäre der Forschungsgegenstand so zu konstruieren, dass es möglich ist, eine Vielzahl von Akteuren und Diskursen mit einzubeziehen, deren Praktiken sich aufeinander beziehen, doch nicht im Sinne einer zentralen (systematischen) Logik oder Rationalität, sondern im Sinne eines Aushandlungsraums.« (Hess/Tsianos 2010 259)

In seiner jüngeren kulturwissenschaftlichen Anwendung wird mit dem Begriff des Regimes, anders als ursprünglich in der Politologie (Zürn 2002: 845f.), weniger strikt staatliche Leitung beziehungsweise Lenkung als vielmehr ein erweitertes »Ensemble von gesellschaftlichen Praktiken und Strukturen« aufeinander bezogen (Karakayalı/Tsianos 2007: 15). So richtet sich die analytische Blickrichtung nicht primär entlang staatlicher Kontrolle aus, sondern ein von multiplen Akteuren (zweifelsohne abweichend machtvoll) gestaltetes »Regelungs- und Ordnungssystem« wird fokussiert (ebd.: 16).

»Die Welt in Regimen zu sehen bedeutet also einerseits, sich dafür zu interessieren, wie es zu Regulationen kommt, und andererseits nicht davon auszugehen, dass deren Urheber Staaten, Eliten oder generell gesprochen ›oben‹ sind, sondern das Regulationen Produkte von Aushandlungen zwischen den unterschiedlichsten Akteuren sind.« (Schwertl 2013: 109)

Die Praktiken des kulturellen Umgangs mit begrenzten Ressourcen beziehen individuelles Verhalten ebenso mit ein wie »Diskurse, Machtverhältnisse und Politikformen« (Hess/Tsianos 2010: 244). Sie generieren ein überaus komplexes Netzwerk aus situativ abweichenden Aktanten, die als »ontologisch heterogene Akteure und Objekte« temporäre Interaktionen ausbilden (Knecht 2013: 94). Sie unterliegen Bedeutungsverschiebungen, Zirkulationen, Rückkopplungsschleifen und prägen Neuarrangements aus. Und in ihrer Stabilisierung formen sie schließlich jene handlungsleitenden Dispositive (Foucault 1981: 24; Jäger 2006: 108), welche in dichten Geweben der Alltagskultur als Normalität erfahrbar sind – und so etwa Verhaltenssicherheit bieten, aber auch in Widerständigkeit, Kreativität und Antizipation Netzwerke wie Regime restrukturieren (Warneken 2006: 91ff., 207ff.).[15]

---

15 Hier werden verschiedene theoretische Fragmente verdichtet (vgl. Schwertl 2013: 107, 112ff.; Knecht 2013: 82, 94; Eggmann 2013: 75; Hess/Schwertl 2013: 29f.; Hess/Tsianos 2010: 248; Kneer u.a. 2008: 10; Hirschauer 2004; Dyk 2010).

Eine Ethnografie von Kulturen sozialer Ungleichheit – und so auch eine Analyse unseres Umgangs mit begrenzten Ressourcen – ließe sich insofern nur bedingt als lokale Feldforschung konzipieren. Vielmehr gilt es den Verbindungen heterogener kultureller Elemente »transversal« zu folgen (Welz 2009: 196) und so ein Zusammenwirken »von stabilen Strukturen und flüchtigen Bestandteilen« aufzuzeigen (Adam/Vonderau 2014: 20).[16] In entsprechenden Feldkonstruktionen (Hess/Schwertl 2013: 28) erhalten dann »komplexe Akteursfelder« Kontur, deren »konkrete Zusammensetzung eben erst durch ethnografische Analysen sichtbar« werden und mit Jens Adam und Asta Vonderau beispielsweise als »Formationen des Politischen« zu bezeichnen wären (Adam/Vonderau 2014: 20). In ersten reduzierten Suchbewegungen sollen nachfolgend potenziell relevante Verbindungen eines gegenwärtig wirksamen Netzwerks aufgezeigt werden.

»The Limits to Growth« – Wachstum und Endlichkeit

Inwieweit wandelte sich also unsere »Normalität« im Umgang mit begrenzten Ressourcen? In welcher Beziehung stehen der Welterschöpfungstag und die Guerilla-Aktion um Agrarprofit? Wie und was veränderte die Perspektiven auf Ressourcenendlichkeit und -verteilung?

»Nach Jahren des Booms stagniert die Wirtschaft. Die Rohstoffpreise steigen in schwindelerregende Höhen. Die Eckpfeiler der Finanzwirtschaft geraten ins Wanken. Umweltaktivisten propagieren düstere Untergangsszenarien. Politiker üben sich in hektischem Krisenmanagement.«[17]

Folgt man dieser recht aktuellen Diagnose der Wochenzeitung *Die Zeit*, so stehen die Zeichen auf Krise. Ohnehin scheint ein diffuses Unbehagen verbreitet, in dem sich Reflexionen offenkundiger (wirtschaftlicher, politischer, ökologischer, etc.) Fehlentwicklungen angesichts globaler Komplexitäten des Lebens und multiple individuelle wie kollektive Zukunftsängste

---

16 Vgl. beispielsweise entsprechende Konzeptionen zur Assemblage bei Rabinow (2004), Collier/Ong (2005) oder Marcus/Saka (2006). Mit seinem Konzept der »kulturellen Tatsache« hat Helge Gerndt (1990) bereits relativ früh einen verwandten Entwurf in die deutschsprachige Fachdiskussion eingebracht.

17 *Die Zeit* 48 (2012), hier *Zeit Online*: http://www.zeit.de/2012/48/Die-Grenzen-des-Wachstums-Wirtschaft-Prognosen (03.02.2015).

mischen.[18] Der im Dezember 2012 veröffentlichte Artikel suggeriert, zeitweilig sinkenden Ölpreisen und vergleichsweise konstanten wirtschaftlichen Wachstumsraten zum Trotz, eine bestechende Aktualität – obgleich er Szenarien der frühen siebziger Jahre skizziert. Denn die »Situation vor vier Jahrzehnten ähnelte der unseren auf frappierende Weise«, so führt der Artikel weiter aus. Schon damals wurde intensiv über mögliche *Grenzen des Wachstums* diskutiert. Seinerzeit wähnte die deutsche Öffentlichkeit allerdings jene *Limits to Growth* (Meadows u.a. 1972) noch als zweifelhafte »Weltuntergangs-Vision aus dem Computer«.[19]

Eine (kultur-)wissenschaftliche Annäherung an unseren Umgang mit begrenzten Ressourcen sollte Spuren folgen, die sich spätestens in der zweiten Hälfte des 20. Jahrhunderts verdichten. Vielleicht markiert hier die im Auftrag des *Club of Rome* veröffentlichte Studie zur Zukunft der Weltwirtschaft eine diskursive Zäsur. Zumindest entfaltete sie eine enorme öffentliche Breitenwirkung und vermochte die neoliberale Ideologie einer Kopplung von Konsum, Wachstum und Wohlstand nachhaltig zu irritieren. Die Studie verkaufte sich weltweit über zehn Millionen Mal und wurde bereits 1972 in zahlreiche Sprachen übersetzt (vgl. Freytag 2006: 467). Die am *Massachusetts Institute of Technology* realisierte Untersuchung berechnete auf Basis der Wechselwirkungen von Bevölkerungsentwicklung, Industrialisierung, Ressourcenverbrauch, Umweltbelastung und Ernährungssicherheit nahezu ausnahmslos dystopische Prognosen eines vergleichsweise zeitnahen gesellschaftlichen Systemkollaps im späten 21. Jahrhundert (Meadows u.a. 1972: 79ff.):

»Wenn die gegenwärtige Zunahme der Weltbevölkerung, der Industrialisierung, der Umweltverschmutzung, der Nahrungsmittelproduktion und der Ausbeutung von natürlichen Ressourcen unverändert anhält, werden die absoluten Wachstumsgrenzen auf der Erde im Laufe der nächsten hundert Jahre erreicht.« (ebd.: 17)

Eine Parallele zum eingangs erwähnten Earth Overshoot Day ist offensichtlich. Doch schon 1972 ließen sich auch positive Szenarien eines weltweiten Gleichgewichts errechnen, sofern freiwillige Wachstumsbeschränkungen zugrunde gelegt wurden. Es gelte jedoch zwingend, und hier findet meine Argumentation unmittelbar Anschluss, »neue Denkgewohnheiten zu entwickeln, die zu einer grundsätzlichen Änderung menschlichen Verhaltens

---

18 Für den exemplarischen Bereich der Ernährung legte wiederholt der Internationale Arbeitskreis für Kulturforschung des Essens (IAKE) entsprechende Analysen vor (vgl. Hirschfelder u.a. 2015; Ploeger u.a. 2011).
19 Der Spiegel 21 (1972): 126; vgl. auch Archiv Spiegel Online: http://www.spiegel.de/spiegel/print/d-42944961.html (03.02.2015).

und damit auch der Gesamtstruktur der gegenwärtigen Gesellschaft führen« (Meadows u.a. 1972: 170). Was seinerzeit noch sehr befremdlich klang, ist heute Inhalt ernsthafter Diskussion: Politik, Wirtschaft und Zivilgesellschaft loten zunehmend die Chancen und Hürden künftiger *Post-Wachstumsgesellschaften* aus.[20]

Grenzen überschreiten – Aspekte sozio-kulturellen Wandels

In der Tat legt eine Betrachtung der Entwicklungen seit den frühen 1970er Jahren einen tiefgreifenden Wandel nahe, der nicht nur eine Popularisierung des Aspekts der Ressourcenendlichkeit ermöglicht hat, sondern auch tradierte Ressourcenverteilungen in den Fokus rückte. Seit den 1960er Jahren verdichteten sich wachstumskritische Debatten in Wissenschaft und breiterer Öffentlichkeit.[21] So entstanden »transnationale Planungs- und Steuerungsutopien« (Freytag 2006: 468), die bereits politisch und wirtschaftlich kritisch sowie deutlich praxisorientiert waren. Und sie hatten offenbar »erheblichen Einfluss auf die massenmediale Öffentlichkeit und damit auch auf die Entwicklung kollektiver Identitäten« (Schmidt-Gernig 2002: 398ff.). Kausal dürfte sich dies schwerlich nachweisen, wohl aber im popularkulturellen Niederschlag spiegeln lassen. Dieser dient der Volkskunde traditionell zur Analyse gesellschaftlicher Wandlungsprozesse. Im Zuschnitt stärker politisch ausgerichteter *Cultural Studies* (Hepp u.a. 2009) befragte Stuart Hall (1989ff.) kulturelle »Produkte mit geringem Status [...], um zu verstehen, welche Ideen begeistern, welche Gedanken bewegen, welche Überzeugungen mobilisieren, welche Verknüpfungen gemacht werden, um das eigene Handeln zu orientieren« (Opratko/Niggemann 2014: 5). Opratko (2012) betont in diesem Zusammenhang die Bezugnahme Halls auf den marxistischen Philosophen Antonio Gramsci (1991ff.):

---

20 Vgl. exemplarisch Webportale zu Postwachstum: http://www.degrowth.de/de/; http://blog.postwachstum.de/ (03.02.2015); Forschungskolleg Postwachstum: http://www.kolleg-postwachstum.de/ (03.02.2015).

21 Diese waren nicht grundsätzlich neu, sie verfügten vielmehr über eine lange Tradition. Exemplarisch sei mit Thomas R. Malthus' »Essay on the Principle of Population« (1798) an einen besonders populären Klassiker erinnert. Der englische Sozialökonom formulierte die als Malthusian Crisis bekannte These einer quasi naturgesetzlichen »Bevölkerungsfalle«. Sie münde in Verarmung, Hunger und schließlich zyklischem Bevölkerungsrückgang.

»Hier laufen Denklinien zusammen, die Halls Projekt einer Politik des Kulturellen markieren: Das Insistieren Gramscis, die Schund- und Groschenromane ernst zu nehmen, um zu verstehen wie der Alltagsverstand der Beherrschten (der ›Subalternen‹) zugleich in Hegemonieprojekte von oben eingemeindet ist«,

gleichzeitig aber eben auch entscheidende »Elemente der Emanzipation enthält« (Opratko 2014). Mit Blick auf den Umgang mit begrenzten Ressourcen ließe sich fragen, inwieweit die Quellen primär hegemonial kanalisiertes Denken und Handeln spiegeln – oder ob sie auch widerständige Facetten erkennen lassen, die bereits eine Signatur des Wandels, einer künftigen Gesellschaftsordnung tragen. Vor dem Hintergrund des Wirtschaftswunders, Wohlstandswachstums und kurzzyklischer technischer Innovationen fiel die Reflexion in Comics, Sachbüchern und Filmen zunächst jedenfalls deutlich fortschrittsoptimistisch aus;[22] erst ab den 1980er Jahren mehrten sich deutlich pessimistischere Interpretationen (Schmidt-Gernig 2002: 407).

Die Ausprägung und Etablierung multipler (Neuer) Sozialer Bewegungen, etwa einer internationalen Ökologiebewegung (Radkau 2011), stellte den tradierten Protagonisten aus Politik und Wirtschaft, Wissenschaft und Medien immer häufiger zivilgesellschaftliche Akteure zur Seite, deren Stimmen an Bedeutung gewannen. Und als wirkmächtige »kulturelle Tatsachen« (Gerndt 1990) bildeten nicht zuletzt die Kernkraftunfälle in *Harrisburg* und *Tschernobyl* neue Fluchtpunkte, so dass bislang tragfähige Fäden alltäglicher Bedeutungsgewebe fast zwangsläufig gekappt, kulturelle Konstruktionen von Sinn und Bedeutung also nachhaltig modifiziert werden mussten (Gerndt 2002: 79ff.).

Während die Reaktorunfälle atomare Gefahren samt kultureller Verarbeitung ereignishaft datierten, bildete die Systemkonfrontation des Kalten Krieges nicht nur eine latente (atomare) Bedrohung, sie zementierte auch eine ideologische Kartierung der Welt in Ost und West, Nord und Süd sowie Erste, Zweite und Dritte Welt (Hein 2006). In diesem Zusammenhang stand spätestens ab Mitte der 1960er Jahre die Begrenzung von Ressourcen im Sinne fortwährender Verteilungseffekte, standen also die wirtschaftliche Hegemonie des Nordens sowie dominante Ausprägungen damit verbundener Wertschöpfungen und Handelspraxen im Fokus einer sich zunehmend ausdifferenzierenden »Dritte Welt«-Bewegung. Ihren Nährboden bildete das politische Klima der 1950er bis 70er Jahre, sprich die kollektive Erfahrung

---

22 Gunther Hirschfelder und Barbara Wittmann (im Druck) haben den Aspekt des Fortschrittsoptimismus zur Zeit des Wirtschaftswunders jüngst auch im Kontext der allmählichen Ausprägung kritischer Konsum- und Ernährungspraxen diskutiert.

von Wiederaufbau und Mangel, von Wirtschaftswunder und Neuer Sozialer Frage, Kaltem Krieg und globaler Dekolonisierung – einschließlich desillusionierter entwicklungstheoretischer Reflexion (ebd.: 301ff.). Analog zur Studie des Club of Rome wirkte der sogenannte *Pearson-Bericht* als Katalysator für Wandlungsprozesse. Dieser diagnostizierte 1969 ein drastisches Scheitern des von der internationalen Staatengemeinschaft verfolgten Konzepts »Entwicklung durch Wachstum« (Kommission für Internationale Entwicklung 1969). »Ungenauigkeit und Unverbindlichkeit der Zielvorstellungen der bundesdeutschen Öffentlichkeit stieß auf den Widerspruch [...] kirchlich organisierter Jugend und [...] studentischen Protest« (Schmied 1977: 22). Ihre Akteure begehrten nach innen auf, richteten sich gegen Spendendose und Wohlstandsbauch. Sie griffen aber verstärkt auch lateinamerikanische Dependenztheorien auf (Hein 2006: 129ff.) und knüpften an die Forderungen blockfreier Staaten an:[23] Unter dem Leitspruch »trade not aid« geriet insbesondere die bestehende Weltwirtschaftsordnung in die Kritik (Stockmann u.a. 2010: 201) – und in der ökonomisch-totalitären Unterdrückungs- und Herrschaftsapparatur einer »total verwaltete[n] Welt« (Adorno u.a. 1989: 122ff.) keimte zaghaft Emanzipation (Opratko 2014).

Verteilungsfragen – vom Alternativen zum Fairen Handel[24]

Der Faire beziehungsweise *Alternative Handel* lässt sich zunächst als spezifische Ausprägung einer übergeordneten Drittweltbewegung (Olejniczak 1999: 122ff.) nachvollziehen, die sich jedoch bereits im Laufe der 1970er Jahre zu einer eigenständigen Bewegung entwickelte (Raschke 2009: 154ff.). Die Annahme eines hinsichtlich gerechter Ressourcenverteilung dysfunktionalen Weltwirtschaftssystems war bereits in der konstituierenden Phase des *Alternativen Handels* grundlegend. Der Zuschnitt globaler sozialer Un-

---

23 Im Kontext fortschreitender Dekolonisierung gründete sich bereits 1964 die »Gruppe der 77«, blockfreie Entwicklungsländer, die ihre Verhandlungsposition innerhalb der UN zu verbessern suchten. Sie etablierten die UN Conference on Trade und Development (UNCTAD), um gerechtere Handelsbeziehungen zu fördern (Stockmann u.a. 2010: 201).

24 Der Forschungsstand zur Geschichte des Fairen Handels ist überschaubar (vgl. insb. Quaas 2015; Raschke 2009; Kuhn 2005; Geßler 2001; Schmied 1977). Auch die Bewegung selbst reflektiert intensiv die eigene Vergangenheit und produziert so v.a. virtuelle Schatten einer Fairhandelsgeschichte (vgl. exemplarisch EFTA 2006).

gleichheit sowie seine Folgen wurden als »Symptome neokolonialer Abhängigkeit in den Beziehungen zwischen Industrie- und Entwicklungsländern« (Schmied 1977: 23) verstanden, welche vor allem »durch Monokulturen und die Verschlechterung der Terms of Trade« bedingt seien (ebd.: 15). Und dies galt es im Rahmen umfassender Bewusstseinsbildung transparent zu machen – mittels produktbasierter Aufklärung, also über das Medium der Ware, im Rahmen öffentlichkeitswirksamer (Verkaufs-)Aktionen (ebd.: 121ff.).

Es finden sich (räumlich) voneinander scheinbar unabhängige, aber letztlich doch der Erfahrung übergeordneter Strukturprozesse geschuldete, lokale Formen eines vergleichbaren zivilgesellschaftlichen Engagements.[25] Dieses zielt weltweit auf verschiedene, als benachteiligt empfundene soziale Gruppen. So begann die US-Aktionsgruppe »Ten Thousand Villages« um 1946 mit dem Vertrieb puerto-ricanischer Näharbeiten und Oxfam UK verkaufte Ende der 50er Jahre Kunsthandwerk chinesischer Flüchtlinge. Eine kleine Gruppe holländischer Privatpersonen begann zeitgleich mit dem Aufbau einer Stiftung, die zunächst entwicklungspolitische Spendenaktionen durchführte und sich ab Mitte der 60er Jahre dann rasch in eine Organisation für »ehrlichen Handel« transformierte. Diese hatte ihren Sitz in Kerkrade, nahegelegen dem deutschen Aachen, und wurde so schon bald grenzüberschreitend bedeutsam (van der Stelt 2009).

Im Schnittfeld linker Solidaritätsgruppen und kirchlicher Jugendorganisationen sowie in Anlehnung an und zunächst auch in Abhängigkeit von der niederländischen Initiative formierten sich auch in Deutschland ab 1970 pädagogische und wirtschaftliche Strukturen einer »Aktion Dritte Welt Handel« (Raschke 2009: 50ff.). Tatsächlich stand vorerst die bildungspolitische Aktion – zunächst vor allem mit Kunsthandwerksprodukten – im Fokus: Temporäre Kampagnen, zunehmend dann mit sogenannten »politischen Waren« wie Kaffee, Tee oder Bananen, also ehemaligen Kolonialwaren, erschienen im besonderen Maße geeignet, um auf Asymmetrien im Welthandel aufmerksam zu machen (Kleinert 2000: 23; Quaas 2015). Parallel begannen sich aber – mitunter logistische Probleme etwa die Warenlagerung betreffend – Infrastrukturen zu verstetigen, und erste (*Dritte-* bzw. *Eine-*) *Weltläden*, also Fachgeschäfte des Fairen Handels, entstanden (Raschke 2009: 56f.). Mit der Gründung von *El Puente* 1972 oder der *Gepa* 1974 etablierten sich auch eigene deutsche Importorganisationen (ebd.: 50ff.).

---

25 Vgl. EFTA: Sixty Years of Fair Trade. A brief history of the Fair Trade movement, o.O. 2006, S. 1f. (European Fair Trade Association: http://www.european-fair-trade-associ ation.org/efta/Doc/History.pdf, (03.02.2015)).

Der Alternative Handel institutionalisierte sich dann fortschreitend und differenzierte sich weiter aus. Den Motor bildeten stete Kontroversen hinsichtlich »richtiger Solidarität«[26] sowie möglicher Handelsausweitungen und -professionalisierungen, die sich im Kern auf die konstitutiven Bewegungspole – der Bewusstseinsbildung und des Handels – bezogen (Quaas 2015: u.a. 164ff.). In diesem Spannungsfeld entstanden zahlreiche politische Arbeitsgruppen, Importgesellschaften, regionale Vertriebsstrukturen, nationale Dachverbände und ab Ende der 1980er Jahre transnationale Netzwerke.[27] So entstand auch eine zwar in den Kernanliegen verbundene, darüber hinaus jedoch nur bedingt geschlossene Bewegung. Mehrheitsfähig waren ihre Anliegen noch nicht. Dies begann ab den frühen 1990er Jahren, als die Gepa als erste Importorganisation ihren Vertrieb zunächst über Katalogverkauf und schließlich auch über Supermärkte ausweitete (Raschke 2009: 96ff., 134ff.). Im Zuge dessen fand eine Umdeutung des bislang Alternativen hin zum Fairen Handel statt. Eine als gerecht(er) empfundene Wirtschaftsweise musste nun auch innerhalb des konventionellen Systems verdeutlicht und erstritten werden. Parallel etablierten sich mit dem Verein *Transfair* sowie der *Fair Trade Labelling Organization* (FLO) ab 1992 primär auf den konventionellen Handel ausgerichtete Akteure. Diese setzten auf kommunizierbare Siegel und kommerzialisierten den Fairen Handel massiv. Die Wachstumsraten stiegen erheblich – die Marktbeteiligung fairer Produkte in Deutschland liegt indes immer noch bei maximal drei Prozent.[28]

Seither erscheinen vor allem drei weitgehend parallele Entwicklungen relevant: Erstens eine zunehmende Dominanz Transfair gesiegelter Waren auf Basis des realen Umsatzes, der medialen Kommunikation und der Konsumentenwahrnehmung. Zweitens eine sich verfestigende Zweigleisigkeit in der Fairhandelsbewegung: Transfair und FLO agieren primär über den konventionellen Handel, die heterogenen Akteure eines ehemals *Alternativen Handels* bedienen hingegen vornehmlich tradierte Handelsstrukturen fairer Importorganisationen, Weltläden und Aktionsgruppen (etc.). Drittens eine Ausdifferenzierung des Kulturphänomens Fairer Handel.

---

26 Als exemplarisches Beispiel mag hier der politisch motivierte Import von Kaffee aus Nicaragua dienen, welcher die sandinistische Revolution unterstützen und ein Zeichen gegen US-Imperialismus setzen sollte (Kleinert 2000: 26).
27 Vgl. EFTA: Sixty Years of Fair Trade. A brief history of the Fair Trade movement, o.O. 2006, S. 3f. (European Fair Trade Association: http://www.european-fair-trade-association.org/efta/Doc/History.pdf (03.02.2015).
28 Forum Fairer Handel: http://www.forum-fairer-handel.de/fairer-handel/zahlen-fakten/ (03.02.2015).

Ressourcen – Aushandlung – Fairer Handel

Der kulturhistorische Einschub skizziert schlaglichtartig die Etablierung und Ausdifferenzierung einer (Neuen) Sozialen Bewegung, deren Motivlagen sowie institutionelle Ausprägungen und Verflechtungen gewissermaßen Kern, Ideenzentrum und Rückgrat des Fairen Handels (in Deutschland) bilden. Heute ist er laut FINE, dem Zusammenschluss von vier internationalen Dachorganisationen des Fairen Handels,

»eine Handelspartnerschaft, die auf Dialog, Transparenz und Respekt beruht und nach mehr Gerechtigkeit im internationalen Handel strebt. Durch bessere Handelsbedingungen und die Sicherung sozialer Rechte für benachteiligte ProduzentInnen und ArbeiterInnen – insbesondere in den Ländern des Südens – leistet der Faire Handel einen Beitrag zu nachhaltiger Entwicklung. Fair Handels-Organisationen engagieren sich (gemeinsam mit VerbraucherInnen) für die Unterstützung der ProduzentInnen, die Bewusstseinsbildung sowie die Kampagnenarbeit zur Veränderung der Regeln und der Praxis des konventionellen Welthandels.«[29]

Die Definition täuscht jedoch darüber hinweg, dass sich zahlreiche Akteure – Kirchen, Parteien und NGOs, die EU, Nationalstaaten und Kommunen, Netzwerke, Aktionsgruppen sowie unterschiedlichste Individuen – im Fairen Handel mit abweichenden Perspektiven und Positionen, Partikularinteressen und Zielsetzungen artikulieren. Es bedarf der Rekonstruktion eines Stimmengewirrs, der abweichenden Praxen, sich Gehör zu verschaffen, Wissensformationen mitzugestalten und so (temporäre) Deutungshoheiten über »gerechten« Handel, globale Armut oder ethischen Konsum zu erlangen – einschließlich ihrer Nebenfolgen (Exotismus, Greenwashing, etc.).

Es gilt, den Fairen Handel als *Kulturphänomen* in den Blick zu nehmen.[30] Und als solches weist er am vorläufigen Endpunkt seiner historischen Entwicklung eine vergleichsweise klare Strukturierung, eine deutliche Instituti-

---

29 FINE-Grundlagenpapier zum Fairen Handel, S. 1; Forum Fairer Handel: https://www.forum-fairer-handel.de/fileadmin/user_upload/dateien/grundsatzpapiere_des_fh/finegrundlagenpapier_zum_fh_.pdf (03.02.2015).
30 Die theoretische Fundierung des Fairen Handels als komplexes Kulturphänomen dient v.a. der ethnografischen Praxis. Im Kontext jüngerer Methodendiskussionen, welche eine kritische Aktualisierung des Feldbegriffs im Sinne teils gebotener Feldkonstruktionen problematisieren (Hess/Schwertl 2013: 28; Faubion/Marcus 2009: 90), erscheinen theoretische Fundierungen über den Objekt- wie Perspektivenbegriff der Kultur (Reckwitz 2000: 544ff.; Leimgruber 2013) als sinnvolle Orientierung im transversalen Folgen (Welz 2009: 196) der Spuren eines seitens des Forschers konstruierten Fairen Handels.

onalisierung sowie differenzierbare Gruppenzugehörigkeiten und Materialitäten auf. Aus einer alltagspraktischen Perspektive erschließt sich dies hingegen kaum; hier dürfte der Faire Handel wohl eher diffus, konturlos, plural erscheinen. So bildet das Beispiel um das fiktive Unternehmen Agrarprofit nur eine Facette des Kulturphänomens. Und es verweist dennoch auf wesentliche Elemente, die sich in einem zirkulären ethnografischen Prozess – zwischen fortlaufender Exploration und theoretisch-methodischer Reflexion – abbilden, kategorisieren und systematisieren lassen: auf spezifische Akteure und ihre Handlungspraxen, bestimmte Materialitäten, Informationen und Wissen sowie Formationen des Fairen Handels.[31]

Erst die Perspektivierung des Fairen Handels als Kulturphänomen eröffnet den Blick auf spezifische Aushandlungsfelder, in denen der Umgang mit begrenzten Ressourcen wie auch Konstellationen transnationaler sozialer Ungleichheit an Kontur gewinnen. Bereits ein einzelnes Päckchen Kaffee – hier exemplarisch der »Bonn-Café« der »Rheinischen Affaire« – vermag dies zu verdeutlichen.[32] Es verbindet den alltäglichen Gang zur Bäckerei mit Reflexionen über den Welthandel, vernetzt lokale Unternehmer mit dem Bonner Weltladen, dem städtischen Agenda-Büro und der Importorganisation El Puente. Es informiert über die Anbaugebiete in Nicaragua, Kolumbien und Bolivien, zeichnet ein Bild der Arbeits- und Lebensbedingungen dort tätiger Kleinbauern und problematisiert die Asymmetrien des Welthandels. Es vernetzt den Kunden mit Akteuren und Materialitäten der Kampagne sowie den Menschen im globalen Süden. Und es verteilt nicht zuletzt über verschiedene Preisbausteine Ressourcen potenziell um. Der Faire Handel lässt sich diskurs-, regime- und wissenstheoretisch befragen und als spezifische Form des Umgangs mit begrenzten Ressourcen interpretieren. Er sah und sieht Ressourcen ungleich verteilt; er zeigt auf, was unter Ressource zu verstehen, was also begrenzt ist, bzw. inwieweit sich bestimmte Ressourcen über alternative Handelsstrukturen umverteilen lassen. Er erklärt, wie es zu globaler sozialer Ungleichheit kommt, wer oder was dafür verantwortlich zeichnet, welche Effekte resultieren, wer wo und inwieweit betroffen ist, und wie sich sozialer Ungleichheit individuell oder kollektiv entgegenwirken ließe. Und, das ist zentral, er existiert nicht im kulturellen, beziehungsweise

---

31 Spezifische Formationen liegen in allen vorgenannten Kategorien vor (z.B. Nord/Süd-Achsen, Distributionswege, alternative vs. konventionelle Handelsstrukturen, Präferenzen für »koloniale« Produkte, kirchliche, linke, studentische Milieus, staatliche Förderlinien, etc.).

32 Vgl. Produktwebsite: http://www.die-rheinische-affaire.de/ (03.02.2015).

gesellschaftlichen Vakuum, sondern entfaltet sich stets in seinen Bezügen zum konventionellen Handel, zu politischen Prozessen, staatlichen Positionen, globalen Entwicklungen, Märkten, Diskursen etc. Auf diese Weise spiegelt er nicht nur Wahrnehmungen und Deutungen einer mehr oder minder geschlossenen sozialen Bewegung. Folgt man den Beziehungen und Vernetzungen, werden jene Realitätsbedingungen des Umgangs mit begrenzten Ressourcen sichtbar, welche Denken und Handeln zwar nicht determinieren, wohl aber präfigurieren.

Prolegomena – Rückblick

Vier Aspekte lassen sich meines Erachtens als soziale Realität voraussetzen: erstens globale Wohlstandsdifferenzen; zweitens eine Konzentration relativen Reichtums in den früh industrialisierten Nationen sowie im Vergleich dazu zumindest relative Armut in den sogenannten Entwicklungsländern; und drittens die grundsätzliche Möglichkeit, jene soziale Ungleichheit überhaupt zur Kenntnis zu nehmen. Viertens resultieren daraus schließlich Spannungen globalen wie lokalen Zuschnitts, die nach individueller wie kollektiver Aushandlung verlangen. So prägen sich Kulturen sozialer Ungleichheit aus, deren komplexe Regime abweichend machtvoll (Nicht-)Wissen erzeugen, (De-)Legitimierungen entwerfen und (De-)Stabilisierungen eines Status quo erzielen.

Der vorliegende Beitrag soll Aufmerksamkeit auf die alltagskulturell wenig transparente und letztlich doch stets zentrale Ressourcenverteilung lenken. Und er soll den Fairen Handel als fruchtbares Feld zur Analyse relevanter Aushandlungsprozesse empfehlen sowie künftigen Studien einige konzeptionelle Überlegungen voranstellen. Der Faire Handel ist mehr, als seine augenscheinlichen Komplementärbereiche Handeln und Konsumieren suggerieren, obgleich er zweifellos alternative Wirtschafts- und Konsumweisen verbindet. Er ist Instrument, also »zweckrational gesetztes Mittel zur Erreichung bestimmter Ziele«, ist aber auch Modell »für die Gestaltung von Handelsbeziehungen mit dem Anspruch auf – möglicherweise begrenzte – Übertragbarkeit« und nicht zuletzt Symbol »für einen gerechteren, menschlicheren Umgang zwischen Nord und Süd« sowie eine »Überwindung von Strukturen der Ungerechtigkeit« (Kleinert 2000: 40f.).

»Es wäre nicht erstaunlich, wenn künftige Historiker auf die Fair-Trade-Bewegung als auf ein Laboratorium für die Neugestaltung der Weltökonomie zurückblickten. In einer Nische werden da Prinzipien ausprobiert, die eines Tages zu Bausteinen einer zukunftsfähigen Welthandelsordnung werden könnten.« (Wuppertal Institut für Klima, Umwelt, Energie 2005: 151)

Mit Blick auf die sozialen Realitäten des frühen 21. Jahrhunderts, auf die im Kampagnenbeispiel gegeißelte Billigmentalität des Konsumenten oder die Ausbeutungslogiken multinationaler Konzerne erscheinen derartige Szenarien zweifellos utopisch. Legt man jedoch Antonio Gramscis Begriff der Hegemonie zugrunde, so lassen sich mit Blick auf den Alternativen beziehungsweise Fairen Handel durchaus erste emanzipatorische Transformationen erkennen. Zumal Gramsci (1991: §44) zwischen *führenden* und *herrschenden* Qualitäten (vor-)hegemonialer Praxen differenzierte, die sich hier als Interpretationsschablonen für gegenwärtige Leitwerte wie Nachhaltigkeit und Wachstum anbieten könnten. Ob, wann und wie öko-faire Produktions- und Konsumweisen jedoch tatsächlich hegemonial, also führend und herrschend werden, dies dürften künftige *Ethnografien des Politischen*[33] zu beurteilen haben.

Gegenwärtig ist *Wachstum* hingegen (noch) mantra-artig vorgetragenes Masternarrativ neoliberaler Regulation, ist (wirtschafts-)politisch dominant, ist vermeintlich Heil bringende Weltformel. Die »Erosion [ihrer] praktischen Erfolge« (Hobsbawm 2002: 703) gewinnt indes nicht erst in den sozialen Zerwürfnissen der Euro-Finanzkrise Kontur. Der »theologische Glauben« (ebd.: 696) an die (neo-)klassische Wirtschaftstheorie widerspräche bereits »der historischen Erfahrung« (ebd. 705) eines ganzen Jahrhunderts, so Eric Hobsbawm. Tatsächlich sind die Nebenfolgen (Beck 1986) unseres Wachstumskurses jedoch begrenzt sichtbar – und ihre Reflexion endet nicht selten an nationalen *Grenzen*. Im globalen Kontext liegt eine spezifische Ressourcenverteilung zu Grunde, die ebenso machtvolle wie asymmetrische Vernetzungen der Peripherien und Zentren einer gegenwärtigen Akkumulation von Armut und Reichtum kennzeichnet. Im Kontext von »Science« wie »Fiction« mag also die Begrenzung von *Ressourcen* mit der Endlichkeit relativer oder absoluter Welterschöpfungstage konnotiert sein. In den alltäglichen Verstrickungen hier skizzierter Kulturen sozialer Ungleichheit ist ihr wesentliches Merkmal hingegen zweifellos Verteilung.

---

33 Vgl. konzeptionelle Überlegungen zur Ethnografie politischer Felder, die sich kürzlich auch innerhalb der deutschsprachigen Kulturanthropologie/Volkskunde zu verdichten begannen, u.a. Netzwerk zur Politischen Anthropologie: https://machtfelder.word press.com/(03.02.2015).

Literatur

Adam, Jens/Vonderau, Asta, »Formationen des Politischen. Überlegungen zu einer Anthropologie politischer Felder«, in: dies. (Hg.), *Formationen des Politischen. Anthropologie politischer Felder*, Bielefeld 2014, S. 7–32.

Bayly, Christopher A., *Die Geburt der modernen Welt. Eine Globalgeschichte 1780-1914*, Frankfurt am Main 2006.

Beck, Ulrich, *Perspektiven der Weltgesellschaft*, Frankfurt am Main 1998.

— *Risikogesellschaften. Auf dem Weg in eine andere Moderne*, Frankfurt am Main 1986.

Beck, Ulrich/Poferl, Angelika (Hg.), *Große Armut, großer Reichtum. Zur Transnationalisierung sozialer Ungleichheit*, Frankfurt 2010.

Belliger, Andréa/Krieger, David J. (Hg.), *ANThology. Ein einführendes Handbuch zur Akteur-Netzwerk-Theorie*, Bielefeld 2006.

Collier, Stephen J./Ong, Aihwa, »Global Assemblages. Anthropological Problems«, in: dies. (Hg.), *Global Assemblages. Technology, Politics, and Ethics as Anthropological Problems*, Malden 2005, S. 3–21.

Dyk, Silke van, »Verknüpfte Welt oder Foucault meets Latour. Zum Dispositiv als Assoziation«, in: Feustel, Robert/Schochow, Maximilian (Hg.), *Zwischen Sprachspiel und Methode. Perspektiven der Diskursanalyse*, Bielefeld 2010, S. 169–196.

Eggmann, Sabine, »Diskursanalyse. Möglichkeiten für eine volkskundlich-ethnologische Kulturwissenschaft«, in: Hess, Sabine u.a. (Hg.), *Europäisch-ethnologisches Forschen. Neue Methoden und Konzepte*, Berlin 2013, S. 55–77.

Faubion, James/Marcus, George E. (Hg.), *Fieldwork Is Not What It Used to Be. Learning Anthropology's Method in a Time of Transition*, Ithaca/London 2009, S. 89–112.

Foucault, Michel, *Die Ordnung der Dinge*, Frankfurt am Main 1981.

— *Archäologie des Wissens*, Frankfurt am Main 1973.

Freytag, Nils, »›Eine Bombe im Taschenbuchformat‹? Die ›Grenzen des Wachstums‹ und die öffentliche Resonanz«, in: *Zeithistorische Forschungen/Studies in Contemporary History*, Online-Ausgabe, 3 (2006), S. 465–469: Online unter: http://www.zeithistorische-forschungen.de/3-2006/id=4478 (03.02.2015).

Gerndt, Helge, *Kulturwissenschaft im Zeitalter der Globalisierung. Volkskundliche Markierungen*, Münster 2002.

— »Kulturvermittlung. Modellüberlegungen zur Analyse eines Problemkomplexes am Beispiel des Atomunglücks von Tschernobyl«, in: *Zeitschrift für Volkskunde* 86 (1990), S. 1–13.

Geßler, Katrin S., *Zwischen Konkurrenz und Konzertierung – Entwicklung und Perspektiven der deutschen Fair-Handels-Akteure* (unveröffentlichte Diplomarbeit), Passau 2001.

Gramsci, Antonio, *Gefängnishefte*, hg. v. Klaus Bochmann und Wolfgang Fritz Haug, 10 Bde. (hier Bd. 1), Hamburg 1991ff.

Hahn, Hans-Peter, »Vom Eigensinn der Dinge«, in: *Bayerisches Jahrbuch für Volkskunde* (2013), S. 13–22.

Hall, Stuart, *Ausgewählte Schriften*, 5 Bde., Hamburg 1989ff.

Hein, Bastian, *Die Westdeutschen und die Dritte Welt. Entwicklungspolitik und Entwicklungsdienste zwischen Reform und Revolte 1959-1974*, München 2006.

Hepp, Andreas u.a. (Hg.), *Schlüsselwerke der Cultural Studies*, Wiesbaden 2009.

Hess, Sabine/Schwertl, Maria, »Vom ›Feld‹ zur ›Assemblage‹? Perspektiven europäisch-ethnologischer Methodenentwicklung – eine Hinleitung«, in: Hess, Sabine u.a. (Hg.), *Europäisch-ethnologisches Forschen. Neue Methoden und Konzepte*, Berlin 2013, S. 13–37.

Hess, Sabine/Tsianos, Vassilis, »Ethnographische Grenzregimeanalyse. Eine Methodologie der Autonomie der Migration«, in: Hess, Sabine/Kasparek, Bernd (Hg.), *Grenzregime. Diskurse, Praktiken, Institutionen in Europa*, Berlin 2010.

Hirschauer, Stefan, »Praktiken und ihre Körper. Über materielle Partizipanden des Tuns«, in: Hörning, Karl H./Reuter, Julia (Hg.), *Doing Culture. Zum Begriff der Praxis in der gegenwärtigen soziologischen Theorie*, Bielefeld 2004, S. 73–91.

Hirschfelder, Gunther u.a. (Hg.), *Was der Mensch essen darf. Ökonomischer Zwang, ökologisches Gewissen und globale Konflikte*, Wiesbaden 2015.

Hobsbawm, Eric, *Das Zeitalter der Extreme. Weltgeschichte des 20. Jahrhunderts*, München 2002.

Jäger, Siegfried, »Diskurs und Wissen. Theoretische und methodische Aspekte einer Kritischen Diskurs- und Dispositivanalyse«, in: Keller, Reiner u.a. (Hg.), *Handbuch sozialwissenschaftlicher Diskursanalyse. Band 1: Theorien und Methoden*, Wiesbaden 2006, S. 83–114.

Karakayalı, Serhat/Tsianos, Vassilis, »Movements that Matter. Einleitung«, in: Transit Migration Forschungsgruppe (Hg.), *Turbulente Ränder. Neue Perspektiven auf Migration an den Grenzen Europas*, Bielefeld 2007, S. 7–22.

Knecht, Michi, »Nach Writing Culture, mit Actor-Network: Ethnografie/Praxeografie in der Wissenschafts-, Medizin- und Technik«, in: Hess, Sabine u.a. (Hg.), *Europäisch-ethnologisches Forschen. Neue Methoden und Konzepte*, Berlin 2013, S. 79–106.

Kneer, Georg u.a. (Hg.), *Bruno Latours Kollektive. Kontroversen zur Entgrenzung des Sozialen*, Frankfurt am Main 2008.

Kommission für Internationale Entwicklung, *Der Pearson-Bericht. Bestandsaufnahme und Vorschläge zur Entwicklungspolitik*, Wien u.a. 1969.

Kuhn, Konrad J., *Fairer Handel und Kalter Krieg. Selbstwahrnehmung und Positionierung der Fair-Trade-Bewegung in der Schweiz 1973-1990*, Bern 2005.

Leimgruber, Walter, »Entgrenzungen. Kultur – empirisch«, in: Johler, Reinhard u.a. (Hg.), *Kultur_Kultur. Denken. Forschen. Darstellen*, Münster u.a. 2013, S. 71–85.

Marcus, George E./Saka, Erkan, »Assemblage«, in: *Theory, Culture and Society* 23 (2006), S. 101–109.

Olejniczak, Claudia, *Die Dritte-Welt-Bewegung in Deutschland. Konzeptionelle und organisatorische Strukturmerkmale einer neuen sozialen Bewegung*, Wiesbaden 1999.

Opratko, Benjamin/Niggemann, Jenek, *Stuart Hall: Ein Abschied in die Zukunft* (2014), http://www.academia.edu/6853095/Stuart_Hall_Ein_Abschied_in_die_Zukunft_mit_Janek_Niggemann_ (03.02.2015).

Opratko, Benjamin, »Kulturwissenschaft als Politik, oder: Auf der Wetten dass-Couch mit Stuart Hall«, in: *Bildpunkt. Zeitschrift der IG Bildende Kunst* 34 (2014), Themenheft *Positionierung*. Vgl. auch Bildpunkt: http://www.igbildendekunst.at/bildpunkt/bildpunkt-2014/positionierung/opratko.htm (03.02.2015).

— *Hegemonie. Politische Theorie nach Antonio Gramsci*, Münster 2012.

Osterhammel, Jürgen, *Die Verwandlung der Welt. Eine Geschichte des 19. Jahrhunderts*, München 2009.

Ploeger, Angelika u.a. (Hg.), *Die Zukunft auf dem Tisch. Analysen, Trends und Perspektiven der Ernährung von morgen*, Wiesbaden 2011.

Quaas, Ruben, *Fair Trade: Eine global-lokale Geschichte am Beispiel des Kaffees*, Köln u.a. 2015.

Rabinow, Paul, *Anthropologie der Vernunft. Studien zu Wissenschaft und Lebensführung*, Frankfurt am Main 2004.

Radkau, Joachim, *Die Ära der Ökologie. Eine Weltgeschichte*, München 2011.

Raschke, Markus, *Fairer Handel. Engagement für eine gerechte Weltwirtschaft*, Ostfildern 2009.

Reckwitz, Andreas, *Die Transformation der Kulturtheorien. Zur Entwicklung eines Theorieprogramms*, Göttingen 2000.

Schmied, Ernst: »*Die Aktion Dritte Welt Handel« als Versuch der Bewußtseinsbildung. Ein Beitrag zur Diskussion über Handlungsmodelle für das politische Lernen*, Aachen 1977.

Schwertl, Maria, »Vom Netzwerk zum Text: Die Situation als Zugang zu globalen Regimen«, in: Hess, Sabine u.a. (Hg.), *Europäisch-ethnologisches Forschen. Neue Methoden und Konzepte*, Berlin 2013, S. 107–126.

Stelt, Judith van der, *Since 59. 50 Jaar Fair Trade Original*, Culemborg 2009.

Stockmann, Reinhard u.a., *Entwicklungspolitik. Theorien – Probleme – Strategien*, München 2010.

Warneken, Bernd J., *Die Ethnographie popularer Kulturen. Eine Einführung*, Wien 2006.

Welz, Gisela, »»Sighting/Siting globalization«. Gegenstandskonstruktion und Feldbegriff einer ethnographischen Globalisierungsforschung«, in: Windmüller, Sonja u.a. (Hg.), *Kultur – Forschung. Zum Profil einer volkskundlichen Kulturwissenschaft*, Berlin 2009, S. 195–210.

Wittmann, Barbara/Hirschfelder, Gunther, »Kassenbon statt Wahlzettel. Zur Politisierung des Ernährungs- und Verbraucherverhaltens«, in: Rehaag, Regine/Rückert-John, Jana (Hg.), *Agrarwende – Bilanz und Perspektiven*, Wiesbaden 2015 (im Druck).

Wuppertal Institut für Klima, Umwelt, Energie (Hg.), *Fair Future. Begrenzte Ressourcen und globale Gerechtigkeit. Ein Report*, München 2005.

Zürn, Michael, »Regime/Regimeanalyse«, in: Nohlen, Dieter/Schultze, Rainer-Olaf (Hg.), *Lexikon der Politikwissenschaft. Theorien, Methoden, Begriffe*, Band 2, München 2002.

Zangl, Bernhard, »Regimetheorie«, in: Schieder, Siegfried/Spindler, Manuela (Hg.), *Theorien der Internationalen Beziehungen*, Opladen 2010.

Vokabularien von Überfluss und Protest, Nachhaltigkeit und Gemeinsinn im Lebensmittelmarkt

Regina F. Bendix

Um Ressourcen als solche wahrzunehmen, um ihre empfundene Verknappung und/oder einen problembehafteten Umgang mit Gütern greifbar zu machen, bedarf es der eingängigen Kommunikation.[1] Neu-konnotierte oder neu-erschaffene Vokabularien erfassen Motivationen und Erfahrungen und werden zu Bedeutungsträgern und Anstiftern für ressourcenbewusstes Handeln. Dieser Beitrag arbeitet mit Nahrung als Beispiel einer nicht nur global, sondern auch lokal ungleich zugänglichen Lebensnotwendigkeit und fokussiert die Nomenklaturen und kommunikativen Mittel, die sich um neue Praxen, sowohl im Nahrungsmittelvertrieb wie auch in der Nahrungsmittelbeschaffung, innert kürzester Zeit herausgebildet haben. Nahrung ist ein lebenserhaltendes Gut. Ungleich den Energieformen, die notwendig sind, um uns zu Land, Luft und Wasser zu transportieren oder die unseren Wohn- und Arbeitsraum beheizen oder kühlen, können wir auf Nahrung nicht verzichten oder warten, bis eine Alternative entwickelt worden ist.

Doch auch die Nahrungsmittelproduktion ist nicht erst, aber insbesondere seit dem Beginn der Industrialisierung in das politisch-ökonomische Zusammenspiel von wissenschaftlicher Entwicklung und globalen Transportnetzwerken verwoben. Produktverbesserung und Ertragssteigerung, Haltbarkeitsverlängerungen und Hygienestandards steuern die Nahrungsversorgung insgesamt, was in Industrienationen das Gegenteil von Nah-

---

1 Leon Paul Wienhold hat mich als studentische Hilfskraft tatkräftig bei der Suche nach Beispielen unterstützt, hierfür herzlichen Dank. Die weiteren Vorträge und Diskussionen der Kieler Tagung zu Ressourcen-Problematiken, die in diesem Band versammelt sind, haben weitere wertvolle Impulse vermittelt, wofür auch den Organisator/innen nochmals gedankt sei. Insbesondere Gisela Welz' einführender Vortrag hat auf die unscharfe Begriffsverwendung von »Ressource«, »Gütern« und »Verknappung« verwiesen, eine Unschärfe, der ich mir auch in diesem Beitrag bewusst bin. Der Beitrag bleibt dennoch der mündlichen Fassung nahe und verweist auf die wesentlichen Schärfungen der kulturanthropologischen Perspektiven in Welz' ebenso wie Stefan Groths Beitrag in diesem Band.

rungsverknappung hervorgebracht hat. Während uns seit sicher schon fünfzig Jahren[2] Bilder hungernder Menschen von Litfaßsäulen dazu auffordern, Hilfsorganisationen zu unterstützen, produzieren wir selbst erdrückende Mengen von Nahrungsabfall (Stuart 2009). Wortneuschaffungen wie »Mülltauchen« oder der vielen Unterfangen übergeordnete Begriff »Shareconomy« bezeichnen nicht nur neue Praxen, sondern arbeiten mit dem Problembewusstsein, das sich um die Handhabung von Nahrungsüberfluss aufbaut.[3] Die tiefgreifende, sämtliche Lebensbereiche einschließende liberal-kapitalistische Marktwirtschaft, so möchte ich zeigen, führt dazu, dass sich dieses Problembewusstsein fast unweigerlich wieder in kapitalisierbare Strategien verwandelt. Der Nutzen, die Wichtigkeit ökologisch bewussten Handelns wird begleitet von dessen individueller und gesellschaftlicher Wertschätzung und wir leben in einer Zeit, wo auch das Ideelle zur baren Münze wird.[4] Protestvokabularien enthalten entsprechend mehr Bedeutungen: Statt Boykott – was zumindest bei Grundnahrungsmitteln eben schwer praktizierbar ist – erfolgt via Kritik eine Umwertung unter Berücksichtigung auch von Lifestyle-Markierungen, die wiederum von Konsumenten und Produzenten gemeinsam getragen wird.

---

2 Das Hilfswerk »Brot für die Welt« wurde 1959 gegründet; es ist sicher kein Zufall, dass der wirtschaftliche Aufschwung Europas nach dem 2. Weltkrieg und die zunehmende Entlassung ehemaliger Kolonialgebiete in die Unabhängigkeit zu einem verstärkten Bewusst- und Sichtbarmachen eklatanter Missstände in der Nahrungsmittelversorgung im globalen Süden führten. Doch erst etwa ab dem Jahr 2000 wächst auch die Erkenntnis, dass der eigene Überfluss mit dem Mangel in solchen Regionen verzahnt ist, sowohl durch die hinterlassenen politischen Verhältnisse wie auch die globalen Agrarpolitiken, die der globale Norden lenkt.
3 Die »Ökonomie des Teilens« wird in vielen Lebensbereichen aufgegriffen; im Bereich des Essens bzw. des Nahrungsüberflusses wird das Zuviel an Nahrung über meist kleinräumige lokale Netzwerke an andere verteilt und so vor dem Abfalleimer bewahrt; dies reicht vom »öffentlichen« Kühlschrank im Studentenheim bis zur über (digitale) soziale Netzwerke eingerichteten Stadtteilbörse.
4 Slavoy Zizeks Vortragsausschnitt »First Tragedy, then Farce«, von RS Animate über Youtube zugänglich gemacht, demonstriert Aspekte der kapitalistischen Unterhöhlung von »gutem Tun« über Konsum; vgl. https://www.youtube.com/watch?v=hpAMbp Q8J7g (10.03.2015).

Die Rehabilitierung von krummem Gemüse

Bei einem Besuch in einer Filiale des Lebensmittelhändlers COOP im Großraum Basel im Dezember 2013 lachten mir in der Gemüseabteilung neben den geraden Karotten aus einer anderen Kiste auch unterschiedlich gekrümmte Varianten dieses Wurzelgemüse entgegen. Unter dem Label »ünique« verkauft dieser Anbieter seit August 2013 wieder »eigenartiges« Gemüse. Begonnen wurde mit hagelgeschädigten Aprikosen, die trotz Blessuren gut geeignet zum Konfitüre kochen seien. Die zweite Schweizer-Supermarktgroßkette Migros nahm die Idee auf, verkaufte solche Früchte und Gemüse jedoch einfach zu günstigerem Preis.[5]

Aufgewachsen in der Schweiz der 1960er und 70er Jahre, erinnere ich mich an ein anderes Vokabular: Vom »Milchsee« und »Butterberg« war da etwa die Rede – Phänomene, die die Subventionspolitik des Bundes für die Landwirtschaft hervorgebracht hatte (Marbach 1963).[6] Auch Protestaktionen der Walliser Bauern erschienen jährlich zur Erntezeit, wenn sie Massen von Tomaten oder eben auch Aprikosen auf Abfallhalden oder in die Rhone kippten. Bilder hiervon in Nachrichtenorganen wurden anfangs mit Entsetzen und Empörung rezipiert, denn auch in einer noch so säkularisierten Gesellschaft erscheint die willentliche Nahrungsvernichtung als Frevel; der zum Verfaulen gebrachte Überfluss im eigenen Land erzeugt Betroffenheit. Die Aufdeckung dieser sog. »Tomaten«- oder auch »Aprikosenschwemme«-Skandale demaskierte Billigmärkte und das dort angebotene, preisgünstigere Importgut als mitschuldig am mangelnden Absatz der einheimischen, teureren Produkte. Das zuerst heimliche Gemüsedumping wurde in Protestaktionen umgestaltet – wie man es zwei Jahrzehnte später auch von französischen Bauern zu sehen bekam; die Erzeuger versuchten, ihre einheimische Ware zu verknappen und so deren Preise auf einem Niveau zu halten, das zumindest keine Betriebsverluste verursachen würde und sie protestierten damit gegen den Wettbewerb mit Importgütern. Die Schweizer Bauern haben ihre Produktion inzwischen gedrosselt – wiederum ein Resultat der Subventionspolitik. Würden wir dieses Beispiel über vier Jahrzehnte verfolgen, so würden wir das Verschwinden der »Aprikosenschwemme« und einen Vokabelanstieg im Bereich von »einheimisch«

---

5 »Jetzt verkaufen auch...«, http://www.best-practice-business.de/blog/zukunftstrends/2013/10/16/jetzt-verkaufen-auch-die-grossen-handelsketten-krummes-gemuese/ (28.10.2014).

6 Vgl. Buchner 2007 für eine Gesamtschau zu Subventionspolitiken.

und »lokal« vorfinden, getragen sowohl von Globalisierungsgegnern wie auch lokalen Produzenten, deren Früchte und Beeren doppelt bis dreimal so viel wie Importgüter kosten. Wer dies bezahlen kann, mag sich gleichzeitig einen Beitrag zur nachhaltigen, lokalen Erzeugung auf die Fahnen schreiben. Das Wort »Subvention« ist von einem bösen, die freie Marktwirtschaft verfälschenden Symptom umgewertet worden: Subventionen haben heute u.a. die Konnotation, einheimische, arbeitsintensive, teure, aber traditionell hoch geschätzte Agrar- und Tierzuchtunternehmen zu unterstützen.[7]

Wir verfolgen aber nicht die schweizerischen Butterberge (die es auch in Deutschland oder Dänemark gab), sondern bleiben vorerst beim krummen Gemüse. Gemüse und Früchte erfuhren in der Nachkriegszeit mehrfache Normierung: Neu entwickelte Maschinen zum Ernten und Verpacken führten zu Züchtungen mit stärkeren Schalen und einheitlicheren Formen. Förderabkommen nicht nur im EU Rahmen beinhalteten ebenfalls genormte Formen und Sorten; die Präferenz für besonders gerades Gemüse wurde wiederum vom Gemüsehandel weiter getragen, wenn er Produzenten nur die allergeradesten Karotten abkaufte, weil der Konsument das Gemüse damit besonders schnell schälen könne – was wiederum zur Entwicklung von Sortiergeräten geführt hat, die selbst minimal imperfekte Produkte aussortieren (Stuart 2009: 103–105). Hygiene- und Gesundheitsrichtlinien brachten weitere Aussortierungsmechanismen hervor. Verbraucher/innen gewöhnten sich an einheitliche, wenn auch farbenfrohe und übervolle Gemüseabteilungen, deren Gestaltung seitens agrarökonomischer Erforschung des Konsumentenverhaltens unterstützt wurde und wird. Halbvolle Gemüseauslagen und Nahrungsmittelregale erwecken Ängste der Verknappung und Erinnerung an Kriegshunger. Blasse Früchte und Gemüse haben den Anschein des Ungesunden, und so werden etwa neue Apfelsorten nicht primär auf Geschmack, sondern vorerst auf Farben und Formen gezüchtet, von denen man auf Grund von meist quantitativ durchgeführter Verbraucher- und Geschmacksstudien annimmt, dass Apfelesser/innen sie eher auswählen. »Biss« und Geschmack können zwar etwa auf offenen Wochenmärkten getestet werden, aber im Supermarkt herrscht vornehmlich das Auge, und nur selten werden wir eingeladen, die Hauptsinne des Essens, Geschmack und Geruch, bei ihrer Auswahl einzusetzen.

---

7 Zur Politik zunehmend positiver Bewertung regionaler Nahrung im Vergleich zu Fast Food vgl. ein Frankfurter Studienprojekt (Römhild u.a. 2008).

Wie David Evans (2014) in seiner ethnographischen Begleitung von einkaufenden, konsumierenden und wegwerfenden Konsument/innen eindrücklich belegt, haben sich die verschiedenen Wissens- und Normierungsregimes, die Nahrung mit erzeugen, im Alltagsverhalten sedimentiert: »gesund«, »familienverträglich«, »ökologisch« oder »nachhaltig« sind zwar präsente Begriffe, aber Abfall entsteht dennoch, weil auch die Wörter »Aktion«, »zwei für den Preis von einem« oder »Sonderangebot« in den Blick und ins Bewusstsein geraten, welche den Inhalt des Geldbeutels berücksichtigen. Soziale, ökonomische und moralische Imperative gewinnen in der habitualisierten Alltagspraxis abwechselnd die Oberhand, eigenes Zeitmanagement und die Lebensdauer von Eingekauftem sind in einer postmodern taktenden Lebenswelt nicht beständig synchronisiert.

Das Auftauchen von – wie *Die Zeit* im Februar 2014 titelte[8] – krummem Gemüse und hässlichem Obst verweist nun auf neue Positionierungen: Nahrungsmittelanbieter versuchen, wie vorsichtig denn auch immer, mit Konsumenten Schritt zu halten, die sich durch ihr Verhalten von einer Überfluss- und Wegwerfgesellschaft distanzieren möchten. Allerdings: Nach Testphasen in Rewe mit der Marke »Wunderlinge« für Karotten mit zwei Beinen oder fleckigen Äpfeln und Edekas ähnlichem Versuch unter dem Slogan »Keiner ist perfekt« im Oktober 2013[9], steht schon im Februar 2014 fest, dass diese Angebote nur ab und zu aufscheinen.[10] Eine Reportage vom November 2013 berichtet von Initiativen wie etwa dem Berliner Catering »culinary misfits«, wo ausschließlich krummes Gemüse und »ugly fruit« verarbeitet werden, und der Berliner BioCompany, die Eintöpfe aus krummem Gemüse anbietet.[11] Die englischen Vokabeln – obwohl semantisch eigentlich negativ – werden, eingebaut im deutschen Sprachbild, hip und positiv.

Bei allem Lob wird in dieser Reportage aber auch herausgearbeitet, dass aussortiertes, krummes Gemüse nur einen minimalen Prozentsatz der verdorbenen Früchte und Gemüse ausmacht, die weggeworfen oder unterge-

---

8 »Krummes Gemüse und hässliches Obst nur ab und zu bei Edeka«, in: *Zeit Online*, 25.02.2014: http://www.zeit.de/news/2014-02/25/deutschland-krummes-gemuese-und-haessliches-obst-nur-ab-und-zu-bei-edeka-25145806 (16.03.2015).
9 »Weniger Essen im Müll«, 10.10.2013: http://green.wiwo.de/weniger-essen-im-muell-rewe-und-edeka-verkaufen-krummes-gemuese/ (29.10.2014).
10 Wie Fußnote 2.
11 »Krummes Obst und Gemüse«, 13.11.2013:http://www.rbb-online.de/was/archiv/20131113_2215/gemuese.html (29.10.2014).

pflügt werden, weil sie im Prozess der Lagerung verdarben – und das Unterpflügen, so die Dokumentation, ist zumindest eine Form der Wiederverwertung. Viel höher liegt die Tonnenzahl der in Privathaushalten weggeworfenen Lebensmittel, zu welchen, so muss man vermuten, auch das durch den Kauf »gerettete« aber nicht gänzlich verspeiste krumme Gemüse gehört.

Auf Nachhaltigkeit bedachte Verbraucher/innen und Lebensmittelproduzent/innen treffen in Marken wie »Ünique« und den Berichten über sie aufeinander – beide Seiten brauchen einander: Die meisten von uns halten neben unserem Berufsleben keinen Biohof am Laufen. Einer, der die Spannbreite zwischen Überfluss und Nachhaltigkeit selbst überprüfen wollte, ist Tristram Stuart. In seinem Bestseller *Waste* (2009) dokumentiert er die Komplexität der Nahrungsabfallkette.[12] Abfall, so verdeutlicht nicht nur Stuarts Bericht, sondern auch eine Reihe weiterer jüngster Forschungsarbeiten, ist eine heiße kulturelle Ordnungskategorie.[13] Sie zu thematisieren, heißt gleichzeitig, Konsumpraxen und die wirtschaftlichen Zusammenhänge, die sie hervorbringen und ermöglichen, neu zu verhandeln. Diese Auseinandersetzungen sollen über einige weitere sprachliche Neuschöpfungen bzw. neue Konnotationen von Begriffen dokumentiert und interpretiert werden.

Sprachgebrauch und (Um-)Wertung

Konfrontationen mit Überfluss und Verschwendung sind selbstredend nicht neu. Das klassische englische Sprichwort »waste not, want not« (»Spare in der Zeit, so hast Du in der Not«) lässt sich schriftlich ins 18. Jahrhundert zurückdatieren (Mieder 1992) und erfährt in verschiedenen, nicht nur

---

12 Parallel zur Genese der Abfallkette gilt es auch, die Genese der Überflussgesellschaft mit zu bedenken (vgl. z.B. Montari 1999; Prinz 2003). Auf einem weiteren Diskurs- und Marktfeld sodann wäre die Romantisierung der ökologischen Wende einzubeziehen, die wiederum durch – z.b. publizistische – Märkte genutzt wird, was in Wikinsons (2014) klugem Portrait der Magazinerfinderin Ann Marie Gardner und ihrer Nutzung der nunmehr global gelagerten Agrarromantik in *Modern Farmer* nachgezeichnet wird. Auch hier wird dem besten Vokabular auf den Zahn gefühlt.
13 Insbesondere die glokalen Zusammenhänge in der Ressourcenproblematik werden hierzu beleuchtet, wie dies denn auch der Tagung, auf welcher diese Publikation beruht, ein Anliegen war. Neben der in diesem Beitrag genutzten Literatur vgl. etwa auch Andrews-Speed u.a. (2014).

nahrungsbezogenen Initiativen und Untersuchungen Auftrieb (vgl. Wilson 1991). Die Bildsprache von Sprichwörtern beschäftigt manche Kulturwissenschaftler/innen schon seit vielen Jahrzehnten und vermittelt, intensiviert über die linguistische Pragmatik, Ansätze dafür, wie Wortschöpfungen und Diskurspraxen, die in dem hier aufzufächernden Feld entstehen, betrachtet werden können.[14] Während sich die linguistische Pragmatik eher der Erkundung des kulturierten und kultivierten und damit distinguierenden Sensoriums gewidmet hat (Silverstein 2006; Silverstein u.a. 2004), interessiert mich dagegen die Schöpfung von Vokabular, das nach öffentlichkeitswirksamer Auseinandersetzung mit Nahrungsüberfluss strebt, sei dies in der Benennung neuer Situationen, Praxen und Initiativen, sei es in der Alltagskommunikation oder in der informierenden und meinungsbildenden Berichterstattung, aus welcher für diesen Beitrag Quellenmaterial generiert wurde.

Sprachbilder und -figuren eignen sich selbstredend sowohl für Protest wie für Werbung[15] – nicht umsonst ist Werbung eines der reichsten Felder der jüngeren Parömiologie (Meyer 2010: 219–224; Mieder 1990, 2007). Anhand des Eingangsbeispiels »krummes Gemüse« und dessen sprachlicher Umwertung in etwas Einzigartiges und daher auch Wertzuschätzendes ist die Nähe von Werbung und Protest, von Marktinteressen und ökologisch sensibilisierten und protestierenden Verbrauchern besonders eingängig sichtbar. Ressourcen werden heute (fast) immer auch zu Marktgütern, entsprechend ist des einen Protestvokabular, voll der Sorge um die eigene Verschwendung angesichts der Verknappung einer Ressource anderswo, potentiell immer auch schon des Andern Vermarktungsstrategie: Die Sorgen werden als Auftrag aufgegriffen, vielleicht sogar tatsächlich adressiert, um über den Markt das Problem zu lösen und den Markt so auch im Gange zu halten. Auch der bereits erwähnte, nachhaltig handelnde Bioanbieter »Culinary Misfits« ist darauf angewiesen, dass wir seine Verarbeitung von krummem Gemüse kaufen.[16] Der kreative Umgang mit Sprache, der hier an den

---

14 Der produktivste Sprichwortforscher sowohl im englischen wie im deutschen Sprachraum ist zweifelsohne Wolfgang Mieder, dessen umfangreiches Werk am besten über seine Homepage (https://www.uvm.edu/germanrussian/documents/MIEDER vita 030512.pdf, (07.11.2014)) aufgerufen werden kann. Als Herausgeber des 1985 initiierten Jahrbuchs *Proverbium* hat er zusätzlich für die Kontinuität dieses sehr internationalen Forschungsfeldes gesorgt. Ein eingängiger Einstieg in die »Logik« einer Verbindung zwischen Redensarten und Weltanschauung findet sich in Dundes (1971); Krikmann (2009) hat Ansätze dieser Richtung systematisiert.

15 Vgl. etwa die Fallstudie von Elpers 2005.

16 »Culinary Misfits«: http://www.culinarymisfits.de/ (07.11.2014).

Tag gelegt wird, unterstützt durch clever-ansprechendes Design, verstärkt den Zusammenfluss von ideologischem und ästhetischem Anspruch. Genau wie das hergebrachte, oft mit Alliterationen oder Reim ausgestattete Sprichwort, prägen sich Begriff und evoziertes Bild ein und fördern damit – sofern denn auch der Genuss stimmt – sowohl das Anliegen wie auch den Verkauf.

Die Wortbilder, die heute für den Kampf gegen Überfluss und Verschwendung entstehen, sind anders als diejenigen, die ich für die Überfluss-Beispiele aus dem letzten Jahrhundert genannt habe. Die Milchschwemme und Milchseen oder Butterberge erregten Sorge, die Tomatenvernichtung erzeugte Empörung. Zum Agieren aufgefordert aber war der Souverän, denn es war ja auch die Wirtschaftspolitik, die sowohl subventionierte Überproduktion und den Wettbewerb mit Importgütern hervorgebracht hatte. Rund vierzig Jahre später warten Individuen und Gruppierungen nicht mehr darauf, dass »die Politik« das Problem alleine löst. Die Risikogesellschaft hat den Einzelnen so erzogen, dass er oder sie lokale bis globale Probleme mit bedenken und sich sowohl in seinem politischen wie auch in seinem Konsumverhalten am Veränderungsprozess beteiligen soll. Bente Halkier argumentiert für ihr dänisches Fallbeispiel wie folgt:

»When consumers practically and discursively handle food-related risks in their daily lives and become entangled within the politics of food, they are potentially both carrying out political activities and creating political regulation in this domain.« (Halkier 2004: 34)[17]

Diese Politiken beinhalten jedoch stets auch das Wirtschaftliche; ein Fokus auf benutztes Vokabular verweist auch auf Verknüpfungen mit Dimensionen der Selbstverwirklichung innerhalb einer Freizeitgesellschaft und damit auf Ambivalenzen seitens der Bürger/innen, sich nur eindimensional für eine politisch-ökonomische Wende einzusetzen. Während strengen Sprichwörtern wie »waste not, want not« Aussagen wie etwa »carpe diem« oder »man lebt nur einmal« gegenüber stehen, so finden sich auch im Diskurs zum sogenannten »Dumpster Diving« oder »Containern« positive Facetten der erhöhten Selbsterfahrung. Genauso wie »ugly fruit« eigentlich total coole, weil individuelle Früchte konnotieren, so ist Mülltauchen mehr als die Disqualifizierung der Kategorie Nahrungsabfall.

---

17 Die Politikwissenschaftlerin Tine Stein (in diesem Band) hat hierfür den Begriff »civil entrepreneur« eingeführt – der in seiner Logik mit Rückgriff auf Schumpeter zwar überzeugt; in der vielschichtigen Motivation und komplexen Einbettung von Alltagshandeln bleibt die vorgeschlagene Eindeutigkeit aber zu hinterfragen.

Mülltauchen: Eintauchen in den schändlichen Überfluss

Nahrung zu erzeugen und zuzubereiten ist verbunden mit Kategorisierungen, die Mary Douglas unter strukturalistischen Gesichtspunkten an einem biblischen Beispiel herausgearbeitet hat (1966). Neben der Kategorie »essbar« entsteht entsprechend die Kategorie »nicht essbar«. Abfall, wie Michael Thompson, durchaus beeinflusst von Douglas' Struktur-Funktionalismus, schon 1979 vorschlug, ist eine ebenso komplexe wie verzeitlichte Kategorie. Nicht das Gut, sondern die dafür genutzte kulturelle Kategorisierung ändere sich: Ein mit Wert besetztes Gut durchläuft Schritte des Alterns bis Überalterns und verliert dadurch seinen Wert, jüngste Forschung konzentriert sich auf den umfänglicheren Begriff Obsoleszenz.[18] Zum Elias'schen Prozess der Zivilisation gehören dann auch die über lange Zeitstrecken etablierten Techniken der Differenzierung und Entsorgung dessen, was als wertlos bis widerlich klassifiziert wird (Windmüller 2004).

Essbares aus dem, was andere als Abfall konnotiert haben, herauszusuchen, ist eine Praxis, die sich zweifelsohne über Jahrtausende zurückverfolgen ließe. Agnès Vardas Dokumentarfilm *Les Glaneurs et la Glaneuse* (2000) beginnt mit Szenen auf einem abgeernteten Kartoffelfeld, wo Sammler diejenigen Feldfrüchte zusammensuchen, die Erntemaschinen übrig gelassen haben; in einer späteren Szene befinden wir uns auf einem abgebauten Markt im Freien, wo in Kisten und am Boden noch nutzbares Essen gefunden werden kann. Menschen, die durch das wühlen, was andere als Reste oder eben Abfall aussortiert haben, begegnet man in Großstädten fast täglich; ihr sozio-ökonomischer Status ermöglicht ihnen oder, ebenso korrekt, verurteilt sie zur Rekodierung von Abfall in potentiell Nutz- und Genießbares.

Die Lebenswelt und die Alltagspraxen dieser Menschen haben in Industrienationen verschiedenste soziale Dienste und wohltätige Initiativen hervorgebracht, denn im Müll nach Essen suchen zu müssen, wird eigentlich als unwürdig betrachtet (vgl. Kessl/Schoneville 2010). Mülltauchen agiert in diese sozio-ökonomische Organisation hinein, motiviert nicht durch die

---

18 Vgl. die von Babette Bärbel Tischleder organisierte Tagung »Cultures of Obsolescence in North America: Aesthetics, Materiality, History« am Lichtenberg Kolleg Göttingen, Juni 2014 (http://www.uni-goettingen.de/de/419609.html 11.11.2014). Fitzpatrick (2011) griff diese Thematik für den Bereich des akademischen Publizierens auf, aber es lassen sich leicht Parallelen zur Wertminderung in anderen Lebensbereichen aufstellen. Maria Grewes Beitrag in diesem Band verweist u.a. auf die ältere Literatur zur »geplanten Obsoleszenz«.

sozialen Missstände, die Armut vor Ort hervorbringen, sondern durch den Nahrungsüberfluss, den eine auf Hygiene, Seuchen und Haltbarkeit durchreglementierte Konsumgesellschaft täglich in Mülltonen von Einzelhandel und Discountern erzeugt.

Überfluss ist ein Wasserwort – genauso wie die Milchschwemme: ein Übermaß an Wasser stellt eine Bedrohung dar, es will uns mit- und wegschwemmen. Auch die »Abfallflut« bedient sich der Analogie zum biblischen Kerndesaster. Wasser ist das Elixier des Lebens, gleichzeitig hat Wasser über lange Zeit als Transportmittel für Schmutz und Abfall gedient – wo Mülldeponien und Kläranlagen noch nicht eingerichtet worden sind, dient es auch weiterhin diesem Zweck. Fotografien der riesigen Abfallinseln im Ozean deuten auf die Gefährdung dieser elementaren Ressource. Ob diese Problematik im Begriff »Dumpster Diving« (der schon 1993 in einer amerikanischen Buchpublikation genutzt wurde[19]) mitschwingt, kann ich nicht nachweisen.

Dennoch scheint es mir kein Zufall zu sein, dass der Begriff in seiner Eindeutschung »Mülltauchen« bei der Wassermetaphorik geblieben ist. Mülltauchen oder »Containern« liegt im Trend. In meinem Seminar zur Nahrungspolitik im Wintersemester 2014/15 bekannte ein Drittel der Teilnehmer/innen, schon Mülltauchen unternommen zu haben: Aus den Abfallcontainern von Grossisten werden im Schutz der Dunkelheit Lebensmittel entnommen, die meist wegen abgelaufenen Datums oder aber auch ersten Zeichen verlorener Frische im Abfall gelandet sind. Dass die Datierung wiederum ein Policy Resultat verschiedener Agrar- und Hygienevorschriften ist,[20] die eine Wissensgesellschaft zur Sicherheit der Konsumenten eingeführt hat und die von Produzenten und Verkaufsinstanzen mit mehr oder weniger großen Spielräumen umgesetzt werden müssen, bleibt in den Protestaktivitäten rund um Abfallcontainer oft unterbeleuchtet (Bendix 2014). Es ist vielmehr Ausdruck der Empörung über eine – um in Mary Douglas' Vokabular zu sprechen – nicht-essbar Klassifizierung von Nahrungsmitteln, obwohl diese noch essbar sind, und somit eine Anklage an den

---

19 Vgl. den Beitrag »garbage picking« in der englischsprachigen Wikipedia, der neben John Hoffmans Buchpublikationen auch diverse Dokumentarfilme zum Thema aufführt: http://en.wikipedia.org/wiki/Garbage_picking (09.11.2014).

20 Vgl. Richtlinie 2000/13/EG des Europäischen Parlaments und des Rates vom 20. März 2000 zur Angleichung der Rechtsvorschriften der Mitgliedstaaten über die Etikettierung und Aufmachung von Lebensmitteln sowie die Werbung hierfür: http://eur-lex.europa.eu/legal-content/DE/TXT/HTML/?uri=CELEX:32000L0013&from=DE (09.11.2014).

Lebensmittelhandel, ohne dessen Einbindung in Nahrungsmittelregulierung voll zur Kenntnis zu nehmen. Mülltauchen und der damit bisweilen seitens mancher Praktiker/innen mit dem ironischen Begriff »Freeganismus« verbundene Lebensstil können aber nicht nur als Protest betrachtet werden – das Vokabular und dessen diskursive Einbettung deutet vielmehr auf Individualismus, Abenteuer und Unabhängigkeit.

Tauchen ist ein Freizeitwort. Es bringt Spaß und Begegnung mit Neuem, ist je nach Ort vielleicht nicht ungefährlich und birgt diverse Nervenkitzel. Liest man die reiche Berichterstattung zum Mülltauchen der letzten Jahre und Monate, so ist die semantische Verbindung zum Abenteuertourismus jedenfalls deutlich vorhanden. *Der Spiegel* titelt einen Artikel von 2010 »Kopfüber in den Müll« und nähert sich dem Phänomen mit folgenden Worten: »›Dump Diver‹. Das klingt nach einer neuen Extremsportart«.[21] Die *Frankfurter Allgemeine Zeitung* widmete dem Franzosen Baptiste Dubanchet einen ausführlichen Artikel; dieser konzipierte eine Urlaubsreise per Fahrrad als Zeichen gegen die Lebensmittelverschwendung. Er koppelte das Containern mit Couchsurfing – einer ebenfalls recht jungen, alternativen Form der kostenfreien Übernachtung und, so die *FAZ*, »der Lebensmitteltourist (hatte) regelmäßig Erfolg« beim Ansprechen von Supermarktbesitzern, wenn er für sein Reiseprojekt warb.[22]

Teil des Abenteuers ist zumindest in Deutschland die Tatsache, dass man dabei ertappt werden könnte. Deutschlandradio Kultur argumentiert etwa wie folgt: »Junge Menschen suchen eine Herausforderung, eine Bewährungsprobe. [...] Da hat natürlich die Nachtwanderung zu den Parkplätzen der Supermärkte etwas Prickelndes, weil sie stets Gefahr laufen, auf ihrem neuen Abenteuerspielplatz bei der Schatzsuche entdeckt zu werden«.[23] Mülltaucher werden bisweilen wegen Hausfriedensbruch juristisch belangt. In New York, so ein Bericht von 2006, hätte die Polizei besseres zu tun, als Menschen für diese Form der Müllreduktion festzunehmen; eine Organisation bietet dort »trash tours« an – bei aller Politik ist der direkte Link zum Freizeitvergnügen

---

21 »Kopfüber im Müll«, in: *Der Spiegel*, 12.04.2010: http://www.spiegel.de/spiegel/unispiegel/d-69934736.html (09.11.2014).
22 »In Dresden gibt's zu viele Ananas«, in: *FAZ*, 21.07.2014: http://www.faz.net/aktuell/stil/essen-trinken/containern-ein-franzose-isst-was-andere-wegwerfen-13047927.html (09.11.2014).
23 »Mülltaucher sind keine Müllschlucker«, in: Deutschlandradio Kultur, 06.11.2011: http://www.deutschlandradiokultur.de/muelltaucher-sind-keine-muellschlucker.993.de.html?dram:article_id=154592 (28.10.2014).

offensichtlich.[24] In Deutschland wurden verschiedene Fälle bis vor Gericht gebracht und Täter mit Geldbußen oder Sozialdienst bestraft, doch ist es für die Kläger zunehmend peinlich, wenn ihr Umgang mit abgelaufenen Nahrungsmitteln essbarer Qualität so zum Politikum gemacht wird.[25] Verschiedene Verkaufsketten aber auch Starköche versuchen sich längst auch in Kooperationen mit Suppenküchen und Tafeln, um sich an der Protestkultur und der intendierten Bewusstseinsveränderung zu beteiligen.[26] Die Protestaktionen leisten also durchaus auch den gewünschten Beitrag zum gesamtgesellschaftlichen Erfolg. Aber sie sind auf der individuellen Ebene moralisch nicht eindeutig: »Containern ist wie Lotto spielen« gibt eine Mülltaucherin aus Frankfurt zu.[27] Die Tauchgänge werden also für manche zum Lebensstil, mit dem Suchtpotential von Glücksspiel. Neben ihnen verbleiben die sozial Schwachen, die diesen Lebensstil verfolgen müssen, in der Berichterstattung ums Mülltauchen kaum beleuchtet (Bendix 2014: 139–140).

Motivation und Erfahrung beim Protest-Mülltauchen unterscheiden sich. Freeganer verweisen mit ihrer Selbstbezeichnung – über deren Semantik jenseits des Sprachwitzes viele von ihnen vermutlich gar nicht nachdenken – einerseits fast spöttisch auf die selbstauferlegten Verzichte von Veganern und drehen andererseits dem Marktsystem eine Nase: sie besorgen sich gratis, wenn auch mit abgelaufenem Verzehrdatum, wofür andere Geld verdienen. Für andere Mülltaucher ist die politische Relevanz ihres Tuns der einzige Grund, sich – vielleicht auch nur einmalig – zu beteiligen. Dies zeigt sich besonders deutlich in einem Bericht aus Zürich, der die Gratwanderung zwischen Demonstration und Ekel anhand des künstlerischen Events »Experimental Social Cooking« hervorhebt:

---

[24] »Freeganer« in Amerika. Müllbananen gegen das Kapital«, in: *FAZ*, 10.09.2006: http://www.faz.net/aktuell/gesellschaft/freeganer-in-amerika-muellbananen-gegen-das-kapital-1354721.html (09.11.2014).

[25] »Gnadenbrot für Diebin«, in: *taz*, 21.12.2004: http://www.taz.de/1/archiv/?dig=2004/12/21/a0047 (09.11.2014); »Sozialstunden fürs Containern«, in: taz, 28.10.2010 http://www.taz.de/!60453/ (09.11.2014); »Urteil in Aachen«, in: taz, 25.06.2013, http://www.taz.de/!118765/ (09.11.2014).

[26] »Lebensmittelun(v)erträglichkeiten«, in: *profil.online*, 04.01.2012: http://www.profil.at/articles/1201/560/315726/essen-lebensmittel-un-v-ertraeglichkeiten (25.07.2014).

[27] »Frisch aus der Mülltonne«, in: *FAZ*, 08.03.2014: http://www.faz.net/aktuell/rhein-main/containern-frisch-aus-der-muelltonne-12835428.html (10.11.2014).

»Bei der Vorspeise fasst Mladena die Kapitulation ins Auge. Mit zusammengepressten Lippen sitzt sie vor dem Häufchen Quinoa-Peperoni-Salat und denkt an die verbeulte Tonne, in der die Zutaten vor zwei Stunden noch lagen. Den beissenden Geruch. Und vor allem: die Peperoni. Dabei will sie der Wegwerfgesellschaft doch den Krieg erklären. Eine Studentin aus Horgen gegen die Verschwendung in dieser Welt. Was aber, wenn der Magen Nein sagt zu Müll auf dem Teller?«[28]

Die Kategorie Abfall umzuwerten in Essbares ist eine körperliche Herausforderung – auch dies wieder, bei allem Aktivismus, ein Element der Selbstverwirklichungsgesellschaft, in welcher sich das Individuum auch dem Tourismus in Favelas stellt, und wo »etwas Sinnvolles und Verwegenes«[29] wie Mülltauchen nicht nur ein moralischer und politischer Akt, sondern auch eine körperliche Erfahrung und ein Akt der physischen, psychischen und intellektuellen Überwindung ist.

Denn der Nahrungsüberfluss und seine unschöne Frühentsorgung ist nur ein Wissensbestand um spätmoderne Problemlagen in unseren Köpfen. Was einmal im Abfall gelandet ist, so meinen manche Fachleute, »sollte zur Vermeidung gesundheitlicher Risiken auch da bleiben«.[30] Die *Canadian Medical Association* gab 2013 eine Warnung an Mülltaucher heraus, nicht nur was kontaminierende Substanzen und Krankheitserreger in abgelaufenen Lebensmitteln, sondern auch Chemikalien, Nägel und andere scharfe Objekte betrifft, an welchen man sich – wie beim Tauchen in Gewässern – verletzten könne.[31]

---

[28] »Die Müllschlucker«, in: *NZZ Webpaper*: http://webpaper.nzz.ch/2013/02/17/gesellschaft/K3MBC/die-muellschlucker?guest_pass=110dd13ffe:K3MBC:4a9bd390ffb6b0e3b299fd6337955063ade11ae2 (27.06.2014).
[29] Ebd.
[30] »›Freeganer‹ in Amerika« – wie Fußnote 24.
[31] »Freegans risk the hazards of dumpster diving«, in: *CMM*, 08.03.2013: http://www.cmaj.ca/content/early/2013/03/11/cmaj.109-4422 (10.11.2014). Lars Eighner (1991) diskutierte diese Risiken schon vor zwanzig Jahren, während er gleichzeitig Ratschläge für diese Praxis erteilte, die weit über den Umgang mit den Nahrungsmitteln, die in Mülltonen zu finden sind, hinausgingen.

Umwertungen, Zeitgeist und Generation

Anhand des Vokabulars, das diese Praxis erzeugt hat, zeigt sich, dass gesellschaftlichen Akteuren heute ein einfacher Aufschrei der Empörung ob verschwenderischen Umgangs mit der Ressource Nahrung und ein Weiterreichen des Anliegens an die Politik nicht ausreicht. Nicht nur, aber doch v.a. junge Bürger/innen entwickeln Protestverhalten, das ein Problem – das vorzeitige Wegwerfen eigentlich noch genießbaren Essens seitens Lebensmitteleinzelhandels und -ketten – fokussiert und sich gleichzeitig handelnd involviert. Dies geht aus den gewählten Vokabularien mit hervor, sei dies bei der Wiedereingliederung des krummen Gemüses in die Gesellschaft des Essbaren oder bei der Umwertung von vermeintlichen Lebensmittelabfällen in Nahrung.

Weitere Wortschöpfungen könnten aufgegriffen werden, die in ihrer Semantik auch andere soziale Beziehungsverhältnisse signalisieren, die wiederum neue Kommunikationsmedien nutzen. Natürlich bestehen auch hergebrachte Institutionen wie etwa Suppenküchen und Tafeln weiter und werden teilweise in neue Initiativen mit einbezogen. Deren Herkunft und Anlage entspringt aber noch anderen sozialen Verpflichtungsschemata. Bei einer Tafel, oft auch an Kirchen angegliedert, schwingt nach wie vor ein Nimbus der Barmherzigkeit mit. Gesellschaftlich niedrigere Schichten, marginale Individuen werden versorgt durch die sozial und wirtschaftlich besser Gestellten. Betrachtet man dagegen Tauschbörsen – die sehr oft auch durch digitale Kommunikation funktionieren, was automatisch die meisten Obdachlosen ausklammert – oder webbasierte Communities wie *Containern.de* oder das *Trashwiki*, so bestätigt sich auch hier die aktive Teilhabe am Veränderungsprozess, bei gleichzeitiger kostenfreier Teilhabe am Nahrungsüberfluss.[32]

---

[32] Die Rolle digitaler Kommunikation für die schnelle Verbreitung nicht nur von den hier diskutierten Phänomenen, sondern vielen der Praktiken, die im Rahmen der Kieler Tagung vorgestellt wurden, wäre – in einer potentiellen Historisierung von Protest- und Umdenkinitiativen mit zu bedenken, wie dies in einem Diskussionsbeitrag nach meinem Vortrag angeregt wurde. So sind etwa Mobilisierungstempi durch digitale soziale Netzwerke unvergleichlich viel schneller – und evtl. auch mit weniger langwierigen Diskussionen durchwirkt – als ein gedruckter Protestaufruf. Potentielle Mitstreiter können innert kürzester Zeit bei Containern eintreffen, die gerade »frisch gefüllt« mit Lebensmittelabfällen der Mülltaucher harren. Tempo und Flexibilität bei gleichzeitigem Anreiz zu Abenteuer, Selbsterfahrung und Ersparnissen im Alltagsbudget sind Anreize, die sich etwa in einen flexiblen, studentischen Alltag leicht einbauen lassen.

Inwiefern die Umsetzung von neuen Vokabularien, von ünique bis Mülltauchen, in Alltagspraxen auch tatsächlich die großen Herausforderungen, wie sie Studien zu den enormen Nahrungsabfällen insbesondere in westlichen Privathaushalten, bewusst halten, bleibt zu dokumentieren. Nicht zuletzt die Semantik der hier vorgestellten Vokabeln erzeugt Zweifel an der politischen Wirkungsmacht dieser Praxen. In ihrem Buch *The Rebel Sell* (2005) argumentieren Joseph Heath und Andrew Porter, dass auf Individualismus basierende, globalisierungskritische Gegenkulturen seit den 1960er Jahren Konsumkulturen mit ihren Wettbewerbsstrukturen nicht gehemmt, sondern geradezu gefördert hätten. Sie plädieren für mehr anstatt weniger Regulierung, um Ressourcenproblematiken in den Griff zu bekommen. Dafür braucht es Mülltaucher, die willens sind, ihr Alltagshandeln auch in die Politik zu tragen, und die etablierten politischen Entscheidungsprozesse in ähnlicher Weise bloß zu stellen wie die Nahrungsmittelablaufdaten und Wegwerfpraxen.

Mülltaucher und Freeganer sind selbstredend nicht allein im Aufgreifen der Überflussthematik. Wenn in Niedersachsen der Erntedank gemeinsam von evangelischem Landesbischof und Ministerpräsident begangen werden unter dem Motto »Erntedank statt Wegwerfgesellschaft« und dabei die »Lebenssituation bäuerlicher Familien und die Zukunft der Landwirtschaft« thematisiert wird, so lassen sich daraus die agrarpolitischen Richtungen erkennen, die unter traditionellerem Vokabular zu neuen Weichenstellungen schreiten.[33] Mit der Nutzung des Begriffs und Ereignisses Erntedankfest wird bewusst ein demographisch breiter, auf gesamtgesellschaftliche Dimensionen zielender Weg zur Mobilisierung gegen »die Wegwerfgesellschaft« eingesetzt. Und während die Mülltaucher sich vielleicht einem neuen Unterfangen zuwenden, setzt sich die komplexe Transformation in Politik, Wirtschaft und Gesellschaft fort.

---

33 *Göttinger Tageblatt*, 06.10.2014, S. 8.

Literatur

Andrews-Speed, Philip u.a., *Want, Waste, or War? The Global Resource Nexus and the Struggle for Land, Energy, Food, Water and Minerals*, New York 2014.

Bendix, Regina F., »Taste of Trash: The Politics of Refuse«, in: Bendix, Regina F./Fenske, Michaela (Hg.), *Politische Mahlzeiten – Political Meals*, Münster 2014, S. 139–142.

Buchner, Gerold, »Aus für Subventionsbiotop«, in: *Das Parlament 12/7* (2007).

Douglas, Mary, *Purity and danger: An Analysis of Concepts of Pollution and Taboo*, London 1966.

Dundes, Alan, »Folk Ideas as Units of World View«, in: *Journal of American Folklore* 84 (1971), S. 93–103.

Eighner, Lars, »On Dumpster Diving«, in: *The Threepenny Review* 47 (1991), S. 6–8.

Elpers, Sophie, *Frau Antje bringt Holland: kulturwissenschaftliche Betrachtungen einer Werbefigur im Wandel*, Münster 2005.

Evans, David, *Food Waste. Home Consumption, Material Culture and Everyday Life*, London 2014.

Fitzpatrick, Kathleen, *Planned Obsolescence: Publishing, Technology and the Future of the Academy*, New York 2011.

Halkier, Bente, »Handling Food-related Risks: Political Agency and Governmentality«, in: Lien, Marianne E./Nerlich, Brigitte (Hg.), *The Politics of Food*, Oxford 2004, S. 21–38.

Heath, Joseph/Potter, Andrew, *The Rebel Sell. How the Counterculture became Consumer Culture*, Chichester 2005.

Kessl, Fabian/Schoneville, Holger, *Soziale Arbeit und die Tafel – von der Transformation der wohlfahrtsstaatlichen Armutsbekämpfung*, Bielefeld 2010.

Krikmann, Arvo, *Proverb Semantics: Studies in Structure, Logic, and Metaphor*, Burlington 2009.

Marbach, Hans, *Milchschwemme und Agrarintervention*, Winterthur 1963.

Meyer, Urs, *Poetik der Werbung*, Berlin 2010.

Mieder, Wolfgang, »A Picture is Worth a Thousand Words: From Advertising Slogan to American Proverb«, *Southern Folklore* 47 (1990), S. 207–225.

— *Sprichwörter sind Goldes Wert: parömiologische Studien zu Kultur, Literatur und Medien*, Burlington 2007.

Mieder, Wolfgang u.a. (Hg.), *A Dictionary of American Proverbs*, Oxford 1992.

Montari, Massimo, *Der Hunger und der Überfluß: Kulturgeschichte der Ernährung in Europa*, München 1999.

Prinz, Michael (Hg.), *Der lange Weg in den Überfluss – Anfänge und Entwicklung der Konsumgesellschaft seit der Vormoderne*, Paderborn 2003.

Römhild, Regina u.a. (Hg.), *Fast food, slow food. Ethnographische Studien zum Verhältnis von Globalisierung und Regionalisierung in der Ernährung*, (Kulturanthropologie Notizen, Bd. 76), Frankfurt am Main 2008.

Silverstein, Michael, »Old Wine, New Ethnographic Lexicon«, in: *Annual Review of Anthropology* 35 (2006), S. 481–496.

Silverstein, Michael u.a., »›Cultural‹ Concepts and the Language-Culture Nexus«, in: *Current Anthropology* 45 (2004), S. 621–652.

Stuart, Tristram, *Waste. Uncovering the Global Food Scandal*, London 2009.

Thompson, Michael, *Rubbish Theory: The Creation and Destruction of Value*, Oxford 1979.

Varda, Agnès, *Les glaneurs et la glaneuse*, Paris 2000 (Dokumentarfilm).

Wilson, Anne C. (Hg.), *Waste not, want not*, Edinburgh 1991.

Windmüller, Sonja, *Die Kehrseite der Dinge. Müll, Abfall, Wegwerfen als kulturwissenschaftliches Problem*, Münster 2004.

Reparieren als nachhaltige Praxis im Umgang mit begrenzten Ressourcen? Kulturwissenschaftliche Notizen zum »Repair Café«

Maria Grewe

Im Oktober 2014 fand das erste bundesweite Vernetzungstreffen der Reparaturinitiativen aus ganz Deutschland im Deutschen Museum in München statt. Über 120 Vertreter/innen von Initiativen und Interessierte folgten der Einladung der Stiftung »Anstiftung & Ertomis«, die seit Januar 2014 die Koordination der deutschen »Repair Cafés« übernommen hat. Die Akteure diskutierten in Arbeitsgruppen Themen wie Versicherung, Haftung und juristische Grundlagen oder die interne wie externe Kommunikation und besprachen, wie die wachsende Community weiterentwickelt und lokale Initiativen unterstützt werden können. Anlässlich dieses Zusammenkommens haben die Initiativen eine Resolution veröffentlicht, die »die Kraft und industriepolitische Vision der Reparaturbewegung zum Ausdruck bringt«. Weiter heißt es, die Akteure »nehmen nicht hin, dass wertvolle natürliche und menschliche Ressourcen dadurch verschwendet werden«[1]. Mit »dadurch« sind die von Produzenten eingebauten Schwachstellen in Produkten gemeint – ein Phänomen, das unter dem Begriff der geplanten Obsoleszenz bekannt ist.

Hobbybastler/innen, Reparaturexpert/innen, Aktivist/innen, »Repaircafé-Macher/innen«[2] und Wissenschaftler/innen artikulieren hier gemeinsame Ziele. Mit ihren Forderungen wollen sie die Öffentlichkeit ansprechen,

---

1 »Resolution der Reparatur-Initiativen Vernetzungstreffen 2014«: http://anstiftung.de/jdownloads/reparatur-initiativen/reparatur-initiativen-dt-resolution-11102014.pdf (05.01.2015).
2 Der Begriff der Macher/innen fällt im Kontext von Repair Cafés zur Bezeichnung der Organisatoren und Reparateure häufig (http://anstiftung.de/selbermachen/reparaturinitiativen/vernetzungstreffen-2014, 22.04.2015). Er erinnert an den Begriff der Maker-Bewegung, welche sich im Kontext spezifischer Technologien und Infrastrukturen wie 3D-Drucker und FabLabs formiert (siehe dazu Walter-Herrmann/Büching 2013; Anderson 2013).

informieren und sich politisch positionieren. In ihrem Selbstverständnis nehmen sich die Akteure als Bewegung wahr und äußern systematische Kritik am Umgang mit natürlichen und menschlichen Ressourcen. Neben diesen politischen Forderungen verfolgen die Akteure aber auch vielfältige individuelle, soziale, ökonomische und ökologische Motive. Welche Bedeutungsinhalte produzieren und bearbeiten die Akteure dabei kognitiv wie performativ? Welche Wissensordnungen werden hier in konkrete kulturelle und soziale Praktiken übersetzt? Wo entstehen dabei auch Konflikte und Spannungen?

Im folgenden Beitrag möchte ich Reparaturcafés als ein Ort der Aushandlung von Ressourcen und Knappheit und der Artikulation von Kritik an herrschenden gesellschaftlichen und politischen Zuständen analysieren und diesen Fragen nachgehen. Die forschungsleitende These geht dabei davon aus, dass sich in Reparaturtreffen Diskurse über begrenzte Ressourcen in konkreten Praktiken niederschlagen und sich somit in vielfältiger Weise materialisieren. Der Beitrag speist sich aus empirischem Material, das ich für mein Promotionsprojekt gesammelt und inhalts- und diskursanalytisch ausgewertet habe (vgl. dazu Mayring 2007; Keller 2001; Wedl u.a. 2014).[3]

Im Folgenden werde ich zunächst einen kursorischen Einblick zum Reparieren in der kulturwissenschaftlichen Auseinandersetzung geben. Dabei geht der Beitrag von der These aus, dass sich die Bedeutungszuschreibung vom Reparieren als Praxis des Verwertens und Bearbeitens materieller Kultur kulturhistorisch verändert hat und heute etwa als Symbol und Praxis eines ökologischen Lebensstils und Ausdruck einer politischen Haltung gedeutet wird.[4] Darauf folgt eine Beschreibung und Analyse der Praktiken und Diskurse,[5] die sich in Repair Cafés verdichten. Dazu möchte ich drei Begriffe oder Konzepte – Nachhaltigkeit, Selbstwirksamkeit und communities

---

3 Das Collegium Philosophicum der Christian-Albrechts-Universität zu Kiel förderte das Promotionsprojekt mit dem Arbeitstitel »Kleidertauschbörsen, Reparaturtreffen und Mülltauchen – alltagskulturelle Figurationen von Endlichkeits- und Nachhaltigkeitsdiskursen« von 2013 bis 2015.

4 Ich danke den Teilnehmer/innen der Tagung, deren Diskussionen und in diesem Band vorliegenden Beiträge mir spannende Perspektiven und Fragen eröffneten, die auch Eingang in den vorliegenden Beitrag gefunden haben. Vor allem danke ich Markus Tauschek für die kritischen Anregungen und die fortlaufende Unterstützung.

5 Aus forschungspraktischen Gründen trenne ich hier Praktiken von Diskursen, auch wenn Diskurse Foucault folgend »als Praktiken zu behandeln [sind], die systematisch die Gegenstände bilden, von denen sie sprechen« (Foucault 1981: 74).

of practice – unterscheiden. Die hier vertretene kulturwissenschaftliche Perspektive kann dabei die vielfältigen verhandelten Bedeutungsinhalte nachzeichnen und solche Cafés als paradigmatische Orte des diskursiven und performativen Umgangs mit begrenzten Ressourcen explizieren.

Reparieren als Gegenstand der ökonomischen Anthropologie und der Sachkulturforschung

In der kulturwissenschaftlichen Forschungsliteratur wird Reparieren an der Schnittstelle von Wirtschaftsethnologie und Sachkulturforschung untersucht. Insbesondere kulturhistorische Ausstellungen machten das Thema Reparieren zudem immer wieder zum Gegenstand musealer Repräsentation: So beschäftige sich etwa die Sonderausstellung zum 40-jährigen Jubiläum des Landwirtschaftsmuseums Brunneburg Ende 2014 mit dem Reparieren und Instandsetzen im historischen Tirol. Vorindustriellen und bäuerlichen Wirtschaftsformen wird – so auch in der Begleitpublikation der Brunneburger Ausstellung – in vielen Arbeiten die Notwendigkeit von Reparaturkenntnissen diagnostiziert, weil ein umsichtiger und schonender Umgang mit vorhandenen Ressourcen sowie mit seltenen und deshalb wertvollen Stoffen überlebensnotwendig war (siehe zum Reparieren als »Ökonomie des Notbehelfs« Korff 1983: 15; als ethnographisches Beispiel siehe Fél/Hofer 1972). Vormoderne Gesellschaften zeichnen sich vor diesem Hintergrund durch die Verwaltung von Mangel und Knappheit aus: »Das bäuerliche Leben in Tirol wie in vielen anderen Regionen ist seit jeher durch Not und Knappheit von Ressourcen bestimmt. Das Reparieren, Wiederverwerten und Umfunktionieren von Alltagsgegenständen spielte daher stets eine wichtige Rolle im Alltag der bäuerlichen Bevölkerung«, so argumentiert etwa Wolfgang M. Heckl anlässlich der Tiroler Ausstellung (Heckl 2014).[6] Dabei vernachlässigt diese Perspektive, dass das durch Landwirtschaft geprägte Le-

---

6 Es verwundert nicht, dass der Biophysiker und Nanowissenschaftler Heckl das Vorwort zum Begleitband liefert, ist er doch selbst ein wichtiger Akteur innerhalb der Reparaturbewegung. Der Generaldirektor des Deutschen Museums in München veröffentlichte 2013 das Buch »Die Kultur der Reparatur« und war Gastgeber und Diskutant bei dem eingangs genannten Vernetzungstreffen der Repair-Initiativen.

ben auch spezifische Umgangsweisen mit Überfluss, beispielsweise zur Ernte, notwendig machte (zum Überfluss siehe auch den Beitrag von Gisela Welz in diesem Band).

Sowohl anhand historischer als auch moderner Beispiele zeichnet der vom Ludwig-Uhland-Institut für Empirische Kulturwissenschaft in Tübingen und dem Württembergische Landesmuseum Stuttgart erarbeitete Begleitband zu der im Württembergischen Landesmuseum Stuttgart Ende 1983 gezeigten Ausstellung »Flick-Werk« den Wandel des Reparierens, Flickens und Umnutzens nach. Gottfried Korff und Hans-Ulrich Roller beschreiben, dass die Idee der Ausstellung aus dem Bemühen heraus entstand, in der fokussierten Bearbeitung der volkskundlichen Sammlung des Württembergischen Landesmuseums möglichst nahe an das Alltagsleben der »unteren Schichten heranzukommen« (Korff/Roller 1983: 4). Die Ausstellung sollte Einblicke in Bereiche der »Alltagsökonomie« geben (ebd.). In dieser Deutung erscheint Reparieren in einer konsumorientierten Gesellschaft als eine Wirtschaftspraxis, die vor allem durch begrenzte Ressourcen motiviert ist und von einer spezifischen sozialen Gruppe ausgeübt wird.

Angesichts der durch die industrielle Massenproduktion entstandenen, oft verhandelten Konsum-, Überfluss- oder Wegwerfgesellschaft ist Konsum zunehmend zum Ausdruck von Persönlichkeit und Lebensstil geworden (König 2008), sodass sich der – auch reparierende, flickende, verwertende – Umgang mit Dingen wesentlich verändert hat. Hermann Bausinger hat diese Transformation im Ausstellungsband zum Flick-Werk von 1983 als tiefgreifend charakterisiert: »Die Kultur des Reparierens ist der krasse Gegensatz zur Wegwerfkultur, zur Kultur des Konsumierens« (Bausinger 1983: 7). Die Kultur des Reparierens liegt für Bausinger in einer Zeit, in der Reparieren noch Ausdruck von Not und Notwendigkeit war:

»Danach begann jenes extensive Wachstum, dessen Grenzen inzwischen sichtbar geworden sind. Die Grenzen des Wachstums sind nicht nur ein ökonomisches Problem. Die Einsicht wächst, daß der seelische Haushalt in Schwierigkeiten gerät, wenn alles Äußerliche durch Kauf geregelt wird, während der Mensch selber in seiner Beziehungswelt, seinem Charakter, seinem Sein notgedrungen immer nur geflickt werden kann.« (Bausinger 1983: 7)

Bausinger problematisiert zwar die sozialen und individuellen Auswirkungen von wirtschaftlichen Entwicklungen, wie der von ihm benannten Entfaltung und Erweiterung von Bedürfnissen und Konsumgütern. Auf die ökologischen Probleme, die eine Wegwerfkultur verursacht, geht Bausinger 1983 hingegen noch nicht ein.

Der Konsumhistoriker Wolfgang König geht davon aus, dass gerade die Herausbildung einer Konsumgesellschaft impliziert, dass Mangel nicht mehr alltagsbestimmend sei (König 2008: 21). Nicht mehr die Notwendigkeit aufgrund von Mangelerfahrungen, sondern der kreative Umgang mit Material stand für den Kulturwissenschaftler Gottfried Korff im Mittelpunkt seiner Zeitdiagnose, als er den 1980er Jahren eine Aufwertung von handwerklichen Tätigkeiten, wie etwa das Reparieren von Dingen, diagnostizierte (Korff 1983). Nicht als Gegensatz zur Konsumgesellschaft wie Bausinger, sondern als Teil von Alltagspraktiken sieht Korff das Reparieren, dessen Bedeutung sich verändert habe. Das Reparieren sei zu einer kreativen Freizeitbeschäftigung geworden, die zum einen mit Scham besetzt sei, weil Reparieren mit Sparsamkeit und ökonomischen Zwang verbunden sei, sodass das Haushaltsbudget als begrenzte und begrenzende Ressource wirksam wird. Korff argumentiert weiter, dass Reparieren zum anderen gleichzeitig ein Gefühl des Stolzes, kreativ ein Problem gelöst zu haben, auslöse. Damit verweist er auf die Verbindung von Praktiken und Emotionen – dies scheint gerade für eine Analyse der gegenwärtigen Reparatur-Bewegungen eine wichtige und bislang kaum erforschte Dimension zu sein (zum Imperativ der Kreativität siehe Reckwitz 2014; zur Bedeutung von handwerklichen Tätigkeiten und Emotionen siehe Sennett 2008).[7]

Viele Arbeiten, die sich aus einer historischen Perspektive mit der Konsumkultur und dem Umgang mit Dingen auseinandersetzen, sind bisweilen auf die Geschichte der Bundesrepublik reduziert (vgl. etwa König 2000).[8] Die Kulturwissenschaftlerin Ina Merkel hat sich hingegen explizit mit der Konsumkultur in der Deutschen Demokratischen Republik auseinandergesetzt. Merkel verweist in ihrer Monographie auf die Gleichzeitigkeit von Mangelerfahrungen und Überfluss als Teil der DDR-Konsumkultur und liefert so Einblicke in den alltäglichen Umgang mit begrenzten Ressourcen. Merkel zitiert aus dem von ihr analysierten Archivmaterial eine Empfehlung

---

7 Da auf diese Dimension in diesem Beitrag nur begrenzt eingegangen werden kann, soll hier auf das Promotionsprojekt verwiesen werden mit dem Arbeitstitel »Kleidertauschbörsen, Reparaturtreffen und Mülltauchen – alltagskulturelle Figurationen von Endlichkeits- und Nachhaltigkeitsdiskursen«; Forschungsskizze unter http://www.europaeische-ethnologie-volkskunde.uni-kiel.de/de/forschung/resolveuid/ef313a95-4752-4848-a376-b454a08015a4 (26.03.2015).

8 Auch Merl kritisiert, dass Osteuropa in den Debatten zur Konsumkultur vernachlässigt werde, weil diese Länder als durch Mangel geprägt gelten. Dabei übersähen solche Studien, dass etwa die DDR nach dem Zweiten Weltkrieg eine »Konsumrevolution« erlebt habe (Merl 1997: 206).

des Politbüros an die Nationale Front, »einen Aufruf [zu] erlassen, um fachlich gebildete Rentner und Werktätige zu gewinnen, die dazu bereit sind, nach ihrer Arbeitszeit zusätzliche Reparaturen und Dienstleistungen [...] auszuführen« (zit. nach Merkel 1999: 128). Des Weiteren sollte die »Selbsthilfe-Bewegung zur Ausführung von Reparaturen unter der Bevölkerung« (ebd.) gefördert werden. Merkel weist nach, dass im spezifischen Kontext der DDR das Reparieren schon in den 1960er Jahren von politischen Institutionen forciert wurde.[9]

Die problematische Rohstoffsituation und die mangelhafte Produktionskapazität in der DDR führte dazu, dass es »zum guten Ton gehörte, schonend und vernünftig mit Ressourcen umzugehen« (Merkel 1999: 10). Die Mangelsituation wurde hier in moralische, habitualisierte Deutungsmuster übersetzt. Der Mangel auf der einen Seite und der gleichzeitige Überfluss von spezifischen Produkten führten laut Merkel zu spezifischen Alltagspraktiken, wie dem Selbermachen, der Vorratswirtschaft und dem Tauschen. Diese Praktiken werden unter neuen politischen oder ökologischen Vorzeichen heute unter den Begriffen Do-It-Yourself (Baier u.a. 2013) und Shareconomy (Heinrich-Böll-Stiftung 2012) wieder diskutiert. Dabei können kulturwissenschaftliche Arbeiten wie jene von Merkel zeigen, dass die Konzepte nicht neu sind, sondern in verschiedenen kulturellen und historischen Kontexten mit je spezifischen Bedeutungsinhalten alltagswirksam waren (siehe dazu auch Kramer 2012).

Folgt man der bisherigen Forschungsliteratur, so scheint Reparieren also immer dann notwendig und moralisch aufgeladen, wenn ein Mangel diskursiv festgestellt wird, der sich einmal auf die Knappheit von Rohstoffen und Materialien und einmal im Sinne von Sparsamkeitszwängen auf den Mangel an Geld für einen entsprechenden Neukauf bezieht. Verbunden mit den heutigen Kontexten des reparierenden Umgangs mit Dingen möchte ich auf zwei Aspekte aufmerksam machen: zum einen auf die globale Dimension

---

9 Zwar in anderen gesellschaftlichen, politischen und ökologischen Rahmen setzen die Reparaturinitiativen heute das um, was in der DDR als Top-Down Strategie gegen begrenzte Ressourcen gefordert wurde. Inwiefern sich diese politischen Forderungen tatsächlich im Alltag der DDR-Bürger niedergeschlagen haben, kann Merkel nur begrenzt beschreiben. Ihre Arbeit spricht aber dafür, dass es aufgrund politischer und wirtschaftlicher Rahmen Unterschiede im reparierenden Umgang mit Dingen zwischen DDR und BRD gab. Spannend aber unbeantwortet muss hier die Frage bleiben, ob frühere Knappheitserfahrungen und ein spezifischer Umgang mit Dingen eine Begründung dafür sind, dass sich bisher die meisten Repair Cafés in den alten Bundesländern gegründet haben; siehe www.repair-café.org/de (20.04.2014).

von kulturellen Prozessen, ökologischer Krise und die entsprechenden sozio-politischen Rahmen und zum anderen möchte ich den Blick auf die Objekte an sich lenken. Es fehlen bisher kulturwissenschaftliche Ansätze, die das Reparieren als Strategie gegen die zunehmende Verknappung von Ressourcen in der globalen und ökologischen Dimension systematisch untersuchen. Der Mangel an Rohstoffen oder die Verknappung von Ressourcen wird, so die These, in Ländern des globalen Nordens vor allem als Diskurs erfahrbar und von verschiedenen Akteuren mit unterschiedlichen Interessen verhandelt. Nicht Mangel, sondern materieller Überfluss ist die alltägliche Erfahrung, die für die meisten Menschen im Supermarkt wirksam wird (Lamla 2015; siehe auch den Beitrag von Heike Derwanz in diesem Band). Den Diskursen zu den »Grenzen des Wachstums« (Meadows u.a. 1972), nachhaltiger Entwicklung (World Commission on Environment and Development 1987) und einer Postwachstumsökonomie (Paech 2012), in denen der Umgang mit Ressourcen und Konsummustern normativ verhandelt wird, steht der alltäglich wachsende Konsum, sei es von Energie, Nahrungsmitteln oder Alltagsobjekten, scheinbar konträr gegenüber. Das Wissen über begrenzte Ressourcen wird nicht notwendigerweise in umweltschonende Praktiken übersetzt, wie Studien zum Widerspruch zwischen Umweltbewusstsein und Umwelthandeln zeigen (z.B. Haan/Kuckartz 1996). Neben den veränderten ökologischen und kulturellen Kontexten verändert sich auch das Reparieren an sich, weil sich die zu reparierenden Dinge verändern: Die Produkte sind hochtechnisiert, mit Mikro- oder Nanotechnik ausgestattet und werden durch globale Stoffströme arbeitsteilig hergestellt. Das Reparieren solch hoch komplexer Geräte bedarf spezifischer Reparaturkenntnisse, die heute – und auch das hat eine globale Dimension – über das Internet und in internetbasierten sozialen Netzwerken verbreitet werden, wie etwa in der Community von iFixit.[10] Angesichts dieser veränderten Kontexte und den sozialen Suchbewegungen nach einem ressourcenschonenden Umgang mit Dingen gewinnt das Reparieren mit dem Konzept »Repair Café« seit einigen Jahren an Popularität.

---

10 Im Jahr 2003 gründeten die zwei Studenten Kyle Wiens und Like Soules die Firma »iFixit«. Die Homepage versteht sich als Plattform einer Community, die sich bei Reparaturen hilft. Die Community veröffentlicht Reparaturanleitungen für verschiedene Kategorien von Geräten, von Autos bis zu Haushaltswaren. Die Seite finanziert sich über den Verkauf von Ersatzteilen und Werkzeug. Die Ideologie hinter der Plattform ist in Form eines Manifests veröffentlicht; siehe https://www.ifixit.com/manifesto (06.01.2014).

»Repair Café«: Entstehung – Verbreitung – Praxis

2009 organisierte die Journalistin Martine Postma das erste »Repair Café« in Amsterdam. Ihr Ziel war es, einen Raum zu schaffen, in dem Menschen in gemütlicher Atmosphäre mit der Hilfe von Ehrenamtlichen an Geräten schrauben und Hilfe zur Selbsthilfe bekommen. Postma wollte Reparieren einfach und lokal zugänglich, unterhaltsam und kostenlos für die Besucher anbieten und damit das Reparieren wieder attraktiver machen, wie sie in einem Vortrag anlässlich des 16. Europäischen Forums für Öko-Innovation deutlich macht.[11] In den Reparaturtreffen werden je nach Standort Elektrogeräte instandgesetzt und Fahrräder, Möbel oder Textilien repariert. 2010 gründete Postma die Stiftung »Stichting Repair Café«. Diese Organisation bietet mit der Entwicklung eines Handbuchs anderen Initiativen seit 2011 Unterstützung bei der Umsetzung eines Reparaturtreffens. 2012 fand das erste »Repair Café« in Deutschland in der Dingfabrik in Köln statt, einer offenen Werkstatt im FabLab-Stil.[12] In Deutschland haben sich inzwischen über 170 Initiativen gegründet, die als Reparaturtreffen, Reparatur Café oder mit dem Label »Repair Café« arbeiten.[13] Alleine die hohe und weiter steigende Zahl von Initiativen und die bundes- und weltweite Ausbreitung verweist auf ein gesellschaftliches Bestreben, das hier in Reparaturtreffen materialisiert wird.[14]

Die Initiativen müssen mit zwei alltagspraktischen Begrenzungen umgehen: mit knappen Geldern und mit knappen Räumen. Die Projekte finanzieren sich über Spenden oder über eingeworbene Projektgelder. Um möglichst kostenfreien Raum zu finden, müssen die Akteure auf verschiedene Netzwerke und Infrastrukturen zurückgreifen und Raum für partizipative Nutzungsformen erschließen. Bisher etablierten sich die Reparaturtreffen in ganz unterschiedlichen Kontexten, etwa in Schulen, in Gemeindehäusern, Künstlerateliers, Umweltzentren oder in Stadtteilzentren.

---

11 Vortrag Postma, Martine, »Repair Café«, 16th European Forum on Eco-innovation, April 2014 in Hannover: https://www.youtube.com/watch?v=XKMZ1wx1c2s (06.01.2015).

12 FabLab steht kurz für Fabrication Laboratory und bezeichnet eine offene High Tech Werkstatt, die Privatpersonen industrielle Produktionsverfahren anbietet.

13 Im Folgenden wird auf eine Kennzeichnung des Labels »Repair Café« verzichtet. Der Begriff wird synonym mit Reparaturcafé oder -treffen verwendet.

14 Laut Stichting Repair Café haben sich bis März 2015 700 Cafés in 17 Ländern gegründet: http://repaircafe.org/de/jubilaumsbuch-5-jahre-stichting-repair-cafe/ (26.03.2015).

Besonders in Stadtteil- und Kulturzentren haben sich bereits seit den 1980er Jahren offene Werkstätten etabliert, in denen Raum, Werkzeug und Maschinen zur Verfügung stehen, um Dinge zu produzieren oder instand zu setzen – das Repair Café ist so gesehen also keine neue Institution, es kann vielmehr auch auf Vorläufer zurückgreifen. Die seit dieser Zeit institutionalisierten Angebote reichen von der Holz- und Metallwerkstatt bis zu Siebdruckangeboten und Fotolaboren. Sie werden in der Regel von Haupt- und Ehrenamtlichen betreut und öffnen zu bestimmten Zeiten oder bieten Kurse an. Von diesem etablierten Konzept unterscheiden sich die Repair Cafés hingegen durch das Angebot der Reparatur von Elektrogeräten, das bisher fehlte, ebenso wie durch einen Eventcharakter: Repair Cafés finden in größeren Abständen statt, oft ein bis zweimal im Monat und haben eine Öffnungszeit zwischen zwei bis vier Stunden. Das gastronomische Angebot von Kaffee und Kuchen hat eine soziale Funktion und soll die Besucher zum Verweilen einladen. Aus einer kulturwissenschaftlichen Perspektive ließe sich die Inszenierung als Event als kollektive Überhöhung einer alltäglichen Praxis interpretieren, wodurch das Reparieren zu etwas Besonderem gemacht wird. Durch spezifische Strategien wird das Reparieren dabei positiv besetzt und kollektiv organisiert.

Die Entwicklung des Handbuchs ist ein wesentlicher Grund für die Ausbreitung des Konzeptes und die steigende Zahl von Reparaturtreffen. Die ehrenamtlichen Organisator/innen können bei der Organisation der Veranstaltungen auf das von der Stiftung »Stichting Repair Café« entwickelte Handbuch zurückgreifen. Durch die dort zusammengetragenen Informationen und Erfahrungen können die Initiativen in kürzester Zeit die Idee eines eigenen lokalen Cafés umsetzen. Der vorher kostenfreie Downloadlink zum Handbuch kostet inzwischen eine Gebühr von 45 Euro. Das digitale Startpaket beschreibt detailliert die Schritte eines Eventmanagements, von der Öffentlichkeitsarbeit bis zur Vorbereitung des notwendigen Materials, wie Kleber, Werkzeug und Ersatzteile. Das Handbuch beinhaltet Vordrucke für Flyer und Poster, die mit dem jeweiligen Ortsnamen ergänzt werden können. Durch den Erwerb des Handbuchs verpflichten sich die Initiativen, die Veranstaltung mit der Corporate Identity »Repair Café« oder »Reparatur Café« anzukündigen und sie können das Event im Veranstaltungskalender auf der Homepage www.repaircafé.de eintragen. Des Weiteren haben sie die Verpflichtung, das Logo bei jeder Form der Kommunikation zu verwenden und es nicht zu verändern. Sie sollen bei dem Hinweis auf mehr Informationen auf die Homepage www.repaircafé.de verweisen und die Initiative muss ehrenamtlich und nicht-kommerziell sein. Die Reparaturinitiativen werden durch diese Strategien zentral koordiniert. Dadurch entsteht ein globales Netzwerk, das Wissen speichert, produziert und teilt. Deutlich wird aber, dass Initiativen ohne Corporate Identity ausgeschlossen sind. Erst durch den Kauf des Handbuchs kann auf das etablierte Wissen zurückgegriffen und das Konzept gemäß der Anleitung umgesetzt werden.

Seit Januar 2014 hat die deutsche Stiftung »Anstiftung & Ertomis« aufgrund der großen Resonanz in Deutschland die Betreuung der deutschen Repair Café-Seite übernommen. Ein Aufgabenbereich der Stiftung ist seit 2011 die Verbundarbeit der offenen Werkstätten, sie ist maßgeblich an der Vernetzung und Beratung des im Mai 2012 gegründeten Vereins »Verbund offene Werkstätten e.V.« beteiligt, sodass sich die Ausweitung auf Repair Cafés in die inhaltliche Ausrichtung der Förderung von nachhaltigen Lebensstilen und Freiräumen zum Selbermachen integriert. Auf dem ersten von der Stiftung organisierten Vernetzungstreffen in München hat die Stiftung die Auflösung der Zusammenarbeit mit der niederländischen Stiftung verkündet. Begründet wurde diese Entscheidung mit der Forderung, dass das Wissen zur Umsetzung von Reparaturtreffen frei zugänglich und erweiterbar sein müsse. In einer Stellungnahme, die die Diversität möglicher Formen von Engagement im Bereich des Reparierens positiv hervorhebt und mit der deutlichen Absage an eine strenge formale wie inhaltliche Ausgestaltung der Reparaturinitiativen die Ablösung von der niederländischen Stiftung begründet, heißt es:

»Für die anstiftung [sic] findet Reparieren in einem weiten und offenen Experimentierfeld von Commons und selbstbestimmten, nachhaltigen Lebensstilen statt, Reparieren ist *ein* [Hervorh. i. O.] Handlungsfeld in einer größeren Bewegung. Wir unterstützen Reparatur-Initiativen wie Techniksprechstunden, Reparatur-Treffs oder eben Repair Cafés nicht als Marke oder Logo, sondern kooperieren mit Akteuren und Initiativen freier Assoziation und Namensgebung, sprich, alle können sich so nennen, wie sie wollen und auch ihr visuelles Erscheinungsbild (z.B. ein Logo) frei wählen oder gestalten. Dieser Auffassung wollte sich die Stichting nicht anschließen.«[15]

Die deutsche Stiftung baut nun ein eigenes Netzwerk auf, in dem auch Reparaturinitiativen ohne Label eingeschlossen werden. Die Stiftung als wichtige Akteursgruppe ordnet Reparaturtreffen in urbane Do-It-Yourself-

---

15 »Newsletter Netzwerk Reparatur-Initiativen 12-2015«: http://anstiftung.de/downloads/send/24-reparatur-initiativen/223-newsletter-netzwerk-reparatur-initiativen-12-2015 (06.01.2015).

Bewegungen ein, in denen alternative Konsum- und Wohlstandsvorstellungen materialisiert werden (siehe zu Räumen des urbanen DIY und Commons Baier u.a. 2013). Die Vertreter/innen von »Anstiftung & Ertomis« kritisieren, dass der Zugang zu Wissen, materialisiert in Form des Handbuchs, durch die niederländische Stiftung begrenzt werde. Sie fordern die Zugänglichkeit von Wissen und überwinden diese Begrenzung auch praktisch, indem sie online und frei zugängliches Informationsmaterial,[16] etwa unter der Überschrift »Wie gründe ich ein Reparaturcafé?«[17], zur Verfügung stellen. Wie sich hier beispielhaft zeigt, verfolgen die Akteure innerhalb der Reparaturbewegung unterschiedliche Interessen und Motive. Das Handbuch als Symbol für die Zugänglichkeit von Wissen wird zum Konfliktfeld, in dem Deutungshoheiten verhandelt werden.

Im Folgenden sollen drei Konzepte im Fokus stehen, um der Frage nachzugehen, welche Motivationen soziale Akteure antreiben, sich an Reparaturtreffen zu beteiligen oder diese zu organisieren. Die Begriffe sehe ich auf unterschiedlichen Ebenen: Nachhaltigkeit dient als normatives Ordnungsmuster, durch das der Wert von Ressourcen verhandelt wird. Selbstwirksamkeit verstehe ich als Teil von Selbstdeutung und Agency und communities of practice als theoretisches Konzept, durch das Reparaturtreffen als soziale Lern- und Vernetzungsräume analysierbar werden.

Konzept Nachhaltigkeit

Das Konzept der Nachhaltigkeit in Form der nachhaltigen Entwicklung hat sich seit dem 1987 veröffentlichten als Brundtland-Report bekannt gewordenen Zukunftsbericht »Our Common Future« (World Commission on Environment and Development 1987) in politischen Institutionen etabliert. Den Begriff der Nachhaltigkeit bereitete Hans Carl von Carlowitz bereits innerhalb der Forstwirtschaft des 18. Jahrhunderts vor (siehe dazu u.a. Grober 2010). Nachhaltigkeit hat sich in den letzten Jahren zum Schlagwort in vielen gesellschaftlichen Bereichen entwickelt und wird wissenschaftlich breit diskutiert, zum Beispiel als Umbau zu einer Green Economy (BMUB 2013), als kultureller Wandel (Kagan 2012), als kulturprägendes Merkmal (Mitschele/Scharff 2013) oder als Kulturkritik (Parodi 2010).

---

16 Siehe http://anstiftung.de/downloads/category/24-reparatur-initiativen (23.03.2015).
17 Webinar: https://www.youtube.com/watch?v=sV8JTpy5yVg (23.03.2015).

Die empirisch-kulturwissenschaftliche Forschung hat den Begriff bisher jedoch kaum explizit im Kontext des Umgangs mit begrenzten Ressourcen systematisch untersucht (siehe Kramer 1986 und in diesem Band). Dabei beruht das Konzept der Nachhaltigkeit gerade auf der Annahme von begrenzten Ressourcen und versucht den Umgang mit Ressourcen normativ zu regeln, so eine These. Nachhaltigkeit als ein normatives Deutungsmuster gibt spezifische Praktiken vor, codiert das »gute« oder »richtige« Handeln und markiert damit auch ethische Haltungen.

In einer solchen Weise nutzen auch die Akteure in Reparaturtreffen den Begriff der Nachhaltigkeit als Legitimationsmuster, um das gemeinschaftliche Reparieren zu plausibilisieren, denn Reparieren wird von den Akteuren als nachhaltige und ökologische Handlung verstanden. Zum einen, weil »man weniger Rohstoffe verbraucht, weil man die Sachen, die man verwenden kann, noch repariert« (Interview vom 11.02.2014) und Reparieren als praktizierter Ressourcenschutz einen Neukauf verhindert. Zum anderen leistet Reparieren statt Wegwerfen auch einen Beitrag zur Müllreduktion. Es entstehe so viel Müll, »der nicht verwest oder sonst wie. Die Müllberge werden ja wirklich größer, es sind so viele Ressourcen und wertvoll Ressourcen darin, in Computern und in sonstigen Geschichten«, kritisiert eine Interviewpartnerin den verschwenderischen Umgang, wenn Dinge nicht repariert, sondern entsorgt würden (Interview vom 19.03.2013). Eine Studie des Umweltbundesamt zeigt, dass Elektroaltgeräte nur begrenzt recycelt, sondern zunehmend exportiert werden (Sander/Schilling 2010). Auch im medialen Diskurs wird dieses Phänomen kritisch verhandelt, wobei auf die politische, wirtschaftliche, ökologische und moralische Dimension hingewiesen wird.[18] Diese produzierten Wissensordnungen zur Müllproblematik zirkulieren im Umfeld der Reparaturtreffen.

Reparieren kann als eine Strategie der »Individualisierung von globalen Risiken« (Beck 2007: 302) verstanden werden, als eine individuelle Lösung, um etwas gegen globale Umweltbelastung durch Elektroschrott und Rohstoffverknappung zu tun. Die von den Akteuren im Interview artikulierte subjektive Ohnmacht, die Stoffströme von Produktion und Verwertung

---

[18] »Elektroschrott-Export: ›Eure Computer vergiften unsere Kinder‹«, in: *Spiegel Online*, 06.12.2009: http://www.spiegel.de/panorama/gesellschaft/elektro schrott-export-eure-computer-vergiften-unsere-kinder-a-665030.html (30.03.2015); Arte Future »Giftige Geschäfte mit Elektromüll«: http://future.arte.tv/de/giftige-ge schaefte-mit-elektromuell (06.01.2015); »Giftige Geschäfte«, Dokumentation von Cosima Dannoritzer (Frankreich, Spanien 2014).

nicht verändern zu können, übersetzen die Akteure in die gemeinschaftliche Einübung einer ressourcenschonenden Praxis. Eine Interviewpartnerin argumentiert, dass das Konzept der Reparaturtreffen bei vielen Teilnehmern/innen auf das Bedürfnis, aktiv gegen vorhandene Missstände vorgehen zu wollen, treffe:

»Bei manchen spüre ich auch so eine leichte Wut, so ein Genervtsein auf so eine Ohnmachtssituation, gerade als Konsument, sich veräppelt fühlen auch. Und dann ist das natürlich nett, wenn man Menschen trifft, die das teilen, oder die auch was anbieten, was anderes, 'n anderes Gefühl parat haben, nämlich: ›Guck mal, wir können was machen hier und es geht auch anders. Es ändert sich was‹.« (Interview vom 20.01.2014)

Folgt man Ulrich Beck in seinen theoretischen Überlegungen zur Weltrisikogesellschaft und seiner These, dass »[i]n Verbindung mit dem Neoliberalismus […] der Einzelne zum ›moralischen Unternehmer seiner Selbst‹ und damit verantwortlich für das zivilisatorische Schicksal« (Beck 2007: 302) wird, dann lässt sich Reparieren als eine Strategie begreifen, durch die der Einzelne einen nachhaltigen oder schonenden Umgang mit begrenzten Ressourcen praktizieren kann.

Auf einer systematischen Ebene kritisieren die Akteure den verschwenderischen Umgang mit Ressourcen durch die Industrie, die absichtlich Schwachstellen in Produkte einbaue, deren Lebensdauer verkürze und deren Reparatur verhindere. So beschreibt eine Interviewpartnerin, dass die Menschen empört seien, wenn Produkte schnell kaputt gingen: »Die Repaircafés sind eine Antwort dagegen. Das man gegen diese geplante Obsoleszenz kämpft« (Interview vom 11.03.2013). Dass hier der Begriff des Kampfes benutzt wird, verweist auf Interessenkonflikte zwischen den Akteuren und Wirtschaftsunternehmen. Auf diese Konflikte macht auch der Verbraucherschützer und Betriebswirt Stefan Schridde durch seine kritische Arbeit zum geplanten Verschleiß bzw. der geplanten Obsoleszenz aufmerksam, welche in der Reparaturcommunity stark rezipiert wird. Schridde führt zu diesem Thema einen interaktiven Internetblog (www.murks-nein-danke.de/blog), hat ein populärwissenschaftliches Buch veröffentlicht (2014) und eine Studie im Auftrag einer Bundestagsfraktion erarbeitet (Schridde u.a. 2013).

Wie in der in München verabschiedeten Resolution beschrieben, ist ein Ziel der Reparaturinitiativen, Wissen zu teilen und damit einen bewussteren Umgang mit und Konsum von Dingen zu etablieren. Umsetzung findet dies nicht nur bei den Events durch die praktische Arbeit an kaputten Dingen, sondern auch über Informationstische, wo entsprechendes Infomaterial und

Bücher zu den Themen DIY, Reparatur oder geplante Obsoleszenz ausgelegt sind. Deutlich wird hier ein Bildungsanliegen. Bildung für nachhaltige Entwicklung ist bereits ein etabliertes Politikfeld seit der Umsetzung des Aktionsprogramms der Agenda 21 und der Ernennung der Weltdekade der Vereinten Nationen, die von 2005 bis 2014 Bildung für nachhaltige Entwicklung ins Zentrum stellte. So betonte auch die Umweltministerin Barbara Hendricks auf dem Europäischen Forum für Öko-Innovation in Hannover im April 2014, zu dem auch Martina Postma eingeladen war, die Bedeutung von Reparaturinitiativen für eine Kreislaufwirtschaft und forderte, das Reparieren müsse zu einer alltäglichen Praxis werden.[19] Sowohl in der Selbstdeutung der Reparaturinitiativen als auch in dieser politischen Perspektive werden »globale Risiken« individualisiert. Auf dieser diskursiven Ebene wird die politische Verantwortung für den Umgang mit begrenzten Ressourcen auf Individuen übertragen (vgl. Heidbrink u.a. 2011). Zusammenfassend zeigt sich, dass Nachhaltigkeit als Legitimationsmuster genutzt wird, um das Reparieren zu plausibilisieren und gesellschaftliche Akzeptanz zu gewinnen. Reparieren wird dabei diskursiv als nachhaltige Praxis hergestellt, die als Strategie im Umgang mit begrenzten Ressourcen dienen kann.

Motiv Selbstwirksamkeit

Ein zentrales Motiv, warum sich Akteure in Reparaturtreffen ehrenamtlich engagieren, ließe sich als Selbstwirksamkeit bezeichnen (zur Bedeutung von Selbstwirksamkeit in der Etablierung von nachhaltigen Lebensstilen siehe Hunecke 2013: 24f). Der Begriff stammt aus der Psychologie und ist innerhalb der sozialen Lerntheorie durch Albert Bandura etabliert worden (siehe zur sozial-kognitiven Handlungstheorie, die Verhaltensänderungen erklärbar macht, Bandura 1977). Wahrgenommene Selbstwirksamkeit ist für Bandura der Glaube an die eigene Kompetenz, Ereignisse im Leben zu verändern und schwierige Anforderungssituationen zu lösen. Seiner These nach bestimmt die Erwartung von Selbstwirksamkeit, ob Bewältigungsstrategien entwickelt werden, wieviel Energie dafür aufgewendet wird und wie anhaltend das Verhalten angesichts von Hemmnissen und aversiven Erfahrungen ist. Diese kognitiven Prozesse bestimmen, ob Akteure sich in bestimmten

---

19 Hendricks, Barbara, *Introduction to the forum Transformation agendas in the context of the Hannover Messe*, 2014: https://www.youtube.com/watch?v=15R0S2vJjuI (05.01.2015).

Situationen als handlungsmächtig erfahren. Bandura geht davon aus, dass auch Akteursgruppen Selbstwirksamkeitserwartungen haben und soziale Veränderungen dadurch beeinflusst sind: »The higher the perceived efficacy, the greater the propensity to social activism« (Bandura 1982: 143).

Aktivismus in Form der Umsetzung von Repair Cafés ist, so die These, durch Selbstwirksamkeitserfahrungen geprägt. Die Akteure reagieren hier auf verschiedene Anforderungssituationen: Ein fehlendes Angebot, Elektrogeräte zu reparieren, oder die Forderung nach einem nachhaltigen Umgang mit Ressourcen. Indem sich die Akteure ehrenamtlich in Repair Cafés engagieren, suchen sie nach Lösungen und erleben sich in ihrer Lebenswelt als wirksam. Sie bewirken Veränderung, bauen Netzwerke in ihren lokalen Lebenswelten auf und gewinnen ein Gefühl von Autonomie: Sie werden zu ›Repair-Café-Macher/innen‹. Die Akteure können auch als »empowered subjects« verstanden werden, um einen Begriff von Sherry Ortner aufzugreifen. Ortner betont zur Praxistheorie:

»The fundamental assumption of practice theory is that culture (in a very broad sense) constructs people as particular kinds of social actors, but social actors, through their living, on-the-ground, variable practices, reproduce or transform – and usually some of each – the culture that made them.« (Ortner 2006: 129)

So beschreibt eine Interviewpartnerin ein Motiv für die Organisation eines Repaircafés wie folgt:

»Diese Haltung begegnet einem ganz oft: ›Das hat doch alles keinen Sinn und das wird die Welt nicht retten und die Menschen sind so.‹ Ich finde, das ist das beste Argument weiter zu machen, weil natürlich sind die Menschen so. Ich hab mir nur vorgenommen, dass ich mich wirksam fühlen möchte in meinem Leben und nicht ohnmächtig, mich ergeben möchte […] Ich liebe den Spruch von Erich Kästner: ›Es gibt nichts Gutes, außer man tut es.‹ Das ist einfach so. Ich kann mich hinsetzen und sagen: ›Alles scheiße, wird eh nicht anders‹. Hab ich aber kein (betont) Spaß dran. Ich bin da auch egoistisch. Ich mach das ja nicht, weil ich denke, dass ich die Welt retten [betont] kann damit, sondern ich mach das, weil ich mich in dieser Situation, in dieser Wirksamkeit direkt vor Ort, ich sehe ja, was da passiert, weil ich mich damit wohlfühle, weil das das ist, was ich tun kann.« (Interview vom 20.01.2014)

Die Interviewpartnerin möchte, so legt es das Zitat nahe, ihre Lebenswelt nach ihren Vorstellungen aktiv gestalten. Gleichwohl sie sich mit Kritik und Widerständen auseinander setzen muss, erlebt sie ihr Handeln als sinnhaft, weil sie die Veränderungen lokal wahrnehmen kann. Nicht eine globale, in diesem Sinne abstrakte Verbesserung von Zuständen ist ihr Ziel, sondern ihre »Wirksamkeit direkt vor Ort«. Ihr macht es Spaß, aktiv zu gestalten und einzugreifen, weil sie dabei Selbstwirksamkeitserfahrungen macht und eine für sie positiv gedeutet spezifische soziale Rolle einnimmt. Die Initiatoren/innen von Reparaturtreffen als soziale Akteure handeln hier innerhalb von Struktur und verändern diese gleichzeitig durch ihre Handlungsmacht. »Empowered subjects«, so könnte man dabei argumentieren, produzieren und transformieren soziale Netzwerke, wodurch sie Selbstwirksamkeit als Teil von Agency erfahren.

Spannend ist dabei, wie Bedeutungen produziert werden und zwischen Interessengruppen zirkulieren. Wie bereits gezeigt, deuten unterschiedliche Akteure das Reparieren als ein Teil von nachhaltigen Praktiken, welche durch die Inszenierung als Event aufgewertet werden. Im Diskurs zur Nachhaltigkeit wird immer wieder die Bedeutung von Pionieren (Tauschek 2015), Change Agents (Leggewie/Welzer 2009), Social oder Civil Entrepreneurs (Stein in diesem Band), betont. Einzelpersonen oder Gruppen sollen, so der Kanon, Lebensformen und Handlungspraktiken ausprobieren und in Möglichkeitsräumen experimentieren, um nachhaltige Strategien im Umgang mit begrenzten Ressourcen zu entwickeln, Knappheit zu überwinden und eine notwendige gesellschaftliche Transformation voranzubringen (Welzer 2013; Brocchi 2008; Degenhardt 2007; B.A.U.M. 2013). Dabei produzieren und reproduzieren, so die These, solche Deutungen im wissenschaftlichen Kontext aber auch in Medienformaten, wie Zeitungsartikel, die soziale Rolle der Macher und werten diese diskursiv auf. Die von mir untersuchten Akteure erleben ihr Tun als gesellschaftlich positiv bewertet und als sinnhaft, weil sie diese diskursiv aufgewertete soziale Rolle einnehmen.[20] Selbstwirksamkeit kann dadurch sowohl als ein Motiv als auch ein Ergebnis der Praxis verstanden werden. Ehrenamtlich tätig sein in Reparaturinitiativen wird damit zur Selbsttechnik, durch die politische und soziale Wirksamkeit erfahrbar wird. Deutlich werden dabei die Netzwerke, in die die Akteure eingebunden sind

---

20 Die soziale Rolle lässt sich anhand zweier Aufgabengebiete unterscheiden: Organisation und Reparatur. Beide basieren auf freiwilliger, unentgeltlicher Arbeit, um anderen zu helfen (siehe zum Aspekte der Hilfe und Spende auch Wagener-Böck in diesem Band). In Medienformaten kommen besonders die Organisatoren zu Wort, was auch organisatorische Gründe hat, denn sie vermitteln zwischen der Reparaturgruppe und der Öffentlichkeit und werden dadurch zu zentralen Personen. Das Narrativ des »Experten«, denen spezifisches Reparaturwissen und damit eine spezifische Rolle innerhalb der Repair Cafés zugesprochen wird, findet sich als Bezeichnung für die Reparaturhelfer sowohl im Handbuch der niederländischen Stiftung als auch in Zeitungsartikeln (siehe beispielsweise »Repair Café – Altes retten statt wegwerfen«, in: *Hamburger Abendblatt*, 11.11.2013: http://www.abendblatt.de/hamburg/wandsbek/article119149125/Repair-Cafe-Altes-retten-statt-wegwerfen.html (20.04.2015)).

und in denen Wissen zirkuliert. Ihnen werden spezifische soziale Rollen zugeschrieben, welche die Akteure gleichzeitig durch ihre performativen und diskursiven Praktiken produzieren und reproduzieren.

Communities of practice

Das in der Agenda 21 als politisches Ziel formulierte »Global denken, lokal handeln« kann auf die Handlungsstrategie der Akteure innerhalb der Reparaturcommunity übertragen werden. Im medialen Diskurs über Repair Cafés wird auf die lokale Verankerung der Initiativen verwiesen; die Treffen werden dabei als Nachbarschaftsprojekte beschrieben.[21] Aus handlungstheoretischer Perspektive entstehen hier bei den lokalen Veranstaltungen »communities of practice« (Wenger 1998), in denen auf einer lebensweltlichen Ebene Nachbarschaft produziert wird. Die Akteure tauschen nicht nur Wissen über Material und Reparaturen aus, sondern sie bieten durch die lokalen Veranstaltungen Identifikationsmöglichkeiten, in denen sich Nachbarschaft materialisieren kann. Eine Interviewpartnerin argumentiert: »Also ich denke, das ist ja nicht nur eine praktische Hilfe, es kann ja auch wirklich mehr Nachbarschaft wachsen dadurch. Wenn du hier wohnst und lebst, sind das auch noch angenehme Komponenten dabei« (Interview vom 19.03.2013). Das Anliegen der Initiatoren/innen, Menschen aus einem Stadtteil oder einer Stadt zusammenzubringen, die sonst keine Kontaktzonen haben, hat eine soziale Funktion und soll gemeinschaftsfördernd wirken. So beschreibt eine Interviewpartnerin die Integrationswirkung von Repair Cafés, weil das Thema in der Lage sei, junge ebenso wie ältere Menschen aus verschiedenen sozialen Gruppen zusammenzubringen (Interview vom 20.01.2014). Ein anderer Interviewpartner sieht ein Ziel darin, lokaler Kommunikationsort zu sein, in dem Toleranz gelernt werden kann: »Es geht darum, die Leute zu erreichen, offen zu sein für die Dinge und die Menschen auch zusammen zu bringen. Dass sie sich austauschen können, Toleranz lernen« (Interview vom 11.02.2014).

---

21 »Repair Café: Basteln gegen den Konsumwahn«, in: *Spiegel online*, 29.05.2014: http://www.spiegel.de/wirtschaft/soziales/in-repair-cafes-werden-defekte-gegenstaende-repariert-a-970554.html (24.03.2015).

Repair Cafés als Lernräume funktionieren aber nicht nur auf der lokalen Ebene in der direkten Interaktion, sondern nutzen auch technische Infrastrukturen, sodass die communities of practice als hybride Netzwerke analysiert werden können. Diese Netzwerke sind durch Offline- und Online-Kommunikation geprägt, weil verschiedene Wissens- und Lernformate notwendig sind, um ein Reparaturtreffen aufzubauen und Dinge instand zu setzen. Das Wissen wird nicht notwendigerweise lokal gewonnen und vermittelt, sondern über verschiedene Strategien angeeignet und geteilt, etwa indem während der Treffen im Internet nach Gebrauchs- oder Reparaturanleitungen recherchiert wird, indem sich Initiativen über das Internet vernetzen oder indem bundesweite und regionale Vernetzungstreffen organisiert werden. Die Veranstaltung ist zwar lokal, die Vernetzung der Akteure findet aber auch durch technische Infrastrukturen statt.

Das Internet ermöglicht dabei einen vielfältigen Informationsfluss zwischen unterschiedlichen Akteuren und Akteursgruppen. Während die niederländische Stiftung das Handbuch zur Organisation als Downloadlink zur Verfügung stellte, bietet die deutsche Stiftung sogenannte Webinare an. Per Video-Livestream und Chatfunktion können sich Interessierte, ähnlich wie bei einem Seminar, über die notwendigen Schritte für die Umsetzung eines Reparaturtreffens informieren und gleichzeitig Fragen stellen. Diese Videos sind später online abrufbar. Ebenso wurden zahlreiche Dokumente nach dem ersten bundesweiten Vernetzungstreffens online gestellt, etwa Videos zur Podiumsdiskussion oder Protokolle aus den Workshops, sodass sich auch nicht anwesende Initiativen über die Inhalte informieren können. Auf den entsprechenden Internetseiten haben sich Karten, in denen die lokalen Initiativen verzeichnet sind, etabliert, welche einen schnellen Überblick für Interessierte ermöglichen.

Erst durch die Vernetzung von verschiedenen lokalen Akteuren, die dann Reparaturtreffen durchführen, und den einzelnen communities of practice nehmen sie sich als Bewegung wahr und können damit, etwa wie in Form der Resolution, politische Forderungen breitenwirksam artikulieren. Akteure und Objekte, technische Infrastrukturen, lokale Events und digitale Vernetzung bilden hier ein hybrides Netzwerk, in dem Wissen zirkuliert.

Reparaturtreffen als kulturwissenschaftliches Forschungsfeld: Fazit

Der Kulturtechnik »Reparieren« kommt angesichts der diskursiven Herstellung von begrenzten Ressourcen heute vielfach eine neue Bedeutung – vielleicht müsste man treffender argumentieren: viele neue Bedeutungen – zu: Reparieren ist nicht nur eine individuelle Strategie, um Geld zu sparen, sondern auch um ökologisch und nachhaltig zu handeln und sich damit gesellschaftlich zu positionieren. Sowohl diskursiv als auch durch konkrete Praktiken wird in Reparaturtreffen der reparierende Umgang mit Dingen symbolisch überhöht und kollektiv aufgewertet. Das gemeinsame Reparieren wird als Event inszeniert, es stellt zugleich einen lokalen Erfahrungsraum für spezifische communities of practice bereit, die sich in der konkreten Praxis konstituieren und immer wieder neu bestätigen.

Diese Gemeinschaften produzieren und teilen Wissen in hybriden, mitunter auch sehr fragilen Netzwerken. Die Akteure interpretieren Reparaturtreffen häufig selbst als emanzipatorische Praxis, in der Kritik artikuliert werden kann und durch die Gegenentwürfe performativ verhandelt und materialisiert werden. So entsteht schließlich auch ein sozialer Raum, in dem ein anderes soziales Miteinander in Selbstdeutungen und in konkreten Praktiken hergestellt wird und in dem Beziehungen durch gegenseitige Hilfe und das Teilen von Wissen funktionieren. Reparaturtreffen haben damit vielfältige Bedeutungsinhalte: Sie sind sozialer Lernort, Raum für Identifikation und Vergnügen und Unterhaltung und schließlich sind sie ein ökologisches, ökonomisches und/oder politisches Handlungsfeld.

Das Fallbeispiel der Reparaturinitiativen zeigt, wie sich Diskurse zu begrenzten Ressourcen in Graswurzel-Aktivismus übersetzen (siehe dazu auch Endter in diesem Band). Die soziale und kulturelle Konstruktion von begrenzten Ressourcen (Grewe 2015; zur Situiertheit von Knappheit siehe Groth in diesem Band) in einer Überfluss- und Konsumgesellschaft führt dazu, dass Akteure Kooperationsformen wie Reparaturtreffen entwickeln, um einen nachhaltigen Umgang mit Dingen zu etablieren und Begrenzungen zu überwinden.

Literatur

Anderson, Chris, *Makers. Das Internet der Dinge: die nächste industrielle Revolution*, München 2013.

Baier, Andrea u.a., *Die Stadt der Commonisten. Neue urbane Räume des Do it yourself*, Bielefeld 2013.

Bandura, Albert, »Self-Efficacy Mechanism in Human Agency«, in: *American Psychologist 37 (2)* (1982), S. 122–147.

— *Social Learning Theory*, New York 1977.

B.A.U.M., Bundesdeutscher Arbeitskreis für Umweltbewusstes Management (Hg.), *Pioniere der Nachhaltigkeit. 20 Jahre B.A.U.M.-Umweltpreis*, München 2013.

Bausinger, Hermann, »Flick-Werk«, in: Ludwig-Uhland-Institut für Empirische Kulturwissenschaft (Tübingen) und Württembergisches Landesmuseum Stuttgart (Hg.), *Flick-Werk: Reparieren und Umnutzen in der Alltagskultur. Begleitheft zur Ausstellung im Württembergischen Landesmuseum Stuttgart vom 15. Oktober bis 15. Dezember 1983*, Stuttgart 1983, S. 6–7.

Beck, Ulrich, *Weltrisikogesellschaft. Auf der Suche nach der verlorenen Sicherheit*, Frankfurt am Main 2007.

BMUB: Bundesministerium für Umwelt, Naturschutz, Bau und Reaktorsicherheit (Hg.), *Nachhaltigkeit – der Vision ein Gesicht geben, den Raum der Möglichkeiten erkunden, Perspektiven verändern. Nachhaltigkeitsbericht 2013*, 2013, http://www.bmub.bund.de/fileadmin/Daten_BMU/Download_PDF/Strategien_Bilanzen_Gesetze/nachhaltigkeitsbericht_2013_bf.pdf (13.01.2015).

Brocchi, Davide, »Die kulturelle Dimension der Nachhaltigkeit«, in: *avinus-Magazin. Europäisches online-Magazin für Medien, Kultur und Politik*, 2008: http://www.avinus-magazin.eu/2008/01/26/brocchi-kulturelle-nachhaltigkeit/ (13.01.2015).

Degenhardt, Lars, *Pioniere nachhaltiger Lebensstile. Analyse einer positiven Extremgruppe mit bereichsübergreifender Kongruenz zwischen hohem nachhaltigen Problembewusstsein und ausgeprägtem nachhaltigen Handeln*, Kassel 2007.

Fél, Edith/Hofer, Tamás, *Bäuerliche Denkweise in Wirtschaft und Haushalt. Eine ethnographische Untersuchung über das ungarische Dorf Átány*, Göttingen 1972.

Foucault, Michel, *Archäologie des Wissens*, Frankfurt am Main 1981.

Haan, Gerhard de/Kuckartz, Udo, *Umweltbewußtsein. Denken und Handeln in Umweltkrisen*, Opladen 1996.

Heckl, Wolfgang M., *Die Kultur der Reparatur*, München 2013.

— *Vorwort*, 2014, http://flick-werk.net/wp/wp-content/uploads/2014/06/Flickwerk_Vorwort_Heckl.pdf (05.01.2015).

Heidbrink, Ludger u.a. (Hg.), *Die Verantwortung des Konsumenten. Über das Verhältnis von Markt, Moral und Konsum*, Frankfurt am Main 2011.

Heinrich-Böll-Stiftung, *Nutzen statt Besitzen. Auf dem Weg zu einer ressourcenschonenden Konsumkultur*. Unter Mitarbeit von Martina Schmitt, Holger Rohn, Carolin Baedeker, Kristin Leismann, Berlin 2012.

Hunecke, Marcel, *Psychische Ressourcen zur Förderung nachhaltiger Lebensstile*, Bonn 2013.
Grewe, Maria, »Reparieren in Gemeinschaft: ein Fallbeispiel zum kulturellen Umgang mit materieller Endlichkeit«, in: Bihrer, Andreas u.a. (Hg.), *Endlichkeit. Zur Vergänglichkeit und Begrenztheit von Mensch, Natur und Gesellschaft*, Bielefeld 2015, im Erscheinen.
Grober, Ulrich, *Die Entdeckung der Nachhaltigkeit. Kulturgeschichte eines Begriffs*, München 2010.
Kagan, Sacha, *Auf dem Weg zu einem globalen (Umwelt-)Bewusstseinswandel. Über transformative Kunst und eine geistige Kultur der Nachhaltigkeit*, Berlin 2012.
Keller, Reiner, »Wissenssoziologische Diskursanalyse«, in: Keller, Reiner u.a. (Hg.), *Handbuch Sozialwissenschaftliche Diskursanalyse, Bd.1,. Theorien und Methoden*, Opladen 2001, S. 113–143.
Korff, Gottfried/Roller, Hans-Ulrich, »Vorbemerkung«, in: Ludwig-Uhland-Institut für Empirische Kulturwissenschaft (Tübingen) und Württembergisches Landesmuseum Stuttgart (Hg.), *Flick-Werk: Reparieren und Umnutzen in der Alltagskultur; Begleitheft zur Ausstellung im Württembergischen Landesmuseum Stuttgart vom 15. Oktober bis 15. Dezember 1983*, Stuttgart 1983, S. 4.
Korff, Gottfried, »Reparieren: Kreativität des Notbehelfs?«, in: Ludwig-Uhland-Institut für Empirische Kulturwissenschaft (Tübingen) und Württembergisches Landesmuseum Stuttgart (Hg.), *Flick-Werk: Reparieren und Umnutzen in der Alltagskultur. Begleitheft zur Ausstellung im Württembergischen Landesmuseum Stuttgart vom 15. Oktober bis 15. Dezember 1983*, Stuttgart 1983, S. 13–16.
König, Wolfgang, *Kleine Geschichte der Konsumgesellschaft. Konsum als Lebensform der Moderne*, Stuttgart 2008.
— *Geschichte der Konsumgesellschaft*, Stuttgart 2000.
Kramer, Dieter, »Kulturelle und historische Dimensionen der Diskussion um Gemeinnutzen. Ein Beispiel für die Aktualität von Themen der Europäischen Ethnologie«, in: *Zeitschrift für Volkskunde 108* (2012), S. 265–285.
— »Die Kultur des Überlebens. Kulturelle Faktoren beim Umgang mit begrenzten Ressourcen in vorindustriellen Gesellschaften Mitteleuropas. Eine Problemskizze«, in: *Österreichische Zeitschrift für Volkskunde 89* (1986), S. 209–225.
Lamla, Jörn, »Exzessiver Konsum: Was behindert die Erfahrung von Endlichkeit? Antworten der soziologischen Theorie«, in: Bihrer, Andreas u.a. (Hg.), *Endlichkeit. Zur Vergänglichkeit und Begrenztheit von Mensch, Natur und Gesellschaft*, Bielefeld 2015, im Erscheinen.
Leggewie, Claus/Welzer, Harald, *Das Ende der Welt, wie wir sie kannten. Klima, Zukunft und die Chancen der Demokratie*, Frankfurt am Main 2009.
Ludwig-Uhland-Institut für Empirische Kulturwissenschaft (Tübingen)/Württembergisches Landesmuseum Stuttgart (Hg.), *Flick-Werk: Reparieren und Umnutzen in der Alltagskultur. Begleitheft zur Ausstellung im Württembergischen Landesmuseum Stuttgart vom 15. Oktober bis 15. Dezember 1983*, Stuttgart 1983.

Mayring, Philipp, *Qualitative Inhaltsanalyse. Grundlagen und Techniken*, 9. Aufl., Weinheim u.a. 2007.

Meadows, Donella H. u.a., *III: The Limits to growth. A report for the Club of Rome's project on the predicament of mankind*, New York 1972.

Merl, Stephan, »Staat und Konsum in der Zentralverwaltungswirtschaft. Rußland und die ostmitteleuropäischen Länder«, in: Siegrist, Hannes u.a. (Hg.), *Europäische Konsumgeschichte. Zur Gesellschafts- und Kulturgeschichte des Konsums (18. bis 20. Jahrhundert)*, Frankfurt am Main 1997, S. 205–244.

Merkel, Ina, *Utopie und Bedürfnis. Die Geschichte der Konsumkultur in der DDR*, Köln 1999.

Mitschele, Kai/Scharff, Sabine (Hg.), *Werkbegriff Nachhaltigkeit. Resonanzen eines Leitbildes*, Bielefeld 2013.

Ortner, Sherry B., *Anthropology and social theory. Culture, power, and the acting subject*, Durham 2006.

Paech, Niko, *Befreiung vom Überfluss. Auf dem Weg in die Postwachstumsökonomie*, München 2012.

Parodi, Oliver (Hg.), *Wechselspiele: Kultur und Nachhaltigkeit. Annäherungen an ein Spannungsfeld*, Berlin 2010.

Reckwitz, Andreas, *Die Erfindung der Kreativität. Zum Prozess gesellschaftlicher Ästhetisierung*, 2. Aufl, Berlin 2014.

Sander, Knut/Schilling, Stephanie, *Optimierung der Steuerung und Kontrolle grenzüberschreitender Stoffströme bei Elektroaltgeräten/Elektroschrott*, Hg. v. Umweltbundesamt, 2010: http://www.umweltbundesamt.de/sites/default/files/medien/461/publikationen/3769.pdf (05.01.2015).

Schridde, Stefan, *Murks? Nein danke! Was wir tun können, damit die Dinge besser werden*, München 2014.

Schridde, Stefan u.a., *Geplante Obsoleszenz. Entstehungsursachen - Konkrete Beispiele - Schadensfolgen – Handlungsprogramm*, Gutachten im Auftrag der Bundestagsfraktion Bündnis90/Die Grünen. ARGE REGIO Stadt und Regionalentwicklung GmbH, 2013.

Sennett, Richard, *Handwerk*, Berlin 2008.

Tauschek, Markus: »»Energiepioniere«. Eine kulturanthropologische Forschungsskizze zu Endlichkeit und Agency im Kontext erneuerbarer Energien«, in: Bihrer, Andreas u.a. (Hg.), *Endlichkeit. Zur Vergänglichkeit und Begrenztheit von Mensch, Natur und Gesellschaft*, Bielefeld 2015, im Erscheinen.

Walter-Herrmann, Julia/Büching, Corinne, *FabLab of machines, makers and inventors*, Bielefeld 2013.

Wedl, Juliette u.a., »Diskursforschung oder Inhaltsanalyse? Ähnlichkeiten, Differenzen und In-/Kompatibilität«, in: Angermüller, Johannes u.a. (Hg.), *Diskursforschung. Ein interdisziplinäres Handbuch. Theorien, Methodologien und Kontroversen* (DiskursNetz, 1), Bielefeld 2014, S. 537–564.

Welzer, Harald, *Selbst denken. Eine Anleitung zum Widerstand*, Frankfurt am Main 2013.

Wenger, Etienne, *Communities of practice: A brief introduction*, 2011: https://scholarsbank.uoregon.edu/xmlui/bitstream/handle/1794/11736/A%20brief%20introduction%20to%20CoP.pdf?sequence=1 (14.04.2015).

— *Communities of practice. Learning, meaning, and identity*, Cambridge u.a. 1998.

World Commission on Environment and Development, *Our common future*, Oxford, New York 1987.

Mobilität als begrenzte Ressource im ländlichen Raum oder: Wie ältere Ehrenamtliche eine Buslinie betreiben

Cordula Endter

Als ich den Bahnhofsvorplatz von Brieselang[1] betrete, steht er schon da, der Bus. Er ist ein wenig kleiner als die Busse, welche sonst den öffentlichen Nahverkehr bedienen, ein Kleinbus eben, dafür aber leuchtend rot. Ich nähere mich der Haltestelle und Herr Matthias steigt aus, streckt mir die Hand entgegen: »Hallo, sie sind die Ethnologin aus Berlin? Na dann steigen Sie mal ein!«. Ich steige also ein, in den ›kleinen Roten‹, wie Herr Matthias den BürgerBus von Brieselang mit ein wenig Stolz in der Stimme nennt, und dann geht es auch schon los.

Brieselang, das ist eigentlich noch gar nicht ›richtiger‹ ländlicher Raum, das ist noch mehr ›Speckgürtel‹, Berliner Peripherie, aber nur wenn es um das Gefühl der Brieselanger und Brieselangerinnen geht. Statistisch gesehen ist auch Brieselang schon längst in dem angekommen, was als demographische Überalterung und Schrumpfung bezeichnet und medial mehr oder weniger düster gezeichnet wird. Da ist von »Landsterben«[2] und »Landflucht«[3] die Rede, von »Zurückgebliebenen« (Bude/Willisch 2006) und »Ausgeschlossenen« (ebd.). Die Soziologen Rainer Land und Andreas Willisch, die schon lange die Transformationsprozesse ländlicher Räume unter den Bedingungen von demographischer und ökonomischer Schrumpfung untersuchen, fassen die Entwicklungen der letzten Jahre folgendermaßen zusammen:

---

[1] Im Folgenden werden nur die Personennamen im Zusammenhang mit dem BürgerBus anonymisiert. Der Orts- und der Vereinsname wurden in Rücksprache mit den Gesprächspartner/innen nicht anonymisiert. Dahinter steht auch der Wunsch der lokalen Akteure, dass ihre Arbeit namentlich sichtbar wird.

[2] Bölsche, Jochen, *Sterbendes Land*, http://www.spiegel.de/politik/deutschland/sterben des-land-keine-zukunft-fuer-die-kuhzunft-a-404891.html (30.03.2015).

[3] Knaup, Horand, *Studie zur Landflucht*, http://www.spiegel.de/politik/deutschland/land flucht-studie-vom-berlin-institut-a-1012486.html (30.03.2015).

»Gewaltige Ströme von auswandernden jungen Menschen, zurückbleibende Alte und ausbleibende Geburten, leere Wohnblocks, verlassene Fabrikhallen und tote Bahngleise bebildern einen Prozeß, der in Ostdeutschland mit einer Massivität und Durchschlagkraft abzulaufen scheint, die kommunales oder staatliches, planvolles Handeln scheitern läßt.« (Land/Willisch 2006: 54)[4]

Aber noch versuchen lokale Behörden, dieses Scheitern zu kaschieren, noch werden Infrastrukturen wie die Wasser-, Strom- und Gasversorgung aufrecht erhalten, noch rühmen sich Telekommunikationsanbieter damit, auch in den letzten Winkel der Republik schnellste internetfähige Glasfaserkabel verlegen zu lassen und noch können Gesundheitsdienstleistungen weitestgehend flächendeckend angeboten werden (vgl. Anders 2014). Dahinter aber steht das, was Willisch und Land hier schon andeuten: Gemeinden, die sich verschulden, Dörfer, die leer stehen und Regionen, deren Wirtschaftskraft nur durch Subventionen erhalten bleiben kann. Dahinter stehen aber auch die Praktiken der Bewohner und Bewohnerinnen dieser ›schrumpfenden‹ und ›abgehängten‹ Räume, die gegen alle statistische Wahrscheinlichkeit bleiben, um ein Gewerbe zu betreiben, ihr Elternhaus zu erhalten oder wie in dem hier vorgestellten Fall Bus zu fahren.

In meinem Beitrag möchte ich BürgerBus-Fahren als eine lokale Mobilitätspraxis beschreiben, in welcher zivilgesellschaftliche Akteure Mobilität ›von unten‹ herstellen, indem sie ehrenamtlich eine Buslinie betreiben, welche der öffentliche Nahverkehrsanbieter als unrentabel eingestellt hat. Dabei verstehe ich BürgerBus-Fahren im Anschluss an die Arbeiten von Latour (u.a. 2005) und Callon (u.a. 1986) als ein Akteur-Netzwerk, in dem unterschiedliche Akteure (Fahrer/innen, Fahrgäste, Bus, Gemeindeverwaltung, Nahverkehrsanbieter, Verkehrsinfrastruktur) in Beziehung miteinander gebracht werden und dabei Mobilität herstellen. Mobilität wird aus dieser ANT-geleiteten Perspektive zu einer Praxis, die sich erst im relationalen Handeln der Akteure des Netzwerks herausbildet und zugleich stets in diesem situiert ist. Als Praxis eines »Kollektivs« (Latour 2000) lässt sich Mobilität dann auch als eine räumlich gebundenen Ressource verstehen, die einerseits begrenzt zur Verfügung steht und andererseits selbst begrenzend

---

4 Andreas Willisch spricht hier auch von »Überlebensalltag« und »Überlebensarrangements«, die sich »[f]ür die Menschen eines solchen Umbruchs, für die, die bleiben, die, die wegwollen, die, die weggehen, und die, die wiederkommen« alltäglich anfühlen und sich »erst in der Zeit bewähren« (Willisch 2011: 87).

wirkt, nämlich dann, wenn aufgrund kommunaler Sparmaßnahmen öffentliche Nahverkehrsangebote eingestellt werden.[5] Diese Dialektik kennzeichnet das Spannungsverhältnis ländlicher Mobilität zwischen Exklusion und Ermächtigung. Wie die lokalen Akteure dieses Verhältnis in ihren alltäglichen Praktiken des BürgerBus-Fahrens aushandeln, ist dabei Gegenstand meiner ethnographischen Untersuchung, welche ich hier am Beispiel von Brieselang darstellen möchte.[6] Dazu werde ich zuerst auf die alltägliche Praxis des Bürger-Bus-Fahrens eingehen, in welcher die Fahrer/innen des BürgerBusses ebenso wie der Bus und die verkehrstechnische Infrastruktur täglich den ländlichen Raum mobilisieren. Daran anknüpfend betrachte ich den Zusammenhang zwischen ländlicher Mobilität auf der einen und der gegenwärtigen Situation ländlicher Räume zwischen Peripherisierung, Deindustrialisierung und Demographisierung auf der anderen Seite. Hier steht vor allem die Praxis der Exklusion ländlicher Räume durch ihre diskursive Demographisierung auf politischer Ebene im Fokus der Erörterung. Abschließend diskutiere ich, inwieweit die lokalen Akteure im BürgerBus-Fahren eine ganz eigene Form von Mobilität entwerfen und sich damit der ökonomischen Verwertungslogik von staatlichen Institutionen und regionalen Verkehrsanbietern ebenso wie einer naturalisierenden Demographisierung entziehen.

---

5 Die ANT-orientierte praxeologische Perspektive auf Mobilität als Ressource versteht sich hier als Ergänzung zu bisherigen und aktuellen Arbeiten im Fach Volkskunde /Kulturanthropologie/Europäische Ethnologie/Empirische Kulturwissenschaft (u.a. Rolshoven 2010 und 2014 sowie Johler u.a. 2011) und folgt der Frage des Bandes nach der kulturwissenschaftlichen Dimension und der -analytischen Tragfähigkeit des Ressourcen-Ansatzes.

6 Methodisch habe ich dazu Feldforschung in zwei Gemeinden in Brandenburg durchgeführt, in welchen jeweils ein BürgerBus eingesetzt wird. Teilnehmende Beobachtungen in den BürgerBussen, an Haltestellen und Bahnhöfen waren dabei ebenso Bestandteil der Feldforschung wie qualitative Expert/inneninterviews mit zwei Fahrer/innen sowie diverse informelle Gespräche mit Fahrgästen und Fahrer/innen. Daneben habe ich Fahrpläne, Flyer und anderes Informationsmaterial gesammelt, um diese als Akteure in meine Analyse einzubeziehen. Die Feldforschung fand in der ersten Jahreshälfte 2013 statt und beinhaltete mehrere Aufenthalte in den Gemeinden und auf der Strecke.

Auf den Bus gekommen – wie alles anfing und nicht aufhörte

»Das kommt ja eigentlich aus England, das mit den Bussen«, erklärt Herr Matthias, während wir mit der Strecke Nord[7] beginnen, »wir haben das von einer unserer Nachbargemeinden, die haben das auch und da haben wir gesagt, das wollen wir auch!«. Herr Matthias erzählt mir von der Anfangsphase, wie er und seine Bekannten aus der Gemeindevertretung auf die Idee kamen, in Brieselang einen BürgerBus einzurichten. »Wir hatten da mehr Glück, als die in Karnitz[8], die hatten es echt schwer, ständig neue Auflagen und dann war das auch mit dem Bus nicht so einfach«, vergleicht Herr Matthias die Situation. Er selbst ist Mitglied im Gemeinderat, in diversen Vereinen und schon lange hier im Ort wohnend. Er verfügt über einen ›guten Draht‹ zu den Lokalpolitiker/innen und darin sieht er auch den Grund, dass in Brieselang relativ zügig ein BürgerBus eingerichtet werden konnte.

Der Brieselanger BürgerBus fährt seit 2007 durch den Ort.[9] Seitdem halten 25 Männer und Frauen den Betrieb aufrecht. Sie organisieren die Vereinsarbeit, bewerben den Bus mit Anzeigen in lokalen Zeitungen oder legen Flyer mit dem Fahrplan in Apotheken, Arztpraxen und Behörden aus. Sie kümmern sich um die Akquise neuer Fahrer/innen und Vereinsmitglieder und die Vertretung des Vereins auf lokalpolitischer Ebene. Aber vor allem fahren sie Bus. Achtmal täglich bedienen die ehrenamtlichen Busfahrer/innen die Strecke. Eine Fahrt dauert circa eine halbe Stunde, dann muss der/die Fahrer/in eine halbe Stunde pausieren, bevor es weitergeht. »Dafür haben wir die hier gekriegt, die wurde uns extra eingerichtet«, Herr Matthias lenkt den Bus in die Parkbucht an der linken Seite des Brieselanger Bahnhofsgebäudes und stellt den Motor ab. Die erste Runde ist geschafft. Jetzt heißt es Pause machen, etwas essen und trinken, eine Runde um den Bus laufen oder einen kurzen Schwatz mit Vorbeikommenden halten. BürgerBusse nutzen die stillgelegten Strecken des vormaligen Verkehrsanbieters. Dazu dürfen sie die Haltestelleninfrastruktur wie Parkbuchten, Fahrplan-

---

7 Der BürgerBus Brieselang bedient zwei Strecken durch den Ort, eine Route (Strecke Nord), welche sich vom Bahnhof in Richtung Norden erstreckt und auch Haltepunkte außerhalb der Ortschaft bedient, und eine, welche den Süden des Ortes an den Bahnhof anschließt. Siehe dazu auch: http://www.buergerbus-brieselang.de/fahrplan (12.04.2015).
8 Die Nachbargemeinde wurde von mir pseudonymisiert.
9 BürgerBusse gibt es in Brandenburg seit 2005. Den ersten BürgerBus gab es in der Gemeinde Gransee 2005. Die Gemeinden Hoher Fläming (2006), Brieselang (2007), Lieberose/Oberspreewald (2007) und Dallgow-Döberitz (2014) folgten. Siehe dazu auch: http://www.buergerbusse-brandenburg.de/ (12.04.2015).

aushänge oder Hinweisschilder für sich in Anspruch nehmen. Gleichzeitig geht die Hälfte des Fahrgeldes an den örtlichen Nahverkehrsanbieter. Der Fahrpreis des BürgerBusses richtet sich dabei nach den Beförderungsentgelten des lokalen Verkehrsanbieters. Das heißt, BürgerBusse ersetzen den öffentlichen Personennahverkehr (ÖPNV) nicht, sie ergänzen ihn da, wo er sich ökonomisch nicht mehr trägt. Dabei bleiben die BürgerBusse selbst an das Wirtschaftssystem des ÖPNV gebunden.

Gemeinsames Ziel der unterschiedlich eingebundenen Akteure – der BürgerBus-Verein, die Kommune, der öffentliche Nahverkehrsanbieter – ist es, ein öffentliches kostengünstiges Nahverkehrsangebot aufrechtzuerhalten. Das hat den Vorteil, dass sich Fahrgäste mit Abonnements des ÖPNV problemlos des BürgerBusses bedienen können, zugleich ist der BürgerBus an die Fahrpreispolitik des jeweiligen ÖPNV gebunden. So bedarf es nicht nur eines Kassenwartes, einer Buchführung oder einer Jahresendabrechnung, wie sie jeder Verein vorlegen muss, sondern auch des Nachweises einer gewissen Rentabilität, die sich an den Kriterien des ÖPNV bemisst. Ökonomische Rentabilität wird hier zur entscheidenden Größe, wenn in Gemeindeversammlungen oder auf kommunaler Ebene die Aufrechterhaltung des BürgerBus-Angebots verhandelt wird. Dann müssen Akzeptanz in und Unterstützung durch die lokale Bevölkerung in Fahrgastzahlen übersetzt und ehrenamtliches Engagement in Auslastungsstatistiken umgerechnet werden, um nachzuweisen, dass der BürgerBus ein tragfähiges lokales Mobilitätsangebot für die Bewohner/innen des Ortes ist.[10] Während BürgerBusse also einerseits lokale Mobilitätsangebote durch ebenso lokale Ehrenamtliche aufrechterhalten und dabei neue Formen von Mobilität erproben, bleibt das System BürgerBus andererseits eingebunden in die marktwirtschaftliche Verwertungslogik öffentlicher Mobilitätsdienstleister – schließlich soll es sich auch hier lohnen.

---

10 Die BürgerBus-Vereine im Hohen Fläming und in Lieberose/Oberspreewald haben auf den Rentabilitätsdruck der Kommunen mit einer Erweiterung ihres Fahrdienstangebots reagiert. Sie bieten neben dem regulären Linienbetrieb an Werktagen auch Fahrdienste am Wochenende für Tourist/innen an. Dann fungiert der BürgerBus als Rufbus. Die dafür notwendige Telefonnummer wird in Tourismusinformationen, in Informationsbroschüren oder an den Haltestellen selbst bekannt gegeben und kann bei Bedarf angewählt werden. Auf diese Weise sichert der BürgerBus nicht nur die Mobilität der Anwohner/innen vor Ort, sondern macht die Region auch für Tourist/innen attraktiv. Gleichzeitig gewinnen die BürgerBusse durch dieses touristische Angebote an Legitimation gegenüber politischen Entscheidungsträger/innen.

Aber was heißt das in Gegenden, die vom regionalen Verkehrsanbieter abgekoppelt werden, die seit Jahrzehnten unter einem Verlust von Einwohner/innen leiden und deren Dasein unter Kriterien von Rentabilität und Finanzierbarkeit kritisch sowohl von Politiker/innen als auch von Wissenschaftler/innen beäugt wird? Rückbau, Umbau und Schließung bestimmen vielerorts den Umgang mit Schrumpfung und Finanznot. So folgt die Anpassung an den demografischen Wandel der immer gleichen Logik: »Weniger Menschen brauchen weniger Infrastruktur«, schreibt die Soziologin Claudia Neu und konstatiert kritisch, »[...] dass die infrastrukturellen Um- und Rückbaumaßnahmen nach wie vor fest an den Vorstellungen industriegesellschaftlicher Produktion und Wachstum orientiert sind« (Neu 2013: 21). Neu schlägt deshalb vor, darüber zu diskutieren, was

»Infrastrukturen eigentlich leisten sollen, was ihre gesellschaftlichen Funktionen sind und wo alternative Nutzungskonzepte liegen könnten. Geht es um den Erhalt der Bauwerke, Mindestklassengrößen oder Buskonzessionen? Oder geht es um Versorgung, Teilhabe und Mobilität der Bevölkerung?« (ebd.: 21f.).

Vermittler zwischen den Zeiten – wie der BürgerBus die unterschiedlichen Zeitregime seiner Fahrgäste synchronisiert

Der BürgerBus in Brieselang ist für viele Fahrgäste die einzige Mobilitätsinfrastruktur, um ohne fremde Hilfe zum Bahnhof und wieder nach Hause zu gelangen. Die Strecke nimmt darauf Rücksicht. In zahlreichen Begehungen und einer Fragebogenaktion hat der Verein zu Beginn eruiert, welche Route sinnvoll für die Bewohner/innen von Brieselang ist. »Das war ganz schön viel Arbeit. Wir sind da rumgelaufen und haben gefragt, aber die Leute wollten auch, dass wir kommen und sie fragen«, erinnert sich Herr Matthias und ergänzt, »die haben regelrecht darauf gewartet, dass wir klingeln«. Der ehrenamtliche Busfahrer sieht in der Beteiligung der Anwohner/innen an der Streckenplanung einen Grund für den starken Rückhalt gegenüber dem BürgerBus-Verein in der Brieselanger Bevölkerung. Aber auch der direkte Kontakt mit den Fahrer/innen, die Möglichkeit im eigenen Ort mobil zu bleiben und nicht zuletzt das Wissen, dass sich hier Bewohner/innen für Bewohner/innen ehrenamtlich engagieren, wo kommunale Unterstützung nicht mehr stattfindet, stützt den Verein und vermittelt den Fahrer/innen ein Gefühl von Anerkennung für ihre Arbeit.

Dass die Vereinsmitglieder den Busfahrplan mit dem der Deutschen Bahn (DB) abgleichen, beruht nicht allein auf Rücksichtnahme gegenüber den Interessen der Bewohner/innen des Ortes, sondern folgt auch hier ökonomischen Gründen. Würde der BürgerBus sich dem Fahrplan der DB und damit dem Hauptverkehrsmittel der Brieselanger Pendler und Pendlerinnen gegenüber nicht anpassen, würde er nicht nur an Fahrgästen verlieren, sondern auch an Rückhalt, Akzeptanz und Unterstützung vor Ort. Für den BürgerBus-Verein heißt das konkret, die unterschiedlichen Mobilitätsangebote im Fahrplan des BürgerBusses zu synchronisieren. Dabei findet nicht nur eine Synchronisation der verschiedenen Fahrpläne und damit auch der unterschiedlich ausgerichteten Zeitsysteme der DB und des BürgerBusses statt, sondern auch der Zeitsysteme ihrer Nutzer/innen.

Diese Synchronisierungsarbeit muss vom Verein geleistet werden, will man Berufspendler/innen und Schüler/innen, welche die Hauptfahrgastgruppen des Brieselanger BürgerBusses darstellen, halten. »Den Fahrplan, den haben wir angepasst«, nimmt Herr Matthias meine Frage nach dem Verhältnis der An- und Abfahrtszeiten von Bahn und Bus vorweg, »wir können das eben, wir sind nicht so wie die Deutsche Bahn, wir können uns anpassen«. Herr Matthias spricht nicht ohne Stolz von der Angleichung des Busfahrplans an die Ankunfts- und Abfahrtszeiten der Regionalzüge nach Nauen und Berlin. Für Herrn Matthias »eine Selbstverständlichkeit«, für die Deutsche Bahn (DB) in der Wahrnehmung des Aktiven »ein Versäumnis« und ein »wenig Arroganz« (Matthias).

Auf diese Weise unterteilt der Fahrplan des BürgerBusses die Zeit in Brieselang nicht nur in Süd- und Nordstrecke, in Ankunfts- und Abfahrtszeiten, sondern er synchronisiert die Zeit des ländlichen Raumes mit der der Peripherie, der der Klein- und Mittelstädte und der der Großstädte. Auf diese Weise hält der BürgerBus den ländlichen Raum, dort wo er verkehrt, anschlussfähig. Dabei ist die Zeit im Dorf ungleich verteilt: Während die Dorfgesellschaft im Tagesverlauf über relativ viel Zeit verfügt, zwei oder drei Fahrten ausreichen und auf die Haltewünsche, die auf Zuruf aus dem Fahrgastraum kommen, ohne Zeitdruck reagiert werden kann, herrscht in den Morgen- und Abendstunden, in denen hauptsächlich Berufspendler/innen und Schüler/innen den Bus frequentieren, eine ganz andere Betriebsamkeit im Bus. Dann wird wenig gesprochen und kaum auf der Strecke gehalten. BürgerBus-Fahren wird so zu einem Alltagshandeln, in dem die verschiedenen Zeitregime der Brieselanger/innen ausbalanciert werden:

zum einen die beschleunigte Zeit der erwerbstätigen Pendler/innen und Schüler/innen, zum anderen die entschleunigte Zeit der nicht (mehr) arbeitenden Bewohner/innen.

Der BürgerBus vermittelt mit seinen täglichen Fahrten durch den Ort zwischen diesen verschiedenen Zeitregimen und stellt so eine Art Symmetrie zwischen ihnen her. Produziert wird diese vermittelnde Zeit von den Fahrern und Fahrerinnen des BürgerBusses. Die meisten von ihnen sind im Ruhestand, das heißt, sie können ihre Zeit aufgrund des Ausscheidens aus dem Erwerbsarbeitsleben anders strukturieren als Erwerbstätige. Zeit stellt in ihrem Alltag eine Ressource dar, die je nach finanzieller Absicherung und gesundheitlichem Zustand als relativ unbegrenzt betrachtet werden kann. Es ist also die Entscheidung der älteren Akteure, die ihnen zur Verfügung stehende Zeit außerhalb von Erwerbsarbeit produktiv zu machen, zum Beispiel indem sie BürgerBus fahren. Eine solche ehrenamtliche gemeinwohlorientierte Produktivmachung von Zeit macht diese zu einer ökonomischen Tauschware, in der die soziale Zeit älterer Bewohner/innen Brieselangs zur Mobilitätsressource der Fahrgäste, des Ortes, der Gemeinde und nicht zuletzt des BürgerBus-Vereins selbst wird. Hier zeigt sich die soziotechnische Verwobenheit des BürgerBus-Fahrens als Mobilitätspraxis einerseits und als Ausdruck einer anderen Mobilitätsordnung andererseits.

Dabei beruht die durch das BürgerBus-Fahren produzierte Mobilität auf einem sozio-ökonomischen Tauschhandel: Indem die scheinbar unbegrenzt zur Verfügung stehende freie Zeit älterer Einwohner/innen in ehrenamtlich genutzte Zeit eingetauscht und damit zweckgebunden wird, wird Zeit zu einer Ressource mit Wert. Aufgeladen mit sowohl ökonomischer als auch sozialer Bedeutung kann ›Zeit‹ eingesetzt werden, um Mobilität[11] herzustellen. Zeit wird zu Mobilität, indem sie in ehrenamtliches Engagement übersetzt und damit zu einer sozial anerkannten Handlung wird. Der begrenzende Charakter von Mobilität, welcher immer dann zum Tragen kommt, wenn sie eingeschränkt ist oder fehlt, wird dann durch den Einsatz von Zeit aufgehoben. Zeit wird in der Praxis kommunalen Sparens und demographischer Schrumpfung damit zu einer Ressource *mit Wert*, die es im Anschluss an Kenneth Anders zu bewirtschaften gilt (vgl. Anders 2014). Durch dieses Tauschverhältnis bleibt der Ort weiterhin angebunden an regionale Mobilitätsinfrastrukturen. Das Akteur-Netzwerk BürgerBus über-

---

11 Mobilität kann der hier vorgeschlagenen weiten Ressourcen-Definition folgend ebenfalls als eine solche gedacht werden, die wiederum verschiedene andere Formen von Ressourcen inkorporiert, wie beispielsweise energetische Ressourcen.

setzt im Sinne Callons dabei die verfügbare Zeit der ehrenamtlichen Fahrer und Fahrerinnen in lokale Mobilität der Anwohner/innen (vgl. Callon 1986). Gleichzeitig fordert es bestehende regionale Mobilitätsangebote ebenso heraus wie die gegenwärtigen Zuschreibungen an den ländlichen Raum.

Selber Busfahren – wie BürgerBusse Politik machen

Geht es um die Situation ländlicher Räume, so dominiert das Narrativ des Problemfeldes (vgl. Fenske/Hemme 2015: 14), dessen Narration u.a. vom Diskurs um den demographischen Wandel geprägt ist. Ein solcher Diskurs hegemonialisiert ländliche Räume, indem er sie demographisiert oder wie der Sozialwissenschaftler Stephan Beetz schreibt: »Mit dem Begriff der Demographisierung ist über die Verwendung eingefahrener Stereotypisierungen hinaus gemeint, dass soziale, ökonomische und kulturelle Faktoren unter demographischen Aussagen subsummiert bzw. von diesen verdrängt werden« (Beetz 2007: 238).

Eine solche diskursive Demographisierung ermöglicht, so Beetz, erstens eine Verschiebung von den sozio-ökonomischen Konsequenzen des Strukturwandels und der Transformationsprozesse hin zu einer Naturalisierung demographischer Perspektivlosigkeit, um so Einsparungen, Kürzungen, wegfallende Subventionen und kommunale Zentralisierungen zu legitimieren (vgl. ebd.). Zweitens erlaubt eine solche Demographisierung die Auslagerung der staatlichen Pflicht zur Daseinsvorsorge auf die Akteure vor Ort. Die Bewohner/innen solcher schrumpfenden, strukturschwachen, peripheren Räume werden dann zur Selbstverantwortung aufgerufen (vgl. Aring 2013).[12]

---

12 Die Debatte über den Umbau der Daseinsvorsorge steht in engem Zusammenhang mit dem von dem Geographen Jürgen Aring aufgebrachten Vorschlag sogenannter »Garantie- und Selbstverantwortungszonen« (Aring 2013: 45). Darunter versteht Aring die politisch-administrative Zusammenlegung kleinerer Kommunen zu Großkommunen mit zentralörtlich, funktionalen Verflechtungen, »in denen sich das Ziel der gleichwertigen Lebensverhältnisse und die Bereitstellung von Einrichtungen der Daseinsvorsorge in der gewohnten Form immer schlechter einlösen lässt« (ebd.). So würden Garantiezonen, die sich aus Mittelstädten und ihrem engeren Umland zusammensetzen, geschaffen, die sowohl als »zentrale Orte« (ebd.: 52) als auch als »demografisch stabile Zonen mit einem vielseitigen, attraktiven Wohnungsangebot und hoher Lebensqualität überzeugen« (ebd.). In Regionen, welche außerhalb dieser Garantiezonen liegen, sind dann »härtere Anpassungen [notwendig], die auch individuell mehr Selbstverantwortung abverlangen« (ebd.: 53).

Was aber sollen die lokalen Akteure selbst verantworten? Aring nennt drei Handlungsfelder: politische und administrative Aufgaben, Privatisierung kommunaler Wohlfahrtsleistungen, zivilgesellschaftliches Engagement (vgl. ebd.: 53ff.). Wer also in diesen Regionen leben will, »muss sich bewusst darauf einlassen und persönliche Selbstverantwortung und nachbarschaftliche Solidarität für selbstverständliche Facetten des Alltags halten« (ebd.: 55). Unter dem Deckmantel von Selbstverantwortung werden hier eine Naturalisierung von Schrumpfung und Alterung und eine Demographisierung ländlicher Räume betrieben, die die staatliche Pflicht zur Daseinsvorsorge auf zivilgesellschaftliche Akteure delegiert.

Während es also einerseits um die Einsparung kommunaler Dienstleistungen und den Abbau von Infrastrukturen geht, in denen Schrumpfung als Überlebensstrategie verkauft wird, wird andererseits auf die Produktivmachung lokaler Ressourcen gesetzt, um den Abbau eben dieser Infrastrukturen und Dienstleistungen durch zu meist ehrenamtliche und damit unentgeltliche Angebote aufzufangen bzw. auszugleichen. In diesem Spannungsfeld steht BürgerBus-Fahren als ein Akteur-Netzwerk, in dem menschliche und nicht-menschliche Akteure innerhalb von formellen und informellen Strukturen Mobilität im ländlichen Raum herstellen, aushandeln und stabilisieren. BürgerBus-Fahren als eine Praxisform ländlicher Mobilität wird dabei von den Akteuren des Netzwerks situativ hergestellt. Das heißt, wie Mobilität im ländlichen Raum gestaltet ist, hängt immer von der jeweiligen Interaktion der im Netzwerk BürgerBus miteinander verbundenen Akteure zusammen. Während meiner teilnehmenden Beobachtung im BürgerBus sind das Herr Matthias und die Fahrgäste, die im Moment des Fahrens aushandeln, was ländliche Mobilität ist. Darüber hinaus wirken aber auch noch weitere Akteure mit wie die Gemeindeverwaltung und der Nahverkehrsanbieter, die darüber entscheiden, ob und wenn ja wie das ehrenamtliche Angebot weiterhin Unterstützung erfährt. Neben diesen menschlichen Akteuren spielen aber auch weitere Akteure eine entscheidende Rolle. Dazu zählt zu allererst der kleine Rote selbst, aber auch der Fahrplan, indem sich

---

Diese Regionen bezeichnet Aring als »Selbstverantwortungszonen« und meint damit »die von den Infrastrukturanpassungen und neuen Preisdifferenzierungen besonders betroffenen Räume, [...], die peripheren kleinen Dörfer, Weiler und Splittersiedlungen« (ebd.: 55). Der Sozialwissenschaftler Andreas Willisch warnt, »dass die Kannibalisierungseffekte in Schrumpfungsregionen dadurch eher angefeuert werden [...] [und] die Ungleichheit zwischen dem, was die Gesellschaft garantiert, und dem, was die Leute, weil die Gesellschaft dafür nicht mehr einstehen kann, selbst machen müssen, [forciert]« (Willisch 2011: 75). Zu der Debatte siehe Oswalt/Faber 2013.

die Synchronisationsarbeit des Vereins mit dem öffentlichen Nahverkehr materialisiert, ebenso wie die Routenplanung als Aushandlung zwischen Verein und Bewohner/innen. Und nicht zuletzt ist es der ländliche Raum, welcher sich einerseits in seiner materiellen Form in Straßen und anderen Verkehrsinfrastrukturen zeigt, andererseits ist es aber auch ein imaginärer Raum, in welchem sich die Vorstellungen von Ländlichkeit ebenso eingeschrieben haben wie die von Peripherisierung und Schrumpfung.

Nur wenn man diese Vielzahl von Akteuren in ihren gegenseitigen Wechselwirkungen in die Analyse miteinbezieht, lässt sich verstehen, wie BürgerBus-Fahren ländliche Mobilität herstellt. Betrachtet man das BürgerBus-Fahren in Brieselang aus einer solchen ANT-Perspektive zeigt sich, dass Busfahren hier nicht nur den ländlichen Raum und seine Bewohner/innen mobilisiert, sondern, dass sich im Vollzug des Busfahrens eine gemeinschaftliche Praxis ehrenamtlicher Fahrer/innen, Fahrgäste und technischer Infrastrukturen herstellt, um dabei zum einen eine neue Form von Mobilität, sozusagen eine Mobilität von unten, herauszubilden und zum anderen um Vorstellungen von ländlichen Räumen in der Praxis des BürgerBus-Fahrens zu mobilisieren.

In Brieselang hilft der Bus, mittelgroße Strecken zu überwinden, wenn kein Auto zur Verfügung steht, das Fahrradfahren nicht möglich ist und Laufen zu weit wäre. Dazu tauschen 22 ehrenamtliche Fahrer und Fahrerinnen an 31 Tagen im Monat von 8 bis 17 Uhr ihre Zeit ein und fahren Bus. Herr Matthias lässt den Motor wieder an, die halbe Stunde Pause ist vorbei, es geht weiter mit der Strecke Süd. Er fährt vor zur Haltestelle »Bahnhof« und da stehen auch schon die nächsten Fahrgäste, die gerade mit dem Regionalexpress aus Nauen angekommen sind.

Der BürgerBus als sozialer Nahraum – wie BürgerBus-Fahren einen Ort verbindet

Das Akteur-Netzwerk BürgerBus ist aber nicht nur ein kommunales Mobilitätsangebot, das auf dem freiwilligen Engagement der Bewohner/innen vor Ort beruht, eine vermittelnde Zeitpraxis und ein sozio-ökonomischer Tausch, sondern auch ein sozialer Raum. Hier wird sich begegnet, unterhalten, informiert und gelacht. Indem der Bus täglich durch das Dorf fährt, Nord- und Südteil mit dem Bahnhof verbindet, stellt er Gemeinschaft her.

Der kleine Rote verbindet die Menschen der Gemeinde mit dem Bahnhof, dem Arzt, dem Supermarkt, aber auch mit den Bekannten, die weiter unten im Dorf wohnen. Er ist ein »Überlebensarrangement« (Willisch 2011: 87), welches sich die Bewohner/innen selbst erarbeitet haben, als der regionale Verkehrsanbieter aus Rentabilitätsgründen beschloss, die Gemeinde nicht länger zu bedienen. »Ja, die sind schon ganz froh, dass sie uns haben, die unterstützen uns dann schon auch«, beschreibt Herr Matthias die Reaktion der Kommune auf die BürgerBus-Initiative, und trotzdem, »wenn nicht zwei, drei von uns, da mit drin sitzen würden [in der Gemeindevertretung], dann wäre das vielleicht nicht so«. Herr Matthias verweist wieder auf Karnitz: »[...] die haben es da wirklich schwerer«. Herrn Matthias' Ausführungen zeigen, dass die vermeintliche Immobilität der ländlichen Räume immer wieder als Beweis ihrer prekären Lage instrumentalisiert wird. Unhinterfragt bleibt dabei, ob der ländliche Raum und damit die Bewohner/innen tatsächlich so immobil sind oder sich fühlen.

Mobilität in peripheren Räumen ist etwas anderes, sie ist kleinräumig, endogen und verlangsamt. Dabei erscheint es gerade diese Verlangsamung zu sein, die den Bewohner/innen die Möglichkeit gibt, sich auf sich selbst zu besinnen, auf ihre eigenen Möglichkeiten vor Ort. »Es ist Zeit, Inventur zu machen und sich um das zu kümmern, was ist und bleibt«, beschreibt Heinz Bude seine Beobachtungen im brandenburgischen Wittenberge, »wer sich von dem dauernden Vorangehen, das kein Ankommen nirgends verspricht, nicht verrückt machen lassen will, setzt auf das, was ist« (Bude 2012: 16). BürgerBus-Fahren kann hier als eine Form des Überlebens verstanden werden, in der unter den Bedingungen von Verknappung und Infrastrukturabbau eine Rationalität etabliert wird, deren Logik aus dem, was noch vorhanden ist, ein Angebot für die macht, die noch da sind.

Heinz Bude hat diesen Vorgang eingängig in seinen Studien zum Strukturwandel in Ostdeutschland thematisiert und als eine Praxis des Haushaltens mit den lokalen Ressourcen beschrieben (vgl. u.a. Bude 2011). Die Entscheidungen, sich für eine eigene Buslinie einzusetzen, einen Verein zu gründen, einen Bus zu kaufen, einen Fahrplan aufzustellen und einen Fahrbetrieb gegen kommunalen Widerstand und ohne monetäre Unterstützung am Laufen zu halten –, entstehen aus einer »spezifischen Spannung von Ausgeliefertheit und Selbstbestimmung. Sie sind Ausdruck ihrer eigenen Unmöglichkeit und gewinnen eben daraus ihre wundersame Hartnäckigkeit und Langlebigkeit« (Bude 2011: 25). BürgerBus-Fahren kann dann eben auch als widerständige Mobilitäts-Praxis verstanden werden, die sich der exkludierenden Wirkung einer weiterhin auf Wachstum setzenden Gesellschaftsordnung widersetzt und dabei eine ganz eigene Pragmatik des Hierbleibens entwickelt.

Die darin liegende Widerständigkeit der Akteure ist dabei eine doppelte, denn die Vorstellung, der ländliche Raum bräuchte eine neue, andere oder effizientere Mobilitätsstrategie, um den Anforderungen des demographischen Wandels gerecht zu werden, ist ebenso hegemonial wie die Vorstellung, diese Mobilitätsangebote müssten von denen entwickelt und geleistet werden, die eben in jenen abgehängten Peripherien leben. Während von den Nahverkehrsanbietern Mobilitätsinfrastrukturen mit der Begründung fehlender Rentabilität abgebaut werden, fordern politische Verantwortungsträger/innen in Kommunen und Ländern Mobilitätsstrategien, die sich dem veränderten Bedarf rentabel anpassen, und delegieren gleichzeitig ihre gesellschaftspolitische Verantwortung auf lokale Akteure. Das heißt, dass diejenigen, welche von öffentlicher Infrastruktur sukzessive abgeschnitten werden, gleichzeitig auch diejenigen sind, die dann eigene Mobilitätsstrukturen entwickeln und diese ehrenamtlich bedienen sollen – schließlich sind die meisten von ihnen ja Renter/innen bzw. im (Vor-)Ruhestand. Diese Aktivierungslogik lässt nicht nur außer Acht, dass hier eine Ökonomisierung des Ehrenamtes zugunsten des Abbaus öffentlicher Infrastrukturen staatlich legitimiert wird, sondern sie lässt auch außer Acht, dass zivilgesellschaftliches Engagement kein Ersatz für staatliche Daseinsvorsorge ist.

Der Europäische Ethnologe Dominik Scholl konstatiert ausgehend von seiner Feldforschung im brandenburgischen Wittenberge, »dass Mobilität in den letzten Jahren nicht mehr länger nur in der Frage des Gehens oder Bleibens thematisiert wird, sondern das erfolgreiche Bleiben der einen am Kommen und Zurückkommen anderer hängt [...], auf denen [...] die Hoffnung ruht, mit ihrem Zurückkommen der Schrumpfung und Überalterung der Bevölkerung etwas entgegenzusetzen« (Scholl 2011: 144). Während im Fall von Wittenberge die Hoffnung der Einwohner/innen auf den von den Soziolog/innen Wolfgang Bonß, Sven Kesselring und Anja Weiß bezeichneten »Mobilitätspionieren« beruht, die durch den Ausbau smarter Arbeitswelten und der Zunahme von Informations- und Kommunikationstechnologien als »immobile Mobile« eine hohe »Beweglichkeit ohne Bewegung« (Bonß u.a. 2004: 260f.) aufweisen, erscheint die Mobilität älterer Menschen im ländlichen Raum als mobile Immobilität. Hier gibt es weder »Mobilitäts-« noch »Raumpioniere«, die mittels ihres kultureller und kreativen Kapitals exogene Potentiale in endogene Leerstellen einbringen. In der brandenburgischen Peripherie zwischen Lieberose, Gransee oder Angermünde geht es vielmehr um die Frage, wie die Gebliebenen und Ausharrenden eigenständige Mobilitätspraktiken entwickeln und sich damit der Demographisierung ihrer Lebenswelt entziehen.[13]

Scholl versteht das beharrliche Ausharren selbst als eine Form, sich »Raum anzueignen und zu sichern« (Scholl 2011: 145). Im Anschluss an Scholls Beobachtung verstehe ich die mobile Immobilität im ländlichen Raum auch als eine Form von Mobilität, die durch einen starken Raumbezug und die Aktivierung eigensinniger Potentiale gekennzeichnet ist. Im Akteur-Netzwerk BürgerBus handeln Fahrer und Fahrerinnen, Fahrgäste, Dorfbewohner/innen, Verwaltung und regionale Verkehrsanbieter aus, was es bedeutet, im ländlichen Raum mobil zu bleiben. BürgerBus-Fahren wird so zur Praxis eines »Kollektivs« (Latour), das sich den Zu- und Abschreibungen widersetzt und stattdessen auf eigensinnige Aktivität im lokalen Umfeld setzt. Das heißt zugespitzt, erst das BürgerBus-Fahren selbst stellt ländlichen Raum her.

Busfahren produziert dann aber nicht nur Mobilität sondern auch Wissen: »Wir tauschen uns da schon aus. Wie macht ihr das, wie machen wir das. Das ist ja auch wichtig, nicht immer wieder von vorn anfangen«, beschreibt Herr Matthias den Wissenstransfer zwischen den verschiedenen BürgerBus-Vereinen in Brandenburg. In diesem räumlich situierten Wissen sieht auch die Europäische Ethnologin Leonore Scholze-Irrlitz eine Ressource des ländlichen Raums und betont die Kreativität und das Engagement seiner Bewohner/innen (vgl. u.a. Scholze-Irrlitz 2008).[14] BürgerBus-

---

[13] Kristina Volke und Christoph Links haben in »Zukunft erfinden« (2009) diesen Akteuren den Platz gegeben, ihre eigensinnigen und kreativen Praktiken darzustellen, ohne sie dabei als sogenannte Akteure des Wandels zu instrumentalisieren und zu ökonomisieren.

[14] Eine solche Perspektive auf die endogenen Potentiale grenzt sich deutlich von Konzepten wie ›Raumpioniere‹ (Matthiesen 2007) oder ›Akteure des Wandels‹ (vgl. Volke 2009) ab. Beide Konzepte beruhen auf der Idee, dass es exogener Potentiale von außen kommender Akteure bedarf, um das Defizit an endogenen Ressourcen auszugleichen bzw. aufzuwerten. Dazu zählen vor allem Personen und Initiativen, »die auf eigene Verantwortung in die leer laufenden, funktionsausgedünnten Regionsteile der ostdeutschen Flächenländer hineinziehen und für diese Räume neue Funktionen erfinden […]« (Matthiesen 2007: 116f.). Diesen Akteuren gemein ist die Vorstellung, dass es den von ihnen ausgemachten Problemregionen an endogenen Potentialen mangelt und es einer Art exogenen ›wake up calls‹ bedarf, um Schrumpfung in Wachstum und Peripherisierung in Selbstverantwortung

Fahren ist eine solche kreative, kollektive Praxis lokaler Akteure und Akteurinnen, die den ländlichen Raum nicht nur erreichbar und anschlussfähig halten, sondern auch Identität stiften und Gemeinschaft bilden zwischen Fahrer/innen und Fahrgästen, Verein und Nahverkehrsanbieter, Vereinsmitgliedern und Kommunalpolitik und nicht zuletzt zwischen Nähe und Ferne, Stadt und Land. BürgerBus-Fahren ist dann auch eine politische Praxis, in der sich unterschiedliche Akteure zusammenfinden, um das zu schaffen, was vielerorts fehlt: eine Praxis des Zutrauens in die bestehenden Ressourcen und Strukturen, in die eigenen Ideen und Umsetzungsfähigkeiten (vgl. Dietzsch/Scholl 2011: 184) und eine »Sprache für diese Erfahrung« (Anders 2014: 21). In Brieselang, so könnte man meinen, sind die täglichen Motorengeräusche des BürgerBusses, die Radiomusik in seinem Innenraum, das freundliche Zurufen zwischen Fahrer/in und Fahrgästen eine solche Sprache, in der sich ein Zutrauen in die eigenen Fähigkeiten und Kompetenzen, Ideale und Handlungsmöglichkeiten lokaler Akteure ausdrückt. BürgerBus-Fahren ist dann auch die Erfahrung eigener Handlungsfähigkeit, welche das Überleben in verwaltungspolitisch schon abgeschriebenen Räumen sichtbar und erlebbar macht.

Die Frage, inwieweit BürgerBus-Fahren als Ressource zum einen ländliche Räume mobilisiert und zum anderen das dialektische Verhältnis aus begrenzt/begrenzend aufhebt, leitete die hier vorgestellten Ausführungen. BürgerBus-Fahren verstanden als Praxis eines sozio-technischen Netzwerks ganz verschiedener menschlicher und nicht-menschlicher Akteure, so konnte gezeigt werden, stellt nicht nur Mobilität in ländlichen Räumen her, sondern synchronisiert lokale Zeitregime mit überregionalen und verhandelt politische Vorstellungen von Selbstverantwortung und Daseinsvorsorge auf lokaler Ebene. Auf diese Weise wird die Praxis des BürgerBus-Fahrens zu einer Ressource, welche die Akteure handlungsfähig macht, ihren Alltag, ihre

---

umzuwandeln. Solche Vorstellungen von ›change‹ verfehlen nicht nur den Bedarf ländlicher Räume, vielmehr verschärfen sie die bestehende Situation. So weist denn auch die Kulturwissenschaftlerin Kristina Volke in ihren Untersuchungen zu den ›kulturellen Akteuren‹ darauf hin, dass es einer besonderen wissenschaftlichen und öffentlichen Differenzierung bedarf, denn oft sind es sog. kulturelle Akteure oder Raumpioniere, »die sich für den einen oder anderen Ort in Ostdeutschland möglichst radikale und pressetaugliche Ideen ausdenken [...] in der Hoffnung, dass die Bevölkerung im Laufe der Debatte Gefallen daran findet und etwas ›annimmt‹ oder akzeptiert« (Volke 2009: 80). Eine solche Praxis sei genau das Gegenteil zu all dem, was kulturelle Akteure eigentlich leisten können und sollen: »Teilhabe und Beteiligung, Engagement und Kommunikation [...] im besten Sinne Demokratie erhaltend« (ebd.: 80f.)

Zeitstrukturen und ihre Vorstellungen lokal zu gestalten. BürgerBus-Fahren trägt dann auch zur Stabilisierung eines Raumes bei, der aufgrund ökonomischer, struktureller und politischer Einflussnahmen peripherisiert und fragmentiert wurde. Es ist damit nicht nur eine Mobilitätspraxis lokaler Akteure für lokale Akteure, sondern ein »Überlebensarrangement« (Willisch 2011: 87), das denen, die nicht gehen wollen, ein Bleiben ermöglicht.

Literatur

Anders, Kenneth, »Ordnungen des Selbsterhalts«, in: *kuckuck. notizen zur alltagskultur, Themenheft »Ordnung«,* Jg. 29, Heft 1/14 (2014), S. 18–22.

Aring, Jürgen, »Inverse Frontiers – Selbstverantwortungsräume«, in: Faber, Kerstin/Oswalt, Philipp (Hg.), *Raumpioniere in ländlichen Regionen. Neue Wege der Daseinsvorsorge,* Leipzig 2013, S. 42–57.

Beetz, Stephan, »Die Demographisierung ökonomischer, kultureller und sozialer Veränderungen am Beispiel des ländlichen Raums«, in: Barlösius, Eva (Hg.), *Demographisierung des Gesellschaftlichen,* Wiesbaden 2007, S. 221–246.

Bölsche, Jochen, »Sterbendes Land«, http://www.spiegel.de/politik/deutschland/sterbendes-land-keine-zukunft-fuer-die-kuhzunft-a-404891.html (30.03.2015).

Bonß, Wolfgang/Kesselring, Sven/Weiss, Anja, »Society on the move. Mobilitätspioniere in der Zweiten Moderne«, in: Beck, Ulrich/Lau, Christoph (Hg.), *Entgrenzung und Entscheidung: Was ist neu an der Theorie reflexiver Modernisierung,* Frankfurt am Main 2004, S. 258–280.

Bude, Heinz/Willisch, Andreas (Hg.), *Das Problem der Exklusion. Ausgegrenzte, Entbehrliche, Überflüssige,* Hamburg 2006.

— »Ein natürliches Experiment«, in: Bude, Heinz u.a. (Hg.), *ÜberLeben im Umbruch am Beispiel Wittenberge: Ansichten einer fragmentierten Gesellschaft,* Hamburg 2011, S. 13–30.

— »Wittenberge in Europa. Orte auf einem Kontinent der Ungleichzeitigkeit«, in: Willisch, Andreas (Hg.), *Wittenberge ist überall. Überleben in schrumpfenden Regionen,* Berlin 2012, S. 13–25.

Callon, Michel, »Some Elements of a Sociology of Translation: Domestication of the Scallops and the Fishermen of St Brieuc Bay«, in: Law, John (Hg.), *Power, Action and Belief: A new Sociology of Knowledge?,* London 1986, S. 196–233.

Dietzsch, Ina/Scholl, Dominik, »Slow Economy. Langsame Ökonomie und Politiken der Reichweite«, in: Bude, Heinz u.a. (Hg.), *ÜberLeben im Umbruch am Beispiel Wittenberge: Ansichten einer fragmentierten Gesellschaft,* Hamburg 2011, S. 179–186.

Faber, Kerstin/Oswalt, Philipp (Hg.), *Raumpioniere in ländlichen Regionen. Neue Wege der Daseinsvorsorge,* Leipzig 2013.

Fenske, Michaela/Hemme, Dorothea, »Für eine Befremdung des Blicks. Perspektiven einer kulturanthropologischen Erforschung von Ländlichkeiten«, in: dies. (Hg.), *Ländlichkeiten in Niedersachsen. Kulturanthropologische Perspektiven auf die Zeit nach 1945,* Göttinger kulturwissenschaftliche Studien Bd. 11, Göttingen 2015, S. 9–23.

Johler, Reinhard u.a. (Hg.), *Mobilitäten. Europa in Bewegung als Herausforderung kulturanalytischer Forschung,* Münster 2011.

Knaup, Horand, »Studie zur Landflucht«, http://www.spiegel.de/politik/deutsch land/landflucht-studie-vom-berlin-institut-a-1012486.html (30.03.2015).

Land, Rainer/Willisch, Andreas, »Die Überflüssigen und die neuen sozialen Problemlagen«, in: *Berliner Debatte Initial* 17 (2006), S. 39–53.

Latour, Bruno, *Die Hoffnung der Pandora. Untersuchungen zur Wirklichkeit der Wissenschaft,* Frankfurt am Main. 2000.

— *Reassembling the Social. An Introduction to Actor-Network-Theory,* Oxford 2005.

Links, Christoph/Volke, Kristina (Hg.), *Zukunft erfinden. Kreative Projekte in Ostdeutschland,* Berlin 2009.

Matthiesen, Ulf, »Wissensmilieus in heterogenen stadtregionalen Räumen Ostdeutschlands – zwischen Innovationsressourcen und kulturellen Abschottungen«, in: Koch, Gertraud/Warneken, Bernd-Jürgen (Hg.), *Region – Kultur – Innovation. Wege in die Wissensgesellschaft,* Wiesbaden 2007, S. 83–122.

Neu, Claudia, »Mehr Lebensqualität für weniger Menschen – Herausforderungen für eine neue Daseinsvorsorge im peripheren ländlichen Raum«, in: Kerstin Faber/Oswalt, Philipp (Hg.), *Raumpioniere in ländlichen Regionen. Neue Wege der Daseinsvorsorge,* Leipzig 2013, S. 17–25.

Rolshoven, Johanna, »Mobile Culture Studies: Reflecting moving culture and cultural movements«, in: Lehtonen, Jussi u.a. (Hg.), *Ethnology in the 21st Century. Transnational Reflections of Past, Present and Future,* 2010, S. 192–202.

Rolshoven, Johanna u.a. (Hg.), *Mobilitäten. Jahrbuch für Reise- & Tourismusforschung,* Berlin 2014.

Scholl, Dominik, »Mobilität und Beharrung. Informalisierte Arbeitsarrangements gestalten«, in: Johler, Reinhard u.a. (Hg.), *Mobilitäten. Europa in Bewegung als Herausforderung kulturanalytischer Forschung,* Münster u.a. 2011, S. 143–151.

Scholze-Irrlitz, Leonore (Hg.), *Perspektive ländlicher Raum. Leben in Wallmow/ Uckermark,* Berlin 2008.

Volke, Kristina, »Wenn Statistik droht, Politik zu machen – der demographische Wandel und seine Herausforderung für die Kulturpolitik«, in: Hausmann, Andrea/Körner, Jana (Hg.), *Demografischer Wandel und Kultur. Veränderungen im Kulturangebot und der Kulturnachfrage,* Wiesbaden 2009, S. 72–82.

Willisch, Andreas, »Umbruch und Überleben«, in: Bude, Heinz u.a. (Hg.), *ÜberLeben im Umbruch am Beispiel Wittenberge: Ansichten einer fragmentierten Gesellschaft,* Hamburg 2011, S. 82–89.

Architektur reparieren in der »Wegwerfgesellschaft«. Zur ressourcenökonomischen Dimension des Denkmalbegriffs[1]

Johannes Warda

»Wegwerfgesellschaft« und »Wegwerfmentalität« sind Schlagworte der Ökobewegung der 1970er und 80er Jahre. Damals rief man nicht nach dem Staat, um Plastiktüten verbieten zu lassen, sondern nahm den Jutebeutel selbst in die Hand. Es gab auch noch keine Repair-Cafés. Menschen aus alternativen Milieus, die im öffentlichen Diskurs noch als kauzig charakterisiert wurden, bauten in Hinterhöfen Waschmaschinen auseinander. Sie übten praktische Konsumkritik und lebten Gegenmodelle zur Ressourcenverschwendung der Überflussgesellschaft. Vor dem Hintergrund einschneidender Schlüsselerlebnisse bildete sich aber auch ein breiteres gesellschaftliches Umweltbewusstsein heraus. 1972 lieferten der »Bericht an den Club of Rome« mit seiner Beschwörung der »Grenzen des Wachstums« und im Jahr darauf der Ölpreisschock mit den Sonntagsfahrverboten eine plastische Illustration der »Endlichkeit« von Ressourcen. Der großmaßstäbliche Umbau der Städte in diesen Jahren machte zudem die Fragilität des Ökosystems Erde und die zerstörerische Kraft menschlicher Eingriffe in die Natur unmittelbar im eigenen (Wohn-)Umfeld erfahrbar. Gerade die Flächensanierung und große Verkehrsinfrastrukturprojekte mobilisierten die Öffentlichkeit und sensibilisierten für eine Weltwahrnehmung im Sinne der Ökologie als Modell des systemischen Zusammenhangs von Mensch und Natur (siehe zum Ökologie-Paradigma Greverus 1987: bes. 49–51).[2]

Auch im Denkmaldiskurs findet sich bis in die 1990er Jahre häufig die Metapher von der Denkmalpflege als kultureller Ökologie (Lipp 1999: 137). Das Stichwort von den »Grenzen des Wachstums« wurde zunehmend mit

---

1 Der Text führt Überlegungen meiner Weimarer Dissertationsschrift »Veto des Materials. Denkmaldiskurs, Wiederverwendung von Architektur und modernes Umweltbewusstsein« (2013) fort.
2 Der Umwelthistoriker Joachim Radkau spricht (mit einem geistesgeschichtlichen Vorlauf ab der frühen Neuzeit) sogar von der »Ära der Ökologie« (Radkau 2011: 124).

dem Denkmalschutzgedanken in Verbindung gebracht, der mit dem europaweiten Denkmalschutzjahr 1975 neuen Auftrieb erhielt. Gottfried Kiesow kritisierte 1974 die laufende Stadtsanierung als konjunkturpolitische Maßnahme und Spielplatz der Bauindustrie. Denkmalpflege funktioniere nicht »rein wirtschaftlich [...]«, sondern stelle auch einen Gegenentwurf zum »Wegwerf-Konsum unserer Zeit« dar (Kiesow 1974: 9f.). In den reformerischen Denkmaldebatten dieser Jahre scheint das Modell einer anderen, integrativen Praxis auf, die ein so verstandener Denkmalschutz zur Folge haben müsste. Die Abkehr vom Wachstumsparadigma und die Hinwendung zum ökologischen Denken gehörten dazu – ein Ideenbestand, der sich mit den Begriffen gegenwärtiger ökonomischer Diskurse wie dem der Suffizienz beschreiben lässt. Heute hantiert die Denkmalpflege ganz selbstverständlich mit dem Nachhaltigkeitsbegriff – gesetzliches Kriterium für den Denkmalschutz ist er gleichwohl nicht.

»Knappheit« und »Endlichkeit« als Leitmotive dieser Publikation werfen die Frage auf, was genau im Kontext von Architektur und Denkmalpflege die »Ressource« ist, woran es also mangelt und weshalb das so ist. Mein Beitrag zeichnet, für die Zeit seit den 1960er Jahren, den Wandel des Denkmalbegriffs und die denkmaltheoretische Perspektiverweiterung von den klassischen Denkmalwerten hin zum Verständnis des Baudenkmals als (auch) materieller Ressource nach. Dabei haben wir es zunächst mit einem Paradox zu tun. Denn einerseits kann für diese Zeit von einem Mangel an baulichem Kulturerbe im herkömmlichen Sinne nicht die Rede sein. Vor dem Hintergrund der Aufweitung des Denkmalbegriffs rückten im Gegenteil neue Baugattungen in das Blickfeld der Denkmalpflege und man fragte sich, wie dieser »Denkmälermasse« Herr zu werden sei (Bacher 1980). Andererseits erlebte die zeitgenössische Architekturproduktion mit der Ölkrise und der in Fachkreisen und einer kritischen Öffentlichkeit diagnostizierten Krise des modernen Städtebaus das Ende der »Boomjahre«.[3] Im Kampf um die Erhaltung der Städte als gewachsene Sozialstrukturen ging es nicht länger nur um Tradition oder Moderne. Die Abkehr von der Abrisssanierung und die allmähliche Entwicklung von Strategien der erhaltenden Erneuerung wurde auch zu einer Fragen der Ressourcen, genauer: eines Ressourcenbündels aus kulturellen, ökonomischen und ökologischen Aspekten.

---

3 So ist von jener Architektur, deren Weiter- und Umnutzung inzwischen mit dem Ressourcenargument auch unter denkmalpflegerischen Vorzeichen diskutiert wird, architekturhistorisch von den »Bauten der Boomjahre« die Rede (vgl. Hassler 2009; übergreifende historische Diagnosen siehe Doering-Manteuffel 2012).

Die folgenden Ausführungen fokussieren auf die Rolle denkmalpflegerischer Theorie und Praxis innerhalb dieses Prozesses. Ausgangspunkt ist die These, dass das Verständnis des Denkmals als auch materielle Ressource zu einem wichtigen Bestandteil des denkmalpflegerischen Selbstverständnisses im 21. Jahrhundert geworden ist. In der Hinwendung des denkmalpflegerischen Interesses zur Materialität der Denkmale als dem tatsächlich Vorhandenen, so wäre eine nicht weiter ausgeführte zweite These zu formulieren – also in der pragmatischen Abkehr vom Stadtbild-Paradigma –, liegen auch die Ursprünge des »Gebäuderecyclings« als moderner Entwurfspraxis und der Ästhetik der Transformationsarchitekturen (vgl. Warda 2015; allgemein zum Aspekt der »Materialität« von Kulturerbe Tauschek 2013: 42–47).

Zu klären ist zunächst die materielle »Perspektive« der Denkmalpflege auf ihre Gegenstände, d.h. nicht nur das Interesse an der Materialität als einer Eigenschaft der Objekte, sondern das Interesse am historisch gewordenen Material selbst. Aus dieser Perspektive erschließt sich auch die Herausbildung charakteristischer denkmalpflegerischer Praktiken, etwa die Reparatur. Der Beitrag kontextualisiert diese Entwicklung und bettet sie in die Geschichte der Stadtsanierung als einem wichtigen Katalysator für die Professionalisierung bestandserhaltender Strategien ein. Ergänzend werden einige zeitgleich entstandene, weit über praktische Aspekte hinausgehende Entwürfe einer anderen Denkmalpflege rekonstruiert und auf ihr Nachwirken im aktuellen denkmaltheoretischen Diskurs hin befragt.

Architektonisches Material als denkmalpflegerische Ressource

In ihrer umfassenden Studie »Metamorphosen des Abfalls« hat Susanne Hauser herausgearbeitet, dass der Ressourcendiskurs, der »das Denkmal von seiner stofflichen Seite her begreift«, seinen Ausgang in der Entdeckung der Industriearchitektur nimmt (Hauser 2001: 150f.). Es handele sich dabei eigentlich um die Wiederentdeckung der früher üblichen und in den vergangenen zwei Jahrhunderten zugunsten des kurzfristigen Neuen aufgegeben Strategie der Umnutzung (ebd.: 149f.). »Das Industriedenkmal wird dem Kalkül einer allein auf Stoffe gehenden Wiederverwertung ausgeliefert« (ebd.: 150f.). Hauser erkennt darin auch einen Gegenentwurf zur allfälligen Musealisierung von Architektur. Demnach bestimmt zunächst die Idee der Verwertbarkeit von scheinbar funktionslos gewordener Architektur deren

Aneignung. Die Fragen nach Geschichte, Identität und Erinnerung spielten im Prozess der Umnutzung keine Rolle. Entscheidend sei vielmehr die Verbindung zweier Diskurse, nämlich diejenigen über Industriedenkmale und Altlasten. Die von Hauser beschriebene entwerferische Annäherung an die Ressource Bauwerk evoziert die Vorstellung vom Bestand als ahistorischem Rohstoff, der bar jedes Kontextes etwas anderes, neues werden kann: Dazu mussten die »sinnlichen Qualitäten alter Bauten« als ein Wert an sich entdeckt werden »ohne den Anspruch, sie als Zeugnisse einer Vergangenheit aufzubewahren. [...] Es ging nicht um Denkmalschutz, sondern um die Auffassung von Bauten als Rohstoff für einen produktiven Neuanfang« (Hauser 2010: 54).

Die Wiederverwendung durch Umnutzung liegt im Falle von Industriebauten recht nahe. Sie lassen sich in der Regel mit wenigen gezielten Eingriffen für jegliche Art von Nutzung umbauen. Auch die Terminologie des Strukturwandels verweist mit »Brachen« und »Leerräumen« auf die Potenziale kreativer Aneignung und evoziert ikonische Bilder von Industriebauten als Repräsentanten eines vergangenen Zeitalters der Produktion. Die generelle Hinwendung zur Bestandsarchitektur und die Wiederentdeckung des Ressourcen-Aspekts von Architektur jenseits klassischer Denkmalgattungen (dazu gehören bis nah ans Ende des 20. Jahrhunderts auch gründerzeitliche Wohnbauten) ist aber nicht nur mit der Umwertung von Brachen und ihrer Transformation in etwas Neues verbunden, sondern als Phänomen bereits in der Zeit der Flächensanierung zu beobachten. Es spielten zunächst auch andere Faktoren eine Rolle, vor allem die Baukosten und – bürgerschaftlich eingefordert – die sozialen Funktionen von Architektur und Städtebau.

Ressource Altbau. Stadterneuerung vor der Ära des Denkmalschutzes

Baute die »Wegwerfgesellschaft« auch »Wegwerfarchitektur«? Diese begriffliche Analogie gibt es, und sie führt in die Zeit der Flächensanierung. Der Pejorativ »Wegwerfarchitektur« ist sogar noch im Jahrzehnt vor dem Take-off des Umweltbewusstseins belegbar: Der Begriff taucht schon 1963 auf, als frühe Kritik der Stadterneuerungspolitik in Westdeutschland. In einer der ersten Studien zu den städtebaulichen und sozialen Folgen der sog. Abrisssanierung verwendeten der Berliner Städtebauprofessor Peter Koller und seine Forschergruppe diesen Begriff zur Charakterisierung der Ersatzneubauten für die geschleiften Gründerzeitquartiere.[4] Der Pejorativ »Wegwerfarchitektur« erscheint hier als Synonym für das moderne, industrialisierte Bauen, das in der Zeit der Stadtsanierung wesentlich durch im engeren Sinne außerarchitektonische Produktionsbedingungen wie Abschreibungsfristen, Investitionsmodelle und staatliche Subventionierung bestimmt war.

Paradoxerweise beförderten gerade Politik und Verwaltung als Schlüsselinstanzen der Stadtsanierung von Anfang an auch die Einbeziehung planerischer Alternativen. Für diese spielten dann Faktoren wie Materialität, Lebensdauer und Instandhaltung sehr wohl eine Rolle. Parallel zur Flächensanierung im Wedding etwa, einem der frühsten und größten westdeutschen Sanierungsgebiete, ließ der Berliner Senat ab 1968 von drei Hochschulen Alternativplanungen zu Abriss und Neubau ausarbeiten und umsetzen. Unter den beauftragten Architekten für ein Versuchsgebiet an der Brunnenstraße/Swinemünder Straße war Hardt-Waltherr Hämer von der Berliner Hochschule der Künste (heute UdK), der sich später als Direktor der IBA Altbau in Kreuzberg und Verfechter einer bewohner/innenorientierten Sanierung einen Namen machte (Schilling 2002; zu Hämers Gesamtwerk siehe Fassbinder 2007). Hämer und sein Team unterzogen die bis dahin gängige Praxis von Totalabriss und Neubau und vor allem die Rolle der Wohnungsgesellschaften und finanziellen Förderinstrumente einer kritischen Analyse – am Objekt.[5] Ziel war es, Möglichkeiten und Kosten einer erhaltenden Erneuerung zu ermitteln und im Modellgebiet Wedding zu erproben. Belastbare »Daten für alternative Planungsentscheidungen gegenüber der sogenannten ›Flächensanierung‹« mussten überhaupt erst

---

4 Peter Koller, Allgemeine Fragen der Großstadterneuerung. Versuch einer vorläufigen Übersicht. Vorläufige Fassung. Unter Mitarbeit von Dipl.-Ing. Dr. Daub, Dipl.-Volkswirt Kuhn, Dipl.-Ing. Krause, Dipl.-Geogr. Lehmann, Dipl.-Ing. Winkler. Berlin 1963. UdK-Archiv, Berlin, 115/I/961.

5 Fallstudie Wedding. UdK-Archiv, Berlin, 115/I/605. Zu den vergessenen Aspekten der heute noch breit rezipierten zeitgenössischen Kritik am modernen Städtebau gehört der dezidiert antikapitalistische Unterton. Alexander Mitscherlichs prominente Schrift »Die Unwirtlichkeit unserer Städte« etwa ist kein Plädoyer für die »schöne« Stadt an sich, sondern eine zeittypische, radikale Abrechnung mit der Bodenspekulation und der Bauindustrie, die die Menschen ihrer natürlichen Entfaltungsmöglichkeiten beraubten und durch ihre Neubauten von sich selbst entfremdeten. Am Ende entwirft Mitscherlich die Utopie einer architektonisch anders verfassten Gesellschaft mit einer menschengerechteren Planung, die »Enteignung[en] im öffentlichen Interesse« vornehmen könne, um sich wieder »Spielräume« zu verschaffen (Mitscherlich 1965: 95, 114).

einmal erhoben werden.⁶ Erstmals kam hier eine Art der Bauwerksuntersuchung zum Tragen, die über die sonst übliche Inaugenscheinnahme vom Bürgersteig oder Behördenschreibtisch aus weit hinausging. So ließen sich mittels endoskopischer Untersuchungen die Deckenbalken in Nassräumen auf Feuchteschäden untersuchen – eine typische Schwachstelle in gründerzeitlichen Wohnbauten, wie man dachte. In Hämers Untersuchungsbestand stellten sich die Balken weit weniger schadhaft dar, als allgemein angenommen. Die materiellen Werte wurden akribisch erfasst und über ihren monetären Gegenwert und den ermittelten Reparaturbedarf je Bauteil (und nicht wie bis dahin üblich pauschal), vergleichbar gemacht mit den Neubaukosten. Dabei schwankten die in den Modellstudien berechneten Instandsetzungskosten zwischen 112% und 38% der Neubausumme (Hämer 1975: 101). Hämer sah darin seine bereits zu Beginn der Untersuchung geäußerte Vermutung bestätigt, dass staatliche Fördermaßnahmen die Flächensanierung begünstigten, auch wenn aus bautechnischer Sicht ein Abriss nicht gerechtfertigt schien. Als »Methode SenBauWohn 73« (sog. Bauteilmethode) wurde Hämers Ansatz verbindlicher Bestandteil der Planungen in den West-Berliner Sanierungsgebieten.

Der Denkmalschutzgedanke schien bei diesem sich entwickelnden Ansatz flächendeckender Erhaltung nur als Randbedingung auf. Für die Denkmalpflege standen lange Zeit andere Werte für das Aufbewahren von Architektur im Vordergrund, obwohl schon einer ihrer wichtigsten modernen Theoretiker, der österreichische Kunsthistoriker und Generalkonservator Alois Riegl in seinem Hauptwerk von der in den Denkmalen über »viele Jahrhunderte« gespeicherten Arbeit und Energie sprach. Sie könne man »unmöglich mit einem Schlage« ersetzen (Riegl 1995: 82). Damit ist bei Riegl die Möglichkeit eines materiellen Ressourcenwertes als Denkmalwert zumindest angedeutet. Im Theoriediskurs wurde daran nicht angeknüpft; als dieses Argument in den 1960er und 70er Jahren eine Rolle hätte spielen können, zog sich die Denkmalpflege in der Regel auf morphologische Minimalpositionen zurück, etwa den Strukturschutz, der lediglich Fluchten und Baulinien für Neubauten eingehalten wissen wollte.

---

6 Modelluntersuchung Rehabilitation Berlin-Wedding, Putbusser Straße/Ramler Straße. UdK-Archiv, Berlin, 115/I/610 [2. Dezember 1970].

Erweiterung des Denkmalbegriffs und alternative Denkmaltheorien zwischen 1968 und 1975

Die Jahre um 1968 sind aber auch in der Kunstgeschichte und Denkmalpflege Jahre des Umbruchs und der kritischen Auseinandersetzung mit der eigenen Disziplin. Für die Denkmalpflege ist dies der Beginn der vielzitierten »Erweiterung« des Denkmalbegriffs (vgl. Sauerländer 1975). Es tauchen neue Denkmalgattungen auf, etwa Arbeitersiedlungen und Zechenanlagen im Ruhrgebiet als lebendige Zeugnisse einer sich rasch verändernden Industriekultur. Der rheinische Landeskonservator Rudolf Wesenberg und sein Mitarbeiter Roland Günter spielten dabei Ende der 1960er Jahre eine Schlüsselrolle. Es wurden aber auch tiefgreifendere, den Theoriebestand und das Selbstverständnis der Denkmalpflege als praktische Disziplin betreffende Reformansätze formuliert. Progressive Protagonist/innen des Faches leiteten aus der Erweiterung des Denkmalbegriffs denkmalpflegerische Handlungsmodelle mit sozialutopischem Charakter ab. In Kollektivarbeiten und Kongressauftritten übten Studierende und jüngere Assistent/innen im Geist von 1968 Kritik am Klassencharakter der Denkmalpflege.[7] Wiederkehrende Themen waren die These, dass Denkmalpflege nicht in gesamtgesellschaftlichem Interesse betrieben werden könne, solange sie nur die verzerrenden Machtstrukturen spiegle, und die Forderung, Denkmalpflege in die Planungsprozesse zu integrieren. Für Roland Günter etwa waren die Kämpfe um den Erhalt der Arbeitersiedlungen und sein Engagement für Bürgerinitiativen nicht nur eine Frage der Industriedenkmalpflege. In seiner marxistischen Kritik am Denkmalbegriff klingt auch das Programm einer Denkmalpflege als ein auf die Zukunft gerichtetes Projekt an (Günter 1978: 315f.).[8] Das »historische Dokument« fordere zum Handeln auf. Es gelte, die Idee der Arbeitersiedlungen zu bewahren und fortzuentwickeln und ihr soziales »Versprechen« einzulösen. Mit Verweis auf die zahlreichen Bürgerinitiativen, die sich seit den späten 1960er und frühen 1970er Jahren für den Erhalt der ganzen Altstädte und innerstädtischen Wohnquartiere eingesetzt hätten, entwarf Günter das Modell einer Denkmalpflege als engagiert-aufklärerische Haltung, an der es sei, die Missstände einer

---

[7] Dabei spielte die Kieler Kunstgeschichte eine besondere Rolle (vgl. den Bericht von Hartwig Beseler über den Kölner »Reform«-Kunsthistorikertag 1970, Beseler 1970: bes. 158; vgl. Andresen 1973: bes. 46–50).

[8] Zur Rolle des rheinischen Landeskonservators Rudolf Wesenberg als Ideengeber für einen in diesem Sinne erweiterten Denkmalbegriff siehe Metschies 1996: 221f.

»Stadtsanierung« im Sinne der Bodenkapitalisierung und Bauindustrie aufzudecken (Günter 1975: 75f.). Hier ging es also nicht mehr um das Einzeldenkmal als erhaltenswertes Beiwerk der modernen Stadt, sondern um die Wertschätzung sozialer Räume und der in ihnen stattfindenden und durch die bauliche Struktur geprägten zwischenmenschlichen Beziehungen. Mit »Denkmalpflege ist Sozialpolitik« brachten dies 1975 die studentischen Organisator/innen einer Kasseler Tagung programmatisch auf den Punkt (Burckhardt 1977). Die in diesen Jahren geführten Kontroversen um eine begriffliche und methodische Öffnung der Disziplin bildeten den Ausgangspunkt für ein proaktives Verständnis von Denkmalpflege und Denkmalschutz und bereiteten die Integration des Ökologie-Paradigmas in deren Theoriebestand vor.

Denkmalpflege als Lehre von einem alternativen Bauwesen

Die Kasseler Tagung, organisiert von einer studentischen Gruppe um Lucius Burckhardt im Europäischen Denkmalschutzjahr 1975, illustriert eindrücklich die Vielstimmigkeit des Denkmaldiskurses in jenen Jahren. Denkmalschutz und Denkmalpflege erfuhren eine enorme Aufwertung und wurden zu Instrumenten einer kritischen, bürgerschaftlich getragenen Begleitung von Planungsprozessen. Auf der Tagung wurden die damals noch ganz neuen Erkenntnisse der Berliner Modellversuche zur erhaltenden Erneuerung erstmals im denkmalpflegerischen Kontext diskutiert. Daran anknüpfend forderte man, dass sich Denkmalpflege der kapitalistischen Logik des Bauwesens – dem fatalen Wirkungszusammenhang von Flächenabrissen, staatlich subventioniertem Sozialwohnungsbau und Bodenspekulation – entgegenstellen müsse. Es solle nicht nur um die »Erhaltung des überkommenen Erscheinungsbildes« gehen, sondern auch um die »sparsame [...] Bewirtschaftung des Gebäudebestandes als des wichtigste[n] Teils des Volksvermögens« (Burckhardt 1977: 26). Denkmalpflege sollte nicht mehr nur musealisieren, sondern als »Lehre vom Bauwesen« (ebd.: 28) eine »Strategie im Umgang mit dem [...] Baubestand« sein (ebd.: 23). Damit ist ein alternatives, nämlich ressourcenökonomisches, Wertesystem formuliert. Unter dem Eindruck des Ressourcenbegriffs erweitert sich die denkmalpflegerische Perspektive auf die baulich-räumliche Umwelt und nimmt den gesamten Baubestand als kulturelle wie materielle Ressource in den Blick.

Bei den Kieler Kunsthistoriker/innen zwei Jahre zuvor hieß das »ganzheitliche« Denkmalpflege (Andresen 1973: 20f.; die Forderung nach einer »ganzheitlichen« Denkmalpflege auch bei Zlonicky 1974: 152f. und Bentmann 1976: 240).

Das vielleicht umfassendste Modell einer denkmalpflegerisch informierten Reform des Bauwesens insgesamt hat der Berliner Architekt und Kritiker der Stadtsanierung Goerd Peschken formuliert. In den Jahren 1979 und 1980 erstellte er zusammen mit Tilmann Johannes Heinisch für den Berliner Bausenator ein Gutachten zur Lage der Denkmalpflege in West-Berlin (Peschken 1990). Die Autoren übten darin harsche Kritik an der institutionalisierten Denkmalpflege und formulierten zugleich ein Alternativmodell für den Umgang mit dem städtischen Baubestand als einem andauernden Prozess der »Baupflege«.[9] Kern der Vorschläge ist eine komplette Reorganisation des Bauwesens und vor allem der Rolle der staatlichen Bauaufsicht. Peschken bezieht sich dabei auf die veränderten gesellschaftlichen Erwartungen an die Denkmalpflege – den Erwartungen einer Öffentlichkeit, die sich angesichts der Flächenabrisse vom Glauben an eine gute Stadtplanung verabschiedet habe. Gewissermaßen ex negativo fordert Peschken in dieser Situation eine neue Aufgabenverteilung zwischen Bauaufsicht und Denkmalpflege. Die gesetzliche Basis dafür ist das nach § 39 h BBauG mögliche generelle Erhaltungsgebot für den Baubestand; das im Berliner Denkmalrecht verankerte Instrument der »geschützten Baubereiche« fungiert als Erhaltungssatzung (Peschken 1990: 86f.). Während dadurch zunächst der gesamte Baubestand einem Regime minimalinvasiver Instandhaltung unterworfen würde, beriete die Denkmalpflege als Fachbehörde die Bauaufsicht in Material- und bautechnischen Fragen und betreute ansonsten nur die eingetragenen Denkmale in eigener Verantwortung – aber nach allen Regeln der Kunst. Peschken nennt das »museale Erhaltung«, was weniger etwas mit Musealisierung zu tun hat als mit einer Erhaltung »ganz wenige[r] Beispiele« nach denkmalpflegerisch-wissenschaftlichen Gesichtspunkten (ebd.: 91). Auch wenn Peschken die in seinen Augen selbstverständliche Aufgabe der guten Bauunterhaltung von den Kernaufgaben der Denkmalpflege unterscheidet, stehen der denkmalpflegerisch-erhaltende Blick auf den Bestand und die entsprechenden Methoden Pate für das Modell. Mit der Aufwertung

---

9 Peschkens Kritik am Umgang der Denkmalpflege mit den Herausforderungen der Flächensanierung erreichte bereits ein knappes Jahrzehnt vor dem Gutachten ein breiteres Publikum (Peschken 1970).

des »Kurzinventars« zur Arbeitsgrundlage für die Bauaufsicht bei der Begleitung der materiellen Instandhaltung des Bestandes wird die Baupflege bei Peschken einmal mehr zum Projekt einer selbstbewussten, proaktiven Denkmalpflege.

»Der Normalfall der Pflege nach § 39 h BBauG würde also so ablaufen: Ein Eigentümer will seine Fassade neu putzen und seine Fenster modernisieren usw. und beantragt die einschlägigen Zuschüsse. Dies müßte geschehen, ehe er auch nur ein Gerüst stellen darf. Die Baupolizei sieht im Inventar nach und findet dort eine Skizze oder ein Foto der Fassade mit folgenden Eintragungen: bis zum 2. Obergeschoß sind die originale Putzgliederung, die originalen Fenster und die Haustür erhalten. Der Eigentümer erhält daraufhin Bescheid, daß er die Zuschüsse für die Reparatur der verzeichneten Teile bekommen kann, nicht aber für deren Ersatz« (ebd.: 96).

Interessant an Peschkens Vorschlägen ist, dass sie die Verhältnisse geradezu umkehren, also weniger die Denkmalpflege in die Pflicht nehmen, als die allgemeine Bauaufsicht. Anders gesagt: Nicht die Erhaltung, sondern der Abriss wäre zu rechtfertigen. Und: Peschken stellt das Ausmaß und die Reichweite denkmalpflegerischer Maßnahmen – im Gegensatz zur gewöhnlichen Baupflege – ausnahmslos unter den Vorbehalt des öffentlichen Interesses. Denkmalpflege solle in dem Maße stattfinden, wie es sich die Öffentlichkeit leisten will (ebd.: 93). Auf den ersten Blick wirkt Peschkens Modell daher wie eine Relativierung der vieldiskutierten »Erweiterung« des Denkmalbegriffs. In der Tat setzt es eine Schärfung des denkmalpflegerischen Auftrags und eine recht enge Definition denkmalpflegerischer Praxis voraus – allerdings unter gleichzeitiger Einforderung (sehr viel) höherer Standards für das Planen und Bauen allgemein.

Architektur reparieren: Der Präzedenzfall Denkmalpflege

Auch jenseits solcher und ähnlicher Visionen stellten sich die Institutionen von Denkmalschutz und Denkmalpflege ganz praktisch den Herausforderungen der Zeit. Zwar wurden die radikalen Forderungen nach einer Revolution des Bauwesens gemäß denkmalpflegerischer Standards nicht übernommen. Der allmähliche Wandel der Sanierungspolitik von den Flächenabrissen zur erhaltenden Erneuerung bescherte jedoch allem, was mit Denkmalpflege zu tun hatte, erheblichen Auftrieb. In baupraktischen

Fragen der Erhaltung war die Denkmalpflege zunehmend als Ratgeber gefragt, konnte dies oft inhaltlich und personell aber nicht leisten. Zu viel bautechnisches Wissen über den Umgang mit dem Vorhandenen war verlorengegangen und musste, auch im Abgleich mit neuen Methoden und Erkenntnissen, über Jahrzehnte hinweg wieder erarbeitet werden. In den 1970er Jahren boomte die Ratgeberliteratur zum Umgang mit alter Bausubstanz, und auch die staatliche Denkmalpflege rückte diese in den Vordergrund. Es wurden neue Diagnoseverfahren erprobt und eigene Werkstätten eingerichtet, um mit Farben, Putzen und Holzbautechniken zu experimentieren. Der Run auf den Altbaubestand wurde bald zur »Nostalgiewelle« – in Kreisen der Denkmalpflege auch als größte »Zerstörungswelle« nach dem Zweiten Weltkrieg und der Flächensanierung apostrophiert, da das Experimentieren mit Techniken und Baustoffen zu enormen Substanzverlusten führte (Breuer 1982: 11). Die gefeierte erhaltende Erneuerung ging vielfach mit der Praxis der »Entkernung« einher, dem »Erscheinungsbild« wurde ein höherer Wert beigemessen als historischen Ausstattungen und Konstruktionen (Wenzel 1989: 5). Die Akteure der Erhaltung – Bauherren, Architekten, Handwerker und nicht zuletzt die Baustoffindustrie – waren den hohen Ansprüchen dieser Aufgabe nicht gewachsen (Arendt 1977: 7). Lucius Burckhardt bemerkte in diesem Zusammenhang, der größte Feind des Baubestandes seien die moderne Arbeitsteilung, die »Professionalisierung« des Bauwesens und die Mietgesetzgebung, die das instandhaltende Reparieren durch den Laien unmöglich gemacht hätten (Burckhardt 2004: 317).

Aber auch von anderer Seite geriet die der Denkmalpflege aufgegebene Substanz unter Druck. Als Reaktion auf den Ölpreisschock stimmte die bundesrepublikanische Politik das Land mit dem »Energieeinsparungsgesetz« von 1976 auf die Realitäten der ersten spürbaren Wirtschaftskrise seit dem Zweiten Weltkrieg ein. Es ging hier noch nicht um Klima- und Ressourcenschonung aus ökologischen Motiven, sondern darum, Geld zu sparen – zum Beispiel bei der Heizenergie. 1978 trat zu diesem Zweck die »Wärmeschutzverordnung« in Kraft und die Bundesregierung legte ein vier Milliarden DM schweres Förderprogramm für den baulichen Wärmeschutz auf. Umgehend forderte das Deutsche Nationalkomitee für Denkmalschutz (DNK), »sowohl die denkmalpflegerischen und gestalterischen Belange als auch die bauphysikalischen Gegebenheiten zu berücksichtigen« und »historische [...] Gebäude« von entsprechenden Regelungen und Förderbestimmungen auszunehmen (DNK 1978: 120). Besonders problematisch erschienen dem

DNK »das Verkleiden von Fassaden mit wärmedämmenden Platten und Spezialputz«, der Ersatz alter Fenster und die Installation von Solaranlagen. Die Ablehnung der Energieeinsparmaßnahmen (die auch das DNK freilich noch nicht mit dem Ozonloch oder dem Klimawandel, sondern ökonomisch begründet) beruhte auf der zweigeteilten Sorge um die Objekte der Denkmalpflege, die geschützten und potenziell zu schützenden aus dem Gesamtbestand. Zum einen galt die Sorge der materiellen Beschädigung durch Wärmeschutzmaßnahmen, zum anderen den »Gefahren für die Dachlandschaft« und das »Ortsbild«. Neben der eher unbestimmt bleibenden Warnung vor bauphysikalischen Problemen wartete das DNK auch mit einem eindeutigen praktischen Hinweis auf – dass nämlich das Kastenfenster »mindestens die gleiche Wärmedämmung und Schallisolierung wie das für den Denkmalschutz problematische Isolierglas« erziele. Die erste Wärmeschutzverordnung war der Beginn des denkmalpflegerischen Kampfes um das gute Fenster und seine fachgerechte Reparatur (vgl. Arendt 1981; Meier 2001).[10]

In der theoretischen Reflexion ist die Reparatur zum Mantra der Denkmalpflege geworden, Strategie und Kulturkritik zugleich (vgl. Lipp 1996: 147; Will 2004: 155; zur Verwendung der Reparatur-Metapher im Denkmaldiskurs siehe Meier 2008). Die Evolution der denkmalpflegerischen Methodik zu einer umfassenden Reparaturlehre trägt bisweilen gesellschaftstheoretische Züge: Mit dem Menschen in seiner historisch gewachsenen Umgebung als Ausgangspunkt, greift Denkmalpflege in ihrem Gestaltungsanspruch auf die Architekturproduktion und das Bauwesen insgesamt aus. Zu einer Totalisierung genuin denkmalpflegerischer Motive, genauer: des Denkmalschutzes, ist es aber nicht gekommen. In der weiteren Entwicklung der Denkmaltheorie schloss Wilfried Lipp mit seinen Überlegungen zur »Reparaturgesellschaft« in den 1990er Jahren an die Diskurse der 1970er Jahre an. In seinem programmatischen Text »Vom modernen zum postmodernen Denkmalkultus. Aspekte der Reparaturgesellschaft« führt er den Begriff der Reparatur als universelle Metapher für das 21. Jahrhundert ein: »[…] Reparatur an Natur, vor allem an Natur, aber auch an Geschichte und Technik, am Menschen« (Lipp 1996: 147). Vom Standpunkt einer ressourcenökonomischen Perspektive gründet die hier entfaltete Vorstellung der Reparatur auf einer kritischen Reflexion kapitalistischer Ideologien. Mit Verweis auf den Rekonstruktions-Boom deutet Lipp die »Reparatur

---

10 Georg Mörsch macht den »Kampf […] um das richtig konstruierte Holzfenster« sogar zum Gradmesser für das Scheitern denkmalpflegerischer Bemühungen (Mörsch 1987: 161).

der Geschichte«, weit vor Aleida Assmanns Einlassungen, aber auch als Form der Traumatherapie nach einem Jahrhundert der Gewalterfahrung (vgl. Assmann 2010).

Das Denkmal als Ressource

Die in Kreisen der Denkmalpflege seit den 1970er Jahren geäußerte Kritik am modernen Bauwesen erfuhr durch die sich entwickelnde Forschung zu Stoffflüssen, Energiebilanzen und Lebenszyklen allmählich eine empirische Fundierung und wissenschaftliche Professionalisierung. Ab den 1990er Jahren intensivierten sich die Verbindungen zwischen diesem Forschungsfeld und dem Denkmaldiskurs. Uta Hassler und Michael Petzet bündelten 1995 im Rahmen der Tagung »Das Denkmal als Altlast. Auf dem Weg in die Reparaturgesellschaft« die Ansätze zu einem auf den kulturellen und materiellen Ressourcenaspekt bezogenen Denkmalbegriff. Hassler und Petzet griffen Wilfried Lipps Schlagwort von der Reparaturgesellschaft auf und fragten danach, welche Konsequenzen aus dem Wissen um die Endlichkeit der Ressourcen zu ziehen seien – und warum gerade die Denkmalpflege sich dieses Themas annehmen sollte. Die Antwort bedeutete einen Meilenstein auf dem Weg zu einer völlig neuen Dimension des Denkmalbegriffs: Uta Hassler sprach aus, dass die Schutzwürdigkeit eines Bauwerks womöglich irgendwann einmal von anderen Faktoren bestimmt sein würde als den klassischen »Bewertungsmodelle[n]« (Hassler 1996: 102). Die Zeit, die fortschreitende Verknappung ökonomischer und ökologischer Ressourcen, würde für die Sache der Denkmalpflege arbeiten und sich die »häufig auftretende Frage nach der Zumutbarkeit des Erhalts bestehender Gebäude nicht mehr stellen«. Weil, so brachte es Niklaus Kohler auf den Punkt, der »existierende Gebäudebestand [...] mittelfristig zur Ressource werden« wird, »Denkmäler inbegriffen« (Kohler 1996: 98).

Um die gleiche Zeit tauchte auch der Begriff der Nachhaltigkeit im Denkmaldiskurs auf; eingebracht hat ihn, soweit das zurückzuverfolgen ist, Georg Mörsch an der ETH Zürich mit einem Text zu den denkmalpflegerischen Implikationen des Nachhaltigkeitsparadigmas (Mörsch 1996). An der ETH fand die Beschäftigung mit Denkmalpflege und Nachhaltigkeit 1999 mit einer von Hans-Rudolf Meier und Marion Wohlleben konzipierten Tagung ihre Fortsetzung (Wohlleben 2003). Die Verwendungsweise des Nachhaltigkeitsbegriffs im Denkmaldiskurs ist ambivalent, weshalb ich ihm in diesem Beitrag keinen prominenteren Platz einräume.[11] Zum einen findet sich die Übertragung des Nachhaltigkeitsprinzips auf das System Denkmalpflege im Sinne einer Sicherung des Vorhandenseins von Denkmalen als kultureller Ressource für zukünftige Generationen.[12] Dann geht es um die Nachhaltigkeit von denkmalpflegerischen Eingriffen, also konservatorischen Techniken. Andererseits scheint auch ein ökologisch fundierter Nachhaltigkeitsbegriff durch, wenn Denkmale als eine stoffliche Ressource betrachtet werden und ihr materielles Nutzungspotenzial im Zusammenhang mit der Ökobilanz von Architektur betrachtet wird.[13] Norbert Huse hat dieses Thema in seiner inzwischen zum Klassiker der neueren Denkmaltheorie avancierten Publikation »Unbequeme Baudenkmale« bereits 1997 aufgegriffen und spricht von dem sich entwickelnden neuen Selbstverständnis der Denkmalpflege als »historisch fundierte[r] Reparaturlehre« für »ressourcenschonende[s] Bauen« (Huse 1997: 104). Was hier anklingt, ist nichts anderes, als eine Erweiterung des Argumentationsspielraumes für das Aufbewahren von Architektur, die sich zwar nicht in den Zeilen der Denkmalschutzgesetze findet, mit dem »Erhaltungsgebot« genaugenommen aber in den Baugesetzen. Huses Einlassungen bewegen sich an der Schnittstelle klassischer Denkmalbewertungen und der sich im Diskurs abzeichnenden neuen Sichtweisen. Bei Huse »bezeugt« das Denkmal noch etwas, und zwar eine Art und Weise des Bauens, die im späten 20. Jahrhundert vor dem Hintergrund des Diskur-

---

11 Zweifellos wird der Nachhaltigkeitsdiskurs inzwischen auch innerhalb der Denkmalpflege rezipiert. Dennoch taugt »Nachhaltigkeit« als Rückprojektion nicht zur Beschreibung einer Praxis seit den 1960er Jahren, wie ich sie in diesem Beitrag vornehme. Methodisch unproblematisch ist dagegen die Frage nach den historischen (und damit Quellen-)Begriffen, ihren Konjunkturen und Eigenzeitlichkeiten. Im Fall der Denkmalpflege ist »Ökologie« der wichtigere Begriff.

12 Etwa Sonne 2013: Dieser Überblickstext setzt noch einmal beim Stand der 1990er Jahre an, als es hauptsächlich um die Gemeinsamkeiten in der Heimatschutzbewegung ging, und schließt mit einem Hinweis auf die ökonomische und ökologische Dimension der denkmalpflegerischen Erhaltung materieller Ressourcen, etwa der »grauen Energie«.

13 Der britische Denkmalpflege-Architekt Sir Bernard Feilden definiert Nachhaltigkeit im Zusammenhang mit Denkmalpflege in diesem Sinne als »prolonging the useful life of a building in order to contribute to a saving of energy, money and materials. This establishes a clear relationship with the finite resources of the natural world, and successfully embraces the three components of sustainability: environment, society (functionality within the community) and economy« (paraphrasiert in Rodwell 2007: 57f.).

ses über die Endlichkeit natürlicher Ressourcen als eine mögliche Alternative erscheint. Das Denkmal ist hier noch historische Quelle im klassischen Sinne – aber eine Quelle, die in ihrer Interpretation praktische Wirkung entfalten kann. Mit anderen Worten: Huse geht es darum, aus der Beschäftigung mit Baudenkmalen Erkenntnisse für das Bauen in der Gegenwart zu gewinnen. Diese Überlegungen siedelt er im Schlusskapitel an; es trägt den Titel »Zwischen Planen, Bauen und Umweltschutz« und wird damit zum Zukunftsmanifest einer weit über ihr historisch bestimmtes Feld hinausgreifenden Disziplin.

Wodurch zeichnet sich nun dieser zukunftsweisende »andere« Denkmalbegriff aus, dessen Geschichte wir hier ergründet haben? In der Auseinandersetzung mit dem Ökologie- und Umweltdiskurs, ließe sich zusammenfassen, entwickelte der Denkmaldiskurs eine multiperspektivische Sicht auf den eigenen Gegenstand, das Baudenkmal. Dazu gehört in der Konfrontation mit Flächensanierung und erhaltender Erneuerung die Herausbildung eines spezifischen Materialbewusstseins. Die Frage, was Architektur zum Denkmal mache und wodurch sich ein Denkmal auszeichne, ist hier wie zu keiner Zeit mit einer immer präziseren, quasi-chirurgischen Durchdringung der Substanz verbunden. Das Material, die »Originalsubstanz«, gilt in diesem erweiterten Verständnis aber nicht mehr nur als Ausweis der Geschichtlichkeit und Authentizität des Denkmals, sondern rückt ins Zentrum einer baukulturellen Suffizienztheorie und von Strategien und Praktiken wie Weiterverwendung, Wiedernutzbarmachung und Reparatur. Im weitesten Sinne geht es um ein Sich-Begnügen mit dem Vorhandenen, was in den Wirtschaftswissenschaften als »Postwachstumsökonomie« beschrieben wird. Ich bezeichne diese Entwicklung auch als materiellen Utilitarismus, der auf die Gesamtheit des Bestandes als Potenzial und Ressource abzielt. Jenseits von der Bildwirkung, der Sorge um ein schönes Stadtbild, mit der die Erhaltung immer noch am ehesten in Verbindung gebracht wird, sind die Motive des materiellen Utilitarismus vielfältiger: Das Interesse am Vorhandenen speist sich aus kulturellen Konventionen wie die über Jahrhunderte gewachsenen Vorstellungen von Denkmalwertigkeit, aus pragmatischen Erwägungen, aus der genauer werdenden Berechnung der Ökobilanz von Instandsetzung und Reparatur oder kreativ-entwerferischen Ambitionen.

Literatur

Andresen, Hans-Günther u.a., *Kunstwissenschaft im Rahmen kapitalistischer Kulturkritik. Materialien zur Denkmalpflege. Zwischenbericht der Projektgruppe Denkmalpflege am Kunsthistorischen Institut der Universität Kiel*, Kiel 1973.

Arendt, Claus, *Altbau-Erneuerung. Leitfaden zur Erhaltung und Modernisierung alter Häuser*, Stuttgart 1977.

— »Energieeinsparende Maßnahmen am Fenster«, in: *Deutsche Kunst und Denkmalpflege* 39 (1981) 1, S. 39–43.

Assmann, Aleida, »Rekonstruktion – Die zweite Chance, oder: Architektur aus dem Archiv«, in: Nerdinger, Winfried (Hg.), *Geschichte der Rekonstruktion. Konstruktion der Geschichte*, in Zusammenarbeit mit Markus Eisen und Hilde Strobl, München 2010, S. 16–23.

Bacher, Ernst, »Denkmalbegriff, Denkmälermasse und Inventar«, in: *Deutsche Kunst und Denkmalpflege* 38 (1980) 1/2, S. 121–125.

Bentmann, Reinhard, »Der Kampf um die Erinnerung. Ideologische und methodische Konzepte des modernen Denkmalkultus«, in: *Hessische Blätter für Volkskunde und Kulturforschung* (1976), S. 213–246.

Beseler, Hartwig, »Die Denkmalpflege auf dem Deutschen Kunsthistorikertag Köln 1970«, in: *Deutsche Kunst und Denkmalpflege* 28 (1970) 1/2, S. 157–162.

Breuer, Tilmann, »Erfassen und Dokumentieren. Wissenschaftliche Methoden zur wertenden Darstellung geschichtlicher Überlieferung«, in: *Erfassen und Dokumentieren im Denkmalschutz* (Schriftenreihe des DNK, Nr. 16), Bonn 1982, S. 11–15.

Burckhardt, Lucius, »Das Bauwesen und der Selbstbau [1980]«, in: Fezer, Jesko u.a. (Hg.), *Wer plant die Planung? Architektur, Politik und Mensch*, Berlin 2004, S. 306–320.

Burkhardt, Lucius u.a. (Hg.), *Denkmalpflege ist Sozialpolitik. Studentische Tagung an der Gesamthochschule Kassel vom 3. bis 8. November 1975*, Kassel 1977.

Deutsches Nationalkomitee für Denkmalschutz, »Entschließung zur Auswirkung des Energieeinsparungsprogramms auf den Denkmalschutz [1978]«, in: dass. (Hg.), *Denkmalschutz. Texte zum Denkmalschutz und zur Denkmalpflege* (Schriftenreihe des DNK, Nr. 52), 4. erg. u. bearb. Aufl., Bonn 2007.

Doering-Manteuffel, Anselm u.a. (Hg.), *Nach dem Boom. Perspektiven auf die Zeitgeschichte seit 1970*, 3. Aufl., Göttingen 2012.

Fassbinder, Helga, »Einleitung«, in: Bollé, Michael u.a. (Hg.), *Hardt-Waltherr Hämer. Architekt HBK. Behutsame Stadterneuerung*, Berlin 2007, S. 9–11.

Greverus, Ina-Maria, *Kultur- und Alltagswelt. Eine Einführung in Fragen der Kulturanthropologie*, Frankfurt am Main 1987 [1978].

Günter, Roland, »Zu einer Theorie der Geschichtlichkeit sozialgeschichtlicher Baudokumente insbesondere der Arbeitersiedlungen«, in: *SICCIM. II. Internationaler Kongreß für die Erhaltung technischer Denkmäler 1975, Verhandlungen*. Bearb. v. Werner Kroker, Bochum 1978, S. 308–316.

— »Von der Denkmalpflege zum Städteschutz«, in: ders. u.a., *Keine Zukunft für unsere Vergangenheit. Denkmalschutz und Stadtzerstörung,* Gießen 1975, S. 91–143.

Hämer, Hardt-Waltherr u.a., *Altbauerneuerung in Sanierungsgebieten. Untersuchung von Modellvorhaben in West-Berlin. Ergebnisbericht zum Forschungsauftrag »Kostenanalyse der Modellmodernisierung von Altbauten«,* Berlin 1975.

Hassler, Uta u.a. (Hg.), *Bauten der Boomjahre. Paradoxien der Erhaltung/Architectures de la croissance. Les paradoxes de la sauvegarde,* Zürich 2009.

— »Die Altlast als Denkmal«, in: Petzet, Michael u.a. (Hg.), *Das Denkmal als Altlast? Auf dem Weg in die Reparaturgesellschaft* (ICOMOS-Hefte des deutschen Nationalkomitees XXI), München 1996, S. 101–113.

Hauser, Susanne, »Recycling, ein Transformationsprozess«, in: Wagner, Anselm (Hg.), *Abfallmoderne. Zu den Schmutzrändern der Kultur,* Wien u.a. 2010, S. 45–62.

— *Metamorphosen des Abfalls. Strategien für alte Industrieareale,* Frankfurt am Main u.a. 2001.

Huse, Norbert, *Unbequeme Baudenkmale. Entsorgen? Schützen? Pflegen?*, München 1997.

Kiesow, Gottfried, »Probleme der Denkmalpflege bei der Altstadtsanierung«, in: *Veränderung der Städte. Urbanistik und Denkmalpflege. Vortragsreihe, veranstaltet vom Zentralinstitut für Kunstgeschichte in München 6. Dezember 1972–21. März 1973,* München 1974, S. 1–10.

Kohler, Niklaus, »Simulation von Energie- und Stoffflüssen von Gebäuden und Gebäudebeständen«, in: Petzet, Michael u.a. (Hg.), *Das Denkmal als Altlast? Auf dem Weg in die Reparaturgesellschaft* (ICOMOS-Hefte des deutschen National-komitees XXI). München 1996, S. 92–100.

Lipp, Wilfried, »Denkmalpflege und Geschichte«, in: Borsdorf, Ulrich u.a. (Hg.), *Orte der Erinnerung. Denkmal, Gedenkstätte, Museum,* Frankfurt am Main u.a. 1999, S. 131–167.

— »Rettung von Geschichte für die Reparaturgesellschaft im 21. Jahrhundert. Sub specie conservatoris«, in: Petzet, Michael u.a. (Hg.), *Das Denkmal als Altlast? Auf dem Weg in die Reparaturgesellschaft* (ICOMOS-Hefte des deutschen Natio-nalkomitees XXI), München 1996, S. 143–151.

Meier, Claus, *Bauphysik des historischen Fensters. Notwendige Fragen und klare Antworten* (Praxis-Ratgeber zur Denkmalpflege Nr. 9), Braubach 2001.

Meier, Hans-Rudolf, »Stadtreparatur und Denkmalpflege«, in: *Die Denkmalpflege* 66 (2008) 2, S. 105–117.

Metschies, Michael, »›Erweiterter‹, gewandelter oder unveränderter Denkmalbegriff? Zur Kontroverse um einen neuen Begriff des Denkmals«, in: *Die Alte Stadt* 23 (1996) 3, S. 219–246.

Mitscherlich, Alexander, *Die Unwirtlichkeit unserer Städte. Anstiftungen zum Unfrieden,* Frankfurt am Main 1965.

Mörsch, Georg, »Nachhaltigkeit und Denkmalschutz«, in: Henz, Alexander (Hg.), *Nachhaltige Stadtentwicklung: Ein Evaluationsprojekt in der Stadt Zürich. Bericht zur Arbeitstagung an der ETH vom 18. April 1996,* Zürich 1996.

— »Vom Gebrauch und Verbrauch der Denkmale«, in: *Deutsche Kunst und Denkmalpflege* 45 (1987) 2, S. 157–162.

Peschken, Goerd, »Gutachten zum Umfang der Denkmalpflege im Land Berlin. Erstellt 1979/80 im Auftrag des Senators für Bau- und Wohnungswesen, Landeskonservator, von Goerd Peschken und Tilmann Johannes Heinisch«, in: *Les Choses. Berliner Hefte zur Architektur* 6 (1990) 5/6, S. 8–100.

— »Ketzerische Bemerkungen zu Denkmalpflege und Stadtplanung in Berlin«, in: *Deutsche Kunst und Denkmalpflege* 28 (1970) 1/2, S. 65–74.

Radkau, Joachim, *Die Ära der Ökologie. Eine Weltgeschichte*, München 2011.

Riegl, Alois, »Wesen und Entstehung des modernen Denkmalkultus« [1903], in: Bacher, Ernst (Hg.), *Kunstwerk oder Denkmal? Alois Riegls Schriften zur Denkmalpflege*, Wien u.a. 1995, S. 53–97.

Rodwell, Dennis, *Conservation and Sustainability in Historic Cities*, Oxford 2007.

Sauerländer, Willibald, »Erweiterung des Denkmalbegriffs?«, in: *Deutsche Kunst und Denkmalpflege* 33 (1975) 1/2, S. 117–130.

Sonne, Wolfgang, »Art. ›Nachhaltigkeit‹«, in: Meier, Hans-Rudolf u.a. (Hg.), *Werte. Begründungen der Denkmalpflege in Vergangenheit und Gegenwart*, Berlin 2013.

Schilling, Rudolf, »Behutsame Stadterneuerung«, in: Sack, Manfred (Hg.), *Stadt im Kopf. Hardt-Waltherr Hämer*, Berlin 2002, S. 179–215.

Tauschek, Markus, *Kulturerbe. Eine Einführung*, Berlin 2013.

Warda, Johannes, »Wiederaneignung. Versuch über eine Entwurfstheorie der Transformation«, in: Delev, Aleksandr u.a. (Hg.), *Am Strand*, Zürich 2015, S. 77–85.

Wenzel, Fritz, »Wieviel Veränderung verträgt ein Baudenkmal?«, in: *Konzeptionen. Möglichkeiten und Grenzen denkmalpflegerischer Maßnahmen* (Arbeitshefte des SFB 315 der Universität Karlsruhe, Nr. 9), Karlsruhe 1989, S. 5.

Will, Thomas, »Sichtbare Reparaturen – eine alternative Form des Restaurierens«, in: *Jahrbuch der Stiftung Thüringer Schlösser und Gärten* 8 (2004), S. 155–165.

Wohlleben, Marion u.a. (Hg.), *Nachhaltigkeit und Denkmalpflege. Beiträge zu einer Kultur der Umsicht*, Zürich 2003.

Zlonicky, Peter, »Sozialorientierte Stadtplanung und Denkmalpflege«, in: *Kunstchronik* 28/4 (1974), S. 152f.

Häuser und Ressourcen – Denkmalaktivismus in der niedersächsischen Stadt Hannoversch Münden

Dorothee Hemme

»altes Haus: Beschreibung für einen guten alten Freund. Muss nicht zwingend wirklich alt sein. Man kennt denjenigen nur einfach gut und ist an ihn gewöhnt. Oft in der Begrüßung verwendet.«[1]

Es geht im Folgenden um den Ressourcen-Charakter von alten Häusern und darum, ob und wie sich aus einem aktuellen Beispiel des Umgangs mit baulichem Erbe – der Denkmalkunstbewegung in der niedersächsischen Stadt Hannoversch Münden – Ideen zur Konzeptionalisierung von Ressourcen ableiten lassen.[2] Alte, oft mit Denkmalschutzauflagen belegte Häuser zu restaurieren und zu renovieren, um sie in Gegenwart und Zukunft bewohnbar zu halten, gilt allgemein als teuer. Handwerkswissen und Arbeitskraft bei der Erstellung und Umsetzung von Restaurierungsplänen sind Faktoren, die hierbei wesentlich zu Buche schlagen. Die Denkmalkunstbewegung bzw. der Denkmalaktivismus in Hann. Münden führt, so die im Folgenden vertretene These, als eine neue Form der »Problematisierung« (Callon 2006: 53) zu neuen Zugangsregelungen und anderen Formen der Teilhabe an Wissen und Können und umgeht auf diese Weise viele andernorts durch finanzielle Konzeptionalisierungen geprägte Herangehensweisen an historische Bauten.

Ich werde in meinem dreiteiligen Beitrag dem Hann. Mündener Beispiel zunächst einige von dem britischen Sozialanthropologen Tim Ingold inspirierte Gedanken zum Ressourcencharakter von Häusern voranstellen, um im Anschluss an die ethnografische Skizze die Frage zu diskutieren, ob das Beispiel des Denkmalaktivismus etwas zu einer allgemeineren Konzeptualisierung von Ressourcen beiträgt – und wenn ja, was.

---

1 http://mundmische.de/bedeutung/24795-altes_Haus (23.04.2015).

2 Die schriftliche Version des Beitrags hat von den Tagungsdiskussionen, aber auch von Gesprächen mit Heike Derwanz, Stefan Groth und Markus Tauschek profitiert, denen ich für ihre Anregungen danken möchte.

Häuser als Ressource

Tim Ingold hat sich in seinem Buch zur Anthropologie des Tuns – »Making« (2013) – auch mit Häusern beschäftigt. In seinen Überlegungen zur »idea of architecture« (2013: 47f.) zergliedert er den Entstehungsprozess eines Hauses in die Praxis des Bauens (*building*) und die ihr zugrunde liegende Intention (*design*), aus der das fertiggestellte Gebäude selbst (*a building*) – also die Materialisierung von händischer Praxis und Idee – hervorgeht. Mit dem Hinzufügen des unbestimmten englischen Artikels, mit der Fertigstellung von *a building*, sei ein Prozess abgeschlossen. So wie die Existenz von Dingen häufig in Phasen der Herstellung und Phasen der Nutzung unterteilt wird, beginne, so Ingold, nun auch bei Häusern ein neues Stadium des Nutzens und Residierens.

An diesem Punkt gehen Häuser allmählich von Arbeit in Besitz über. Hat man das Bauen abgeschlossen oder die Arbeiten fremder Fachleute bezahlt, erhalten Häuser Ressourcencharakter. Eine Ressource – hier erstmal ganz basal verstanden und abgeleitet von dem lateinischen Verb *resurgere: wiedererstehen, hervorquellen*[3] – ist ein Mittel, um eine Handlung zu tätigen oder einen Vorgang ablaufen zu lassen. Fertiggestellte Häuser kann man bewohnen. Als überdachter Schutzraum sind sie bestenfalls Ressourcen für ein gutes Leben, sie bieten Raum für einträgliche Arbeit und sind ein immer noch wichtiger Aspekt der Altersvorsorge. Man kann sie aber auch beleihen, vermieten, verkaufen, also mit ihnen Liquidität erzeugen, um andere Handlungen zu tätigen.

Ein zentraler Punkt hierbei ist, dass Häuser, wie viele materielle Erzeugnisse, Menschenleben überdauern – und als anhaltende Investitionen lange bestehen sollen, denn hierdurch kann man sie vererben oder erben. Wenn Häuser viele Menschenleben überdauern, steht ihre Qualität als Ressource allerdings oft in Frage. Der Zahn der Zeit nagt und konterkariert, wie Ingold (2013: 49) weiter feststellt, die idealistischen Vorstellungen von Permanenz und Solidität, die der Idee von Architektur zu Grunde liegen. Regen, Rost, Materialermüdung und Materialschwund, Witterungseinflüsse und die Koexistenz von menschlichen und nichtmenschlichen Lebewesen, von Holzwürmern, Pilzen, Pflanzen und Menschen, kurz: die Eingebundenheit des Hauses in ein »environment« (Ingold 2000: insbesondere 172–188) machen unablässiges Weiterbauen erforderlich – und weichen, wie ich noch zeigen

---

[3] Duden online: http://www.duden.de/rechtschreibung/Ressource (27.01.2015).

werde, die Grenzen zwischen Bauen und Nutzen auf.[4] Nicht zuletzt, weil der Zahn der Zeit auch an der Intention der Erbauer nagt und die Passgenauigkeit von Design und Nutzung – etwa in Hinblick auf Fragen von Repräsentativität, Energie- oder Hygienestandards – verändert. Von unterschiedlichen traditionellen Gewerken für andere Lebensstile als die der Spätmoderne zusammengefügte historische Gebäude stellen daher heute vielerorts für private Eigner wie für die öffentliche Hand eine Herausforderung dar. Die Kulturanthropologin Anke Rees (2013) hat solche Gebäude im Kontext ihrer Erforschung der Hamburger Schiller Oper, einem als Stahlkonstrukt erbauten Zirkusgebäude des späten 19. Jahrhunderts, als »widerspenstige Häuser« bezeichnet. In der Auseinandersetzung mit ihren störrischen, eigensinnigen Eigenschaften wird deren Qualität als Ressource von Besitzern und Stadtplanern heutzutage häufig in Frage gestellt.

»Ressourcen sind frei. [...] Ressourcen wissen nicht, ob wir sie zum Leben brauchen oder nicht. Wir hingegen sind in der einen oder anderen Weise an diese Dinge gebunden.« Diese Grunderkenntnis der schwedischen Politikwissenschaftlerin Elinor Ostrom (2011: 11) verweist, wie auch der Beitrag von Gisela Welz in diesem Band darauf, dass das, was wie und warum als Ressource gilt, kulturell verhandelt wird. In populären Diskursen wird die Ressourcenqualität alter Häuser derzeit zwischen den Polen »Altbauidylle« und »Alptraumruine« angesiedelt, deren Instandsetzung Engagement und Geschmack repräsentiert oder aber Privateigner ruiniert und Ehen zum Scheitern bringt.[5] Um Wertverlust zu mindern, gelten in der Regel der Einsatz finanziell anspruchsvoller Mittel zum Erwerb von Handwerkskompetenz und Materialien, aber auch die Aneignung von Wissen im Umgang mit Institutionen wie der Denkmalpflege oder dem Finanzamt als erforderlich. Hegemoniale Diskurse in der Politik lassen sich ähnlich entlang der Koordinaten »finanzielle Bürde« und »kulturelles Erbe« beschreiben.

---

4 Fachwerkhäuser wären ein lohnender Ort für die im Kontext der human-animal-studies sich etablierende multi-species-ethnography (vgl. Kirksey/Helmreich 2010). Forschungen etwa zu in populären Diskursen mit geradezu mythischen Qualitäten versehenen Schädlingen wie Holzwürmern oder dem gemeinen Hausschwamm wären ein interessanter Ausgangspunkt.

5 Vgl. etwa die Spezialsendung »Die Alptraumruine« der RTL-Reihe »Einsatz in 4 Wänden« vom 01.08.2011: http://www.rtl.de/cms/sendungen/real-life/einsatz-in-4-waenden-spezial/die-alptraum-ruine.html (27.01.2015). Ein vielzitiertes Beispiel für die repräsentativen Wohnqualitäten eines restaurierten historischen Gebäudes ist das Dielenhaus in der Lübecker Fleischhauerstraße 79, vgl.: http://www.dielenhaus.de/ und http://www.monumente-online.de/11/05/streiflichter/Luebeck_Knochenhauerhaus.php (21.04.2015).

Bei manchen historischen Gebäuden wird der Wert von einem praktischen in einen symbolischen umgedeutet: Unter Denkmalschutz gestellt, musealisiert oder mit einem UNESCO-Prädikat versehen, werden Einzelstücke oder Ensembles wie die Innenstadt Quedlinburgs zu Semiophoren (Pomian 1988), werden als Zeichenträger vergangener Zeiten zur kulturellen Ressource für kollektive Orientierungen in der Gegenwart, zum Gegenstand von Policy-Praktiken und zum Argument in der Mitteleinwerbung für Restaurierungen.[6] Nicht überall sind historische Gebäude jedoch von »unique outstanding value«[7], dem zentralen Nobilitierungskriterium der UNESCO, nicht überall lassen sich anhand von alten Häusern Geschichten erzählen, die als Antragsnarrative taugen. Die Ausdeutung als offizielles kulturelles Erbe ist auch deshalb nicht überall möglich, weil der Weg durch die Institutionen eine Frage von Wissen um Formate und von Kompetenz ist, diese zu bedienen (vgl. Tauschek 2009).

Politische Mittel, um dem Verfall von Häusern und den damit einhergehenden Entwertungen durch die Entsiedelung von alten Stadt- oder Ortskernen entgegenzuwirken, sind z.B. Städtebauförderprogramme, die öffentliche Vermittlung und Subventionierung von Expertise durch Monumentendienste[8] sowie Finanzanreize für Familien beim Erwerb alter Häuser oder auch die gezielte Inaktivität bei der Neuausweisung von Baugebieten. Wo der demografische Wandel Einwohnerzahlen rasant zurückgehen lässt, wie derzeit in Südniedersachsen, steht der Werterhalt allerdings oft gar nicht mehr zur Disposition. Wenn Eigner ein Haus besitzen, ohne es zu nutzen, und ihrer Instandhaltungspflicht nicht nachkommen, bleibt Kommunen oft nichts anderes übrig, als die vom Einsturz bedrohten Gebäude mit öffentlichen Mitteln abreißen zu lassen. Die Stadt Wildemann im Oberharz etwa

---

6 Diese Praxen und Politiken des kulturellen Erbes sind in den letzten Jahren interdisziplinär breit erforscht worden, etwa durch die an der Universität Göttingen angesiedelte DFG-Forschergruppe »Cultural Property«, vgl. Bendix u.a. 2012; Homepage der Forschergruppe: http://cultural-property.uni-goettingen.de/de/publications/ (27.01.2015).

7 Zu den Platzierungskriterien für die Aufnahme auf die UNECO-Liste siehe: http://whc.unesco.org/en/criteria/ (27.01.2015).

8 Vor allem im westlichen Niedersachsen haben sich seit Beginn des Jahrtausends diese Expertisedienste etabliert, um den Bestand an historischen Bauten zu erhalten. Handwerker verschiedener Gewerke, Techniker für Baudenkmalpflege und Ingenieure mit Erfahrungen im bauhistorischen Bereich beraten hierbei Privatleute bei der Wartung und Instandsetzung von alten Gebäuden: http://www.monumentendienst.de/index.php?pageId=8&sT=der%20monumentendienst (27.01 2015).

hat im Jahr 2014 erstmals eine eigene Steuer zur Schleifung von Schrottimmobilien einführen müssen, weil sie den Bedarf aus vorhandenen Haushaltsmitteln nicht mehr decken konnte.[9] Stefan Beetz (2008) hat in seiner Auseinandersetzung mit politischen Diskursen und Praxen im Umgang mit (ländlichen) Peripherien darauf hingewiesen, dass das Argument des demografischen Wandels oft genutzt wird, um politische Entscheidungen zu Gunsten von Zentren bzw. zur Aufgabe von öffentlichen Investitionen in ländlichen Gebieten zu naturalisieren. Der Handlungsnotstand an Privatimmobilien wird in Wildemann mit solchen Argumenten in die Verantwortung der Steuerzahler zurückgegeben. Dies könnte als eine Form der »Problematisierung« (Callon 2006) alter Häuser bezeichnet werden.

Influenza artis monumentis

Eine andere, neuartige Form des Umgangs mit solcherlei materiellem Häusererbe bzw. mit desolaten historischen Gebäuden setzte in der südniedersächsischen Fachwerkstadt Hann. Münden 2006 ein, als die Stadtväter ein Renaissanceensemble aus Ratlosigkeit gegenüber den zahlreichen Leerständen einem fremden Investor verkaufen wollten. Inmitten der denkmalgeschützten historischen Altstadt, die eine nahezu geschlossene mittelalterliche Bebauung mit mehr als 500 Fachwerkhäusern aufweist, sollte das Ensemble abgerissen werden, um Platz für einen modernen Supermarkt nebst Parkplatz zu schaffen.[10]

Ein Aktivist trat auf den Plan, der, so attestierte ihm ein Gefährte anlässlich des feierlichen Abschlusses einer spektakulären Denkmalkunstaktion, mit einer schweren Form der *Influenza artis monumentis* infiziert sei.[11] Bernd Demandt, gelernter Tischler und Polsterer, hatte in den 1990er Jahren sein

---

9 Vgl. »Leer stehende Immobilien in Südniedersachsen belasten den Steuerzahler« im TV-Magazin »Hallo Niedersachsen«; NDR, 26.10.2014: http://www.ndr.de/fernsehen/sendungen/hallo_niedersachsen/Hallo-Niedersachsen,sendung295286.html 27.01.2015).

10 Interview mit Bernd Demandt am 09.12.2013. Sämtliche hier diskutierten Ereignisse und Informationen zu den Aktivitäten der Denkmalaktivistinnen und Denkmalaktivisten in Hann. Münden entstammen meiner im September 2013 begonnenen und noch andauernden Feldforschung vor Ort. Zum Flächendenkmal Hann. Münden vgl. Franz 2012.

11 Äußerung von Friedhelm Meyer auf seiner Festrede anlässlich des Abschlusses des Denkmalkunstfestivals 2013 am 06.10.2013 in der St. Blasius Kirche Hann. Münden.

Archäologiestudium abgebrochen, um in Hann. Münden den Ägidienhof und die entweihte Ägidienkirche für den symbolischen Preis von einem Euro zu erwerben und in Eigenarbeit zu sanieren. Ersteres hatte er zu einem florierenden Fahrradhotel für Reisende entlang des Weserradwegs, letztere in das Erlebniscafé Ägidius mit einer Cocktailbar im Altarraum und einer Kaffeetafel in der Sakristei umgebaut, bevor er das Denkmalkunst-Virus durch Kontaktinfektion in der ganzen Stadt verbreitete.

Seine Idee war ein neuntägiges Denkmalkunstfestival, bei dem Künstler aus ganz Deutschland in den zahlreichen leerstehenden Gebäuden der Innenstadt, im Schloss, in Privat-, Handels- und Handwerkerhäusern ihre Werke zeigten. Das Medium der Kunst sollte Viele zum Hineintreten einladen. Denn solch eine Innensicht auf ein Haus, das von außen leicht als Schandfleck bewertet werde, schaffe, so Demandt, ein Erlebnis, über das man eine andere Beziehung aufbaue. Widerspenstige Häuser, das hat Anke Rees (2013: 72ff.) mit Rückgriff auf die actor-network theory herausgearbeitet, haben als Aktanten in einem sozialen Netzwerk »agency«. Sie entziehen sich ihrem Abriss nicht nur durch ihre Materialität und Atmosphäre, sondern auch durch »Verbündete«. Demandt, der sich selbst als Denkmalaktivist bezeichnet, beschreibt seine Motivation wie folgt:

»Letztendlich mach ich das ja nicht für die Leute. […] Das ist ja eigentlich, weil's mir Spaß macht und weil ich einfach ein Interesse habe, diese Gebäude zu sanieren und in irgendeiner Art und Weise zu retten. […] Ich krieg wenige Probleme mit der Verwaltung hier, aber wenn aus solchen Verwaltungsrichtungen irgendwelcher Wind herrscht, dann denk ich immer: Das sind Leute, die sind vielleicht mal zwei, drei, vier Jahre oder länger im Amt. Die Gebäude stehen aber 500 Jahre. Und die wollen dann entscheiden über das hopp oder das flopp eines solchen Gebäudes, weil sie sagen: Na gut, wir hätten jetzt mal Interesse, hier etwas reinzubringen, da reißen wir jetzt mal ein Haus ab oder das lassen wir leer stehen, weil wir können's nicht gebrauchen […]. Nee, das kann nicht sein. Da ist mir die Person eigentlich so ziemlich egal.«[12]

Demandts Lesart der Problematik der alten Häuser ist eine eigene, die ihrem Alter, den Zeiten, von denen sie zeugen und dem Können, mit dem sie gemacht sind, die Aufforderung zum Erhalt, zum Weiterbauen und zum Restaurieren entnimmt.[13] Als Verbündeter der Fachwerkhäuser fand er

---

12 Interview mit Bernd Demandt am 09.12.2013.
13 Diese Sichtweise hat viele Anhänger, was nicht zuletzt am Erfolg der Aktion »9x24« deutlich wird, aber auch in Institutionen wie der IG Bauerhaus, einer bundesweit tätigen Vereinigung, die sich seit Anfang der 1970er Jahre für den Erhalt historischer Baukultur

rasch viele lokale Mitstreiter. Das mit zahlreichen Aktivistinnen und Aktivisten umgesetzte Denkmalkunst-Format wurde ein Erfolg. Für das Renaissanceensemble fand sich in der Folge ein Käufer, der den Komplex sanierte. Zweijährlich wiederholt brachte das Festival nicht nur zahlreiche Kunstbeflissene in die Stadt, auch die Wertschätzung für die Häuser veränderte sich allmählich.

Die Erfolgsgeschichte des Formats kulminierte während des letzten Denkmalkunstfestivals 2013 in einer weiteren Idee Demandts, die an Blitzrenovierungen in Fernsehsendungen wie dem »Einsatz in 4 Wänden« mit Tine Wittler oder an die spektakulären Übertreibungen in Münchhausiaden denken lässt. In den »9x24« Stunden des Festivals unter dem Motto »Eine Stadt steht Kopf, um auf die Beine zu kommen« sollte ein weiteres abrissreifes Fachwerkensemble in der Speckstraße 7 nur durch die Arbeit von Freiwilligen saniert und in ein Künstlerhaus für den inzwischen gegründeten Kunstverein verwandelt werden. Ein Teil des ursprünglich aus zwei Häusern bestehenden Gebäudes, dessen älteste Bauphase im frühen 16. Jahrhundert einsetzte, war 2004 ausgebrannt. Der Nachbar befürchtete den Einsturz des abgängigen, von allerlei Pflanzen umwucherten Hauses in seinen Garten, als sich im Februar 2013 die »Bürgergenossenschaft Mündener Altstadt« mit 170 Gründungsmitgliedern formierte, das Haus in der Speckstraße erwarb und die Idee in den Medien ankündete.[14] Während Aufrufe zur Mitwirkung und zu Materialspenden sowie die umfangreiche Logistik für die Fachwerkperformance allmählich in Gang kamen, fingen die Genossenschaftsmitglieder vor Ort an zu arbeiten, um die Baustelle für die Aktion vorzubereiten.

Als sich am 24.09.2013 – drei Tage vor Beginn des Denkmalkunstfestivals – 70 Menschen zum letzten Vorbereitungstreffen im Cafe Ägidius einfanden, waren 36 Sponsoren aus der überregionalen Gastronomie gewonnen und die Verköstigung aller Akteure geregelt. Die Stadt hatte den Rathaussaal für ein Rund-um-die-Uhr-Catering zur Verfügung gestellt, es gab zahlreiche Baumaterialspenden und viele Ankündigungen von lokalen und überregionalen Firmen und Menschen, in den nächsten Tagen auf die Baustelle kommen zu wollen. Es gab ein denkmalpflegerisches Gutachten,

---

auf dem Land und in der Kleinstadt einsetzt, vgl.: http://igbauernhaus.de/home.html (23.04.2015).

14 Die Ereignisse um dieses Denkmalkunstfestival sind auf facebook gut dokumentiert: https://de-de.facebook.com/9mal24Denkmalkunstkunstdenkmal (27.01.2015).

architektonische Pläne, Schichtpläne für die unterschiedlichen Arbeitsgruppen, eine Logistik für die Abfolge der Gewerke, die sich angekündigt hatten (darunter Zimmereien, Tischlereien, eine Baumschule und weitere, vor allem überlokale Firmen, aber auch zwei Jugendbauhütten der Deutschen Stiftung Denkmalschutz, Berufsschulklassen und wandernde Handwerksgesellen), es gab kostenlose Unterkünfte und ein sehr reges Medieninteresse.

Es gab auch einige Probleme und keinen Plan B: Die Stadt wollte einen Bauleiter benannt haben, aber es gab keinen. Das Statikgutachten, das ein Professor ehrenamtlich hatte erstellen wollen, lag nicht vor, so dass das lokale Bauamt noch keine Baugenehmigung hatte erteilen können. Viele weitere offene Fragen wurden vorgetragen und besprochen. Baustrom sei fachmännisch verlegt worden, Werkzeuge sollten alle Freiwilligen selbst mitbringen und markieren, ein Bauwagen zur sicheren Aufbewahrung würde besorgt. Ein ehrenamtlicher Sicherheitskoordinator erläuterte ein Konzept der pragmatischen Baustellensicherheit. Material sei bis auf die Spenden wegen der fehlenden Baugenehmigung noch nicht geordert. Man könne nicht sagen, wie viele Leute zu den angekündigten 100 noch dazu kommen würden, aber, so verabschiedete Demandt die Gruppe von Männern und Frauen aller Altersgruppen: »Jeder solle im Kopf behalten: Ich muss nur meinen Teil dazu beitragen, dass alles funktioniert.«[15]

---

15 Feldforschungsprotokoll des Treffens am 24.09.2013.

Abb. 1: Das eingerüstete Haus in der Speckstraße 7 (Foto: D. Hemme)

Drei Tage später war vieles erledigt. Das Statikgutachten war von einer lokalen Expertin in Nachtschicht erstellt und vom städtischen Bauamt in einem ähnlichen Tempo geprüft worden. Beim offiziellen Startschuss in der bis auf den letzten Platz gefüllten St. Blasius Kirche überreichte der Bürgermeister Demandt feierlich die Baugenehmigung, bevor die erste Schicht unter Aufmerksamkeit der Medien und einiger Schaulustiger zur Baustelle zog und das Dach abdeckte.

Abb. 2 und 3: leergeräumte Materialsammelstellen für Lehm und Schutt und Fensterflucht in der Speckstraße 7 am 29. September 2013 (Foto: D. Hemme)

Neun Tage später, so verkündete die Festivalleiterin beim feierlichen Abschluss in der St. Blasius Kirche, hatten 3.000 Menschen das Event besucht, 148 Menschen waren auf der Baustelle tätig gewesen, 2.768 Stunden ehrenamtliche Arbeit waren dort geleistet worden, ca. 18,5 Stunden pro Person. Unzählige Journalisten, Fernseh- und Radiosender hatten die Aktion begleitet. Das Haus war nicht fertig renoviert, hatte jedoch eine neue Statik, einen neuen Dachstuhl und war im Obergeschoss bis zum Innenausbau fortgeschritten. Viele Aktivistinnen und Aktivisten rückten noch während der Feierlichkeit wieder auf die Baustelle ab, um die gerade noch gespendeten Dachziegel einzudecken.

Abb. 4: Die Treppe zum Dachgeschoss in der Speckstraße 7 im September 2013 (Foto: D. Hemme)

Abb. 5: Bernd Demandt auf der Treppe zum Dachgeschoss in der Speckstraße 7 im Januar 2014 (Foto: D. Hemme)

Acht Monate später, im Mai 2014 wurden die oberen Wohnungen nach einem letzten Tag der offenen Tür ihren neuen Mietern übergeben. 80 verschiedene Helfer und ein harter Kern von 15 Menschen hatten die Baustelle weiter vorangetrieben. Ohne Zeitpläne waren anstehende Arbeiten allmorgendlich an jene verteilt worden, die vorbeikamen. Demandt sorgte für technischen Überblick, die Architektin kam ehrenamtlich, der städtische Denkmalpfleger hatte gemeinsam mit einem Schulleiter die Fassade eingedeckt und der Nachbar, ein Elektromeister im Ruhestand, hatte bis dahin weit über 600 Stunden auf der Baustelle gearbeitet.

Häuser und Ressourcen

Inzwischen haben viele Häuser in Hann. Münden den Besitzer gewechselt. Im unmittelbaren Nachgang an die Aktion »9x24« allein fünf. Das Festival war angesichts fehlender Ausstellungsflächen rasch Geschichte. Neue Besitzer der alten Bausubstanz sind Menschen aus der Umgebung, Niederländer oder gebürtige und nach Australien oder Shanghai migrierte Hann. Mündener, die wegen der Kunst zu Besuch kamen und nun zurückgekommen sind, um sich in der Dreiflüssestadt ein altes Haus zurechtzumachen; ist eine Göttinger Fotojournalistin, die später im Alter ihren Lebensstandard halten möchte, und daher ihren Lebensort von dem für seine hohen Immobilienpreise bekannten Göttingen in die Altstadt von Hann. Münden verlegt.

Im kollektiven Kreis der Denkmalkunstaktivisten werden die alten Häuser anders angegangen. Sie werden nicht mehr nur als investitionsintensive Bürde der Vergangenheit angesehen, sondern als materieller Gegenstand der unmittelbaren Lebenswelt gemeinschaftlich angefasst und angeeignet. Als Effekt dieses Anpackens werden viele gut etablierte Mängeldiagnosen in Bezug auf Fachwerkbauten in positivere Lesarten umgedeutet.

Ein solcher Umgang, so die hier vertretene These, kontextualisiert die Ressourcenhaftigkeit von Häusern neu und konstituiert zugleich neue Ressourcen. Mit Michel Callon (2006) könnte man diesen Prozess auch als eine neue Form der »Problematisierung« beschreiben. Als einer der Begründer der actor-network theory hat der französische Soziologe Problematisierungen am Beispiel von Forschungsszenarien als Formen der Übersetzung von Herausforderungen in Lösungen beschrieben, die sich in einer eigenen Soziologik hervorbringen. Er argumentiert, dass Wissen nicht allein in sozialen Kontexten erzeugt wird, sondern dass in der Herangehensweise an ein Problem das Kognitiv-Technische und das Soziale sich gleichzeitig konstituieren.

»Während dieser [...] Auseinandersetzung werden Forschungsprobleme und die Gruppen, die sich ihrer annehmen, gleichzeitig determiniert. Soziale und kognitive Strukturen werden in einem Schmelztiegel definiert. Obwohl sie sehr unterschiedlich sind, sind beide Nebenprodukte derselben Reaktion. Die Untersuchung der Problematisierung ist von vitaler Bedeutung der Regeln, die permanent das Soziale und das Kognitive produzieren.« (Callon 2006: 52)

Der Denkmalaktivismus, so könnte man Callons Thesen auf mein Beispiel übertragen, problematisiert die Realität und die Zukunft der alten Häuser auf eine neue Weise. Drei Aspekte, die ich näher beleuchten möchte, scheinen für den Erfolg dieser denkmalaktivistischen Form der Problematisierung relevant zu sein: 1) Die Kooperationsform 2) die Art und Weise, wie in dieser Kooperationsform der Zugang zu Handwerkswissen und -können geregelt wird und 3) die Art und Weise, wie durch diese Kooperationsform Zugang zu relevanten behördlichen Verfahrensweisen und institutionellem Wissen erleichtert werden.

1) Die Kooperationsform

Für den Erfolg der Bewegung scheint zum einen die neue Kooperationsform ausschlaggebend. Stefan Groth betont in seinem Beitrag in diesem Band die große Relevanz von Kooperation für die Konturierung von Ressourcen. Die Denkmalkunstbewegung in Hann. Münden stellt eine neue kollektive Struktur dar. Man könnte auch sagen: Das Problem der alten Häuser wird (etwa im Unterschied zum Vorgehen in Wildemann) auf eine neue Weise vergemeinschaftet. Das Haus in der Speckstraße wurde durch eine neue Nutzergemeinschaft, die Bürgergenossenschaft erworben. Genossenschaften sind in Allmendsystemen genutzte Organisationsformen (vgl. Maron 2012). Das Haus wird zum Gemeinschaftsgut, es hat mehr als 200 Eigner, darunter viele aktive Bauherrinnen und Bauherren, die sich die Verantwortung und die Lasten der Restaurierung teilen. In der Aktion »9x24«, an der tatsächlich jede/r auch ohne Genossenschaftsanteil teilnehmen konnte, erweiterte sich der in der Bürgergenossenschaft ohnehin schon breite Zugang zu den im Folgenden aufgeführten Ressourcen zu einer Art Gemeinfreiheit (vgl. Peukert 2012).

Abb. 6: Flyer mit Aufruf zur Teilnahme an »9x24« (Foto: D. Hemme)

2) Zugangsregelungen zu Handwerkswissen und -können

Im Hann. Mündener Denkmalaktivismus werden die Faktoren Arbeit und Wissen durch die neuen Kooperationsbeziehungen in vielen Teilen aus dem Kreislauf des Monetären herausgenommen und neu geregelt. Zugangsregelungen und Teilhabe erfolgt nicht mehr über monetäre, sondern körperliche oder geistige, in jedem Fall tätige Investitionen. Kooperationsbeziehungen sind, so Groth, Voraussetzungen für einen produktiven Umgang mit Wissen, der wiederum Innovationsprozesse herbeiführen kann, die Alternativen zu angeblich knapp situierten Ressourcen schaffen. In dem aus vielen unterschiedlichen Menschen zusammengesetzten, offenen Netzwerk der Bürgergenossenschaft oder der Teilnehmer an »9x24« verbreitet sich Wissen und Können, das für Restaurierungen erforderlich ist, auf eine rasche und unkomplizierte Weise.

Die Möglichkeit der Beteiligung Vieler hat wiederum mit dem »widerspenstigen Haus« und den handwerklichen Tätigkeiten zu tun, die für seine Instandsetzung erforderlich sind. Der Soziologe Richard Sennett hat in seiner kulturhistorisch-philosophischen Arbeit zum Handwerk argumentiert, dass der Handwerker »für die besondere menschliche Möglichkeit engagierten Tuns« (Sennett 2009: 32) steht. Die damit verbundene Problemlösungskompetenz und Ausdrucksfähigkeit wird auch als Könnerschaft beschrieben.[16] Die alltägliche handwerkliche Arbeit besteht nicht nur in der Problemlösungskompetenz, sondern auch in der Ausführung, bei der sich mitunter viele Einzelschritte ausgliedern und delegieren lassen: Jemand, der eine Wand streichen soll, muss nicht unbedingt Wissen um die Farben und Werkzeuge, ihre Eignung und Zusammensetzung haben, wenn ihm einfach gezeigt wird, wie man sie anwendet.

Der hierdurch mögliche unmittelbare händische Umgang Vieler und das sich gut etablierende Netzwerk führten in der Speckstraße 7 zu bereichernden epistemischen Effekten. Wissen um Handwerkstechniken, Fördermöglichkeiten und Steuervorteile kursierte unter den Gleichgesinnten kostenlos und erleichterte nicht nur das Finden von geeigneten Käufern. Aus der wachsenden Zahl der in Hinblick auf Häuserprobleme Gleichgesinnten hat

---

16 Dieses Phänomen, die ihm zugrunde liegenden Relationen von Wissen und Praxis und deren Potenziale erforscht am Beispiel ausgesuchter traditioneller Gewerbe derzeit ein an der Universität Göttingen angesiedeltes transdisziplinäres BMBF-Projekt »Objekte der Könner – Materialisierungen handwerklichen Erfahrungswissens zwischen Tradition und Innovation«: http://www.uni-goettingen.de/de/506427.html (23.04.2015).

sich neben der Bürgergenossenschaft ein Förderverein formiert. Er hält Stammtische ab, bei denen man Fachwissen und Bezugsadressen für adäquate Handwerker und Materialien austauscht, gemeinsam Baumarktrabatte aushandelt und andere materielle, personelle und mentale Hürden abbaut. Informierte, pragmatische Sanierungsstile mit Aufmerksamkeit für die alte Substanz etablieren sich und die Distanz zu historischen Bautechniken verkürzt sich. Eine während des Denkmalkunstfestivals vielgehörte Devise lautete etwa: Stampflehm für alle!

3) Zugangsweisen zu Behörden und Institutionen

In den letzten Jahrzehnten hat sich in Hann. Münden aus den vielschichtigen Problemen im Umgang mit der historischen Bausubstanz in vielen öffentlichen Bereichen ein kooperatives, förderndes Umfeld etabliert: Seit 1971 profitiert die Stadt von den Programmen der Städtebauförderung, die die Sanierung – auch durch Privateigentümer – von inzwischen vier Gebieten in der Altstadt finanziell unterstützt hat.[17] Altstadtentwicklung wird auch in den lokalen Behörden als eine Vermittlungsaufgabe verstanden, bei der Denkmalpflegeauflagen mit den Bedürfnissen und Kenntnissen einer auch in weiten Teilen migrantischen Bevölkerung sensibel und pragmatisch überein gebracht werden müssen.[18]

Die unmittelbare Zusammenarbeit von Menschen ganz unterschiedlicher Professionen auf der Baustelle verringert Hemmschwellen und beschleunigt den Zugang zu Verfahrensweisen. In Gesellschaft von Denkmalpflegern, Handwerkern, Experten aus Bauämtern oder Steuer- und Architekturbüros ist Wissen um Auflagen, Förder- und Abschreibemöglichkeiten ebenso wie Wissen um Baumaterialien und ihre Anwendung leicht und komprimiert zugänglich.

---

17 Informationen zur Städtebauförderung in Hann. Münden in dem Beitrag »Denkmalschutz statt Abriss« im *Göttinger Tageblatt*, 21.04.2015: http://www.goettinger-tageblatt.de /Nachrichten/Goettingen/Uebersicht/Hann.-Muenden-profitiert-von-der-Staedtebau foerderung (23.04.2015).

18 Vgl. Meyer u.a. 2012 und darin insbesondere der an alltäglichen Aushandlungsbeispielen reiche Beitrag von Burkhardt Klapp über seine in 22 Dienstjahren als städtischer Denkmalpfleger gesammelten Erfahrungen mit »Denkmaleigentümern mit Migrationshintergrund als Bauherren am deutschen Baukulturerbe«.

Neue Ressourcen…

Unter diesen Voraussetzungen erwachsen neue Ressourcen. Der Erfolg der Genossenschaft lässt sich zunächst monetär bemessen: Schon am Ende der »9x24« Stunden des Festivals hatte man große Stücke an der Neubewertung des für 20.000 Euro erworbenen Hauses in der Speckstraße 7 geleistet. Der Gegenwert des inzwischen fast fertig sanierten Hauses wird mit 500.000 Euro beziffert. Das Haus wurde aber auch zur Ressource für bürgerschaftliches Engagement, das die Sozialstruktur der Stadt mittelbar und unmittelbar bereichert. Neben neuen Bewohnerinnen und Bewohnern hat Hann. Münden darüberhinaus ein neues, in den Medien gut etabliertes Narrativ, das sich touristisch nutzen lässt.[19] Und wie am Ende des Beitrags näher ausgeführt, wird in aktuellsten Entwicklungen die Übertragbarkeit des Beispiels auf vier andere südniedersächsische Städte erprobt. Die denkmalaktivistische Form der Problematisierung funktioniert nicht nur, aber besonders gut mit Fachwerkgebäuden, die sich, wie es Fachleute nennen, gut »ertüchtigen« lassen. Ihre Materialität ist nicht so unverwundbar wie eine Stahlkonstruktion, dafür aber wesentlich leichter umzugestalten und zu transformieren. Wie viele alte Gebäude verweisen ihre Konstruktionen oder Gefüge auf ein anderes Verständnis von Architektur – und ihrer Problematisierungen.

…und die Bedeutung von HANDhabung

Mit diesem Gedanken kommt auch Tim Ingold zum Schluss seines Nachdenkens über Häuser: Die Trennung von *design* und *building*, von gestalterischer Idee und praktischer Erbauung sei ein Relikt der Renaissance, in der antike Ideen zur Separiertheit von intellektueller Planung und handwerklicher Umsetzung das Berufsbild des Architekten etabliert hatten. In der Zeit davor, so argumentiert Ingold mit David Turnbull am Beispiel der Kathedrale von Chartres, waren Idee und Umsetzung näher beieinander, ergab sich die Form oft aus der Praxis. Die bis heute unfertige Kathedrale,

---

19 Die Rosenkönigin, die lange alljährlich als Repräsentantin der Stadt gewählt wurde, dankte 2013 endgültig ab. Die an der deutschen Fachwerkstraße gelegene Stadt konzentriert sich seither noch mehr auf Repräsentationen rund um das Thema Fachwerk. Innerhalb der Städtegemeinschaft »Fachwerk-Fünfeck« mit Duderstadt, Einbeck, Osterode und Northeim bemüht man sich aktuell gemeinsam um den UNESCO-Weltkulturerbe-Titel; vgl. Britta Eichner-Ramm: »Fachwerk-Fünfeck will Weltkulturerbe werden«, *Göttinger Tageblatt*, 29.01.2015.

die als ein Prachtstück gotischer Baukunst gilt, kennt keinen einzelnen Baumeister, sie weist trotz der Erhabenheit des Gesamtkomplexes in ihren Details viele unregelmäßige, pragmatische Einzellösungen auf. Die vielen Erbauer lösten, so Ingold, »design problems as they went along, through the manipulation of the instruments and materials at their disposal, and drawing on a fund of ›tricks and trade‹ […] picked up on the way« (Ingold 2013: 53). Er kommt zu dem Schluss, dass seine eingangs vorgetragene Definition von Architektur »belie the creativity of ›messy practice‹ that give rise to real buildings« (ebd.).

Abb. 7: »Nachschrauben! Is feddisch ;-)« Arbeitsanweisungen und -abzeichnungen auf einem Balken in der Speckstraße 7 (Foto: D. Hemme)

Diese »creativity of messy practice« verweist auf eine ältere Idee Ingolds (2000), die den Blickwechsel weg von einer auch im staatlichen Umgang oft vorherrschenden »building perspective« hin zu einer »dwelling perspective« fordert. Die Essenz ersterer besteht nach Ingold in der Annahme »that worlds are being made before they are lived in« (Ingold 2000: 179). Die »dwelling perspective« hingegen trägt der Erkenntnis Rechnung, dass der intellektuelle Entwurf und die händische Umsetzung nicht nacheinander stattfinden: »Building then, is a process that is continually going on, for as long as people dwell in an environment. It does not begin here, with a preformed plan, and ends there, with a finished artefact« (2000: 188).

Diese Idee korrespondiert mit Michel Callons Idee der Kohärenz des Technisch-Kognitiven und Sozialen. Den Umgang mit baulichem Erbe als Form der Problematisierung zu begreifen, scheint in Hinblick auf das Verständnis von Ressourcen nützlich. Die Betrachtung der Übersetzungsvariante in Hann. Münden verdeutlicht, wie durch die Neuverflechtung sozialer und kognitiver Zusammenhänge Ressourcen entstehen. Callons These ist vor diesem Hintergrund allerdings hinzuzufügen, dass der Erfolg der Problematisierung noch eine andere – eine körperliche – Dimension hat, nämlich die der Handhabung. Restaurieren ist eine Praxis von körperlicher und insbesondere händischer Wissensaneignung und -erprobung. »Knowledge in hands«, wie der französische Ethnologe Travor Marchand (2012) das nennt, scheint für die Konzeptionalisierung von Ressourcen weiter von Interesse zu sein. Denn Anpacken erzeugt nicht nur Wissen über den Umgang, sondern vermittelt auch Zuversicht in die Machbarkeit des Umgangs – auch mit widerspenstigen gesellschaftlichen Problemlagen und Häusern.

Coda

Die schwedische Wirtschaftsnobelpreisträgerin Elinor Ostrom hat uns mit vielen Beispielen zu Allmenden, die nicht der »Tragedy of commons«[20] anheimfallen, gelehrt, dass gemeinschaftliches Eigentum erfolgreich verwaltet

---

20 Der Mikrobiologe und Umweltschutzexperte Garrett Hardin (1968) hat den Mechanismus des sogenannten Commons-Dilemma in Hinblick auf global verknappende natürliche Ressourcen beschrieben. Eine Allmende ist demzufolge ein fragiles Konstrukt, das jenseits der Prinzipien des Marktes angesiedelt ist, da ein Verhalten, dass den maximal möglichen Gewinn für einzelne erbringt, das gemeinschaftliche System gefährdet und

werden kann. Dabei hat sie auch dafür plädiert, nachhaltige Lösungen im Umgang mit Ressourcen eher von Bürgerinnen und Bürgern als vom Staat zu erwarten.[21] Ihre Arbeiten fordern dazu auf, Beispiele wie das beschriebene mit ethnografischer Forschung in den Blick zu nehmen – und damit gleichsam ein Teil oder eine »Kraft der Problematisierung« (Callon 2006: 53) zu werden. Aber wie formieren sich solche Problematisierungen, wenn Wissenschaft hinzukommt? Wie formiert solche Teilhabe wiederum das Selbstverständnis und die Arbeitsfelder von Wissenschaftler/innen?

Ein Zugang zum Feld erschließt sich, das lehrt das ethnografische Beispiel auch, in Form partizipativer Forschung und vor allem dann, wenn man selbst mit anfasst, Hand anlegt und sich schmutzig macht. Mitarbeitend ist man schnell beim »Arbeits-Du«, teilt Wissen um Techniken, Materialien und Kontexte ebenso wie den Genuss und die Backrezepte der Kuchen, die von anderen Aktivisten für die Baustelle gespendet werden. Mitarbeitend wachsen das Verständnis und die soziale Verbindlichkeit. Die Arbeit der eigenen Hände motiviert, selbst Genossenschaftsanteile zu zeichnen für ein Projekt, das sehr vielfältig zur Involvierung auffordert. Auch als Wissenschaftlerin war ich rasch in Dynamiken einbezogen.

Parallel zur Denkmalkunst-Bewegung hatte sich im Jahr 2013 von Hann. Münden ausgehend das sogenannte »Fachwerk-Fünfeck«, ein strategischer interkommunaler Zusammenschluss zum Erhalt des Fachwerkerbes in den Städten Duderstadt, Einbeck, Northeim, Osterode und Hann. Münden gebildet.[22] Bezuschusst durch Landesmittel, werden derzeit zwei Mitarbeiter beschäftigt, um Anerkennung und Wahrnehmung für den umfangreichen Fachwerkbestand in den fünf Städten zu erzeugen und um »die Nutzung der Fachwerkhäuser als wichtigste Problemlösung [herauszustellen], denn ansonsten seien die Innenstädte nicht überlebensfähig«.[23] Im Anschluss an die

---

schließlich zerstört. Ostroms Arbeiten setzen der ökonomisch und politisch einflussreichen Idee der »tragedy of commons« Beispiele entgegen, die zeigen, wie Allmenden funktionieren, ohne an dem Spannungsfeld von Individual- und Kollektivinteressen zu scheitern.

21 Vgl. Ostrom 2011 und den Bericht über die Nobelpreisträgerin: http://www.faz.net/aktuell/wirtschaft/elinor-ostrom-die-tragik-der-allmende-1578310.html (29.01.2015).

22 Möglich wird dies durch einen 800.000-Euro-Zuschuss des Bundesbauministeriums, zu dem die Kommunen noch einmal 80.000 Euro beisteuern: http://www.hna.de/lokales/northeim/northeim-ort47320/fachwerkzentrale-kommt-nach-northeim-4504461.html (23.04.2015).

23 http://www.leinetal24.de/lokales/einbeck/fachwerk-fuenfeck-naechste-huerde-genommen-4540243.html (23.04.2015).

Tagung, für deren Dokumentation dieser Beitrag geschrieben wurde, verkündeten die am Fachwerk-Fünfeck beteiligten Bürgermeister den Plan, man wolle mit den gemeinsamen Fachwerkmonumenten UNESCO-Weltkulturerbe werden.[24] Die Bürgergenossenschaft, die angesichts der fortschreitenden Arbeiten in der Speckstraße neue Herausforderungen suchte, unterhielt inzwischen den »Mündener Salon«, bei dem die Engagierten rege Strategien ersonnen, um einem Eigentümer von sieben zerfallenden Fachwerkhäusern in der Innenstadt seine Immobilien abzutrotzen. In diesem Kontext erwachte auch die aus Raummangel aufgegebene Idee des Denkmalkunstfestivals zu neuem Leben. Bernd Demandts verfolgt mit anderen Aktivistinnen und Aktivisten aktuell mit Nachdruck das Vorhaben »Denkmal!Kunst – KunstDenkmal! im Fachwerkfünfeck«, bei dem die leerstehenden Häuser in den anderen vier Städten zum Ausstellungsort und Setting für weitere Kunstausstellungen werden sollen, um die Lesart der Häuser zu verändern.

Die Übertragbarkeit des Beispiels, die eine interessante abschließende Forschungsfrage für diesen Beitrag hätte bilden können, wird in der Praxis schon bald erprobt werden. Für einen Förderantrag beim Bundesministerium für Bildung und Forschung im Rahmen der Ausschreibung »Zukunftsstadt« wurde ich ebenso rasch einbezogen, wie die für Bauwerkserhaltung und Denkmalpflege denominierte Professorin an der HAWK, Birgit Franz, die seit langem Kooperationen zur lokalen Denkmalpflege hat und mit ihren Studierenden die Denkmalkunstfestival wissenschaftlich begleitet hatte. Als weitere Ressourcen tragen wir durch unsere Sichtweisen zu den Problematisierungsformen alter Häuser bei. Welche Effekte das haben wird, bleibt aufmerksam wahrzunehmen.

---

24 »Fachwerk-Fünfeck will Weltkulturerbe werden«, in: *Göttinger Tageblatt* 28.01.2015: http://www.goettinger-tageblatt.de/Nachrichten/Goettingen/Uebersicht/Muenden-Duderstadt-Einbeck-Osterode-Northeim-Fachwerk-Fuenfeck-Weltkulturerbe (23.04.2015).

Literatur

Bendix, Regina u.a. (Hg.), *Heritage Regimes and the State* (Göttingen Studies in Cultural Property, Volume 6), Göttingen 2012.

Beetz, Stephan, »Peripherisierung als räumliche Organisation sozialer Ungleichheit«, in: Barlösius, Eva/Neu, Claudia (Hg.), *Peripherisierung – eine neue Form sozialer Ungleichheit,* (Materialien der Interdisziplinären Arbeitsgruppe Zukunftsorientierte Nutzung ländlicher Räume – LandInnovation), Berlin 2008, S. 7–16.

Callon, Michel, »Die Sozio-Logik der Übersetzung. Auseinandersetzungen und Verhandlungen zur Bestimmung von Problematischem und Unproblematischem«, in: Belliger, Andréa /Krieger J., David (Hg.), *ANThology, Ein einführendes Handbuch zur Akteur-Netzwerk-Theory,* Bielefeld 2006, S. 51–74.

Franz, Birgit, »Bilder im Kopf – Symbiose von Wort und Bild. Das Flächendenkmal Hannoversch Münden als Beispiel«, in: Deutsches Nationalkomitee für Denkmalschutz (Hg.), *Kommunizieren – Partizipieren. Neue Wege der Denkmalvermittlung,* Band 82, Bonn 2012, S. 175–182.

Hardin, Garrett, »The Tragedy of the Commons«, in: *Science* 3859 (1968), S. 1243–1248.

Ingold, Tim, *Making. Anthopology, Archaeology Art and Architecture,* London u.a. 2013.

— *The Perception of the Environment: Essays on Livelihood, Dwelling and Skill,* London u.a. 2000.

Kirksey, S. Eben/Helmreich, Stefan, »The Emergence of Multispecies Ethnography«, in: *Cultural Anthropology* 25/4 (2010), S. 545–576.

Marchand, Trevor H.J., »Knowledge in Hand: explorations of brain, hand and tool«, in: Fardon, Richard u.a. (Hg.), *Handbook of Social Anthropology,* London 2012, S. 260–269.

Maron, Bernhard, »Entwicklung und Verteilung von Energiegenossenschaften in Deutschland«, in: *Ökologisches Wirtschaften* 27/1 (2012), S. 41–45.

Meyer, Friedhelm u.a., »Eigenes Erbe – fremdes Erbe – gemeinsame Zukunft«, in: *Berichte zur Denkmalpflege in Niedersachsen* 4 (2012), S. 235–244.

Ostrom, Elinor, *Was mehr wird, wenn wir teilen. Vom gesellschaftlichen Wert der Gemeingüter* (herausgegeben, überarbeitet und übersetzt von Silke Helfrich), München 2011.

Peukert, Alexander, *Die Gemeinfreiheit. Begriff, Funktion, Dogmatik,* Tübingen 2012.

Pomian, Krzysztof, *Der Ursprung des Museums. Vom Sammeln,* Berlin 1988.

Rees, Anke, »Widerspenstige Gebäude. Eine Atmosphären-Netzwerk-Theorie«, in: Rolshoven, Johanna/Omahna, Manfred (Hg.), *Reziproke Räume. Texte zu Kulturanthropologie und Architektur,* (Cultural Anthropology meets Architecture, Bd. 1), Marburg, 2013, S. 65–81.

Sennett, Richard, *Handwerk,* Berlin 2009.

Tauschek, Markus, »›Writing Heritage‹ – Überlegungen zum Format Bewerbungsdossier«, in: Berger, Karl C. u.a. (Hg.), *Erb.gut? Kulturelles Erbe in Wissenschaft und Gesellschaft,* Wien 2009, S. 437–448.

Was mensch zum Leben braucht – Ressourcen unter kultur- und sozialwissenschaftlicher Perspektive. Zum Ausklang

Michaela Fenske

1. Die Frage nach dem guten Leben

Der süße Brei, den das Zaubertöpfchen wann immer nötig kocht; das Tischlein, das sich bei Bedarf von allein mit köstlichen Speisen deckt; der dicke fette Pfannekuchen, der sich von den Bedürftigsten freiwillig verzehren lässt; die gebratenen Hühner, Gänse und Tauben, die dem Hungrigen in den Mund fliegen – populäre Erzählungen berichten in Europa bis weit in die Moderne hinein immer wieder von der Erfüllung des Wunsches, sich satt zu essen.[1] Geschichten vom guten Leben waren in einer Welt, in der Hunger und Plackerei das Los der Bevölkerungsmehrheit waren, nicht selten Genussphantasien. Ob solche »Popularutopien« (Richter 2010: 1301) gesellschaftliches Veränderungspotential haben, ist umstritten.

Die Beurteilung der Transformationskraft gesellschaftlicher Entwicklungen bleibt abhängig vom Politikverständnis der jeweils Deutenden. Der Philosoph Ernst Bloch, bekannt für sein Denken einer Verbindung von Alltag und Utopie in Gestalt konkreter Utopien, sah beispielsweise in Märchen ein wichtiges emanzipatorisches Potential (Bloch 1959; vgl. auch Bausinger 1996: 40; Richter 2010: 1300). So ließe sich der Traum vom Sattessen durchaus auch als Anstoß des Nachdenkens über Verteilungsgerechtigkeit bei der Aufteilung der Mittel sehen, die Menschen zum Leben

---

[1] Die Geschichten finden sich in verschiedenen europäischen Erzählsammlungen, so auch in den Kinder- und Hausmärchen von Jacob und Wilhelm Grimm (Nach der Ausgabe von 1857, München: Diederichs 1996, KHM 36: Tischleindeckdich, KHM 103: Der süße Brei, KHM 158: Das Märchen vom Schlaraffenland). Die Geschichte vom dicken, fetten Pfannekuchen z. B. in der Version Colshorn, Carl und Theodor: Märchen und Sagen aus Hannover. Hannover 1854, www.zeno.org/Literatur/M/Colshorn,+Carl+und+Theodor/Märchen+und+Sagen/Märchen+und+Sagen+aus+Hannover/57.+Vom+dicken+fetten+Pfannekuchen (04.07.2015).

brauchen. Was aber bedeutet gutes Leben, wenn der süße Brei oder der fette Pfannekuchen gegessen, die Primärbedürfnisse des Körpers nach Nahrung und Schutz nachhaltig befriedigt sind?

Mitte des 19. Jahrhunderts entwarf der Schriftsteller Henry David Thoreau seine Version des guten Lebens. Sein Buch »Walden, or Life in the Woods« (1845)[2] kritisierte die amerikanische Konsumgesellschaft, der Thoreau das Gegenbild eines von Natur inspirierten Lebens gegenüberstellte. Das Werk wurde zum Klassiker der Aussteigerliteratur und ist bis heute eine vielzitierte Inspirationsquelle sozialer Bewegungen (vgl. Derwanz in diesem Band; vgl. auch Lorenz 2014: 21–38). Thoreau lehnte darin materielle Akkumulation als Lebensinhalt ab und setzte stattdessen auf Bildung und die Entwicklung menschlicher Potentiale. Nicht alle müssten dabei seinem Beispiel eines einfachen (Teilzeit-)Lebens im Wald folgen; jede einzelne Person müsse sich letztlich selbst fragen, ob die von ihr eingesetzten Mittel geeignet seien, den Zweck eines guten Lebens zu erreichen. Zum Überleben bräuchte der Mensch letztlich wenig, seine Freiheit, selbst bestimmt zu leben, sei mithin groß.

Im Sinne Thoreaus lesen sich auch die Praktiken der Studierenden der Hochschule für nachhaltige Entwicklung in Eberswalde.[3] Sie haben auf ihrem Campus Hochbeete installiert, die in Anlage und Gestaltung die Ideen der im nahen Berlin seit der Wende zum dritten Jahrtausend inzwischen fast 100 neu entstandenen urbanen Gemeinschaftsgärten aufnehmen (Halder u. a. 2014: Gartenkarte). Kohlrabi, Mangold, Kopfsalat oder rote Beete sind hier nicht nur Bestandteile studentischer Ernährungskultur. Die besondere naturale Ästhetik verkündet zugleich die politischen und sozialen Botschaften des urbanen Gemüseanbaus im öffentlichen Raum: die Etablierung umweltgerechter und auf Nachhaltigkeit setzender Wirtschaftsweise, menschengerechte Formen gemeinsamen Arbeitens und Wirtschaftens, eine auf Teilhabe und bürgerschaftliches Engagement setzende Politik. Dass mensch, nahe besehen, wenig zum Leben braucht, unterstreicht die in Holz gebrannte Einladung an den Beeten: »Nimm Dir gerne, was Du wirklich brauchst!«

---

[2] Hier wurde die digitale Ausgabe der Edition Gutenberg verwendet, http://www.guten berg.org/files/205/205-h/205-h.htm (04.07.2015).

[3] Dieses und weitere Beispiele stammen aus Feldnotizen der Autorin, die im Rahmen eines Projektes über urbane Imkerei entstanden sind, hier 17.06.2015.

Diese Beispiele aus zahllosen Entwürfen eines guten Lebens deuten einerseits Variationen des Themas in Zeit und Raum an. Andererseits betonen sie, dass die Frage nach einem guten Leben auch immer auf das Individuum in Auseinandersetzung mit der jeweiligen Umwelt zielt, dass das Gute nicht ohne Vorstellungen vom Richtigen gedacht werden kann und dass den jeweiligen Entwürfen eines guten Lebens immer auch etwas Utopisches anhaftet. Ressourcen im Wortsinn als das gedacht, was hervorquillt, sind dabei »Mittel der Lebenssicherung« (Tauschek, in diesem Band). Als solche sind sie Grundlage und Voraussetzung sowohl des Lebens im Sinne körperlich-materiellen Selbsterhalts als auch der Lebensgestaltung im Sinne eines als gut empfundenen Lebens.

Ressourcen sind in der Konzeptionalisierung des vorliegenden Bandes ebenso Gegenstand gesellschaftlicher Verhandlung wie Gesellschaften sie durch Zuschreibungen und Nutzungen erst hervorbringen, kurz: Ressourcen sind ebenso wie ihre Definition, Bewertung oder Verteilung von Menschen gemacht (zur theoretischen Fassung des Konzepts vgl. die Beiträge von Tauschek, Welz, Groth und Kramer in diesem Band). Damit wird die Frage der Ressourcen, unter dem Eindruck der Vielfachkrise im beginnenden dritten Jahrtausend vor allem unter dem Blickwinkel von Begrenztheit und Verknappung betrachtet, zu einem immanent kultur- und sozialwissenschaftlichen Thema. Die in diesem Band einleitend aufgeworfene Frage nach der Herstellung von und dem Umgang mit Ressourcen in spätmodernen Gesellschaften wird in den hier versammelten Beiträgen theoretisch und empirisch anhand konkreter Fallstudien beantwortet. Mein Ausklang fokussiert auf gemeinsame Perspektiven dieser Argumentationen und einige sich daran anknüpfende Fragen.

2. Von Menschen geMacht: Knappheit, Überfluss und das richtige Maß

Das in diesem Band vertretene Verständnis von Ressourcen als etwas von Menschen Gemachtes ermöglicht nicht nur neue Perspektiven auf Knappheit und dem mit ihr, mitunter auch konkret lebensweltlich erfahrbar, in enger Relation stehendem Überfluss. Es zielt letztlich auch auf die im Kontext spätmoderner Konsumgesellschaften als zunehmend relevant erkannte Frage nach dem richtigen Maß von Konsum, Produktion und Verteilung – von dem Soziologen Stefan Lorenz kürzlich in die griffige Frage nach »Mehr oder Weniger?« gefasst (2014). Damit geraten auch die Wirtschaftsweise sowie mögliche Gegenmodelle zum Vorherrschenden in den Blick. Die theoretisch ausgerichteten Beiträge des vorliegenden Bandes entwerfen im Wesentlichen übereinstimmend zentrale Grundlagen eines aktuellen Verständnisses von Ressource, Knappheit oder Überfluss. Deutlich wird, wie sich die kapitalistische Wirtschaftsweise seit der Moderne universell keineswegs als einzige, wohl aber als die bislang erfolgreichste Wirtschaftsweise etabliert hat. Mit der Etablierung des »homo oeconomicus« sowie des Marktes als Ort der Distribution und Regulation von Angebot und Nachfrage wird zugleich Knappheit zum Prinzip. Dort wo sie sich, wie zum Beispiel im Falle erschöpfbarer Bodenschätze, nicht quasi von selbst ergibt, wird Knappheit durch Inklusions- und Exklusionsmechanismen erzeugt. Unter die Logik kapitalistischer Inwertsetzung lässt sich inzwischen nahezu alles subsummieren: immaterielles kulturelles Erbe ebenso wie erschöpfbare Rohstoffe, akademisches und handwerkliches Wissen oder Ökosysteme. Und möglicherweise ist dem Begriff der Ressource in der Art und Weise seiner Verwendung seit der Moderne bereits selbst eine Perspektive der Inwertsetzung eingeschrieben.

Knappheit mag, wie Stefan Groth argumentiert, stets eine situierte sein, und gerade darin offenbart sich ihre soziale Herstellung. Gerade in den Krisenzeiten der Spätmoderne zeigt sich die Modellhaftigkeit des kapitalistischen Systems, in dem Fragen gesellschaftlicher und politischer Macht mit Hinweis auf Markt und Wettbewerb einerseits offiziell ausgeklammert, andererseits aber in den Praxiswelten des Alltags besonders wirkungsmächtig werden. Die von den Beiträger/innen für ethnologische Forschungen als wesentlich herausgestellte Dekonstruktion der Herstellung von Knappheit und Überfluss wird damit auch und vor allem zu einer Analyse gesellschaftlicher und politischer Machtverhältnisse. Dabei gewinnen neben Fragen der sozialen Gerechtigkeit auch weiter ausgreifende ethische Diskussionen im Bereich des Konsumierens und Produzierens zunehmend an Bedeutung (z. B. Hirschfelder 2015; Kramer, Wagener-Böck und Warda, in diesem Band). Die im gesellschaftlichen Diskurs immer öfter erhobene Frage nach der Moral liest sich in diesem Zusammenhang als Ausdruck der Diskussion von Werten, aber auch als Ringen einzelner Gruppen und Personen um Deutungshoheit. Wie sich Religionen in diese Prozesse einschreiben, ist dabei eine offene, möglicherweise aber zunehmend relevante Frage.

Die historische Dimensionierung der theoretischen Beiträge zeigt anschaulich, dass Fragen nach dem gutem Leben, nach einer gerechten Verteilung des Vorhandenen und dem richtigen Maß in Zeit und Raum immer wieder aktualisiert und jeweils sehr verschieden beantwortet worden sind. Eine solche historische Perspektivierung ist auch als Angebot zu verstehen, sich von ebenfalls von Menschen gemachten Zwängen scheinbarer Alternativlosigkeit zu befreien und über neue Möglichkeiten dessen, was mensch zum Leben braucht und wie eine möglichst optimale Verteilung aussehen könnte, nachzudenken.

An Diskussionen über mögliche Alternativen zum derzeit vorherrschenden Wirtschaftssystem mangelt es in den westlich geprägten Gesellschaften des globalen Nordens momentan nicht. Besonders prominent ist die von der Nobelpreisträgerin für Wirtschaftswissenschaften Elinor Ostrom (1999) empfohlene kooperative Bewirtschaftung von Gemeingütern. Ostrom (2012) selbst weist darauf hin, dass ein Erfolg der Gemeingüter wesentlich von Kommunikation unter den daran Beteiligten abhängt. Vor dem Hintergrund historischer Erfahrungen im Kontext der Allmendewirtschaft dürfte Konfliktfähigkeit eine weitere wesentliche Voraussetzung für ein Gelingen kooperativen Wirtschaftens auf der Basis von Gemeingütern sein (Fenske/Vogel 2015). Die gegenwärtig in der Öffentlichkeit diskutierten theoretischen Alternativen zur derzeitigen Wirtschaftsweise nehmen Ostroms Anregungen etwa in Gestalt von Gemeinwohlökonomien auf. Sie umfassen ebenso Konzepte einer generellen Abkehr von der bisherigen Wirtschaftsordnung bzw. Wirtschaftspraxis sowie ihren Paradigmen im Rahmen der Degrowth-Bewegung wie ihre grundlegende Modifikation in Gestalt von auf Suffizienz oder Subsistenz setzenden Postwachstumsökonomien oder von Ideen eines staatlich garantierten Grundeinkommens für alle.[4]

Neue Wege im Umgang mit Ressourcen, die damit verbundenen Verteilungsfragen und die Frage nach dem guten Leben werden zudem in vielen gesellschaftlichen Praxisfeldern erprobt. Dieter Kramer spricht in diesem Zusammenhang von gesellschaftlichen »Suchbewegungen«, in denen Akteur/innen der verschiedenen neuen sozialen Bewegungen Lösungen für die spätmoderne Krise verhandeln (in diesem Band). Einige dieser Praxisfelder wie der Umgang mit Energie, alten Häusern (auch solchen, die als Denkmäler in Wert gesetzt und neuerlich als Ressource entdeckt werden), Mobilität,

---

4 Griffig zusammengefasst und personalisiert bei: Brunner, Katharina/Liebrich, Silvia, »Schwierige Zählung. Alternative Theorien/Ideen für eine Reform des Kapitalismus«, in: *Süddeutsche Zeitung*, 01.07.2015, S. 16.

Praktiken des Reparierens und Recycelns oder ein auf Minimalismus setzender Lebensstil stellen die Beiträger/innen in diesem Band vor. Bei der Suche nach Gemeinsamkeiten ihrer Analysen fallen spezifische Aspekte bezüglich der Akteur/innen, Praktiken, Räume und Potentiale der Bewegungen auf.

3. Akteur/innen, Praktiken, Räume, Potentiale – »Suchbewegungen« im beginnenden 21. Jahrhundert

Ob beim Reparieren oder dem demonstrativen Einüben freiwilligen Verzichts: Die Wort führenden Akteur/innen der sozialen Bewegungen der Jetztzeit entstammen offenbar vor allem der gesellschaftlichen Mitte.[5] Dazu gehören auch Akademiker/innen oder »Wissensarbeiter/innen«, die von zeitgenössischen Umwandlungen des Kapitalismus etwa in Gestalt des »kommunikativen« oder »kognitiven Kapitalismus« (Dean 2015; Lorey/ Neundlinger 2012; Simanowski 2013) besonders betroffen sind. Nur nebenbei bemerkt macht dieser Umstand kultur- und sozialwissenschaftliche Forschung im Kreis der neuen Bewegungen auch zu einer Forschung im eigenen Sozialmilieu. Was dies für ethnographische Forschung und Analyse bedeutet, bedarf mindestens der Reflexion im Forschungsprozess. Die Akteur/innen aus der bürgerlichen Mitte schließen sich in Gruppen zusammen und gestalten gemeinsam die jeweiligen Praxisfelder im öffentlichen Raum. Diese tendenziell sozial eher relativ homogenen Gruppen lassen sich mit Jean Love und Etienne Wenger ebenso als »Communities of Practice«, also als Lern- und Arbeitsgemeinschaften, beschreiben (z. B. 2011; vgl. auch Grewe in diesem Band), wie als Genussgemeinschaften, die Freude an der Gemeinsamkeit entwickeln. Kooperation wird als wesentliche Ressource entdeckt (vgl. Groth in diesem Band), die es gestattet, Busse auch dort fahren zu lassen, wo ansonsten die Infrastruktur von Kommunen vernachlässigt wird, oder aber alte Häuser und marode Innenstädte zu restaurieren, die ohne den ehrenamtlich-bürgerschaftlichen Einsatz weiterem Verfall ausgesetzt wären (Endter und Hemme in diesem Band).

---

5 Über die soziale Zusammensetzung der neuen sozialen Bewegung stehen detaillierte Angaben derzeit aus. Die Soziologin und Stadtfarmerin Elisabeth Meyer-Renschhausen betont mit Blick auf Urban Gardening, dass beispielsweise in Berliner Gemeinschaftsgärten zwar die bürgerliche Mitte für die Medien den Ton angebe, dass Mitglieder anderer Sozialmilieus aber aktiv mitgärtnern (2014: 38).

Demgegenüber wirken die Aktivitäten anderer sozialer Gruppen, wie etwa der von Energiearmut oder Schulden Betroffenen, individualisiert, wenn nicht gar vereinsamt (Brunner und Meyer in diesem Band). Ihre Praktiken im Umgang mit Knappheit und Mangel gelten auch deshalb als gesamtgesellschaftlich nicht beispielgebend, weil der erzwungene Verzicht für die Akteur/innen mit negativen physischen und psychischen Folgen verbunden sein kann. Der nachhaltige Lebensstil der bürgerlichen Mitte ist mithin zumindest in Teilen seiner Ausprägung auch ein Lebensstil, den sich mensch dank der eigenen Kapitalausstattung auch leisten können muss. Was bedeutet dies für gesellschaftliches Miteinander, Solidarität, Gemeinsamkeit? Erproben die verbreiteten sozialen Bewegungen bei ihrer Suche nach Lösungsmöglichkeiten aktueller Probleme diesbezüglich auch neue Möglichkeiten?

Ob und wo sich Mitglieder verschiedener sozialer Milieus solidarisieren und gemeinsame Lösungen für die gesellschaftlichen, ökologischen, politischen und wirtschaftlichen Krisen suchen, könnte ebenso wie die Frage danach, was solche milieuübergreifende Solidarität und Gemeinsamkeit fördert, eine wichtige Perspektive kultur- und sozialwissenschaftlicher Forschung sein. Wo ist in diesem Zusammenhang die sogenannte Elite – als Agentin gesellschaftlicher Transformationen, aber auch in den Forschungen? Wo agieren Angehörige der gesellschaftlichen Elite als Pionier/innen, Erfinder/innen, Abenteuer/innen in Sachen Lösungssuche für die Vielfachkrise? Oder anders perspektiviert: Wo stiftet die demonstrativ zur Schau gestellte Verschwendung von Ressourcen, seit der Vormoderne Privileg der Herrschenden, neuerdings gesellschaftliche Unruhe?

Wenn etwa Hollywoodgrößen aus Angst vor aktivistischer Bloßstellung im Internet aufgrund der Wassernot in Kalifornien derzeit nicht mehr wagen, ihre Rasenflächen zu bewässern, dann dokumentiert der Slogan »Braun ist das neue Grün« den (un)freiwilligen Verzicht Besitzender.[6] Welche Rolle soziale Kontrolle und Konflikte im Umgang mit Ressourcen spielen, wie sich die Diskussion um ethische Werte und Normen hier ausdrückt, sind nur einige der sich aus diesem Zusammenhang ergebenden weiteren Fragen. Wie sich über die Ressourcenfrage soziale Ordnungen und Milieus und vorhandene Ungleichheiten reproduzieren oder aber wie sie sich in diesen Auseinandersetzungen verändern, ist sowohl auf der Ebene globaler

---

6 Schmieder, Jürgen, »Braun ist das neue Grün. Dürre in Kalifornien«, in: *Süddeutsche Zeitung* online, 15. Juni 2015: http://www.sueddeutsche.de/panorama/duerre-in-kalifornien-braun-ist-das-neue-gruen-1.2522303?reduced=true (04.07.2015).

Aushandlung (Winterberg in diesem Band) als in lokal-regionalen Nahwelten eine wesentliche Perspektive kultur- und sozialwissenschaftlicher Forschung.

Was ihre Praktiken betrifft, so setzen viele Akteur/innen der neuen sozialen Bewegungen auf das Selber-Machen, stehen also unter dem Dach der international aktiven Do-it-yourself-Bewegung. Selbermachen umfasst händisch-körperliches Tun – zusätzlich zu den in diesem Band beschriebenen Aktivitäten vor allem auch das öffentliche Gärtnern oder Imkern, die Herstellung eigener Lebensmittel, das Kochen und Konservieren von Speisen. Die Wertschätzung des Handwerklichen, des Erfahrungs- und Praxiswissens ist von einem intellektuellen Diskurs begleitet (zum Beispiel Sennett 2009), der in den betreffenden Communities vielfach als bekannt und handlungskonstitutiv vorausgesetzt werden darf (zum Beispiel Baier u.a. 2013). Selbermachen ist in diesen Milieus keine aus der Not geborene Praxis, sondern eine bewusste Entscheidung der Ressourceneinsparung im Sinne nachhaltigen Wirtschaftens sowie eine Möglichkeit, Selbstwirksamkeit (Grewe in diesem Band) und Souveränität zu erfahren. Diese Praxis wird begleitet vom demonstrativen Recyceln im Sinne eines umfassenden »Doing Nachhaltigkeit« (Wagener-Böck in diesem Band).

Die Wiederentdeckung historischen Wissens, historischer Rezepte und alter Pflanzensorten, vergessener Tierrassen und Lebensmittel mündet nachgerade in eine neue Bildungsbewegung, die ihre Botschaft vom anderen Wirtschaften und vom neuen Umgang mit Ressourcen als Voraussetzung eines guten, besseren Lebens im öffentlichen Raum geschickt zu platzieren und medial zu kommunizieren vermag. Die Ästhetisierung des Analogen ist begleitet von einer hohen digitalen und medialen Kompetenz, die den Akteur/innen und jeweiligen Communities eine anhaltende Aufmerksamkeit der Medien sichert. Kommunikation ist eine zentrale Praxis der neuen sozialen Bewegungen. Erzählungen, wiederentdeckte alte Begriffe, Wortneuschöpfungen und mit ihnen generell Neuschöpfungen der Sprache kommt dabei eine herausragende Bedeutung zu. Erzählungen von der geglückten Rettung schöner alter Häuser gehören dazu (Hemme in diesem Band); auch Wortneuschöpfungen wie Mülltauchen, welche die Dynamik der Bewegung und die Freude am Abenteuer mit Gesellschaftskritik verbinden (Bendix in diesem Band). Sprache erweist sich im Kontext der neuen Bewegung selbst als Ressource, die kreativ eingesetzt und verwertet wird. Die derart entstehenden Wiederentdeckungen und Neuschöpfungen sorgen auch für in dieser Weise möglicherweise nicht intendierte Irritationen: wenn etwa die Studierenden ihre Campus-Gärten in Eberswalde »Mothership« taufen, Anbieter von Gemüsesamen diese als »Reinsaat« anpreisen, der Begriff »Sonnenwende« für den Sommeranfang wieder vermehrt genutzt wird oder auf Tagungen für blühende Landschaften die für das Tierreich bekannte Diskussion um schädliche Einwanderer, sogenannte Neophyten (Schmoll 2003), aktualisiert und dabei in heimische und gute sowie andere Arten getrennt wird.[7] Derartige Begriffe wecken ungute Erinnerungen an historische Vorläufer, konservative, wenn nicht sogar rechtsradikale Konzepte von Biologie und Gesellschaft. Ob und was sich hier in den sozialen Bewegungen womit vermischt bzw. nicht vermischen soll, wäre im Einzelfall zu prüfen.

Im dritten Jahrtausend lebt die Mehrheit der Menschheit in der Stadt. Ressourcenfragen sind hier insofern besonders relevant, als in Städten der größte Bedarf an Ressourcen besteht und über die Lösung aktueller Krisen maßgeblich mitentschieden wird. Die neuen urbanen Bewegungen verstehen sich ihrem Selbstverständnis nach zu einem guten Teil auch als Aktivist/innen einer Neugestaltung des Stadtraums, die unter dem Motto »reclaiming the cities« ihre Städte gegenüber Finanzinvestoren und Großkapital als Lebenswelt der Vielen zurückfordern (vgl. auch Tauschek in diesem Band). Ob und wie in den diversen urbanen Experimentierfeldern herkömmliche Raumordnungen und Stereotypisierungen von Stadt und Land verhandelt werden, wie sich verschiedene Milieus raumübergreifend verbinden, ist bislang in der Forschung wenig beachtet worden. Manches spricht dafür, dass sich der urbane Aktivismus derzeit bevorzugt mit der Stadt beschäftigt, was die Probleme des, im öffentlichen Diskurs zunehmend als abgehängt begriffenen ländlichen Raums eher zu verschärfen droht.

Die sozialen, politischen und wirtschaftlichen Potentiale der neuen sozialen Bewegungen werden im vorliegenden Band tendenziell eher positiv eingeschätzt. Ihre Problemdiagnosen und Lösungsversuche werden als Praxisexperimente gesehen, die Alternativen aufzeigen und politische Wirksamkeit haben (z. B. Kramer und Stein in diesem Band). In diesem Sinne sind die heutigen Bewegungen mit ihren Vorläufern der 1970er und 80er Jahre etwa im Umkreis der Umwelt- und Ökologiebewegungen vergleichbar. Diese Bewegungen mündeten nicht nur in die europaweite Gründung der neuen politischen Partei der Grünen und damit der Verankerung einiger

---

7 Feldnotizen der Autorin, Frühjahr 2015.

Ziele der Bewegung in offiziellen politisch-staatlichen Systemen, sondern auch in zahlreiche neue Alltagspraktiken. Soziale Bewegungen sind in diesem Sinne Labore der Zivilgesellschaft, die »organisierte Lernerfahrungen ermöglichen, in denen Theorie und Praxis verbunden sind« (Jamison 2012: 169).

Kritisch ließe sich freilich anmerken, dass die erprobten Alternativen die Bedingungen des vorherrschenden kapitalistischen Systems nicht unbedingt grundsätzlich in Frage stellen, diesem mit ihren kreativen Potentialen möglicherweise sogar im Sinne des kognitiven Kapitalismus zuarbeiten. Baumärkte, die mit dem Trend zum Selber-Machen werben, international renommierte Getränkehersteller, die grüne »Cola life« vertreiben, Billigtextilhersteller, die ausgerechnet mit in anderen Teilen der Welt gerade in der Textilindustrie als billige Arbeitskräfte geschätzten Kindern für die Nachhaltigkeit ihrer Produkte werben,[8] mögen noch als Ausdruck eines, die weltweiten Ressourcen – und dies meint eben auch die Kreativität und den Ideenreichtum alternativer Bewegungen – einverleibenden Kapitalismus betrachtet werden. Als Folge davon werden auch die mit den alternativen Praktiken verbundenen, die vorherrschenden Weisen des Wirtschaftens in Frage stellenden Guerilla-Aspekte gewissermaßen aufgehoben.

Skeptiker wie der Soziologe Ingolf Blühdorn sehen in den neuen sozialen Bewegungen selbst ein Problem verortet, das etwaig vorhandene Potentiale für dringend benötigte Transformationen negiert. Demnach sind die in den neuen Bewegungen organisierten Mitglieder der Gesellschaftsmitte als Vertreter/innen der LOHAS letztlich mehr an Selbstverwirklichung als an gesellschaftlicher Solidarität interessiert. Nach Blühdorn (2011) entspricht der hier verbreitete Lebensstil des grünen Konsums dem Wachstumsparadigma, ohne dass die Demokratien westlicher Gesellschaften sich nicht entwickelt hätten. Die in diesem Zusammenhang von Blühdorn vorgenommene (und übrigens auch im mündlichen wissenschaftlichen Diskurs momentan verbreitete) Einteilung der Kultur- und Sozialwissenschaftler/innen in Optimist/innen und Pessimistist/innen vermag allerdings deshalb nicht zu überzeugen, weil sie Wissenschaft in die Nähe von prinzipiellen Glaubens- und Haltungsfragen rückt.

---

8 Zu finden in Gestalt von Plakaten im analogen öffentlichen Raum, teilweise aber auch im digitalen Raum: http://www.toom-baumarkt.de/selbermachen/ (04.07.2015); Frühjahrskollektion von C&A: http://www.riverside.at/ca-aktion-marz2015/ (04.07.2015).

Beschränken sich Sozial- und Kulturwissenschaften darauf, die genannten Suchbewegungen der Gesellschaft zu beobachten, zu analysieren, zu dekonstruieren und zu kritisieren? Werden sie selbst aktiv im Sinne aktivistischer Forschung, oder gibt es weitere Möglichkeiten? Was ist mit Blick auf die Erforschung der Schaffung und des Umgangs mit Ressourcen im Kontext der notwendigen Zukunftsgestaltung Aufgabe der Kultur- und Sozialwissenschaften?

4. Die Zukunft im Blick: Imaginationskraft der Kultur- und Sozialwissenschaften

Die aktuellen Vorschläge aus dem Kreis der Sozial- und Kulturwissenschaften reichen von einer intellektuellen Unterstützung zentraler Inhalte der sozialen Bewegungen (z. B. Adloff/Leggewie 2014), bis hin zu einer die wissenschaftliche Autonomie betonenden, gleichwohl in den Transformationsprozessen engagierten Wissenschaft. Der Soziologe Stefan Lorenz etwa, der die Frage nach der Transformation der Konsumgesellschaft differenziert wissen will in die Frage, wann und für wen es mehr sowie wann und für wen es weniger geben müsse und der mit Thoreau Mittel- und Zweckrelationen prüfen will, sieht in der Etablierung einer transdisziplinären Verfahrenswissenschaft Chancen für die Etablierung einer nachhaltigen Entwicklung in der Gesellschaft (2014). Sozialwissenschaften komme demnach bei der Analyse gesellschaftlicher Probleme und der Erarbeitung von Entwicklungsoptionen eine herausragende Rolle zu. Für die Europäische Ethnologie plädierte Gisela Welz auf der diesem Sammelband vorausgegangenen Tagung in Kiel für eine konviviale Forschung, die danach frage, welches Wissen sie produziere und inwieweit dieses für die Gesellschaft nützlich sei (Fenske 2015).

Der kultur- und sozialwissenschaftliche Blick in die Zukunft sollte – so haben renommierte Verteter/innen der Kultur- und Sozialwissenschaften in letzter Zeit wiederholt angeregt – nicht prophetisch, wohl aber stärker imaginativ und hoffnungsvoll sein (bis hin zur Ausrufung der Utopie als Methode, Levitas 2013). Die lebens- und überlebensnotwendige Kraft der Utopie beschäftigte im Kontext der Auseinandersetzung mit gesellschaftlichen Bewegungen bereits vor zwanzig Jahre die deutschsprachige Europäische

Ethnologie (z. B. Katschnig-Fasch 1991). Die Frankfurter Kulturanthropologin Ina Maria Greverus sah ihre Disziplin in diesem Zusammenhang dezidiert als eine zukunftsorientierte Wissenschaft (1991). Der Anthropologe Arjun Appadurai hat in diesem Sinne erst kürzlich nochmals daran erinnert, dass die emanzipatorischen Kräfte »aspiration, anticipation and imagination« wesentlich seien, um zukünftig die brennenden Probleme der Gegenwart, darunter auch und vor allem die wachsende soziale Ungleichheit zu lösen. Ohne die Fähigkeit zu hoffen (»to aspire«) würden Worte wie »Empowerment«, »Stimme« (»voice«) und »Partizipation« bedeutungslos (Appadurai 2013: 289). So könnte die Frage nach dem guten, dem besseren Leben und die Erprobung der Imaginationskraft am Ende nicht nur Funktion populärer Träume bleiben, sondern auch eine Aufgabe der Kultur- und Sozialwissenschaften sein.

Literatur

Adloff, Frank/Leggewie, Claus (Hg.), *Das konvivialistische Manifest. Für eine neue Kunst des Zusammenlebens*, Bielefeld 2014.
Appadurai, Arjun, »The Future as Cultural Fact«, in: ders., *The Future as Cultural Fact. Essays on the Global Condition*, London/New York 2013, S. 285–300.
Baier, Andreas u.a., *Stadt der Commonisten. Neue Räume des Do it yourself*, Bielefeld 2013.
Bausinger, Hermann, »Alltag und Utopie«, in: Kaschuba, Wolfgang u.a. (Hg.): *Alltagskultur im Umbruch*, Weimar u.a 1996, S. 31–48.
Bloch, Ernst, *Das Prinzip Hoffnung 1-5*, Frankfurt am Main 1959.
Blühdorn, Ingolf, »Bürgerbewegungen, alternativer Hedonismus und Nicht-Nachhaltigkeit. Demokratie als Selbstillusion«, in: DIE GAZETTE 30 (2011), S. 26–30.
Dean, Jodi, »Kommunikativer Kapitalismus und Klassenkampf«, in: Luxemburg. Gesellschaftsanalyse und linke Praxis, April 2015, online unter: www.zeitschrift-luxemburg.de/kommunikativer-kapitalismus-und-klassenkampf/ (04.07.2015).
Fenske, Michaela, »Tagungsbericht: Zum Umgang mit begrenzten Ressourcen. Kulturwissenschaftliche Positionen, 13.11.2014 – 15.11.2014 Kiel«, in: H-Soz-Kult, 11.12.2014, http://www.hsozkult.de/conferencereport/id/tagungsberichte-5751 (04.07.2015).
Fenske, Michaela/Vogel, Anna-Carolina, *Subsistenz als Alternative? Praktiken des Ökonomischen zwischen gestern und morgen*, Unveröffentlichter Vortrag auf der Tagung Strategien der Subsistenz in Berlin, 23. Januar 2015.
Greverus, Ina Maria, »Aphorismen zu einer ›Utopie-Collage‹ wie zu ihrer Verkehrung«, in: *kuckuck* 6 (1991), S. 4–9.

Halder, Severin u. a. (Hg.), *Wissen wuchern lassen. Ein Handbuch zum Lernen in urbanen Gärtnern*, Neu-Ulm 2014.

Hirschfelder, Gunther u.a. (Hg.), *Was der Mensch essen darf. Ökonomischer Zwang, ökologisches Gewissen und globale Konflikte*, Wiesbaden 2015.

Jamison, Andrew, »Social Movements as Utopian Practice«, in: Jacobsen, Michael Hviid/Tester, Keith (Hg.), *Utopia. Social Theory and the Future*, Farnham u.a. 2012, S. 161–178.

Katschnig-Fasch, Elisabeth (Hg.), *Utopie. Kuckuck. Notizen zur Alltagskultur und Volkskunde* 6 (1991).

Levitas, Ruth, *Utopia as Method. The Imaginary Reconstitution of Society*, Houndmills u.a. 2013.

Lorenz, Stefan, *Mehr oder weniger? Zur Soziologie ökologischer Wachstumskritik und nachhaltiger Entwicklung*, Bielefeld 2014.

Lorey, Isabell/Neundlinger, Klaus (Hg.), *Kognitiver Kapitalismus*, Wien/Berlin 2012.

Love, Jean/Wenger, Etienne, *Situated Learning. Legitimate Peripheral Participation*, 24. Aufl., Cambridge 2011.

Meyer-Renschhausen, Elisabeth, »Gärtnern als (Sozial)Politik. Im Gespräch mit der Stadtfarmerin Elisabeth Meyer-Renschhausen«, in: Bendix, Regina/Fenske, Michaela (Hg.), *Politische Mahlzeiten/Political Meals*, Berlin 2014 (Wissenschaftsforum Kulinaristik 5), S. 33–42.

Ostrom, Elinor, *Die Verfassung der Allmende*, Tübingen 1999.

— *Was mehr wird, wenn wir teilen. Vom gesellschaftlichen Wert der Gemeingüter*, 2. Aufl., München 2012.

Richter, Dieter, »Utopie, Utopia«, in: *Enzyklopädie des Märchens. Handwörterbuch zur historischen und vergleichenden Erzählforschung 13* (2010), S. 1298–1302.

Schmoll, Friedemann, »Multikulti im Tierreich«. Über Fremde in der Natur, Globalisierung und Ökologie«, in: *Zeitschrift für Volkskunde* 99 (2003), S. 51–64.

Sennett, Richard, *Handwerk*, Berlin 2009.

Simanowski, Roberto, »Utopien und Dystopien im Internet und die antiutopische Botschaft«, in: Voßkamp, Wilhelm u.a. (Hg.), *Möglichkeitsdenken. Utopie und Dystopie in der Gegenwart*, München 2013, S. 259–289.

Autorinnen und Autoren

REGINA F. BENDIX lehrt seit 2001 Kulturanthropologie/Europäische Ethnologie an der Georg-August-Universität Göttingen. Ihre Forschungsschwerpunkte liegen unter anderem im Bereich der Inwertsetzung von Kultur (Tourismus, Kulturerbe u.a.), in der Kommunikations- und Erzählforschung sowie in der Wissens- und Wissenschaftsgeschichte. Gemeinsam mit Michaela Fenske hat sie den Band *Politische Mahlzeiten/Political Meals* (Münster 2014) herausgegeben; mit Aditya Eggert und Arnika Peselmann den Band *Heritage Regimes and the State* (Göttingen 2012).

KARL-MICHAEL BRUNNER ist Professor für Soziologie am Institut für Soziologie und empirische Sozialforschung an der Wirtschaftsuniversität Wien und Ko-Direktor des Österreichischen Instituts für Nachhaltige Entwicklung. Studium an der Universität Klagenfurt, Promotion an der Universität Wien mit einer Arbeit zu Jürgen Habermas und Ulrich Beck. Habilitiert an der Wirtschaftsuniversität Wien zum Thema Umweltsoziologie. Er ist in Forschung und Lehre mit Fragen gesellschaftlicher Naturbeziehungen und der Soziologie nachhaltiger Entwicklung beschäftigt. Seine gegenwärtigen Forschungsschwerpunkte sind nachhaltiger Konsum und sozialökologische Ungleichheiten, mit Schwerpunktsetzungen in den Bereichen Ernährung und Energiearmut. Aktuelle Publikation: »Soziale Ungleichheit, Gerechtigkeit und Nachhaltigkeit«, in: Luks, Fred (Hg.), *Rethink Economy. Perspektivenvielfalt in der Nachhaltigkeitsforschung – Beispiele aus der Wirtschaftsuniversität Wien*, München 2015.

HEIKE DERWANZ ist Europäische Ethnologin und Kunstwissenschaftlerin und promovierte über Karrieren von Street Art-Künstlern auf dem Kunst- und Designmarkt. An der HafenCity Universität Hamburg hat sie danach die Projektinitiative »Low-Budget-Urbanität. Zur Transformation des Städtischen unter dem Primat des Sparens« koordiniert und forscht dort zur nachhaltigen Nutzung von Textilien. Ihre Forschungsschwerpunkte sind nachhaltige Alltagspraktiken, Wirtschaftsethnologie, Stadtforschung, Kunstmarkt, Street Art und Outsider Art. Zuletzt erschienen ist »Saving the City. Collective Low Budget Organizing and Urban Practice«, Special Issue *Ephemera. Theory and Politics in Organization* 01 (2015), hg. mit Paula Bialski, Birke Otto und Hans Vollmer.

CORDULA ENDTER, M.A. Europäische Ethnologie und Dipl. Psychologie, arbeitet als wissenschaftliche Mitarbeiterin am Institut für Volkskunde/Kulturanthropologie der Universität Hamburg. In ihrem Promotionsprojekt beschäftigt sie sich aus einer kulturanthropologischen Perspektive mit der Gestaltung intelligenter Assistenzsysteme (AAL) für ältere Nutzer/innen. Ihre Forschungsschwerpunkte liegen in der kulturwissenschaftlichen Alternsforschung, den Science and Technology Studies und der Anthropologie ländlicher Räume. Zuletzt erschienene Beiträge finden sich in dem von ihr mitherausgegeben Sammelband *Prozesse des Alterns. Konzepte – Narrative – Praktiken* (2015) sowie in *Ageing and Technology* (2015).

MICHAELA FENSKE ist DFG-Heisenberg-Stipendiatin an der HU-Universität Berlin. Forschungsgebiete sind politische Kultur und Anthropologie, Rural Studies, Anthropologie des Schreibens, Human Animal Studies und Multispecies Ethnography, neue Wissens- und Wissenschaftsforschung, populäre Unterhaltung und Vergnügen – sowohl in historischen wie gegenwärtigen Gesellschaften (17. bis 21. Jahrhundert) – sowie Public History/Angewandte Kulturwissenschaften.

MARIA GREWE promoviert am Seminar für Europäische Ethnologie/ Volkskunde der Christian-Albrechts-Universität Kiel über alternative Wirtschaftspraktiken und den Umgang mit knappen Ressourcen. Sie beendete das Studium der Europäischen Ethnologie/Volkskunde mit den Nebenfächern Volkswirtschaftslehre und Pädagogik in Kiel und Göteborg mit einer Magisterarbeit zur Schwellenphase Scheidung. Von 2012 bis 2015 war sie Stipendiatin des Projektkollegs »Erfahrung und Umgang mit Endlichkeit« am Collegium Philosophicum der Universität Kiel. Ihre Forschungsinteressen umfassen Ritualforschung, Müllethnologie, die Analyse materieller Kultur sowie Konsumkultur.

STEFAN GROTH ist Kulturanthropologe und arbeitet zu normativen Dimensionen von Alltagskultur, zur Verbindung von Kultur- und Sozialtheorie, zur kulturwissenschaftlichen Innovationsforschung und zu alltagskulturellen Dimensionen des Breitensports. Zuletzt war er Postdoc-Fellow am Centre for Global Cooperation Research der Universität Duisburg-Essen. Als Mitglied der Göttinger Forschergruppe 772 promovierte er aus Perspektive der linguistischen Anthropologie über multilaterale Verhandlungen zu kulturellem Eigentum.

DOROTHEE HEMME ist wissenschaftliche Mitarbeiterin am Institut für Kulturanthropologie/Europäische Ethnologie der Universität Göttingen und Geschäftsführerin der Volkskundlichen Kommission für Niedersachsen. Studium und Promotion an der Universität Göttingen mit der Studie »Märchenhafte Lebenswelten. Zur kulturellen Konstruktion einer touristischen Themenstraße«, aktuell tätig im BMBF-Forschungsprojekt »Objekte der Könner. Materialisierungen handwerklichen Erfahrungswissens zwischen Tradition und Innovation«. Arbeitsschwerpunkte: Kulturtourismus und der Zusammenhang von Kultur und Ökonomie, public folklore, Museologie, Anthropologie der Sinne und Handwerk in der Spätmoderne. Aktuelle Publikation: Fenske, Michaela/Hemme, Dorothee, *Ländlichkeiten in Niedersachsen. Kulturanthropologische Perspektiven auf die Zeit nach 1945*, Göttingen 2015.

SILKE MEYER ist seit 2010 Assistenzprofessorin für Europäische Ethnologie an der Universität Innsbruck. Ihre Forschungsschwerpunkte umfassen die ökonomische Anthropologie (u.a. mit Arbeiten über die moralische Ökonomie der Schulden und den Umgang mit Geld als soziale und kulturelle Praxis), ethnologische Bildforschung, Stereotypenforschung und den Einsatz der Narrationsanalyse als Methode der ethnologischen Datenauswertung. Publikationen u.a.: »Money matters. Wirtschaftspraktiken als kulturelle Identitätsstiftung«, in: Österreichische Zeitschrift für Geschichtswissenschaft, 26:1 (2015), S. 75–97; »Economic Agents and the Culture of Debt«, in: Logemann, Jan (Hg.), The Development of Consumer Credit in Global Perspective. Business, Regulation, and Culture, Washington, DC 2012, S. 223–241.

ALEXANDER SCHWINGHAMMER ist wissenschaftlicher Mitarbeiter für Theorie und Geschichte der Visuellen Kommunikation an der Bauhaus Universität Weimar. Er wurde mit einer cotutelle Arbeit über visuelle Kulturen der Kriegsberichterstattung am Goldsmiths College, University of London und der Goethe Universität Frankfurt promoviert. Gegenwärtige Forschungsinteressen liegen in den Bereichen visuelle Kultur, kulturwissenschaftliche Nahrungsforschung, Berichterstattung und Präsentationskultur.

FRANZISKA SPERLING arbeitet seit Oktober 2010 als wissenschaftliche Mitarbeiterin am Institut für Kulturanthropologie und Europäische Ethnologie der Goethe-Universität Frankfurt. Sie promoviert zu Veränderungsprozessen und deren Effekten, die durch erneuerbare Energien aus Biomasse induziert werden. 2014 erschien ein Artikel mit dem Titel »Energie-Kollektiv – Energie-Autarkie. Lokale Energieproduktions- und konsumgemeinschaften vor dem Hintergrund politisch induzierter Energieregulierung«, in: Adam, Jens/Vonderau, Asta (Hg.), Formationen des Politischen. Anthropologie politischer Felder, Bielefeld 2014, S. 215–241.

TINE STEIN ist Professorin für Politikwissenschaft mit dem Schwerpunkt Politische Theorie am Institut für Sozialwissenschaften der Christian-Albrechts-Universität Kiel. Studium und Promotion an der Universität Köln mit einer Arbeit über die ökologische Kritik und Reform der konstitutionellen Demokratie, habilitiert an der FU Berlin zum Thema »Himmlische Quellen und irdisches Recht. Die religiösen Voraussetzungen des freiheitlichen Verfassungsstaates«. Zu ihren Arbeitsschwerpunkten gehören die soziokulturellen Voraussetzungen und die Legitimitätsgrundlagen der konstitutionellen Demokratie vor dem Hintergrund aktueller Herausforderungen, ein besonderer Schwerpunkt liegt auf dem Verhältnis von Politik und Natur sowie Politik, Recht und Religion. Aktuelle Publikation: Franzius, Claudio/Stein, Tine (Hg), Recht und Politik. Das Staatsverständnis von Ulrich K. Preuß, Baden-Baden 2015.

MARKUS TAUSCHEK ist Professor für Volkskunde an der Universität Freiburg. Von 2009 bis 2015 lehrte und forschte er als Juniorprofessor am Seminar für Europäische Ethnologie/Volkskunde der Universität Kiel; von 2004 bis 2009 war er mit einem Promotionsprojekt zur Konstituierung immateriellen kulturellen Erbes wissenschaftlicher Mitarbeiter am Institut für Kulturanthropologie/Europäische Ethnologie der Universität Göttingen. Seine Forschungsschwerpunkte liegen im Bereich der Geschichts- und Erinnerungskultur (Kulturerbe, Denkmal), der ökonomischen Anthropologie (Wettbewerb und Konkurrenz, Ressourcen, Energiewende) sowie in der Ethnographie populärer Kultur (u.a. Szene, Festivals).

NADINE WAGENER-BÖCK ist Europäische Ethnologin und arbeitet zum Thema Altkleidung als humanitäre Hilfe am Institut für Kulturanthropologie/Europäische Ethnologie der Universität Göttingen. Promotion mit einer Studie im Bereich der Generationenforschung. Ihre Forschungsschwerpunkte liegen im Bereich der Körper- und Geschlechterforschung sowie der Materialität, jüngst auch der Anthropology of Humanitarianism. Aktuelle Publikationen: Generation. Garderobe. Geschlecht. Kleidungspraxis bei Mutter-Tochter-Paaren, Göttingen 2015 (im Erscheinen); »Kleidertransfers als Beziehungspraktik zwischen Frauengenerationen«, in: Mohr, Sebastian u.a. (Hg.), (aus)tauschen. Erkundungen einer Praxisform, Berlin 2013, (Berliner Blätter 61), S. 54–64.

JOHANNES WARDA ist wissenschaftlicher Mitarbeiter der Professur Denkmalpflege und Baugeschichte an der Bauhaus-Universität Weimar. Studium der Neueren Geschichte, Amerikanistik, Politikwissenschaft und Architektur in Jena, Weimar und Berkeley. 2014 Promotion in Weimar mit einer Arbeit zur Umweltgeschichte der modernen Denkmaltheorie. Schwerpunkte seiner Arbeit sind die Theorie und Geschichte der Denkmalpflege sowie die Ideen- und Materialgeschichte von Architektur und Gestaltung. Essays und Feuilletons dazu erschienen u.a. in Merkur, Frankfurter Allgemeine Zeitung, Horizonte – Zeitschrift für Architekturdiskurs. 2015/16 Bauhaus Postdoc-Stipendiat und Forschungsaufenthalt an der Architekturschule der Königlich-Dänischen Kunstakademie, Kopenhagen.

GISELA WELZ ist Professorin für Kulturanthropologie und Europäische Ethnologie an der Goethe-Universität Frankfurt am Main. Sie hat zahlreiche Veröffentlichungen zu Stadt- und Siedlungsforschung sowie zu theoretischen und methodologischen Problemen, die sich für Ethnographen im Zusammenhang mit Globalisierung und Transnationalisierung stellen, vorgelegt. Aktuelle Forschungen betreffen Effekte der EU-Politik in Bereichen wie Umweltschutz, Stadt- und Regionalentwicklung, Tourismus, Lebensmittelproduktion und -konsum. Im Herbst 2015 erscheint das Buch »European Products. Making and Unmaking Heritage in Cyprus« beim Verlag Berghahn, New York.

LARS WINTERBERG, Studium der Volkskunde, Psychologie und Germanistik an der Universität Bonn (2001–06), wiss. Mitarbeiter und Assistent am Lehrstuhl für Kulturanthropologie/Volkskunde der Universität Bonn

(2006–10, 2013/14), Lehraufträge u.a. in Bonn, Regensburg und Saarbrücken, freiberufliche Projekte im Kultur- und Mediensektor, Bonner Schriftleiter der Rheinisch-westfälischen Zeitschrift für Volkskunde (2008–10, 2014/15), wiss. Mitarbeiter der Friedrich-Ebert-Stiftung (2012–13). Derzeit FES-Promotionsstipendiat und Doktorand am Fachbereich Vergleichende Kulturwissenschaft der Universität Regensburg (Dissertationsprojekt: »Die Not der Anderen? Armut und Fairer Handel im globalisierten Alltag. Zur Ethnografie von Kulturen sozialer Ungleichheit«).